JN239466

SUPER CONTINENT
スーパー大陸
THE LOGIC OF EURASIAN INTEGRATION
ユーラシア統合の地政学

Kent E. Calder
ケント・E・カルダー
杉田弘毅[監訳]

潮出版社

SUPER CONTINENT
THE LOGIC OF EURASIAN INTEGRATION
by KENT E. CALDER
© 2019 by KENT E. CALDER
Published by direct arrangement with the author.

スーパー大陸◎目次

謝意

過去数年間にわたる多くの人々との出会いと出来事は、私たちの目の前で起こっているユーラシアの歴史的変革について、私の理解を更に深めさせてくれた。大陸全体で起こっている諸要素を検証するために、私は世界中の学術研究者や政策立案者からの協力を得ている。故ズビグネフ・ブレジンスキー、福田康夫、ドミニク・ド・ビルパン、ビラハリ・コーシカン各氏、フォルカー・シュタンツェル、エリオット・コーエン、キショール・バブバニ、アリシア・キャンピ、ヤコポ・ペペ各氏のほか、多くの方々に心から御礼申し上げたい。

ジョンズホプキンズ大学のライシャワー東アジア研究所は、一五年以上に渡って私の学究活動の基盤となっている。変わることのない温かな支援は、この本の内容をさらに進化させる貴重な端緒を開いてくれた。とりわけ研究所の優秀なリサーチャー（研究者）たち、ライシャワーフェロー、そして淑子カルダーは、さまざまな形で貢献してくれた。本書にとって欠かすことのできない図表、地図全般の作成、広域に渡るリサーチに素晴らしい能力を発揮してくれたユン・ハン氏にも感謝の意を表したい。

日本語版は、寺崎広嗣、野山智章両氏の尽力によって出版されることが決まった。二人にまずお礼を言いたい。「新大陸主義」に次いで、今回も監訳を引き受けてくれた杉田弘毅氏は、私の独特の筆致を見事に日本語にまとめ上げてくれた。三〇年以上国際報道記者として世界を見て来た彼とは、ことあるごとに意見交換をするが、毎回私の知見を広めてくれる。本書のいくつかの章は、ユーラシア専門シニアリサーチャーの斎藤宏和氏の専門知識におおいに助けられた。サノイズミ氏は長時間をかけて、本書の細々とした内容をチェックしてくれたが、出版に至るまでのコーディネーションは彼女に負うところが大きい。また、さまざまな方からの支援を得た。千元室大宗匠、豊田章一郎、福田康夫、福川伸次、早川茂、吉田康、北村俊昭、上田隆之、日下一正、浅川雅嗣、久水宏之、中園明彦、秋山勇、緋田順、秋山幸子、茶野純一、茶野順子、ライアン・カルダー各氏、笹川平和財団、国際交流基金、国際文化会館、ライシャワーセンターのみなさんをはじめ、ここに書ききれないほどの多くの友人に心から感謝申し上げる。最後に、潮出版社の南晋三社長ならびに出版に尽力された同社の皆さんに、一言感謝の言葉を述べたい。

まえがき——日本語版へ向けて

ロマン薫るミステリーにあふれた古代シルククロードは、時代を超えて世界中を魅了してきた。とりわけ日本と米国ではシルクロード人気が衰えることはない。この東西の交易路の東の終着点ともいわれる奈良の正倉院へ伝来した数々の宝物や、ペルシャをはじめとする古代遺跡群はあまりにも有名である。また、六世紀以上前、元王朝時代にイタリアから中国へとシルクロードを旅したマルコ・ポーロは世界史の中でも特に名が知られている。しかし、かつてマルコ・ポーロが旅した時代の趨勢を、今日の世界で起こっていることと結び付けて考える人は、ほとんどいないだろう。

私は、八歳から三年間、父の赴任先であるヤンゴンで過ごした。両親が旅好きなこともあり、私たち家族は中国国境近くまで遠出をすることも度々あった。やがてヤンゴン大学での父の任期が終わりに近づいた頃、両親はヤンゴンからアフガニスタン、イランそしてヨーロッパを父の運転する車で旅をする、という何とも壮大な大陸横断の計画を立て始めた。私は幼心《おさなごころ》にも、このマルコ・ポーロの大冒険のような旅程に大いに興奮したことをよく覚えている。しかし何しろ、ソ連と東ヨーロッパ諸国がワルシャワ条約機構を設立してまだ間もない時代の話である。いざ出発してみると、私たちは旅の途中で、通過できない国境に幾度も行く手を阻まれ、立ち往生を余儀なくされた。けれども、いくら年月が流れても鮮やかに蘇る、国境に沿って長く張り巡らされた赤い帯（テープ）の記憶、そして困難な経験の全てが、常に私の学風に奥行きと深さを与えてくれたように思う。あらためて、今は亡き両親に感謝したい。

言うまでもなくユーラシアは、もはやマルコ・ポーロの時代の異国情緒漂う「桃源郷」ではない。ソビエト連邦の崩壊と中国の台頭以来、大陸は大きく変わり、私たちの目の前で展開されているように、ますます統合され成長を続けている。私は習近平がインドネシアとカザフスタンで「一帯一路構想」を提唱する一八カ月前の二〇一二年五月に著書『The New Continentalism』(邦題:『新大陸主義　二十一世紀のエネルギーパワーゲーム』〈弊社刊〉)を出版した。この本の中で、私はユーラシアにおける構造的な相互依存関係への転換を理解するために「重大局面」という概念の枠組みを解説すると共に、習近平が一帯一路構想を政策として提起するに至るまでの背景を考察し、理解するために有用な幾つかの手がかりを示唆した。喜ばしいことに、この『The New Continentalism』は、ユーラシア大陸の変革に優れた先見性を持っているとの高い評価を受け、その後日本語、韓国語、モンゴル語そして中国語に翻訳・出版されている。

ソビエト連邦の崩壊によりユーラシアのハートランド(心臓地帯)に「力の真空」が生じることで、政治経済面の歴史的な変容は、中国の一帯一路構想よりもかなり前から始まっていた。しかし、この構想によって着実に加速していることは確かである。その一方で、一帯一路構想はインフラ支出膨張など、非効率なさまざまな問題を抱えていることは明白であり、一部の計画は生き詰まる可能性がある。しかし、巨大な大群として、シルクロード沿いだけではなく、大陸全体の連携を深めることに大きく貢献していることは言うまでもない。進行中のインフラプロジェクトと新しいモノの流れは、かつてないほど中央ヨーロッパ、バルト海、さらには北極圏をアジア全体へと密接に結び付けている。また日本も将来的にさらに深く関わっていくだろう。

私自身、北米大陸の中心部であるユタ州ソルトレイクシティで生まれ育ったこともあり、どうしてもシルクロードや大陸横断鉄道の話に深く心動かされてしまう。ほんの数カ月前に私の生まれ故郷から一〇〇マイルも離れていないプロモントリー・サミットのゴールデン・スパイク国立史跡を訪れる機会を得た。本書の序章でも紹介しているが、ここはちょうど一五〇年前、西行きのユニオンパシフィック鉄道と東行きのセントラルパシフィック鉄道が連結し、最後の枕木であるゴールデンスパイク（黄金の犬釘）が打ち込まれた場所である。この大西洋から太平洋まで国土をひとつにした太平洋横断鉄道によって、アメリカの国土は広がり、繁栄を遂げた。国家の将来にとって大胆で革新的なインフラ投資を実行した勇気あるリーダーたちが、どのようにアメリカを世界の大国に押し上げたのかを、ゴールデン・スパイクの先に広がる大地を見つめながら、あらためて考えずにはいられなかった。

日本は、島国であり北米やユーラシアのランドパワーの接近を許さない地政学的な隔たりがある。一方でこれらの巨大な大陸は、「統一性」を得ることで、その世界を変えることができる。もちろん、中国の一帯一路構想は、大陸横断鉄道が果たしたように、大陸をひとつにすることはない。また一世紀半以上前に国を二分する対立となった南北戦争当時の米国よりも、今日のユーラシアは、もっと複雑である。しかし、日本人も米国人も、ユーラシアの「スーパー大陸」（訳注：地球上の大陸の中で決定的に卓越し世界を支配する大陸＝Super Continent）の展望が、私たちの世界を大きく変える可能性があること、そして、それが何をもたらすかを理解する必要に迫られている。

一部の影はすでに地平線上に姿を現している。ロシアと中国による大規模な合同軍事演習「ボストーク」が実施され、つい最近でも日本海や東シナ海上空で、中国とロシアの爆撃機が日本の防空識別圏に侵入している。中央ヨーロッパの指導者は、上海協力機構のアジア中心のグループと同様に、毎年「16＋1」の対話に中国のよきパートナーとして参加している。しかし、他方では債務問題のリスクにさらされているパキスタン、スリランカ、マレーシアなどから、大きな反発も生じ始めた。日本はその動向を注視しながらも、安倍首相はモスクワ、北京、そして最近ではテヘランを訪問するなど、積極的な外交戦略を展開している。その具体的な成果はこれからだろうが、大いに触発されるところがある。

本書はスーパー大陸の展望と、それによって生じる圧力と葛藤について綴った「ユーラシアの物語」である。日本語版の出版にあたり、私は不思議と日本の読者とともに、ユーラシア大陸からヨーロッパへと西に伸びる陸平線に沿って、これから旅にでるような思いがしている。そして運命的なユーラシアの発展の結果が私たちにどんな影響をもたらすかを日本の読者の皆さんと共に考えながら、この知的な旅を心から楽しみたい。

ワシントンＤＣにて

二〇一九年八月

ケント・カルダー

序 章

地理とは、自然界の変わることのない永遠の真実のように思える。無論、そこに介在する人間の存在は言うまでもない。しかしながら、地理は実質的な意味での変化を起こし、偽りなく世界を一変させることがあり得る。まさしく、それは南北戦争から第一次世界大戦までのきわめて重要な五〇年間に、米国がある北米大陸を先ずスーパー大陸に、そして世界的な大国へ変容させたビジョンと先見性をもったインフラストラクチャーによって成し遂げられた、北米の創造的な再形成そのものであった。

そして、米国のスーパー大陸への転換に向けた最初の決定的な第一歩は、一八六九年五月十日、ユタ州の砂漠にあるプロモントリーサミットでゴールデン・スパイク（黄金の犬釘）が大地に打ち込まれた瞬間であった。同時にこの儀式は、アメリカ大陸の東海岸と西海岸を陸路で結びつける大陸横断鉄道建設の完工を意味していた。これを受け、ニューヨークとカリフォルニア間の陸路での移動時間は六カ月から二週間へと短縮され、そして、ホーン岬を周る六週間の海洋航海、あるいは中央アメリカへの航行、途中で黄熱病にさらされる鉄道でのパナマ地峡の横断との不安定な組み合わせなど、危険な代替手段を不要なものにした。(1)

マニフェスト・デスティニー（明白な天命）という理想に突き動かされた米国の起業家、評論家、そして政治家らは、その六〇年以上前に米国を太平洋にまで拡張することをすでに夢見始めていた。トーマス・ジェファーソンは、ジョン・ジェイコブ・アスターに宛てた一八一二年の手紙の中で、「我々と接続してはいないが血と好奇心で繋がる自由で独立した米国人によって」としたためているが、太平洋岸のすべてを入植者が埋め尽くす日が来ることを見通していた。(2) 一八二〇年になると、さらなる野心家であったトーマス・ハート・ベントンが、米国の太平洋に向けた前進の真価だけでなく、太平洋をまたぐ関係の価値をも強調しはじめた。(3)

一八三〇年代に、当時中国を訪問したばかりのニューヨークの商人、アサ・ホイットニーが、ミシガン湖からオレゴン州のコロンビア川河口間の具体的な実地調査を行い、最初に大陸横断鉄道建設を議会に提案した。その後一〇年間で提案は大きく具体化し、一八五六年、陸軍長官のジェファーソン・デイビスは大陸横断ルートを五つに絞るように指示を出した。

提案の急進の背景には、十九世紀前半にかけての米国の領土の規模とそれに関連する政治経済的関心の着実な変化があった。一八〇三年のルイジアナ購入（当時のルイジアナはフランス領）は、ミシシッピ川流域に広大な北米のハートランドを生み出した。また、オレゴン地域の英米の領有範囲を定めたオレゴン条約と対メキシコ戦争は米国の領土を西海岸へと拡大させた。そして、一八四九年からのゴールドラッシュ、それに続く一八五〇年のカリフォルニアの連邦への加入は、太平洋岸にしっかりと「アメリカ合衆国」の存在を確立させた。

一八六〇年、鉄道技師であったセオドア・ジュダが提案したネブラスカ、そしてシエラネバダ山脈を越え、サクラメントに至る鉄道建設が際立って現実的な計画となり、議論の末、横断ルート設定に決着がついた。共和党はジェームズ・ブキャナン大統領を説き伏せ、一八六〇年の大統領選挙運動の綱領にジュダが提案した鉄道ルートを含めたが、この選挙に勝利したのは、アブラハム・リンカーンだった。新大統領は太平洋鉄道法案に喜んで署名し、一八六二年には鉄道建設への資金提供と土地付与が行われた(4)。

建設に携わった人たちの世俗的な経済利益とともに地政学も大陸横断鉄道の建設に関係していた。米国初の地政学者と言えるウィリアム・ギルピンは一八六〇年、次のように卓見に富む言葉を残している。「米国はアジアとヨーロッパの地理的中間に位置する。このことは彼らの間の調停役としての力と義務を米国に授けている」[5]。リンカーン政権はより狭い政治的かつ軍事的観点から、南北戦争の最中に、さまざまな敵からの脅威を危惧していた。彼らが最も恐れていたのは、イギリスとフランスが、連邦軍の東海岸よりもカリフォルニアと密接に接触することだった。しかし、苦い紛争に気を取られている間に、イギリスはカナダ横断鉄道建設事業に資金を供給する一方で、フランスもメキシコ横断鉄道の建設に着手し始め、必然的に危険な状況を生み出してしまった。

内戦の緊急事態によって、早急な対応を迫られた地政学的な懸念は、大陸横断鉄道建設に関わる政府の大陸主義政策の枠組みの中ではっきりと組み込まれていたかもしれないが、実際に完成させたのは民間企業であった。一八六一年にカリフォルニア州知事に就任したリーランド・スタンフォードは、政府で活躍した後、一万五〇〇〇人の中国人労働者を雇用し、シエラネバダ山脈全土を越える難所の鉄道区間を建設したセントラル・パシフィック鉄道の創設者としても重要な役割を果たした。ユニオン・パシフィック鉄道を経営し、大富豪となったトーマス・デュラントも、同じように重要な役割を担った。ゴールデンスパイクは、このように大西洋沿岸の限られた部分で機能していた国を、太平洋でも活動しうる両岸に拠点がある大国へと変化させ、アメリカの変革をさらに促進させた。

米国の世界大国への向上をもたらした二つ目の重要な地理的な変容も、新しいインフラの連結を通して達成された。それはパナマ運河の建設であった。大陸横断鉄道の場合と同様に、実際の建設の前には、長い構想の期間、国内の政治経済的関心の変化、およびコンセンサスの形成があった。結果的に、米国の地位が地域から本格的なグローバル・パワーへと明確に転換されることになった。パナマ運河構想は、大陸横断鉄道自体が完成する前にすでに始まっていたが、それは米国人の手によってではなかった。

一八六九年、フランスの起業家で貴族のフェルディナンド・レセップスが、建設された水路を通じて世界の海運に革命を起こすことを目指し、スエズ運河を完成させた。彼はパナマでの類似した運河建設の支持を集めるため一八七九年五月に、「両洋間運河研究国際会議」を招集した。最終的に、レセップスの計画によるパナマ運河の建設が、一八八一年に開始された。しかし破壊的な猛威をふるった伝染病で二万人の働き手を失い、二億八七〇〇〇ドルを消費するだけで、実を結ばなかった彼の探求は、一八八九年、彼の会社が破綻したことで挫折を余儀なくされた。レセップスが堅く心に決めたパナマ運河建設が、むなしい結果にまさに終わる頃、一八九〇年に米国の傑出した大戦略家、アルフレッド・セイヤー・マハンが、彼の代表作である『歴史に及ぼしたシーパワーの影響　一六六〇年から一七八三年』（邦訳『海上権力史論』）を刊行した。(5) しかしマハンはパナマ運河の建設を直接訴えたわけではなく、商業面での動機に欠けるとして、運河を完成させることができるかどうかについては、やや疑い深く考えていた。しかし、運河が建設された暁には、カリブ海の経済的および戦略的重要性は高められ、米国の交易を刺激し、さらに強力な米海軍の構築が必要になるだろうと先見的な見通しを示していた。彼の著作は広く読まれ、カリブ海と太平洋での拡張主義のきっかけとなり、パナマ運河建設に向けたワシントンでの運動に地経学的な勢いを与えた。

パナマ運河の地経学的論拠はシンプルだった。狭い五〇マイル（八〇キロ）幅の地峡を横切る水路が大西洋と太平洋を結ぶことで、ニューヨークとサンフランシスコ間の距離のほぼ七九〇〇マイル、ニューヨークと横浜間の距離の五七〇〇マイルを短縮させることになる。当時の運行速度である時速一五ノットで、航行時間は以前の三分の一に削減されるというものだった。

米海軍は一八九七年にハワイそして米西戦争後、一八九九年にフィリピンを獲得することで、大西洋と太平洋の両サイドにおける海軍駐留の必要性と、どちらの大洋にもすぐに駆けつけることができる戦略的ルートを強化させた。後に、パナマ運河の軍事的な重要性は、米西戦争で米海軍の戦艦オレゴンがサンフランシスコからキューバに到着するのに六七日を要したことで実証されることになる。戦艦が遠回りの南米最南端周りで一万四七〇〇マイルを航海しキューバに到着するまでに戦争勃発からほぼ二カ月が経過し、戦争自体も終結していたのだ。

戦後間もなくしてマッキンリー大統領の暗殺を受け、米西戦争の英雄だったセオドア・ルーズベルトが大統領の職を引き継いだ。直ちに、パナマの首都の沖合に米軍戦艦ナッシュビルを停泊させることではっきりとした支援を表明し、パナマの独立を促した。三カ月後の一九〇四年二月に、一〇マイル（一六キロ）幅の運河地帯での永続的な米国の主権と引き換えに、一〇〇〇万ドルの支払いと二五万ドルの年賦金をパナマに提供することを取り決めた「ヘイ=ビュノー・ヴァリーヤ条約」が調印された。一九〇六年六月、米国議会がルーズベルト大統領が強く支持した閘門式運河案を承認すると、運河建設はほぼ即時に着工された。最初の船舶が新しく開かれたパナマ運河を通過したのは、第一次世界大戦が始まったわずか三週間後の一九一四年八月中旬のことだった。

運河がついに開通し、米国の人々は、インフラを通じて変貌した地勢がもたらした米国の世界的な影響力の到来と新しい時代の始まりを大いに祝福した。マハンは戦略的な意味合いを次のように指摘している。「パナマ運河の海軍に対する関係は、大西洋と太平洋の両岸間の兵站線のはるかな短縮に道を開く。それが現有の船舶―現有の艦隊―がさらなる大規模な活動を行うのを可能にする」。そしてこのようにも記した。「運河は、要するに、大西洋へも太平洋にも行動を起こすことができる中心的な位置にあり、それはまた、最も重要な兵站線における決定的な結合部分でもある」[7]。マハンは、他にも何十年にもわたる経済利益が集中することを指摘していた。実際に、あるアナリストは運河が開通してからの最初の一二年間（一九一五年～一九二七年）で、運河が少なくとも全運河建設費用の約二・五倍にあたる一〇億ドルを確保できる、と算出した。

米国の歴史は、独創的に構想されたインフラが文字通り地勢を再形成させることが可能であり、地図を描き直す過程で、新しい連結が世界情勢の様相を変えることができることを明らかに示している。大陸横断鉄道とパナマ運河の組み合わせは、経済的および戦略的に統合された、大西洋と太平洋両岸での強力かつ柔軟なプレゼンスを実現することによってスーパー大陸としての北米を確固たるものに導いた――さて、今日のユーラシア大陸全体でも同じような連結の過程あるいは再連結が進行中なのだろうか。

第一章

ユーラシアの再連結とルネッサンス

これから詳しく論じていくユーラシアは、歴史的変容の真っ只中にある。重要な文化的接触を持ち、アジアとヨーロッパを隔てる主要な物理的障害がないという地理的緊密さにもかかわらず、この広大な大陸は長い間、対立し合う国家の分裂が幾度となく繰り返され、衝突する権限と支配の迷路の中にあった。そして今、ソ連の崩壊と米国離れ、そして静かに進行している物流技術革命をきっかけに、中国が台頭しながら、ヨーロッパとの関係が深まるにつれ、冷戦後の世界で統一性を取り戻しつつある。大規模なインフラ構築がもたらす連結性は、ちょうど一世紀前のアメリカ大陸のように、ユーラシアと世界情勢を再形成し始めている。

米国は七〇年以上にわたり、確固たる自らのスーパー大陸に位置し東半球の旧世界の混乱を見極め、その地位を確立しながら世界の政治経済を明確に支配してきた。しかし米国の七〇年間は、ユーラシアというスーパー大陸が世界の歴史を支配し続けてきた数千年という年月に比べると、ほんのわずかな部分でしかない。それ以前の数世紀では、ヨーロッパ人たちがその域内と域外に影響力を持ち、新しい航路の発見や産業革命など二十世紀に至るまでの世界を支配してきた。しかしながら、過去に記録されている歴史の大部分にわたって、グローバルの支柱はスーパー大陸のはるか東側にある中国国内にあり、次にインド、ペルシャ、レバント諸国が主であった。新世界を目指して探検の航海が始まった十六世紀の幕開けには、ユーラシア全体は世界のGDPの八九％[1]を占めていたが、そのうち、中国が二五％、そしてインドは二四％だった。これは、豊富な人口だけでなく同等に卓越した技術的な能力に起因していた。[2]ヨーロッパの同胞たちがあまり啓発されずにまどろんでいる間、アジア諸国は紙、活版印刷、火薬を発明し、数学、生物学、幾何学でも先行していた。その一方でスーパー大陸になる何世紀も前の北アメリカは、世界の中でとり残された未知の大地でしかなかった。一七五〇年に

図1-1　ユーラシア大陸の衰退と発展（西暦1–2015年）

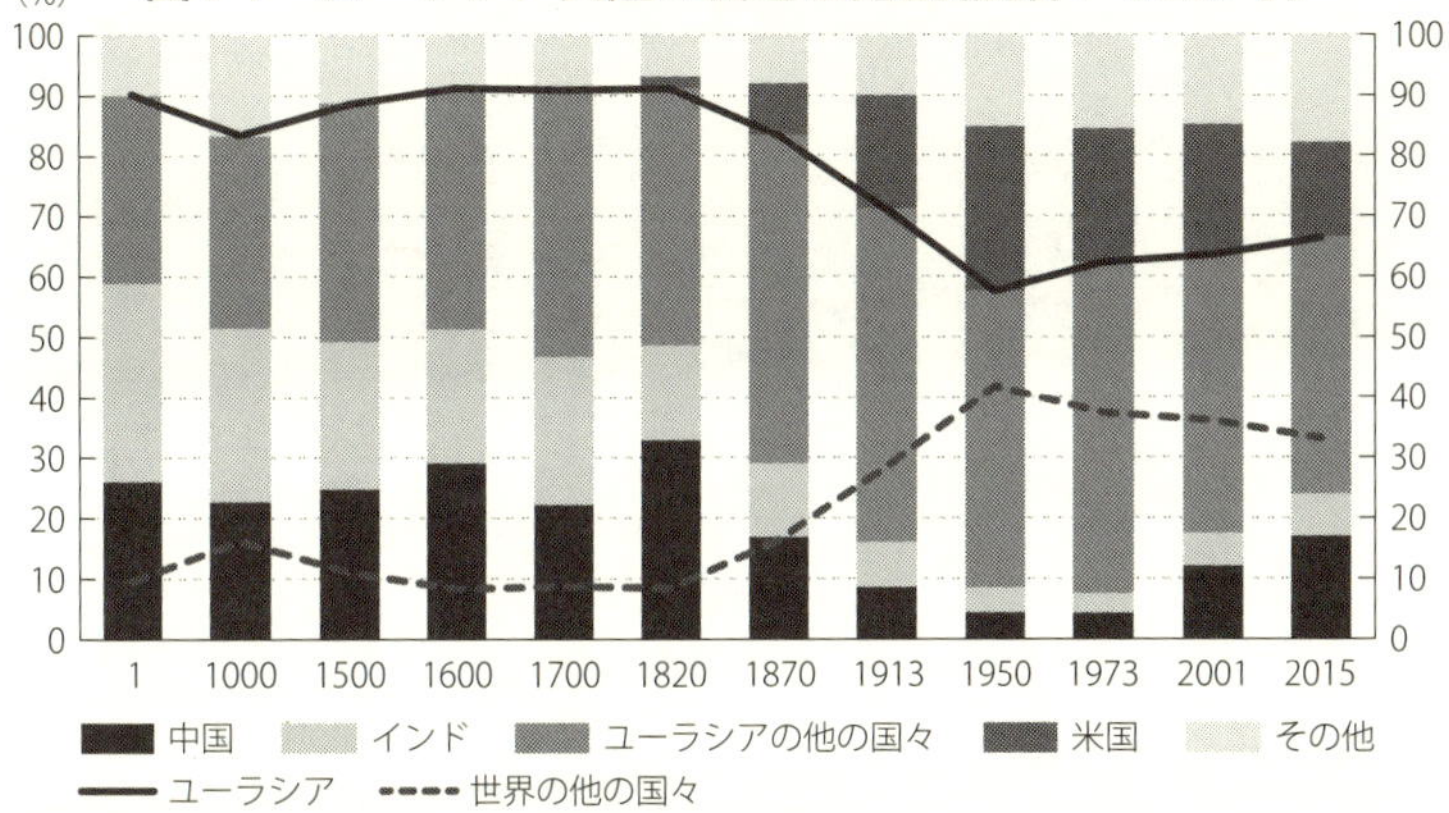

出典：西暦1～2001年のGDPは次を見よ。Angus Maddison、The World Economy：Historical Statistics（Paris：OECD、2003）、Table 8b. 西暦1～2001年の世界のGDPと20カ国と地域の合計は次を見よ。https://doi .org/10.1787/9789264104143-en; 2015年のGDPは次を見よ。World Bank, "GDP, PPP (Constant 2011 International $)," World Development Indicators, accessed July 2, 2018.

産業革命が起こる直前には、アジア全体のＧＤＰの世界占有率は依然として約六〇％[3]だったが、普仏戦争の結果、一八七〇年以降になって初めてヨーロッパと米国がアジア以上に世界シェアを占めるようになった。

歴史的変容

　劇的な社会の変化と製造業の革命が動力源となり、ヨーロッパと北アメリカは十九世紀から二十世紀初頭にかけてアジアに先駆けて急速に興隆した。[4]一九五〇年までに米国は、経済大国としてヨーロッパを追い抜いていたが、同じ時期のアジア全体のＧＤＰは米国の九倍にあたる人口を有するにも関わらず、その三分の二にまで落ち込んだ。[5]

　世界の長い歴史から見ると、アメリカの興隆は長くは続いてはいない。図１－１に示すように、一九五〇年に米国の世界シェアはすでにピークに達している。その後、ヨーロッパ、日本、そしてついにはアジア大陸の復興が始まった。二十一紀初頭までに再興を遂げ、相互作用を高めたユーラシアが、ＧＤＰ伸び率でも、伝統的な卓越性を発揮し始めた。いまやコロンブスが新世界に到達し、ヴァスコ・ダ・ガマがインドにたどり着いた五世紀以上前の経済勢力にまで成長を続けている。

ユーラシアの再連結

第二次世界大戦後のマーシャルプランによる再構築の恩恵を受け、ヨーロッパは旧世界の初期段階の復興を牽引した。ベトナム戦争を契機に韓国によって補われたが、戦後の東アジア経済復興で同様な触媒の働きをしたのは日本であった。日本とアジア大陸、特に韓国、中国の復興は、第二次世界大戦後の米国経済の恐るべき強さとそれに関連する太平洋を横断する貿易の拡大によって促進されたが、ユーラシアの再連結は、この太平洋横断の繁栄における要因にはなってはいない。

一九七〇年代のオイルショックの結果、ペルシャ湾地域は、その大規模な石油・ガス埋蔵量とユーラシア大陸の東方にある諸国の需要の伸びに支えられ、飛躍的な前進を遂げた。中国の成長、ソ連崩壊そしてヨーロッパの変容に牽引され、大西洋からユーラシアへ世界的な政治・経済の中心が移動したその推進力となったのは、これまで以上に広範な大陸横断のダイナミズムである。一九七三年の中華人民共和国は、購買力平価（ＰＰＰ）ベースでのＧＤＰは世界の五％にも満たなかったが、二〇一五年にはその三倍以上の一七％を占めるまでに成長した。図１－１が示すように、中国、アジアの近隣諸国、そしてほとんどが先進国の欧州連合の二八の加盟国を合わせたユーラシア大陸の総ＧＤＰは、二〇一五年には全世界シェアのおよそ七〇％を占めている。

当初の中国の成長は、かつて日本と韓国が発展を遂げた時のように、米国市場への輸出依存によって推進されてきた。米国は言うまでもなく、今日のアジアの重要な経済パートナーであり、主要国の多くにとって不可欠な安全保障の同盟国であり続けている。しかしながら、冷戦終結後のユーラシアの新たなダイナミズムは、まだほとんど気付かれていないが、その政治・経済的な勢いが高まりつつある。現在、世界の成長を静かに加速させ、地球規模で地政学的変容をもたらしている宿命的な新しい発展は、ユーラシアの再連結と中国とヨーロッパの相互作用を基盤にした新たなスーパー大陸のゆっくりとした出現を意味している。

連結性とその結果

ユーラシアを横断する連結性は、二〇〇〇年以上前に遡《さかのぼ》った頃に、その起源がある。ローマ帝国と中国の漢王朝はキリストの誕生以前の工芸品の交換を機にその後一〇〇〇年以上もの間、断続的な大陸横断貿易を続けてきた。しかし、十五世紀終盤のインドへのヴァスコ・ダ・ガマとカリブ海へのコロンブスの両航海の結果、大陸の連結性自体が突如途絶えてしまった。ヨーロッパ帝国主義の時代、ソビエトの一国社会主義、戦争と政治的混乱の世代、様々な自己充足型のナショナリズム、そして言うまでもない冷戦時代――これらすべてのユーラシア全域の複雑な国境を越えた関係は、大陸の中心にある国々に経済的な制約を課し、世界情勢においてユーラシアの重要性をうすれさせてしまった。

ソ連崩壊以降、ユーラシアの再連結が進み、二〇〇八年の世界金融危機以来急速にその勢いが加速している中、中国の一帯一路構想はこの動きの重要な一部である。しかし中国の台頭そのものは、より大規模で内容の濃いドラマの一つの話に過ぎない。ヨーロッパ、ロシア、東南アジアの政治経済の変容および物流革命と情報革命、そして、インドとイランの地経学的な不満などすべてがユーラシアの歴史上の出来事であり、この物語の大部分を構成しているからだ。つまり再連結のストーリーは、我々が目にしている一国一国の部分的な統合よりも、はるかに壮大なものなのである。

明白なことは、連結を強めたユーラシアが出現していることだ。けして、習近平の野心的な一帯一路構想が引き起こしたわけではない。実際に二〇一一年に運行を始めた中国とヨーロッパの間の貨物列車数は、それ以前の六年間の総数をしのぎ、二〇一七年の一年間で三〇〇〇本以上にまで増加している。(6)西方へ向かう貨物にはパソコン類、衣類、自動車部品などが積まれ、東方に戻る際にはウイスキー、医薬品、ベビー製品、機械類などが運ばれている。また、アジア欧州会議（ASEM）、上海協力機構（SCO）、中国と中東欧の地域の計一六カ国との首脳会議「16＋1」などの政治・経済的調整メカニズムの発展とともに、海上貨物、技術契約および大陸を横断する航空便の総量はすべて拡大している。つまり再連結とは、時代の基調なのである。

ユーラシアの再連結は、決して貨物輸送や外交の問題だけを意味している訳ではない。その領域は通信やテクノロジーにまでも及び、同時に世界経済と戦略上の未来への影響力を深めている。例えば、華為技術（ファーウェイ）は現在、世界のモービルインフラ及び通信機器の最大メーカーであり、通信機器の検証技術に関する欧州連合の認証機関であるテュフズード（TUVSUD）とも緊密に連携している。(7)二〇一八年四月にファーウェイは5G製品に必要なCEマーク型式承認書をヨーロッパの担当局から与えられた世界で最初の企業となり、(8)共通の5G規格についてヨーロッパと共に現在取り組んでいる。ヨーロッパと深く相互依存関係にある一方で、米国司法省は、ファーウェイが米国の対イラン制裁に違反(9)したとして起訴し、ファーウェイは米国から撤退せざるをえない状況に追い込まれてしまった。

グローバリゼーションとユーラシア再連結の関係

ユーラシア大陸の相互作用の深化が、一九七〇年代半ばから広範に浸透している全世界的なグローバル化[10]とどのように異なるかを問われれば、それは次の三つをあげて答えるだろう。

（一）特有な歴史的出発点：ユーラシアはその尊ぶべきシルクロードの歴史にもかかわらず、何世紀もの間、世界の中のどこよりも経済の中核でありながら、度重なる分裂と過剰な支配で何度も政治的に分断されてきた。このように、北アメリカや他の大陸とは全く対照的に、連結性はユーラシアにとって重大な地政学的および地経学的な影響を持っている。

（二）際立った地理的特徴：中国と欧州は海路よりも陸路の方が距離的に三〇％以上近い[11]。地図1－1上からもわかるように、ユーラシアの内陸部の中心に近づくほど移動時間を短縮することができる。このような傾向は、最大級の大陸上でのみ見られるもので、ユーラシアが地球上で最も極端な事例と言える。

（三）独特なテクノポリティカル（政治工学的）な事情：技術革新とそれに伴う規制の変化は、ユーラシアの再統合に関連する陸上輸送やテレコミュニケーションなどの分野で特に顕著に現れており、並外れた速さで進化している。デジタル化やモノのインターネット（ＩＯＴ）で加速する物流革命は、スーパー大陸の地理とその経済的進歩によって、他の地域よりも更にユーラシアに対して大きな影響

地図1-1　陸路vs海路

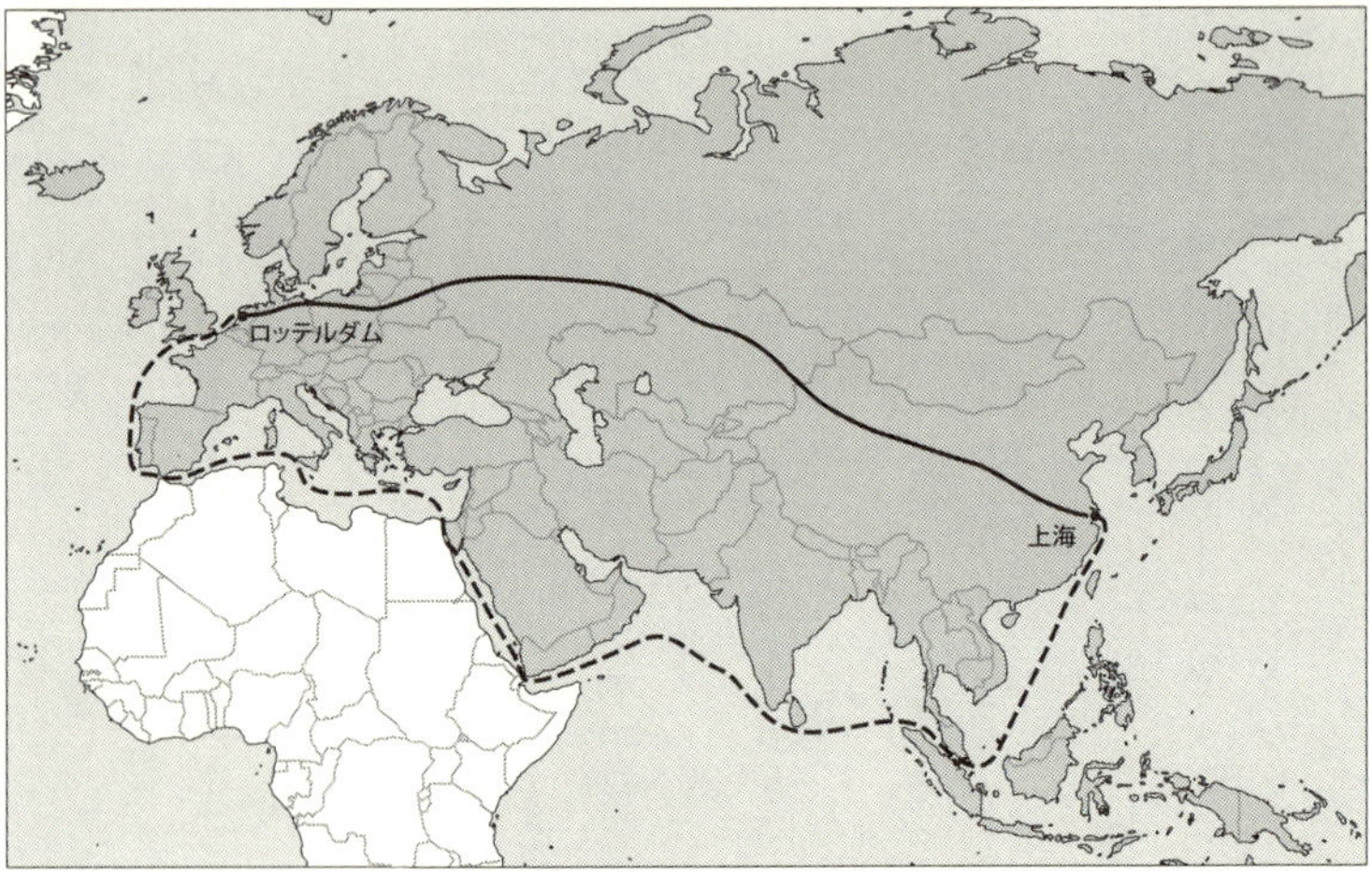

を与えながら、二十一世紀初頭から超高速で進行している。公共政策と民間の努力は、特に中国の一帯一路構想と中国遠洋海運集団（COSCO）、ファーウェイ、エリクソン、アリババ、ドイツ鉄道などが互いに補いながら相乗効果をあげており、長期的な動向をうまく利用している。

ユーラシアの永続的でダイナミックな地経学的中心性

このように少なくともユーラシア大陸では、地域の政治・経済的相互作用とそのより広範なグローバルな意義を理解するのに依然として極めて重要なのが地理である。その大きさ、人口の特性、そして巨大な大地の資源構成は、地理が真に重要になる可能性をさらに、高めている。二十一世紀の新興世界の中で、長い間軽視されてきた地理的特徴であるユーラシア内の人口と天然資源の近接性が、グローバル規模の地経学・地政学的影響を世界に与える可能性があることに我々は注目する

表1-1　世界の主要地域と比較した、ユーラシアの並み外れたスケール（単位%）

地域	国土面積	名目GDP	購買力平価	総準備金（金を含む）	総石油備蓄	総ガス備蓄
世界全体	100.00	100.00	100.00	100.00	100.00	100.00
ユーラシア	40.96	61.93	69.41	83.72	59.33	80.81
中央アジア	3.03	0.33	0.68	0.30	1.84	11.29
東アジア	8.89	24.04	24.97	42.89	1.51	2.83
東南アジア	3.35	3.50	6.33	7.66	0.74	4.10
南アジア	4.93	4.71	10.61	4.23	9.53	18.10
西アジア	3.70	3.84	5.60	4.40	38.75	24.41
東欧	13.92	3.78	5.73	7.23	6.29	18.71
北欧	1.31	5.80	3.89	3.38	0.62	0.99
南欧	1.00	4.89	4.09	2.64	0.04	0.02
西欧	0.84	11.03	7.52	11.00	0.00	0.35
その他の地域	59.04	38.07	30.59	16.28	40.67	19.19

出典：World Bank, "Land Area (sq. km)," "GDP (Current US$)," GDP, PPP (Constant 2011 International $)," "Total Reserves (Includes Gold, Current US$)," World Development Indicators, accessed October 22, 2018; BP, "Oil: Proved Reserves" and "Gas: Proved Reserves," Statistical Review of World Energy, June 2018.
注：表中の地域は、国連統計部の世界地理区分を使用している。

べきであろう。
　ユーラシアの再連結の将来を特に左右するのが、先に述べた、大陸自体の生来のスケールとその補完性である。ユーラシアは、世界最大かつ最も中心にある大陸であり、地球上の陸地面積の[12]三分の一以上を占めている。表1－1で示すように大陸の地下には世界の石油埋蔵量のおおよそ三分の二と従来型天然ガスの八〇%以上が眠っている。ユーラシアの構成国は世界の外貨準備のほぼ八五%を保有し、その一方で購買力平価（PPP）ベースでは世界のGDPの約七〇%を占めており、世界の工業製品の半分近くを生産しているのは言うまでもない[13]。また5G通信から高速鉄道に至るまで、それぞれの分野で革新的な新技術を生み出している。

表1-2　世界の人口上位10か国（2017年）

順位	国	人口 （百万人）	人口上昇率 （年間%）	ユーラシア 領域
1	中国	1,386.40	0.56	Yes
2	インド	1,339.18	1.13	Yes
*	欧州連合	512.46	0.24	Yes
3	米国	325.72	0.71	No
4	インドネシア	263.99	1.10	Yes
5	ブラジル	209.29	0.78	No
6	パキスタン	197.02	1.95	Yes
7	ナイジェリア.	190.89	2.60	No
8	バングラデシュ	164.67	1.05	Yes
9	ロシア	144.50	0.11	Yes

出典：World Bank, "Population, Total" and "Population Growth（Annual %）," World Development Indicators, accessed October 22, 2018.

触媒としての人口動態

米国は技術、軍事費は言うに及ばず、ＧＤＰ、サービス貿易、農業生産などの政治・経済の尺度から依然として傑出したままである。中国とその他のユーラシアの主要国は、それぞれ独自の問題を多く抱えている。しかし、特に東部ユーラシアの国々は、グローバルな政治・経済的優位に向けた復活において少なくとも一つの力強い優位性を持っている。それは、一般的に勤勉で地球上の他のどこよりも人口が桁違いに多い[14]ということだ。表１－２で示すように世界で最も人口の多い国の上位五カ国中三カ国、そして上位十カ国中の六カ国は、ユーラシア大陸にある国々である。繰り返すが、中国は大陸の中でも巨大な人口を有する経済的中核地域にあり、ユーラシア大陸の最も中央に位置している国である。もし、欧州連合がひとつの国であったなら、その人口の規模は世界第三位にランクされるだろう。またユーラシア諸国を一集合体として考えれば、米国の総人口の十倍以上に匹敵する規模を持つことになる。

表1-3　ユーラシアの上昇するエネルギー消費　単位（%）

	中国	インド	日本	欧州連合	米国
1人あたりのGDP（2017）*	13.8	3.7	91.4	68.9	100.0
一人当たりの食糧供給、1日当たりのkcal（2013）*	84.4	66.8	74.0	91.4	100.0
一人当たりのCO2排出量メートルトン（2014）*	45.7	10.5	57.8	38.7	100.0
一人当たりのエネルギー使用量kg石油換算（2014）*	32.2	9.2	49.9	44.3	100.0
一人当たりのエネルギー使用量（2005年と2014年比較）	+60.5	+41.3	-14.6	-14.8	-11.3

出典：World Bank, "GDP Per Capita (Constant 2010 US$)," "CO2 Emissions (Metric Tons Per Capita)," and "Energy use (kg of Oil Equivalent Per Capita)," World Development Indicators, accessed October 22, 2018; Food and Agricultural Organization of the United Nations, "Food Supply – Crops Primary Equivalent (kcal/capita/day)," FAOSTAT, updated February 5, 2018.
注：＊国別数値は米国を基準にした割合

東部ユーラシアの国々は、日本、韓国、マレーシア、シンガポールを除き、概して人口が多いだけでなく相対的に貧困率が依然として高い数値を示している。中国やインドなど多くの国々の中には途方もない富裕層がいるが、しかしそれ以上に、痛々しいほど少ない収入しか得ていない層が存在している。その結果としてほとんどの東・中央アジア諸国の一人当たりの所得と消費水準は、世界的な基準で見ると依然として低いままであり、先進工業国のレベルに到達するには、程遠い状況が続いている。例えば、表1－3で示すようにインドの一人当たりのエネルギー消費量は米国の十分の一以下、そして欧州連合の五分の一のままで、その一方で一人当たりのカロリー摂取量も米国の三分の二、欧州の平均値の四分の三程度である。

ユーラシア東部での巨大な人口と一人当たりの消費量の低さは、この台頭するスーパー大陸の基本的な現実を明らかにしている。それは、ユーラシアとは成長するにつれ食料と資源の世界的探究において地球規模でその巨大な姿を現す運命にあるのだ。特に大陸の東部での、控えめながらも上昇する一人当たりの消費量の増加により、その恐るべき人口規模が将来的に何を意味するのかは明白である。エネルギー消費量とＧＤＰの規模は、米国より下回っているが、中国とおそらくインドがこの双方において米国を越すのは時間の問題であろう。購買力平価ベースのＧＤＰでみた場合、すでにそれは現実のものとなっている。

では、これらの歴史的な経済変化というのは具体的に世界にとって何を意味するのだろうか？　もし、更に相互に作用する競争の舞台がユーラシアに出現した場合、それは世界情勢にどのような意味をもたらすのだろうか？　これらは我々が直面する主要な問いである。

それには、一国だけの発展にとらわれないように留意することが大切である。各国間の連結性は、国内の変化と相乗的に作用しながら、どの国の発展にも更に大きな勢いを与えている。アジアやヨーロッパでの成長と技術の進歩は、その相互作用を活用したものである。

変容は類いまれな我々の時代の顕著な特徴である。中流階級が台頭し、格差が激しさを増す中でも国家は内部で変化を続けている。内外からの深まる経済課題に翻弄されながらも、国境を超えた地域は新たな姿を現しつつある。そして国と地域レベルとの両面でのこれらの壮大な変容は、世界全体にとって重大な意味を持つのである。

全体は部分の総和に勝る

今日の私たちの世界の中で進んでいるほとんどの壮大な変化は、ひとつの国を特定して分析することでは理解することができない。それは台頭する中国でさえもそうである、より広範な相互作用がどの場所においても多くの場合具体的な発展を生み、明白な重要性を与えている。

この相乗性は、そのスケールの大きさとユニークさの両面を持ち合わせたユーラシア以上に顕著に表れている場所は存在しないことはすでに述べた通りだ。現在、ユーラシアで展開される政治・経済的変遷を分析的に捉え、そのより広い意味を把握するために、この研究は相互に関係している四つの概念を用いながら説明する。すなわち、（一）地理的位置、（二）重大局面、[15]（三）大転換点、（四）分配型グローバリズムである。

これらのツールを組み合わせることで、さまざまな決定時における関係者の動機とその手段、システムの安定性と変容の見通し、特定した変化の結果生じる組織体系の特性を明確にしていく。集約すると、これらの概念は、古典的なリベラル秩序への挑戦的な影響にもかかわらず、なぜユーラシアの再連結が着実に進んでいるのかについて、そしてその世界的な影響とは最終的に何なのかについて、深い洞察を我々に与えてくれている。この章で、我々の分析のために前述の概念の有用性を次のように考える。

（一）地理的位置　資源の恵みと潜在的な連結の可能性を見極める。評論家たちの頻繁な主張とは対照的に、現実もしくは多くの地経学的理由からこの世界は「フラット」とは言い切れない。

（二）重大局面　二〇〇八年の世界金融危機を含め重要な転換期の特徴について説明しながら、そのタイミングと過程、そして政治・経済的システムとそれを構成する機関が独自のやり方で変化する因果関係についてミクロレベルの洞察を与えていく。

（三）大転換点[16]　一九九一年一二月のソ連邦崩壊のような広範な転換期を構造的に説明し、組織体系の転換の性質についてマクロレベルの洞察を与えていく。
（四）分配型グローバリズム　規制による割り当てとは反対に、分配によって特徴付けられたガバナンスのシステムについて述べる。恩恵の集中とコストの広範囲な分散による分配構造によって、恩恵を施す側と受け取る側のウイン-ウイン（win-win）関係が成立する。この概念はミクロレベルでの誘因構造に基づいており、マクロレベルでの国際秩序の本質についての洞察を行うことを可能にしている。また同時にシステムの安定性と変容の見通しに関する予測も提供することができる。

我々は、組織体系の変容過程を簡潔に概念化し、そしてその機能的意義の理解を助長するために、社会活動の様々な段階で存在している大転換点の概念に最初に焦点を当てる。そして、今日の国際情勢におけるユーラシアで現在進行中の変容に関する三つの特別な意義を明らかにしていくことを試みる。

中国の大転換

中国の変化は大陸にとって、その規模と成長の勢いによるものだけではなく、その地理的位置も重要な意味を持つ。近年、ユーラシアの経済の中核をなす中国は世代を超えて着実に成長して来た。二〇一〇年には名目GDPで世界第二位の経済大国となり、三年後の二〇一三年には、購買力平価（PPP）ベースで世界一に躍進した。[17]

世界的な影響を与える国の中で中国ほど変化が速く、重大な影響を与える国はない。中国は、結局のところ、地球上で最大の人口を抱え、そして過去三十年以上にわたって歴史上、主要国の中で最も長期間の高い経済成長率を堅持している。その結果、食量、エネルギー、原材料の中国国内の消費パターンは国境を越えて大きな意味を持つようになった。

基本的で永続的な要素である「ロケーション（場所、位置）」は、通常に評価されている以上に政治・経済的成果を形づけるうえで大きな意味をもたらしている。もしオーストラリアやニュージーランドのような南太平洋に中国が位置していたとしても、国際情勢にはほとんど大きな影響を与えないだろう。現実には、中国は人口の多いユーラシア大陸の中心にあり、周囲を十四カ国に取り囲まれている。記録されている歴史のほとんどを通して、これらの近隣諸国との連結性は資源の補完性と勤勉な労働力にもかかわらず乏しい状況が続いており、結果として経済がひどく停滞したのである。

中国は、ヒマラヤ山脈、ゴビ砂漠、チベット高原、タクラマカン砂漠、天山山脈、東南アジアのジャングル、太平洋に囲まれている。このためユーラシアの大部分から歴史的に孤立し続けてきたといえる。だからこそ爆発的に成長する大陸の触媒として、近年、隣国との連結性を高めている事実は、非常に重要なのである。中心に位置する中国のような巨大大国の変容は、必然的に歴史的な大陸への影響を持つことになる。

何年もの間、中国の経済力の向上は、二〇〇八年の世界金融危機で劇的に明らかになるまで覆い隠されていた。世界の他の地域は広範にわたる不況の真っ只中であるにもかかわらず、中国は着実に成長を続けていた。その根底にあった中国の力強さは、当初は積極的な外交や政治、軍事戦略といった行動には結びつかなかった。胡錦濤国家主席が率いる政権は、鄧小平の言明である「韜《とう》光《こう》養《よう》晦《かい》」（自らの力を隠し蓄える）[18]に概ね従った。しかしこのパターンは特に二〇一三年十月に習近平国家主席の一帯一路構想が提唱されて以来、劇的に変わった。中国はついに手に負えないユーラシアを統合するために立ち上がり、内在する新たな経済力と地政学的中心性を用いリーダーシップを発揮し始めた。

中国の習近平政権での大転換は、国内、政治・軍事、外交という三つの特徴がある。国内面では共産党の内政についての中核性と西部・北東部などでの低開発地域に対する関連する配分の優先を重視し、政治・軍事分野では急速な経済成長に見合った軍事支出の拡大を続けている。外交面では一帯一路構想の下でロシア、ヨーロッパ、中央アジア、東南アジア、中東へと今まで以上に組織的かつ戦略的に接触を強めている。

その経済とグローバルな依存関係と防衛予算が伸びるにつれて中国は、巡航ミサイル、偵察衛星、ステルス兵器、人工知能、空母などの戦力投射能力を大幅に拡大しながら[19]、同時に人民解放軍を再編し、七つの戦区を五つの戦域司令部に統合した[20]。また、南・東シナ海では両海上に人工島を建設し、海軍の存在力をより強めることで、強硬に領有権を主張している。その一方で、ごく最近では、ユーラシア近隣諸国、長年の米国の同盟国であるフィリピン、韓国、日本そしていくつかのNATO加盟国と、その地理・経済的強みに基づいた歩み寄りの交渉を始めている。中国はこのように中国の海岸から遠くにある巨大な米国の影響力を削ぎ、単に一地域ではなく世界の一強国として台頭し始めている。連結性の促進は北京にとって主要な手段となり、その増大するハードパワーとそれに見合った分配型のソフトパワーとを相互に補完させながら地政学的な目標を促進させせている。

ユーラシアの大転換

一体となったユーラシアは、資源、人口、地理的規模などいずれも劣らないものを兼ね備えた潜在的スーパー大陸である。しかし一九七〇年代後半までその潜在力は静止状態のままだった。バルカン化された世界の片隅で、無数の対立する管轄地域に分割され、商業取引や共通点のない各国を結ぶ頼

地図1-2　冷戦後の世界で、ヨーロッパとアジアをさらに近づける「大陸移動」

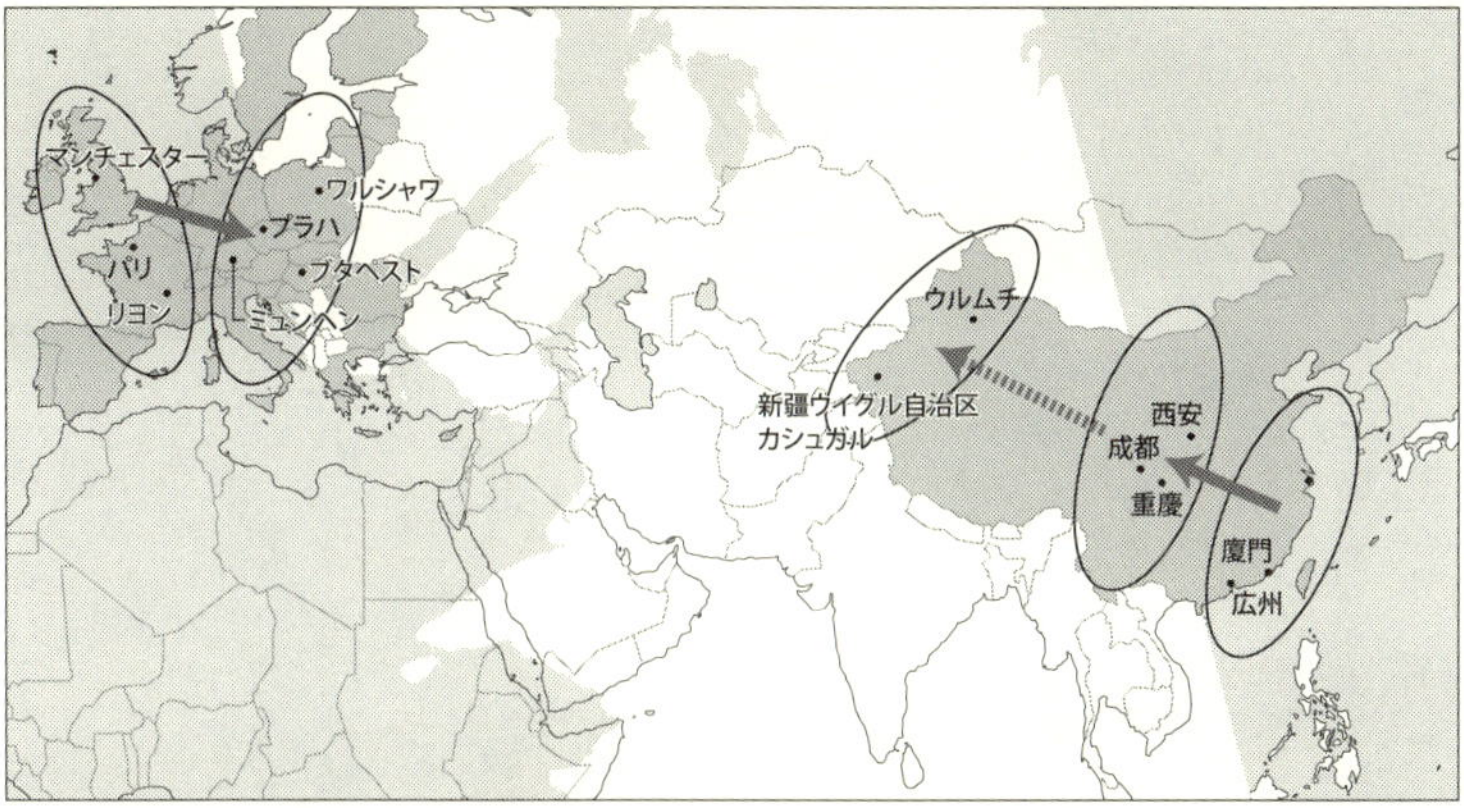

りになるインフラさえもほとんどなかった。中国の四つの近代化（一九七八年）、ソ連の崩壊（一九九一年）、そして二〇〇八年の世界金融危機は、ユーラシアの相互作用と相互依存の可能性をさらに高めた。その展望は過去十年に渡りゆっくりと確実に姿を現し、二〇一三年以降ロシアと西側の間のウクライナ危機、そして中国の一帯一路構想を触媒に促進されている。総合的に見ると一九七八年以降、中国国内の地理経済の変化はより広範なユーラシアの統合をもたらした。これがユーラシア全体の変容の文脈では最も生産的成果だと見ることができる。

　巨大な中国・インドの視点から見ると、ロシアと中央アジアの遥かその先には欧州連合（ＥＵ）が存在している。ＥＵ諸国は広大なユーラシア大陸を横切り、主要なアジアの中心部へと向かっており地理的に非常に近接している。そして「大陸移動」の一連の過程は、冷戦後のヨーロッパの統合と中国の西部開発により始まった。中国の西部開発は地図１‐２で示すように、これは二つの工業中心地を今までにないほど近づけた。

技術革新と中国国内の政治・経済的変化が、この移動に強い勢いを分け与えている。

中国とヨーロッパの経済関係は特に二〇〇八年の世界金融危機以降、急速に深化している。共通し、かつ補完的でもある中国とヨーロッパの製造業の重視、それに呼応し相乗的な複合一貫輸送革命、改善された大陸横断インフラ、合理化された国境通関手続きなど、中国の成長によりもたらされたこれらすべてがユーラシアの正反対の地域が歴史的な繋がりを深めるうえで、重要な役割を果たしている。中国と東ヨーロッパの旧社会主義国家との関係（中国と中東欧地域の計一六カ国との首脳会議「16＋1」の枠組みを通して制度化された。）及び中国と東南アジアとのつながりは特に急速に深化している。二〇一五年のイランの六カ国との最終核合意（包括的共同作業計画ＪＣＰＯＡ）以降、インドとヨーロッパとの経済関係は、インドのモディ首相の故郷であるグジャラート州からアラビア海をわずか五五〇マイル経ただけの地点に位置している、イランのチャバハル港を中継地点として利用しながら成長を続けている。二〇一八年半ばに、この核合意から米国が離脱したことで、ヨーロッパとの関係を発展させるべく中国と競っているインドの取り組みをむしろ煩雑にしている。

過去三〇年間の変化も、より相互に作用するユーラシアの出現を加速させている。「新ヨーロッパ」は、旧ワルシャワ条約機構を元に東欧に出現し、飛躍的に成長しながら中国、ベトナム、モンゴル、さらには北朝鮮と社会主義時代からの長年の絆を持ち続けてきた。一方で、アジア大陸経済、特に中国への相乗的補完性を伴いながら以前よりもかなり東部に強力な中欧の製造業複合体が出現している。一帯一路構想のインフラ支援により促進された貨物輸送や国境通関手続きのスピードアップなどの物流革新は、大陸横断貿易と輸送を今まで以上に簡素化かつ迅速化させながら、統合された大陸内生産と流通チェーン開発の助けとなっている。企業間の取引を指す「Ｂ２Ｂ」や一般の消費者同士の取引の「C2C」など新しいコミュニケーション手段を積極的に活用するeコマース（電子商取引）は、この統合をさらに加速させている。政治面では、ヨーロッパの分裂と移民を含む社会問題が地域の関心を集め、特に東欧での中国の影響を静かに増大するのを可能にしている。

現在、主要な国際機関の中でアジアインフラ投資銀行（AIIB）、アジア欧州会議（ASEM）、アジア相互協力信頼醸成措置会議（CICA）、そして「16＋1」協力の枠組みは、ユーラシア大陸の西と東の地であるヨーロッパと北東アジアを結び付けている。一方、上海協力機構（SCO）とユーラシア経済連合（EEU）は、大陸を横切る際の「通過国」である中央アジアの国々を、ユーラシアの広いチェス盤のようにまとめる助けとなっている。過去十年以上、ユーラシア各地の国境を越えた道路、鉄道、パイプライン、通信、電力インフラは目覚ましいレベルにまでに拡大している。二〇一一年三月、中国からヨーロッパに向かう最初の貨物列車がデュイスブルクを目指し重慶を出発した。わずか数年でその本数は激増し、二〇一七年の一年間で、一週間に三〇本以上の割合で貨物が双方向に運行されている。[21] デジタル革命で誘発された複合一貫物流の革命を活かし、深化したこのインフラは、ユーラシアをますますインタラクティブ（相互作用的）な政治・経済の競争の場に変えている。デジタル革命によって可能になった統合された鉄道、道路、航空、海上輸送も、従来の船舶での海上輸送との競争をますます激しくしている。しかし、この物流革命こそ、中国が核となる大陸横断サプライチェーンの急増を促しているのだ。

ここからの本章後半で示していくが、ユーラシア全体を横断し、また特に中国国内で見られる、これら二重の大転換点は潜在的な相乗効果を兼ね備えている。中国国内の発展とともに中央アジアから中央ヨーロッパに至るまでのパートナーの発展によって牽引され、ユーラシアの歴史的統合は起こりつつあるが、もしも米国が特に反応を示すことなく、無関心であった場合には、それらの二重の連結はユーラシアのスーパー大陸への期待を深め、結果的により一層広範囲にわたり、グローバルな再編成を引き起こす可能性がある。

地球規模の大転換は差し迫っているのか?

ユーラシアは、地球上で地理・経済的に最大の大陸であり、世界の人口の約七〇%を抱え、名目GDPの六〇%以上を生み出している。また購買力平価(PPP)で算出した場合には、その割合は七〇%近くにまで上昇する。ただし内在的な連結性は、依然、欠如したままである。

ユーラシア大陸最大の国々である中国、インド、そしてロシアは、地理的に隣国同士であり、経済的には補完関係にある。この三カ国はインフラの緊密さや制度化された多国間ネットワークの束縛をいまだ受けてはいない[22]。しかしながらこの大きな大陸主義勢力が近接しているということは広範な地理・経済的影響を持つことを示唆しており、今後地政学的な影響を深め合うことで、より深い相互依存とより熱心な制度的な関係を構築することも十分にあり得る。

補完性は経済分野が、その発端となる。例えばロシアは、エネルギーと武器の両方の主要輸出国であり、インドはサービス分野で洗練された生産国である一方で、中国は高い競争力を持つ製造業の国である。ロシアは世界の他の地域で競争力の問題を抱えているにもかかわらず、アジアの巨人二カ国へのエネルギーと武器の主要輸出国である。地政学的な違いがありながら、特にこの世界最大の大陸の中心的地位を共有していることで、三カ国メンバー間の集団的で地政学的な共通利益に対する協力と相互依存関係には強い必然性が存在している。

ヨーロッパの経験は、大きな隣国間が安定した関係をつくるための触媒となるより小さな力の重要性を示唆している。第二次大戦の結果、例えばベネルクス三国（ベルギー、オランダ、ルクセンブルク）は、欧州経済共同体の中核となる創設メンバーとしてフランスとドイツを結びつける重要な役割を果たした。特に、ベルギーの首相と外相を歴任し、欧州石炭鉄鋼共同体の議長に選出されたポール・アンリ・スパークは、欧州経済共同体（ＥＥＣ）の設立に重要な役割を果たし、後に北大西洋条約機構（ＮＡＴＯ）の第二代事務総長にも選出されている。

多くのことが、ユーラシア大国同士が互いに協力する能力、またはその反対に相互の対抗意識をもって激しく競争するかにかかっているのである。中国、インド、ロシアという巨大な国々が結合すればその協力関係は世界情勢の中で、アジアが卓越性を発揮する世界的な大転換点の到来を加速させることになる。一方で彼らの意見が合わない場合、その大転換点の到来は遅れるか、もしくは完全に失敗してしまうだろう。

ヒマラヤ山脈を隔てた中国とインドの国境紛争を含んだ、ユーラシア域内の地政学的対立[23]は疑いの余地なく確かに残っている。しかし、ユーラシアの主要国である中国と欧州諸国は、米国を抜きにして国際情勢の中心となる新たな結びつきを築いている。我々が後から見るように最も顕著なのは、五世紀以上前にヨーロッパからインドに向かったヴァスコ・ダ・ガマの歴史的な航海以来、長い間ほとんど衰退していた歴史的なシルクロードの結びつきを再生し、彼らがユーラシアの隣人との新たな関係を発展させていることである。

ユーラシア大陸間の連結性と相互作用の深化を推進するうえで特に重要なのは、広範なグローバリゼーションには反対したとしても、大陸の地域統合を実現するために特別な動機を持つ「地域統合者」としての幾つかの中堅国家の存在である。彼らは六十年前のヨーロッパでのベネルクス三国と同じような役割を担っている。エルドアン大統領のトルコ、ミルズィヤエフ大統領のウズベキスタン、ナザルバエフ大統領のカザフスタン、ルカシェンコ大統領のベラルーシなどの小・中国家は、習近平の中国とウラジーミル・プーチン率いるロシアのような巨大国家の間で巧みに動いている。小国が驚くほど重要な触媒の役割を果たすことで、隣国をサブグローバルなユーラシア大陸主義の連携関係に積極的に引き込もうとするのには、各国それぞれ様々な理由がその背景にある。

同じく大陸主義志向国で顕著なのは世界一一位の人口と大陸で二番目に大きいエネルギー埋蔵量を持つイランだろう。米国から疎外されているイランは、米国主導のグローバリズムを強く拒絶しているが、ユーラシア大陸主義は自分たちの気質に合うと考え、上海協力機構（SCO）への加盟を積極的に求めている。イランは、偏った大陸志向の最も特異なケースを明示している国ではあるが、米国の影響を最小限に抑えるために大陸主義の秩序を構築しようと奮闘している点では、ユーラシア大陸主義と類似する点もある。米国は明白にユーラシア大陸を遠巻きに囲んでいるだけであり、ユーラシア大陸主義はイランにとっては便利な手段なのである。

ユーラシア諸国が、より広範で集団としてグローバルな役割を果たせるような潜在的な意義を持つ多国間の地域機関は、地域機関が半世紀前にヨーロッパで実践したように進化し始めている。例えば、アジア欧州会議（ASEM）一九九六年設立、アジア相互協力信頼醸成措置会議（CICA）一九九九年設立、および上海協力機構（SCO）二〇〇一年設立は、それぞれユーラシア諸国を広く組み込んでいるが、どの機関にも米国は含まれていない。特にSCOはパキスタンだけでなくインドが加盟し、イランが積極的なオブザーバーとなった二〇一七年以降特に、ユーラシア首脳間の個人的な結び

表1-4　国際秩序のシステム

		ルール主体	
		Yes	No
リーダーシップ構造	単一構造	規則型 （ブレトン・ウッズ協定）	朝貢型 （伝統的な中国の国際秩序）
	複合構造	勢力均衡型 （ウィーン体制）	分配型 地域主義/グローバル主義 （一帯一路構想）

つきを深める有効な役割を果たし始め、政策調整のためのフォーラムを提供している。十年前にSCOは対テロ対策を中心に活動していたが、その機能は近年ではエネルギーとインフラへと領域を拡大しており、一帯一路構想はその力を最大限に発揮するための大きな刺激となっている。

よく議論されているように、ユーラシアの大規模な国々は「ビッグパワー」であるという意識と、互いに異なる地政学的目標を確かに持ちあわせている。しかし彼らは変転する大陸に位置し、その相対的な影響力も変化し続けている。小国がより積極的になり、連結性は急激に深まっているのだ。そんな中、中国の一帯一路構想の分配政策は、これから示す特徴により、連結プロセスを加速化させ、さらには構想自体を魅力的にしている。

連結性と政治経済：理論的視点

連結性がどのように現実世界の国内外の政治経済と関係しているかを理解するためは、まず、はじめに草の根レベルのその誘因構造を把握することが重要である。我々の出発点は、セオドア・ローウィによる政策決定の三つの機能カテゴリー（分配、規制、再分配）の分析である。これら三つのタイプのケースで生ずる「費用とコスト」は、ローウィが指摘するように決定的に異なっている。表1－4は国際秩序の各システムが意味するものを示している。

規制と再分配の政策は、広範囲に恩恵を分散させるが、コストは集中させる。一般社会階層の人々と様々な状況に広く適応するため、多くの点で公平である一方、コストが明らかに集中し、恩恵は分散する。まさにそのためにこの政策は、実施の際に対立や抵抗を誘発する傾向がある。対照的に分配政策は、政治的に適った恩恵の集中とコストの分散という特徴がある。この分配政策は、「利益誘導型」としてよく揶揄されるが、フランクリン・D・ルーズベルト大統領のニューディール政策から日本の自民党保守政権に至るまで歴史を超えた、永続性のある民主体制の基盤であった。[24]

異なる政策タイプが生み出す対照的な誘因構造を主軸としたローウィの区分は、国内外の政治の道理にかなっている。国際的な領域においての「規制」システムは法に則り、その普遍性、脆弱性それと誘因構造から生じる対立に向かう性質がある。対照的に、「分配」システムは恩恵を集中させ、コストを分散させるまさにそのために対立の可能性が低く、政治的に魅力的に映る傾向がある。

概念的に、これらの区分は国際体制を比較し類型化することを可能としているが、つまり、議論されているさまざまな国際体制がどの程度複数の主導者を持つか、コストと恩恵の構造はどうか、といった点を基に分析することができる。[25] また、国際的に指示を出したいという願望を具体化するための分配に基づく構造は、一般的に「分配型グローバリズム」と説明することができる。近年の中国の一帯一路構想はこのカテゴリーに該当しており、また一九四〇年代後半の米国のマーシャルプランもいくつかの点で同様な性質を持っている。

前述のカテゴリーは抽象的であり、現実の世界で特定の体制に正確に合致することはまずないが、記憶を呼び覚ますものではある。第二次世界大戦後の古典的なブレトンウッズ体制は明らかに規制型であり、近年の中国の一帯一路構想は分配型に当てはまる。我々が提起するこの区別は、より広範な世界での規範的な受け入れの可能性と政治的な受け入れの可能性に関して重要な意味を持つと言える。

分配型グローバリズムは解決策なのか？

前節で、恩恵を集中しコストの分散を誘因する分配型グローバリズムを紹介したが、中国の一帯一路構想によって象徴されるこの実践的なタイプは、多くのインフラの支援を通してユーラシアの連結性を推進している。理論と中国の実践の両面において分配型グローバリズムは普遍的な規則を持たず、相互の国同士の同意のみを基にその場その場で運用されている。対照的にブレトンウッズ体制のような規制型は、明確で透明性のある規則を持っている。

例えば道路、鉄道、貿易制度や通信システムに関わらず、連結性は人間の慎重な意思決定によって進展する。それらの決定は複数の当事者間の相互作用を必然的に引き起こすが、対立と協調といった極端に異なる影響を持つ三つの対照的な差異をともなう。分配政策はローウィが指摘したように、物資の制約のあるなしに関わらず可分可能な物資をほぼ無限に分割することによって、社会的対立を最小限に抑えることができる。恩恵が集中すると、一方ではほとんど目には見えない形でコストが広く分散していく場合が多い。分配政策には米国大陸横断鉄道建設資金を生み出した、一八六二年のモリル法によって認可された無償土地払い下げプログラムがその一例として挙げられる。中国の一帯一路構想はおそらく多くの場合、この分配型の直接の関与者に共に利益となる「ウイン‐ウイン」を与える特徴を持つ。つまり、割り当てが物議を醸し出さなければ、そのグローバルな受け入れと結果として生じる成功の見通しを示すことができる。分配型の恩恵は通常、当局によって振り分けられるので、野党よりも現政権への分配の方が大きく、マレーシアやスリランカで最近起きたように政権交替時に潜在的な混乱を引き起こすこともある。

このようなシステムは国際関係の確立した理論にどのように関連しているのか、そしてユーラシアと、あるいはより一般的に将来の世界にとって、ひとつのガバナンスの形態としてどのくらい実用的であるのかが問われるかもしれない。分配型地域主義と分配型グローバリズムは、どちらも締約国の同意以外に明記したどのような規定も欠いているため、分配型グローバリズムを理想的と容易に断定することはできない。著しく連結性に欠けるユーラシアのような大陸の地経学的中心にある中国の管理下では、そのような政策は明確で現実的な意味合いを持つ。これらはいわゆる「小切手外交」の側面を持ち、スリランカ、マレーシア、パキスタン、モルディブで最近起こったとされるような無分別の発展の結果により、受け手の「債務の罠」[26]を生む可能性がある。後で述べるように、中国のやり方はしかしながら、往年の米国のマーシャルプランのようであり、一方的な「朝貢体制」とはかけ離れている。それは歴史の上に構築され、それをもはるかに超越するユーラシアの再連結の、より広範でより多元的プロセスの一部分である。もし財政的に負担が可能で、特に不利な立場にある反対派からの潜在的な反発に対処することができるならば、中国の一帯一路構想を部分的に含む分配型グローバリズムは、最終的に世界情勢のやり方を変える効果的な方法となりうるかもしれない。また中国とおそらく他の非民主的な勢力にとって国内の全面自由化がもたらす混乱から国内を守り、グローバルなリーダーシップの役割を潜在的に確保することも可能にするかもしれない。

結論

産業革命からの二世紀半は、世界史の長い流れの中では変則的な幕間の時代だった。それは東洋の分断と相まってつかの間のアメリカの政治・経済的支配の時代を象徴しているが、今やアメリカは衰退期に入っているのかもしれない。イギリスのEU離脱やドナルド・トランプの貿易政策で示されたように、経済自由主義の明らかな衰退は世界の一つの主要な展開である。同時に重要なことは、中国の政治経済の劇的な成長と変容、新しいユーラシア大陸主義の台頭、そして爆発的に急成長している「南南貿易」（南の途上国間での貿易）である。

このような歴史的変化は長年無視され続けてきたものの、永続性があり深く根付いている地経学の現実を背景にして起きている。中国は東アジアと東南アジアのダイナミックな隣人たちに囲まれながら、十四カ国と国境を接している。また、地球上でもっとも巨大な人口と世界で三番目に広大な領土を有し、大陸の地理的中心にあるこの国は戦略的に重要な位置にある。ただし、ユーラシア大陸の残りの部分やより広い世界との連結性は確かに歴史的には乏しい。

このように一帯一路構想の中核にある連結性への取り組みは、実現すれば中国の権力と影響力に相乗効果をもたらす可能性がある。その一方で、分配型政策を通じてインフラを提供し、政治経済の安定を促進させることにより、隣国や大陸の反対側のパートナーたちにも活気を与えることができるだろう。インフラは、鉄道から電力網や電気通信システムに至るまで、貿易、投資そして文化交流を含む互恵的な取引を可能にする。また、中国に触発された「16＋1」フォーラムなどは大陸の見過ごされている諸国の緊張を高めるかもしれないが、ユーラシア大陸全体の相乗効果の深化への展望を開く。

深化するユーラシアの相互依存関係の中で、特に主要な経済センターである中国とヨーロッパ間の連結性の高まりは、古典的なグローバリズムの侵食が組織体系に与える影響を拡大して見せる力がある。それは同様に中国に利益をもたらす世界情勢の決定的な変容を加速させるが、中国自身の台頭より遥かに多くのことを関連付けている。分配型グローバリズムを通じてユーラシアは、このように再連結され、スーパー大陸として台頭し始めている。そのグローバルな影響について考えるのが次章以降の主題である。

第二章

シルクロード・シンドローム

我々は主に冷戦後の三つの重大な展開、つまり中国の台頭、ソ連の崩壊、そしてヨーロッパの変容が、スーパー大陸の様々な重要性を担い、かつてないほど相互作用をもたらすユーラシアを生み出していることを見てきた。

しかし、ヨーロッパ人、中国人、さらには広大な大陸をまたいだ先の人々は、すでに集中的に互いに関わりあった歴史を持ち、大陸を横断する東西の知的・経済的交流は由緒あるユーラシアの伝統なのである。

産業革命以来、過去二世紀以上にわたり世界情勢は、主に大西洋を基軸として展開してきた。はじめはイギリス、そして次は米国が圧倒的な世界の大国であった。今日、複数のアジア諸国の台頭によってアジアとヨーロッパの大陸間の結びつきが深まる中、大西洋のゆるぎない覇権の時代は紛れもなく幕を閉じようとしている。かつての時代の傾向が戻ってきているなか、隔世遺伝的で歴史的なパラダイムを我々は理解しなければならない。

地経学的に意味ある大陸の大きさと内部の補完性を与えられたユーラシア全体は、常に世界情勢に影響を与える大きな潜在力を持ってきた。たとえば、チンギス‐ハンやフビライ‐ハンの時代に統合されたユーラシアはかつて、スーパー大陸の役割を果たしていたはずだ。しかし、深刻な不確実要因は、大陸のみではなく国家レベルでも常に内部の結束とアイデンティティの問題に起因しており、実際、都市を超えたどのような種類の横断的な社会意識も、ユーラシアの中で欠けている状態が何世紀も続いていた。本章では大陸相互依存と長年に渡り共有される意識の変化に富む苦難の過程を年代順に追いながら、ユーラシアのその結びつきがグローバルシステムにもたらす意義についても考えていく。

ユーラシアの大陸主義の過去と将来の展望を辿《たど》ることは、ユーラシアが地理的にどのように構成され、何を除外しているのかという点から現今世界に特別な意義を持つ。第一章で提起したように、中国はユーラシアの東側の最も肥沃で、居住可能な人口密度が高い地域の中心に位置している。やや力は劣るが、西側諸国で地位を確立しているドイツが同程度であると言える。

中国以外に世界最大の政治経済力を持つ米国は、地理的に巨大なユーラシア大陸とはつながっておらず、遥か彼方に位置しており、同様に米国の最も親しい同盟国である英国と日本も同じように大陸とはつながっていない。米国はユーラシアのランドパワーそのものになる願望を抱いたことはない。米国の世界に浸透する影響力にもかかわらず、そうなることが地政学的に見てもどんなに難しいことかをよくわかっているからである。中国西部からヨーロッパに向かうユーラシアの大平原の地理的障壁は限られていることで、ユーラシアのどんな統合の深化も米国やその他の海洋大国の力を弱め、グローバルな場面での中国、ロシア、ドイツ、フランスの地政学的影響力を強める傾向を持つ。

国家的でも都市レベルでもない、この複雑な大陸全体の連携と何世紀にも渡るその様々な社会・経済的に具体化したものを概念化するうえで、我々は初めに有名な医師イブン・シーナ（ラテン名アビセンナ、九八〇年～一〇三七年）によって提唱され、今日も医学の分野で頻繁に用いられている「シンドローム（症候群）」の概念[1]を用いる。イブン・シーナは一貫して同時に起こる一連の「複合」相互作用をシンドロームと定義した。我々はこの「シンドローム」という用語を、特定の反応要素が歴史を超え、周期的に執拗に起きていることを示すために、本章で広く用いていく。

ユーラシアにおいては、何世紀にも渡ってヨーロッパとアジアの異なる人々が、ともに根底にある一連の繰り返し発生する横断的な文化や社会、地経学的な現実に取り組まなければならなかった。それは互いに密接に関連し合い、ユーラシアの地理的特質を反映するものである。この大陸は巨大で、複数で重複する管轄権、多くの統治があまりされていない地域、そして異文化間の理解を欠く多様な人々からなる。ユーラシアの世界は、歴史的にほとんど主権国家の体制となっておらず、むしろより典型的なのは様々な都市国家と共に神聖ローマやオスマン帝国のような複雑な国家であろう。制限されたうえに統治権が重なり合うなかで、仲介役が必然的に卓越性を発揮するような世界では、一方でその指導者は大陸の大部分を統一するために独裁的である必要がある。社会・経済取引は階級的でない異文化間交渉と仲介が一般的に伴うが、透明性と効果的な履行の両面で欠けている場合が多い。この個人が影響を与え透明性に欠ける物々交換のパターンは、名目上の国家の内部で、また国家間で普及したものだ。

約二一五〇年前、中国皇帝の特使・張騫《ちょうけん》は地域貿易に重大で長期的影響を与えた外交使節団として、中央アジアへ初めて派遣された。一四〇〇年後にはマルコ・ポーロがヴェネツィアから中国への二十年以上を費やした壮大な陸路旅行（一二七一年〜一二九二年）によって、東西の文化交流の概念を広めた。そして、今からおおよそ一四〇年以上前、ドイツの冒険家だったフェルディナント・フォン・リヒトホーフェンが何世紀も前に張とポーロがかつて歩いた地域を横断後、一八七七年に「シルクロード」と命名している。

シルクロードの抽象的な概念と物理的な現実は、長年にわたり存在してきた。おおまかに言えば「シルクロード」の概念と実体のいずれもが、米国の支配がない東西の異文化間の相互交流を意味していると言える。シルクロードの概念自体の人気はもちろんのこと、異なる「複数のシルクロード」に沿って、人と人とが関わり合う相互作用が増す中で、歴史の至るところで途方もない変化が起こり、多くの出来事が繰り返されてきた。本章では、我々は世界の異なる場所で歴史を超えた「シルクロード」[2]が変化しながらも構造的に相似する方法で使われていることを検討していく。そして、東アジア、南アジア、ヨーロッパ、旧ソ連、中東、そして時にアフリカでも起こった、東西大陸横断の相互作用の歴史と関連付けることで「シルクロード・シンドローム」の特異な共通性について最大限明瞭に把握することができるだろう。また、前例のないグローバルなシステムに波及する影響とともに、我々に「ポスト・ポスト」冷戦の世界において、現在展開するユーラシアが相互依存を深め、中核となっていく変容の歴史的性質を示してくれるはずだ。

古典的シルクロードの歴史

石器時代の初期から、人間は作物を育て家畜の世話をするために磨かれた石器を使い、ユーラシアは定住と遊牧の二つの異なる社会に分かれ始めた。そして、地理的には西側のコーカサス山脈と東側のアルタイ山脈と天山山脈によって分離されていた。大陸の肥沃な縁に沿って猟師は農民になったが、彼らは広大なユーラシア大草原を横切り、馬、牛、ヒツジなどの家畜の群れを引き連れて移動もした。時には遊牧民とその家畜の動きは定住した農民の生活を脅かし、作物はいとも簡単に群れの襲撃でだいなしにされた。

時折、住むところを追われた遊牧民は、西アジアと最終的には東欧にまで、もっと肥沃な草原を求めて西方に移住していった。トルコ人がその血筋を受け継いでいると言われるフン族は、その中でも特に卓越していた。[3] こうしてモンゴルの草原の中の同じ祖先に由来する北東アジアと東欧の人々をつなぐ遺伝的な結びつきが出現した。これらの結びつきは、東西間で初歩的、実体的レベルでユーラシアの人々を今日まで繋がり続けさせている。

紀元前六〇〇〇年頃、馬に乗った遊牧民の移動はユーラシアの大草原を横切りながら広がって行った。それから二〇〇〇年も経たないうちにユーラシアの農業地帯に隣接していた遊牧民は、「兵器としての馬を使いこなす」ためにアーチェリーと馬術を組み合わせた。[4] これらの騎兵の出現によって組織化された貿易とコミュニケーションが、ヨーロッパとアジアを結ぶ広大な草原を横切り始めた。つまりユーラシア中心部の途方もない距離を超え、東西の多様な民族をまとめ始めたのはやはり遊牧民だった。

絹の生産はすでに紀元前三〇〇〇年頃に始まったといわれているが、中国の古代芸術であった。絹織りと織物は三〇〇〇年前、周王朝（紀元前一〇四六年―前二五六年）の民謡の中でも紹介されるほど普及した。しかし絹は、中国の西方と北方の遊牧民にとっては希少であり、憧れの品[5]だった。

その一方、古代中国では軍事革命が始まろうとしていた。紀元前五世紀には秦、趙、燕を含む七カ国の農業国家が出現し、覇権と存亡のために一騎打ちを相互にまた機敏な北の遊牧民とも繰り広げた。遊牧民の洗練された馬術を駆使した戦術的優位を把握し、武霊王の下の趙は紀元前四世紀に騎馬戦闘を強化した軍隊に再構成した。趙の取り組みは、広大な草原でしか育てられない驚くほどの持久力を兼ね備えた丈夫で足の速い馬の必要性を高めさせ、そうした優れた馬が中国全土に広がって行った。

こうして優雅な絹の見返りに草原の迅速な馬を得る、というユーラシア大陸間の交易のための初期の土台が姿を現し始めた。他にも重要な産物があったが、特に新疆の鉱山で取れる翡翠は初期からの長続きする対象物であり、また馬と絹の交換は安定した取引の方程式を成り立たせ、これがシルクロードが繁栄し始める基盤となった。

後にシルクロードと命名された交易路に沿って、最初に旅をしたことが確認されているのは漢宮廷の使者であった張騫《ちょうけん》である。張騫は漢に対して伝統的に友好的な騎馬民族の月氏と交渉するために西方へ派遣されたが、より敵対的な騎馬民族の匈奴《きょうど》(6)に抗する同盟を説くことが目的だった。ちなみに今日のモンゴル人は、匈奴の血を引いていると言われている。張は匈奴に捕らえられ、一〇年間過ごすことを余儀なくされたが、その間に伴侶を得て子供をもうけている。しかし、張騫は西域横断の彼の驚くべき一三年間の旅の詳細を漢の武帝に報告するため、最終的に現在のウズベキスタンのあるフェルガナ渓谷方面へ西に向かい匈奴の地から脱出した。そして、ついに紀元前一二九年、張騫はオクサス川の河岸にある月氏の宮廷へとたどり着いた。張の西域についての報告の原本は残念ながら失われてしまったが、彼の使者としての旅は、その後何人かの著名な歴史家によって細部にわたり詳しく再現されている。(7)

地図２－１に示しているように古典的シルクロードには、四つの入れ替え可能な組み合わせがあった。これらには東域（タクラマカン砂漠の北と南）への二つの異なるルートと二つ以上の西域（カスピ海の北と南）ルートが含まれていた。これら複数のシルクロードの東の終点は、時代によって変わったが中国の首都である長安（現在の西安）、洛陽、大都、そして北京であった。確立された西の終着地点には当時のヨーロッパ大陸の最も中心だった全盛期のローマとヴェネツィアが含まれていた。

交易路に沿った古典的なシルクロードは、中国から西方にねじれ、ゴビ砂漠を横切り、さらに荒涼としたタクラマカンの北と南でカシュガルに向かって中央アジアを横断していた。サマルカンドからのルートのひとつは、六世紀にトルコ人によって拓かれたが、(8)ロシアの中核地帯にあるヴォルガ川を

地図2-1　古代シルクロード

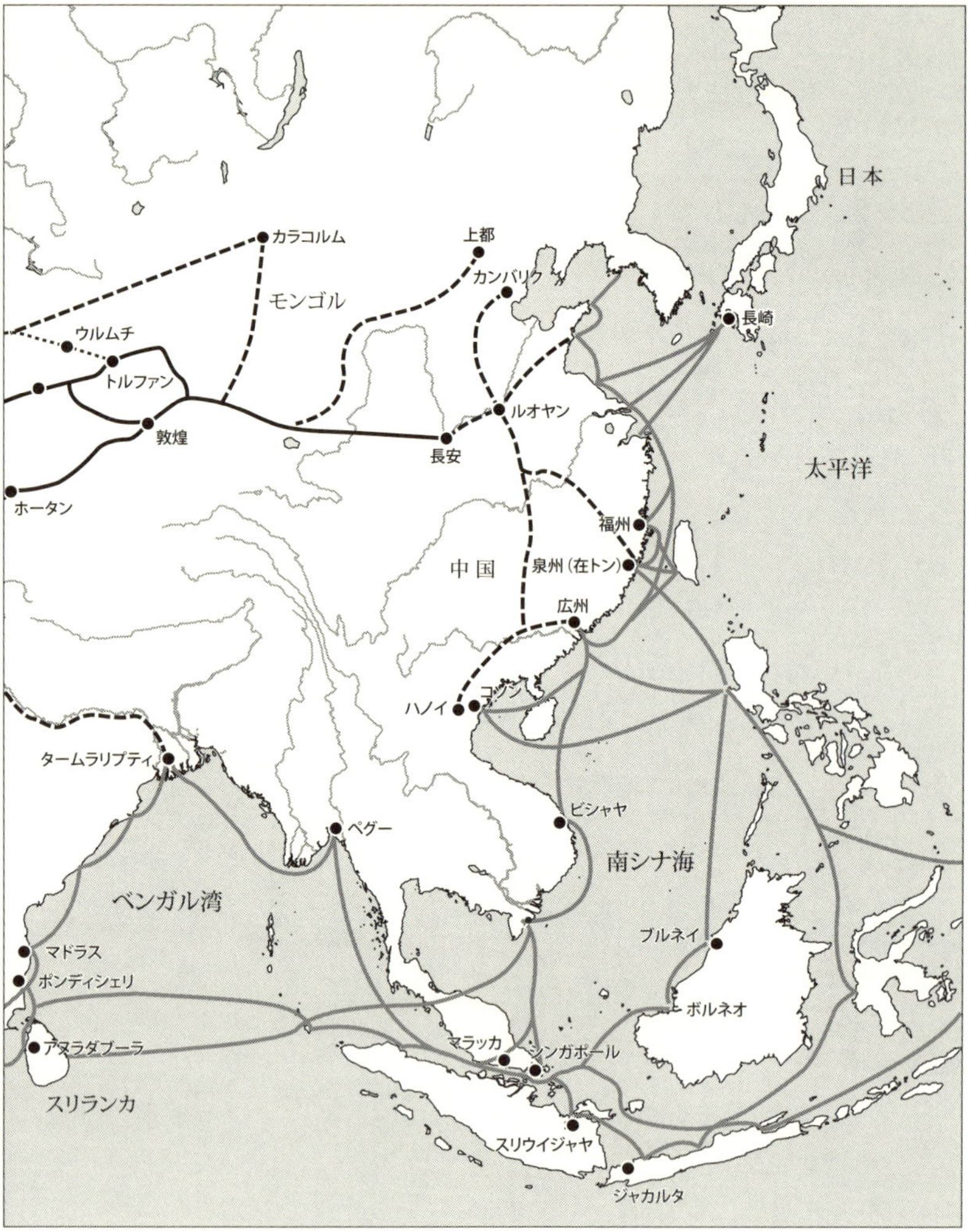

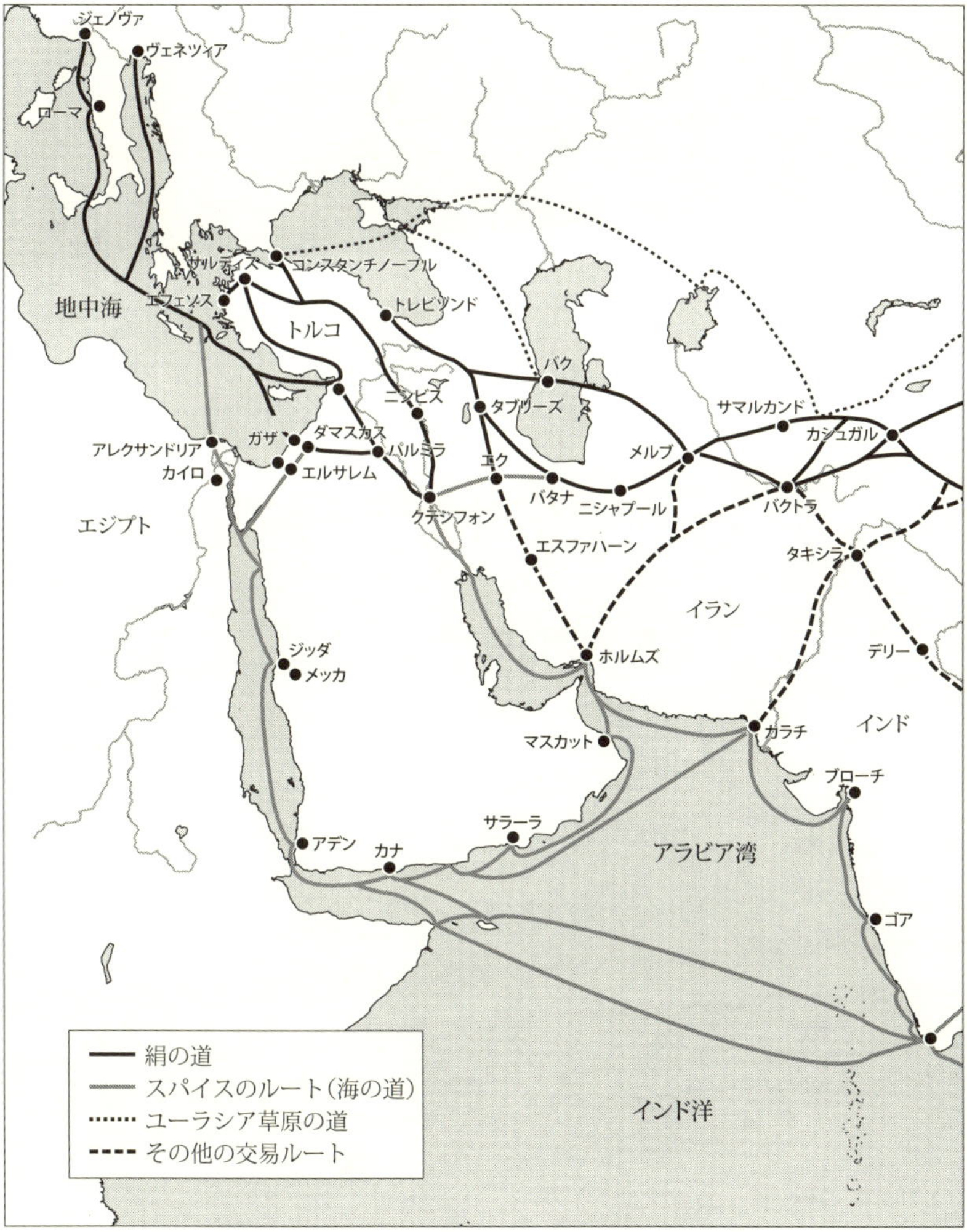

出典: United Nations Educational, Scientific and Cultural Organization, “About the Silk Road,” Silk Roads: Dialogue, Diversity & Development, accessed June 24, 2018, https:// en .unesco.org/silkroad/about-silk-road.

横切り、カスピ海の北を曲がって進んでいる。最も多く利用されていた主要路はカスピ海の南のペルシャを渡り、トルコのコンスタンティノープル（イスタンブール）に向い、そこからはヨーロッパのボスポラス海峡を横断するルートだった。

シルクロードは一般的に単一で途切れのないのものだと考えられているが、現実にはユーラシアを横断する複数のルートが存在していた。近年になるまで、個人が物理的ないし政治的にシルクロード全体を旅することができるような時代はほとんど存在していない。最初に歴史に記録されている旅人である張騫は、長安からフェルガナ渓谷までシルクロード全体のおよそ三分の一の距離しか巡っていないが、旅の期間は一三年に及ぶものだった。マルコ・ポーロは、十三世紀にその全長を旅したと伝えられているが、しかしそれには二〇年以上の年数を要している。絹やその他の交易品は漢王朝とローマ帝国の間の商取引をはじめとして、多くの時代において端から端まで確実に渡って行った。一方で商業と幅広い情報の流れは、ミドルマン（中間商人）を通じて行われていたが、彼らは概してシルクロード全体の知識を持ち合わせていたわけではなかった。

独有なシルクロードの習性

様々なタイプの中間商人が、このようにシルクロードの古典的な歴史の中で、大きくその姿を現していた。個人レベルでは交易商人、宿屋の主人、聖職者が、通過地点や旅人たちのための避難所を管理し、常に重要な存在だった。また幅広い社会・政治的レベルでは都市国家と帝国がシルクロードでの商取引で自然に得た大きな利益で栄えるなか、中間商人が貿易と道に沿った都市国家と帝国の変化する政治的な情報の流れを伝え歩く重要な役割を担っていた。シルクロードの歴史の中で、ウェストファリア的主権国家の感覚は何世紀にもわたって意外なほど、重要視されることはなかった。

シルクロードの統一性と活気は、歴史の中で激しく変動した。強力な支配者と王朝がシルクロードの多くの地域に姿を現した時、商業とコミュニケーションも同様に繁栄したが、中央集権力が低下すれば、逆に商取引は難しくなった。したがってシルクロードは、次の三つのし烈な時代に優れた統一性が取れていた。

（一）紀元前一五〇年から西暦二五〇年‥張騫の外交使節団から漢王朝の終焉までのおおよその期間である。中国が外部と接触を図ろうとしたこの時代は、東と西の帝国が決定的に分裂した紀元前二七年から西暦三九五年まで存続したローマ帝国の歴史と重なっている部分が多い。

（二）西暦六〇〇年から一〇〇〇年‥大体唐の時代（六一八年から九一七年）とイスラムの征服とサッファール朝の終焉の間のペルシャ。

（三）西暦一二〇〇年から一四〇〇年‥モンゴルの中央アジアとイラン征服（一二二一年）と中国の元の終焉（一三六八年）までの期間。

（三）の後半時代、モンゴルはほぼすべてのユーラシア大陸を支配し、広大な地域を横断し商業を大きく促進させていた。強力な統治者の保護の下にあることをはっきり明記し、安全な通行を保障した書類であるパスポートの概念を生み出したのは、興味深いことにモンゴル人だった。モンゴル人のパスポートは、歴史的書字板として知られており、安全な通行と帝国全体の中継地点へのアクセスを保証していた。また同様に新鮮な食料と交代と補充用の新馬を提供するなど、政治・経済的保証の典型として全盛期のシルクロードの繁栄を助けた。(9)

政治・経済的保証は、貿易を円滑にするために常に役立った。モンゴル帝国の覇権時代を除き、シルクロードに沿った政治的支配権は断片化されており、中堅レベルのガバナンスが繁栄のためには欠かせなくなった。このように、シルクロードは貿易で栄え、一時期は重要であったものの長く忘れられた中央アジアの数々の王国を生みだしたが、大陸を横断する経済交流が衰退するうちに、忘却の彼方に押しやることになってしまった。これらの脆弱な体制は、全盛期でも、現在の西側主権国家特有の正当性と制度的な強靭さに完全に欠けていた。

重要な「中間商人」王国としてシルクロード沿いに東西を最初に結びつけたのは、パルティア王国だった。この国は紀元前二四七年から西暦二二四年まで四世紀以上にわたってペルシャを支配していた。その後、インドから中国への仏教の伝道に貢献し、近年、イスラム原理主義勢力タリバンによって破壊された有名なバーミヤン仏教石窟を建立したクシャーナ朝が紀元前一三〇年から西暦三〇〇年に至るまで、インドと中央アジアの一部とアフガニスタンを統治した。コンスタンティノープルが陥落し、西暦一四五三年にビザンティン帝国が滅びるまでの千年に近い期間、キャラバン（隊商）とペトラ、パルミラ、ソグディアナなどの通商交易都市は重要な役割を果たした。

中国・西洋・イスラム文明の発展における古典的シルクロードの重要性については、あまり知られておらず、詳細を述べるのは難しい。唐時代にペルシャから渡ってきた香辛料の中国料理での役割は、中国から欧米に渡った紙と火薬の役割と同じように発展した具体的で永続性のある合流がもたらした結果だった。中国磁器も同じようにイスラム世界と西洋の双方で飾られた。宗教的な概念、仏教、マニ教、ネストリウス派キリスト教も同様に交易路に沿って絹と共に移動した。しかしながらすべてが概ね市場の力と無原則な軍事行動、そして対人取引のネットワークを通して達成され、政治的権力には限定的な役割しかなく、国民国家による戦略的意思決定には全く関係なかった。

一〇〇〇年以上もの間、古典的なシルクロードは、地球上最大かつ潜在的なスーパー大陸と世界文明の中心とを結ぶ東西間の主要なルートだった。顕著なのは、西半球は単なる付け足しのような存在でしかなく、世界情勢の主要な流れから完全に孤立していた。しかし、世界全体の政治経済が後年見られるように統合されているわけではなかった。

一〇年の間の二つの壮大な航海――一四九二年のアメリカ大陸へのクリストファー・コロンブスと一四九八年のインドへのヴァスコ・ダ・ガマ――の発見によって、世界の地平線はユーラシア大陸を超えて突然開かれた。北米・南米、アフリカ、北西ヨーロッパにある航海の中心地と、それらを繋げた大西洋は世界的にますます重要になる一方、産業革命によってヨーロッパの卓越性はさらに強化されて行った。中央アジアの中間点と東アジアの終点を含むシルクロードの相対的な重要性は何世紀にも渡る歴史の中で色あせていった。一方海路は繁栄し、それを支配する海洋大国が世界的優位性を増大していった。

古典的シルクロードに欠けていたもの：中国の支配のための手段

よく聞くのは、中国が歴史的にシルクロードの主要な創造者であり、シルクロードを支えていたというものだが、それはまさに明王朝の宦官であった鄭和のことを指し示しているように思える。鄭はホイと呼ばれた中国人のイスラム教徒で、サンタ・マリア号の三倍の大きさの船で編成された大船団を率いて、七回もの遠征に出かけたが、遠くはザンジバルまで到達している。二八年間におよんだこの航海は、コロンブスの航海の約一世紀前から始まっている。ただし、鄭和の大航海は比較する類のものではなく、並外れた偉業を成し遂げた人物であった。

実際、この時代にシルクロードを陸路もしくは海路で横断した旅人や全長を制覇した者はほとんどおらず、中国域外の陸路のシルクロードを使った漢民族の商人も皆無に等しかった。また、中国人でさえ中国域外を旅することがほとんどなく、中国の旅人だけがシルクロードに冒険に出かけなかった訳ではない。それが中国の野心的な目標である一帯一路構想の「帯」を一層強めていると言える。確かに中国人は長年船乗りを経験している。中国の商人は鄭の時代以前にでさえ東南アジアおよびそれより遠方に旅していたが、陸路に挑むのは稀なことだった。中国がかつての卓越した経済に返り咲くのは意義深いことだが、本当に注目すべきは、潜在的な運命を決する影響力を持つ海路と陸路の両方でユーラシア大陸を結び付けようとする中国の試みである。

産業革命とそれ以降のシルクロードのビジョン

十七世紀後半には、ユーラシアの大陸横断の展望が再び姿を見せ始めた。そして、近代大陸主義者の意識をまず示したのは、ロシアだった。驚くことではないが、ロシアは太平洋まで物理的に進出した最初のヨーロッパ勢力だった。これから明らかにするように、韓国、日本、トルコと中国は、大陸主義者のビジョンをそれぞれ展開している。モンゴル、カザフスタン、イランもこの問題を真剣に捉えているが、これらの国々のリーダーたちは大陸事業に統一性をもたらすための努力を続けなければならない。当然ながら、複数の重複する支配権によって複雑化する無秩序な状態がより共通のパターンとなっているからだ。

古典的なシルクロードも、現代的に生まれ変わったシルクロードも多くの場合、地理的に異なるルートを横切っている。しかし多様な文化と恐るべき距離を越えて、どのような方法でコミュニケーションを取り経済取引を行うのか、という共通の政治・経済的課題に直面している。これらを比較することにより、テクノロジーの革命的な変化の時代であっても、シルクロード・シンドロームの中心である地理的、文化的な現実がどのように時代を超えて再び自らの存在を主張し続けているかについて、我々は更に深い洞察を得ることができるだろう。

ロシアの鉄の道

十九世紀の帝政ロシアは、極めて自然にユーラシア大陸の橋渡しを試みた産業時代の先駆的な国であった。十三、四世紀のモンゴルが政治的拡張を目指して以降、ロシアは同じ挑戦をした最初の国でもある。ロシア皇帝の軍団はオホーツク海に到達したが、ロシアが太平洋情勢に真剣に関心を抱き始めたのは、そのずっと後のことだった。

一八九一年二月、シベリア鉄道の建設開始が承認された。皇帝アレキサンドル三世がこの先見性のある新しい大陸横断インフラプロジェクトに込めた重要性を強調するために、鉄道の定礎式を自分の後継者のニコライ・アレクサンドロヴィチに担当するよう命じた。若い二十三歳のニコライはまもなく皇帝ニコライⅡ世に即位することになるが、喜びを胸に一八九一年五月の終わりにウラジオストクでこの運命の一歩を踏み出し、大規模な地政学的変革プロジェクトが開始された。(10)

この東部への鉄道は二〇年以上の長きに渡って建設され、北東アジアの地経学と地政学は着実に決定的に変化していった。日本が台頭し始めた一八九五年、衰退する清朝を破った日本は、台湾の割譲、満州での主な譲歩と日本の年間軍事予算の三倍近くに相当する賠償金二億三一五〇万テールの純銀を受け取った。(11) ロシアはシベリア横断鉄道の進展で、アジアで積極さを増し、日本政府に満州での譲歩を差し出させるために三国干渉でフランス、ドイツと手を結んだ。それから一〇年ほど後の一九〇四年、日本は旅順でロシア皇帝の艦隊への奇襲攻撃で復讐を企て一九〇四年－一九〇五年の日露戦争で決定的な勝利を治め、ほぼ完成しつつあったシベリア横断鉄道の潜在的地政学的影響力を妨げた。

鉄道建設の資金、建設資材、天候は事態を複雑にする要因だった。経費節減のため当初の鉄道は単線で、輸送は混乱し待機を余儀なくされ、引き込み線の広大な施設が設けられた。レールは概して軽く、橋は金属や石よりも材木で造られていた。濃い霧のため工事期間は一年のうち四カ月に限定された。

複数の制約に直面したため工事は、当然のように大幅に遅れ、完成までに二五年（一八九一年～一九一六年）の歳月を費やした。そして困難の末、ついに完成した後も第一次世界大戦中の新シベリア横断鉄道での輸送は、単線に沿った引き込み線のため遅れを伴い、間もなくして経費削減と手抜き工事のため、脱線とあらゆる種類の事故が急増する結果となった。アジアにおけるロシアの影響力の発揮は皇帝アレキサンドルⅢ世、彼の息子ニコライⅡ世、そして力をふるった蔵相のセルゲイ・ウィッテが、長く夢に描いていたことだったが、一九一七年のロシア革命は、アジアの中で上昇する日本の勢いと相まって、その実現を半世紀遅らせる結果となった。

そんな欠陥にもかかわらず、シベリア横断鉄道は過去一世紀以上に渡り、ユーラシア大陸主義の支柱となった。そして基盤となる鉄路は、ヨーロッパと太平洋側のロシアとを結び、最終的に北東アジアの大部分までを含むことになった。これから述べていくように、ロシアのシベリア横断のインフラは、韓国の金大中大統領が二〇年前に提唱した「鉄のシルクロード構想」と、一九九〇年代と二〇〇〇年代にかけて発案された日本企業の計画の要《かなめ》でもあった。シベリア横断の活用は、最近のウラジーミル・プーチンの極東構想、そして韓国の文在寅大統領の計画にも現れている。また、習近平国家主席の一帯一路構想は、トルコの「中間回廊構想」と同じようにロシアのインフラに取って代わることを目指しているといえる。

プーチンの太平洋ロシア構想

ロシアの探検家は太平洋沿岸に到達すると、帝政ロシアにその領有権があると主張し始めた。しかしピョートル大帝の時代以降、ロシアはアジアにまたがる巨大な国にもかかわらず、自分たちをヨーロッパ中心主義の国家として考えていた。すでに述べたように、ニコライⅡ世のようなピョートル大帝の後継者たちは、太平洋を評価していたが、このような先見性を持つロシアの指導者はごく稀であった。

近年の歴史の中で、ミハイル・ゴルバチョフ大統領は太平洋の重要性を感じ取り、一九八六年七月の彼の洞察力溢れるウラジオストクでのスピーチと、同じく二年後の一九八八年八月の歴史的なクラスノヤルスク演説の中でそれを明らかにした。インド、中国、そして最後には韓国との広範でダイナミックな関係は、ゴルバチョフの劇的な一九九〇年六月の盧泰愚韓国大統領とのサンフランシスコでの首脳会合で最高潮に達した。これは彼の経歴の中で創造的で顕著な特徴のひとつであり、東欧の変容に対する自身の歴史的な黙諾《もくだく》に基づいていた。しかし、ゴルバチョフは彼が熱心に追求したアジアとの大陸間の関係を含む国際関係の再編を達成できないまま、ソ連邦の崩壊後、国際的場面から姿を消した。

ウラジーミル・プーチンは一九九九年に大統領に就任したが、ロシアの由緒ある伝統の中でも明らかにヨーロッパ中心主義者だった。ロシアの「西側の窓」としてピョートル大帝によって築かれたサンクトペテルブルク生まれのプーチンは、共産主義崩壊の運命的時代の東ドイツでＫＧＢの職員として五年間（一九八五年～一九九〇年）勤務し、流ちょうなドイツ語を話す。大統領としての最初の任期で、プーチンは予想通りヨーロッパ情勢に主に焦点を当てた。一方では、ロシアの国家元首として初めて北朝鮮を公式訪問し、二〇〇〇年の沖縄でのＧ８サミットに出席、そして金大中との歴史的会談のために二〇〇一年二月にソウルを訪問している。

近年のプーチンの太平洋への強い指向は、二〇一二年五月のロシア大統領として三度目の就任から四カ月後のウラジオストクでのＡＰＥＣサミットを主催することでスタートした。グローバルな場のアジアの台頭は、プーチンのアジアへの軸足の移動を促す大きな要因であったことは明白だ。もう一つはロシアの国内経済の複雑な点だった。特に投資ニーズの高まりは、ウラル東部のロシア経済開発を加速するのに必要な投資資金の潜在的な供給先としてのアジアの重要性をますます高めることになった。

アジアの台頭は、その急速な経済成長を通して石油とガスのエネルギー需要の急激な増加をもたらした。ロシアの豊富な炭化水素資源は自然にアジアとの関係深化を深める役割を果たし、冷戦後の世界において、ロシアの最も重要なパワーの根源の一つになった。この新しい地経学の現実を、プーチンは忘れなかった。エネルギーセクターの開発と利用は両方ともロシアの外交政策の手段として、彼の政権三期目の大きな優先順位に置かれた。エネルギーは冷戦後の全ロシアの政治経済を健全とするために極めて重要である。それはロシアのエネルギー分野が総輸出の七〇％[12]を占めているからだ。

間違いなく中国の一帯一路構想に部分的に影響されたからこそ、ロシアは政策の優先事項としてシベリアのインフラ開発を加えていると言えるだろう。第一副首相であるイゴール・シュワロフは、例えば二〇一七年九月に日本とロシアの両政府は、北海道とサハリン南部を結ぶために協力すべきであると提案した。また東京とロンドン間をシベリア横断鉄道を利用して結ぶようにももちかけた。プーチンの太平洋ロシア構想は、太平洋に向けた世界的に重要なロシアの太平洋指向を次の六つの主要点から誘発している。

（一）シベリア地域、ロシア極東開発の推進：ロシア極東は中国と長い国境を共有している。中国側の人口は二六〇〇万人以上であるが、向かい合うロシア側はわずか四三〇万人である。このためロシア極東の発展は、経済と国家安全保障の両方の理由からロシア政府にとって重要課題なのである。

（二）アジアの隣国との限定的な相互依存の容認：プーチンは中国とは特にしっくり行っているように見える。これは双方の柔らかな権威主義的価値観と安全保障の優先事項に起因している。韓国もその中程度の費用対効果の高い技術力が魅力的である。

（三）エネルギーの中心性：エネルギーはロシアにとって比較優位性を持ち、アジアにおけるロシアの近隣諸国は、ほぼ普遍的に必要性を感じている。

（四）ロシアの対外経済パートナーからの金融プロジェクト：ロシアの膨大な資源開発プロジェクトは、圧倒的に資本が必要である。たとえば、ヤクーツクと中国国境の間に建設中の「シベリアの力」天然ガスパイプラインは少なくとも七〇〇億ドルの必要コスト[13]が見積もられている。

（五）ロシア国内での実質的な付加価値：プーチン政権は、付加価値が純然たる資源抽出部門より高い、石油化学部門のエネルギー開発プロジェクトを明確に重要視している。

（六）政治・軍事的側面：プーチン政権はアジアのパートナーから航空宇宙分野の防衛関連技術を得ることを試みている。またアジア諸国への武器輸出を積極的に進めており、例えば中国とインドの両者にとって、ロシアは最大の兵器供給国である。

国家の影響力を高めるために、エネルギーや鉄道インフラなどをツールとして使うプーチンのアジアへの取り組みは、国家の天然資源と北東アジアとヨーロッパの地理的位置づけに起因しており、プーチンだけではなく、どのロシアの指導者にとってもごく自然なアプローチであるといえる。その他の側面、外国のパートナーからの融資を求める意欲や下流エネルギー部門の付加価値の重視などは、よりプーチンの特有さが出ている。これは二〇一四年三月のクリミア併合後、ロシアが国際社会から孤立しているためかもしれない。明確なのは、強くそして深化する優先事項がロシアに現在あることである。特にウクライナ危機が二〇一三年の終わりに勃発して以降、アジアとの絆を深めている。広大な国土を有するロシアでは、極東地域は韓国と日本を優先し、その一方でシベリア西部は中国を優位に置くなど、ある程度、物流輸送が関係した優先事項が地域によって異なっている。ロシアのアジアへの熱意は潜在的に重大、かつ長期的でグローバルな影響力を持ち、ユーラシア大陸主義全体を促進している。

韓国の大陸主義：北方政策、鉄のシルクロードとその彼方

韓国は急速に成長するユーラシア大陸の最も端に位置している。ロシアと中国の間にまるで「クジラの中のエビ」のように挟まれ、領土問題で争う日本も海の向こう側に迫っている。経済的な機会と

結びついた戦略的に危険な源でもある、この繊細ながら極めて重要な場所にあることは、年月を超えて大陸に対しての韓国の相反する反応を形作ってきた。大陸、特にロシアを継続的に注意深く見守りながら、世界の他のどの国にもまして、韓国は大陸へのアプローチにおいて安全保障と経済の間で、激しく振り子のように揺れ動いている。

第二次世界大戦後、韓国は孤立し歴史的に非妥協的な北朝鮮によってユーラシア大陸から切り離された地政学的な「島」であり、韓国とユーラシアとの経済関係は朝鮮半島内の南北関係の進展に深く関わってきた。リチャード・ニクソン米大統領の中国への歴史的訪問からわずか四カ月後の一九七二年七月四日に、南北共同声明が発表され半島統一の原則(14)を確立し、翌年には朴正熙がすべての共産主義国に対して経済的互恵を申し出た。

しかし南北関係の悪化は、結局すぐに朴の北方政策を政治レトリックにすぎないものに変えた。この周期的な改善と悪化のパターンは、年月を超えて頻繁に繰り返され、一九八〇年代後半の盧泰愚政権下になって初めて韓国は真にダイナミックな大陸外交を展開し始めた。

盧泰愚のいわゆる「北方外交」は、韓国の北と西にある巨大な共産主義の隣人との関係を深めることで、北朝鮮を包囲し、韓国の強力な建設、鉄鋼その他の重工業発展のための機会を次々と作り出そうというものだった。盧泰愚の構想は、韓国の大陸主義が四半世紀以上にわたって着実に進展する基盤を確立することで、経済と安全保障両面の目的を創造的にリンクさせ、両者の間に明らかな相乗効果を生みだした。盧泰愚は、一九八八年のソウルオリンピックに向けてのスポーツ外交を皮切りにまずソ連と接触し始めた。その後、スポーツ外交はソ連の在ソウル貿易事務所開設（一九八九年四月）、そして並行してモスクワの韓国貿易事務所の設立（一九八九年七月）など貿易外交に引き継がれた。

これら段階的なステップが、最終的にはサンフランシスコでのゴルバチョフ・盧首脳会談（一九九〇年）、国交樹立（一九九〇年九月）、そしてソ連崩壊のわずか数カ月前のゴルバチョフの韓国訪問（一九九一年四月）につながった。

盧泰愚政権は、アジアの共産主義大国との大陸主義外交がロシアと中国のかつての同盟国・北朝鮮に対して、少なくとも融和のしぐさを伴う必要があり、ロシアや中国が持ついわゆる「南」の国々とのつながりもよく認識していた。韓国政府は、一九九一年九月北朝鮮と韓国の同時国連加盟に初めて同意し、その三カ月後ソ連が崩壊する中、北朝鮮と経済交流・協力による相互和解を目指す基本合意にも調印した。[15] しかしながら、その焦点は朝鮮半島の問題のみを超えユーラシアを横断するより広範な関係にますます向けられていった。

ソ連の崩壊は、ユーラシアを横断するより広範な韓国外交と経済関係の決定的な触媒となった。一九九二年八月、韓国は中国との外交関係の樹立に至ったが、その進展には少なくとも四年の歳月を要している。中国はかつてのソ連のように一九八八年のソウルオリンピックに大規模な代表団を派遣し、一九九一年に貿易事務所の段階的な格上げを実施、一九九二年二月には二国間貿易協定とさらなる経済交流を継続させた。一九九一年末のソ連邦崩壊以降、韓国は五〇万人のコリョ・サラム（旧ソ連の朝鮮民族系住人）[16]が住む中央アジアの新興国と急速に関係を築き、中央アジアで最も人口の多いウズベキスタンと、最大の国土を持ち最も天然資源に恵まれているカザフスタンの両国が、韓国の大陸主義構想の将来的な優先ターゲットとなった。

ソ連の崩壊以来、金泳三を除いた韓国の歴代大統領は、彼らのグローバルな外交政策全体の大きな柱として明確なユーラシア政策を掲げていた。金大中政権（一九九八年〜二〇〇三年）のビジョンはロシアに焦点を当てた、ユーラシア大陸横断鉄道路線の開発を中心とした「鉄のシルクロード」だった。この南北連携開発のいわゆる太陽政策の下、半島の西側にある都羅山駅（韓国）と開城駅（北朝鮮）間と東海岸で運行される路線も計画された。この両路線はそれぞれ二〇〇三年と二〇〇四年に金大中の後継者の盧武鉉の下で完成し、北朝鮮からロシアを横断しその先に向かう積替え輸送への本格的な展望が開かれた。

鉄のシルクロードのビジョンに加えて、金大中は鉄道インフラや情報技術を通じて、アジアとヨーロッパを結ぶシルクロードの概念について、将来を見据えた対話を開始した。欧州議会での演説の中で金大中は「サイバー・シルクロード構想」について、ユーラシア大陸を横断する高速光ファイバー情報ネットワークのビジョンを繰り返し説明した。韓国の近年のリーダーの中で金大中は盧泰愚と共に、南北関係の見通しに対する彼の楽観的な見解もある程度影響しているが、おそらくユーラシア大陸を横断する韓国の大陸主義の最も積極的な考案者だったと言えるだろう。

もし盧と金が先見性のある考案者であるとすれば、李明博大統領（二〇〇八年〜二〇一三年）は韓国の大陸主義の夢を実現させた実践者と言える。李明博のニュー・アジア構想では、彼の五年間の任期中に七回訪問したカザフスタンとの戦略的パートナーシップを推し進める一方で、ユーラシアとの関係は李政権初期の二〇〇八年四月の韓国初の宇宙飛行士を乗せた国際宇宙ステーションへのソユーズ宇宙船の打ち上げで更に深まりを見せた。また韓国は李大統領が去るひと月前の二〇一三年一月にロシアの支援で韓国初の国内衛星を打ち上げた。(17)

朴槿恵大統領は、一九八〇年代後半からの彼女の先人たちの伝統を受け継ぐ形で、二〇一三年十月に自身のユーラシア構想を発表した。(18)金大中と同じように、彼女の政権は鉄道開発とその支援を重視すると同時に、韓国の大陸主義の新次元である北極圏でのロシア・欧州との関係促進を優先させた。文大統領は二〇一七年半ばに就任した後、韓国の北極開発に関する行動主義の路線を受け継いでいる。

二〇一八年に文在寅大統領は、彼の進歩的先任者である金大中が二十年前に太陽政策で提唱した南北和解を踏まえた大陸主義外交の古典的路線の追求を試みている。文大統領のロシアに重点をおいた「新北方政策」は、北極航路に加え、鉄道、港湾、電力、天然ガス、造船、雇用、漁業の協力を構想しており、将来的に超高電圧送電網を確立する「アジア・スーパーグリッド」を北東アジアの主要経済国と協力しながら推進する可能性を持つものだ。文は同じくインドネシアをはじめとするＡＳＥＡＮとの集中的な協力を目指し、ジャカルタ向けの軽高速鉄道システムを含むインフラに重点を置いた「新南方政策」を打ち出している。

ソウルの大陸政策に対する地理的制約とは、常に非武装地帯とユーラシア大陸の間に立ち、韓国を地理的、戦略的に島に転化させてしまう北朝鮮の存在であった。二〇一八年四月、文大統領は板門店の平和の家で、北朝鮮の指導者である金正恩と初めての二国間首脳会談を実現し、ホストとして北朝鮮の指導者を韓国に迎えた最初の韓国国家元首となった。[19] この初サミットから非武装地帯での次の会談の後、二〇一八年九月には文大統領が平壌を答礼訪問し、ユーラシア大陸と韓国の政治・経済関係の深まりの中で、北朝鮮の将来的な中継地点としての役割の見通しを示した。韓国の地理的位置と炭化水素燃料の欠如のため、エネルギーと最適な大陸横断輸送の両面での韓国の地政戦略学上の関心は中国よりもむしろロシアと通じ合うと言えるだろう。

日本の揺れ動くシルクロード外交

これまで論じてきたユーラシアの主要大国とは異なり、日本は大陸とは断続的に関わるだけだった「島国」である。安倍首相のアドバイザーである兼原信克は、「近代以前、島国であることの地政学的に有利な状態は、外交戦略と同盟政策の両方を不要にした」[20]と指摘している。日本は奈良時代に古典的なシルクロードのひとつの終着地として関わっていたが、日本人の想像力の中に存続しているつかの間の現実でしかなく、実際に大陸との交流はほとんどなかった。ユーラシア西部の英国のように、日本も長きに渡って「栄光ある孤立」を享受していた。しかしより広い世界との経済的相互依存には少なくとも初歩的な戦略が求められるようになり、日本は海洋大国、特に英国と米国へ戦略的関心を傾注し、同盟関係を結んだ。

日本のユーラシア大陸との近代における断続的な出会いは、日清戦争とその余波が残る一八九〇年代半ばに始まった。日本は中国に勝利したが、ユーラシア大陸の大国であるロシア、ドイツ、フランスの三国干渉によって、その戦利品の多くを差し出すよう強制された。その後、一九〇四年に勃発した報復戦争ともいわれる日露戦争には、大陸権益に関わる重要な背景があった。

明治時代以来、日本の大戦略の不変の真意は何といっても海洋であるが、第二次世界大戦以前の何人かの思想家たちは、ユーラシア大陸の重要性を強く示唆していた。[21]川西正鑑は大東亜共栄圏構想を正当化するためにカール・エルンスト・ハウスホーファーの持たざる帝国は決定的な大きさに達するための領土拡張が正当化されるとの議論を引用し、浅野利三郎は世界情勢の中で英米海洋圏と効果的に競うために、ソ連とドイツとの大陸主義的な連携を提唱した。[22]満州に本拠を置いた関東軍の石原莞爾副参謀長など、何人かの重要な政策立案者たちは、世界を支配する英米との全面戦争に向けて準備する中、一九三〇年代後半期の大陸を日本にとって決定的に重要な要塞として見ていた。日本が敗れ多くの死傷者を被った一九三九年のソ連とのノモンハン事件[23]まで、大陸への拡大は、第二次世界大戦への先駆けとなる日本軍前進の主要な路線だった。

戦後、日本の大陸の願望を復活させるためには四半世紀という長い時間を要した。一方で、中国、韓国、北朝鮮、ソ連やその後継国のいずれも日本とサンフランシスコ講和条約に署名していない。また日本は一九七二年まで、中華人民共和国との外交関係を築かなかった。ソ連邦の崩壊と一九九一年末に新参の中央アジア五カ国が出現したことは、日本にユーラシア大陸との活発な関係を構築させ、真剣にシルクロード戦略を復活させるきっかけとなった。日本の企業は政府が積極的に関与する以前からユーラシアとの関係の将来展望を分析し始めており、一九九二年、三菱商事はエクソンモービル、中国石油天然ガス集団（ＣＮＰＣ）との協力でカザフスタンと中国を経てトルクメニスタンから日本を結ぶ七〇〇〇キロのガスパイプライン計画の実現可能性調査を開始、翌年の一九九三年には日本石油公団が石油・ガス開発の調査を同じく開始した。

日本の二国間政府開発援助の強化、そしてアジア開発銀行を通じた中央アジアへの多国間の支援に続いて、一九九七年に橋本龍太郎首相は日本の「シルクロード外交政策」の誕生を経済同友会でのスピーチ[24]で明らかにした。二〇〇四年には「中央アジアプラス日本」対話の外相会合が開始され、二〇〇六年に小泉純一郎氏が日本の首相として初めて中央アジアを歴訪し、二〇一五年には安倍晋三首相がそれに続いた[25]。

橋本首相の一九九七年の「シルクロード外交政策」演説に基づき、日本は定期的にユーラシア大陸へのコミットメントを更新し発表している[26]。二〇〇六年十一月、麻生太郎外相が、中央アジアとコーカサスを含んだ「自由と繁栄の弧」構想を提唱し、その一〇年後の二〇一六年、安倍首相はインドのモディ首相との東京での首脳会談でユーラシアの民主主義諸国を繋ぐ「自由回廊」を提唱した。二〇一七年五月にはこの構想を精査した「アジア・アフリカ成長回廊」（ＡＡＧＣ）を発表している。麻生氏の「弧」が、明確な大陸的側面を持つ一方、安倍首相はＡＡＧＣへのアプローチにおいて、明確に海洋戦略へと軌道修正をした。インドと米国との協力が一層強まっているとはいえ、中国の一帯一路構想に応じて日本のシルクロード外交はますます活発化している。安倍首相は二〇一八年末の中国との対話の中で、一帯一路構想に対して融和的であることを示したが、これは改めて揺れ動く日本のシルクロード外交政策を見せつける恰好となった。

トルコの中間回廊構想

優先事項や戦略は長年にわたり変化し続けているが、重要な貿易ルートの支配を含めて地理的中心を占めることは、長い間トルコ人とその祖先にとって関心事となってきた。オスマン帝国は、たとえば初期の時代、欧州からアジアへの陸上交易ルートの排他的支配を成し遂げることを最優先課題とした。現在のレジェップ・タイイップ・エルドアン大統領も同じように、大陸横断貿易ルートを地経学的手段として捉えている。

トルコの国内政治も、何世紀にもわたり大陸政策を牽引するなかオスマン帝国は十九世紀後半までにイスラムの聖地のメッカとメディナを制するという地政学的な強迫観念にとりつかれていた。そのような支配は帝国自体が衰退していくにつれて、カリフもしくは「信仰の擁護者」としてのスルタンの政治的な主張を正当化するためには絶対に必要であった。エルドアン大統領も、国内の宗教基盤と自身のイスラム教徒としての信任を有効にするために、積極的に大陸政策をとっている。[27]

一九二三年の世俗主義的なトルコ共和国の樹立後、初代大統領アタチュルクをはじめ歴代の首脳たちは、東西間のトルコの中心的な地理的位置を大いに意識し続けていたが、それはより視野の狭いユーラシア主義に対する西洋文明の防波堤としてのものだった。けれども一九三〇年代から一九四〇年代の間、アタチュルクの軍事政権と西洋近代主義に反対して、トルコ政治における左右両方でユーラシア思考が復活し始めた。『Kadro』はユーラシア主義を表現した有力な左翼雑誌だが、一九三二年から一九三四年の間に発行された。同じく別の左翼雑誌『Yön』も一九六〇年の軍事クーデターをきっかけに出版され、一九八〇年に別のアタチュルク的軍事政権が権力を奪った後に人気が出た。(28) ドグ・ペリンチェク率いる愛国党も、右翼左翼の区別を超えて民族主義、大衆主義者の視点からユーラシア主義を支持した。

ユーラシア主義は、二〇〇二年に発足した公正発展党のイスラム政権の到来と共にトルコで主流となり、さらにマルマラ大学とボアズィチ大学の有力な政治学教授で二〇〇九年五月にトルコの外相に就任したアフメト・ダウトオール(29)の著作によって知的に触発された。ダウトオールは国の価値とは、その地政学的な位置と歴史的な深さに基づいており、トルコには多くの面でそれらが付与されていると主張した。地政学的にトルコはボスポラス海峡に位置しているが、オスマン帝国の歴史的後継者である。中東、中央アジア、バルカン諸国の支配を通じてオスマン帝国は、信仰の擁護者としてイスラム世界を統一した。またダウトオールは、トルコはオスマン帝国とイスラムの遺産に基づいて中東と中央アジアの両方が含まれる地域経済圏を築くべきであり、イスラム協力機構を基盤とした安全保障メカニズムを設けることが、イスラム教徒の信者《ウンマ》のグローバルコミュニティの統合につながると主張した。

ダウトオールは同様に、トルコは「戦略的深化」のためにシリア、イラン、イラクのようなモスレムの隣国だけではなく、インドネシア、中国とロシアを含む他の主要なユーラシアの大国との関係を正常化すべきであるとも述べている。彼は最終的に二〇一四年に外相職を解任されたが、エルドアン大統領はユーラシア主義の伝統に沿った彼が説いた壮大な戦略を継承し、様々な問題をめぐり欧米との関係がますます緊張する中、このアプローチにエルドアン大統領は大いに勇気づけられている。ヨーロッパとの問題としては、大統領の権限を大幅に強化した大統領制の導入、海外で彼に敵対する勢力を取り締まることに対する西側の拒絶、西側市民の投獄、そしてシリアとクルド人に関する対応の違いなどがある。

外交的には、エルドアン大統領は、ロシアのウラジーミル・プーチン大統領と緊密な個人的関係を築き、黒海の真下を通るブルーストリーム・パイプラインのプロジェクトを通じ、エネルギー分野での緊密な繋がりを打ち出している。彼はまた、中国の習近平とも同様な親密な関係を築き、二〇一七年五月に習近平が主催した第一回一帯一路フォーラムの開会式では、プーチン大統領と共に特別スピーカーとして登壇している。トルコは、中国の一帯一路構想に加わり、人民解放軍との合同軍事演習を実施し、エルドアン大統領が国賓として中国を訪問した際には新疆を訪れ分離主義者の感情を和らげる助けとなったことも注目された。

トルコのユーラシア構想はまた、具体的な政策とインフラの側面を持っている。これはロシアの通過を避け、旧ソ連のチュルク語圏の中央アジア諸国を経由し、大陸を横断して中国へ向かうトルコ独自の直接的な政治経済関係を確立したいとの願望に促されている。このアプローチは、中間回廊構想またはトルコのシルクロード[30]として知られている。その連結回廊は、トルコからジョージア、アゼルバイジャンまでは鉄道、カスピ海をフェリーで渡ってからトルクメニスタン、カザフスタンへ向かい、そしてそこから中国国内に入る。カスピ海航路では、アクタウとトルクメンバシの港が使用される。中間回廊構想は、かなりの進展を見せながら推し進められている。その重要なコンポーネント（構成要素）の一つであるバクー・トビリシ・カルス（ＢＴＫ）鉄道は、二〇一七年十月に開通している。また中間回廊に沿った経済協力と連携を強化するための「ラピスラズリ（瑠璃色）輸送、貿易、輸送ルート協定」は二〇一七年十一月にアフガニスタン、トルクメニスタン、アゼルバイジャン、ジョージア、トルコにより調印された。トルコによって開始されたキャラバンサライ（隊商宿）・プロジェクトは、この中間回廊国家間の通関手続きの調整を進めており、多くのインフラプロジェクトも進行中である。エルドアンはトルコの意図を次のように要約している。「広大な地理の中で実現されることの構想は、経済、政治、社会、文化的な分野で相互につながった新しいシステムを確立することを意味している」[31]。ユーラシアを再連結するためのトルコの努力は、中国の一帯一路構想と比べると、小規模ではあるが類似したものがあり、ユーラシア大陸全体の鉄道ルートを支配しようとするロシアの願望と拮抗するものでもある。

中国の一帯一路構想

我々が指摘したように、中国の辺境を越え、古典的な陸路のシルクロードを横断した中国人はほとんどいなかった。そして中国は、モンゴル統治下の時代を除き、大陸横断交易路に対して強力な地政学的支配を及ぼしたことはなかった。しかし中国の一帯一路構想は「分配型グローバリズム」を通して中国が今まで一度も発揮したことがない、ユーラシアに対する様々な形態の影響をもたらす手段になりうる。

十四の隣国と地域の主要な経済の中心的地域に囲まれ、ユーラシアの人口が集中する域内で地理的に中心にある国は中国のほかにない。その所在は中央アジア、コーカサス、トルコ、ならびにロシアを含む大陸横断の交易のために多様な選択権を与えている。これら隣国を超えた接触可能な範囲内には、もう一つ中国と対極的に強く引きあう欧州連合（ＥＵ）が存在している。四〇〇〇年以上の歴史の中で、中国人は万里の長城やその他の防衛策の建設の必要性に迫られ、その地理的な中心性を多くの場合、不運だと考えていた。しかし中国が優位に立つ二十一世紀の初めのような時代の中で、その中心性は、中国にとって明確な地政学的および地経学的利点として次第に受け取られ始めている。そしてそのスケールは同様に中国に影響力を与えている。

中国の地経学的中心性は、中国が勢力に富む時代の潜在的なアドバンテージであり、中国政府が連結性を活かし隣国に対して非対称的な影響を与えることを可能にしている。高速鉄道、高速道路、通信ネットワーク、送電網を経由した隣国と中国との繋がりは、経済効率を向上させるだけはない。このような連結性は、経済成長と不動産価格への影響を通じ地元政治家とウイン - ウイン関係で繋がりながら、国家レベルで非対称の力関係を同様に生み出している。

アジアまた世界において中国の経済中心性は、二〇〇八年の世界金融危機直後に明確になった。危機を受けた中国政府の大規模な景気刺激策、そして象徴的に重要な北京オリンピック開催は両方とも同じ年に行われたが、その一方で中国が打ち出した政策は二〇一三年に習近平政権が登場するまで、中国の中心性をユーラシアの中で上手く活用することが不思議なことにできなかった。もちろん江沢民は一九九〇年代末まで国内での西部開発を積極的に推進しており、胡錦濤は二〇〇八年に発表した大規模刺激策の一部に中国の南部と西部での主要なインフラプロジェクトを含めていた。しかし中国の政策立案者たちはユーラシア大陸主義の巨大な潜在能力が中国の地方やグローバルな役割に与える影響力を、習近平が登場するまで明らかに利用することはなかった。

中国がついに大陸主義政策を発表した時、その内容はこれから述べていくが、どのユーラシア諸国よりも詳細かつ実質的なものだった。中国経済の威力とアジアインフラ投資銀行のような中国の発案による新しい多国間機関の創設に裏打ちされたそれらの政策は、大陸の経済発展に大きな影響を与えるという見通しを示した。新しい道路、鉄道、送電網、パイプライン、その他の必要とされるインフラの総合的ビジョンを提供すると同時に、そのビジョンは中国が経済的、地政学的両面で戦略的な触媒および受益者としての役割を担う状況での幅広い国際協力を誘引した。習近平が提言した大陸主義政策は、二〇一三年の秋、大陸を半分隔てたカザフスタンとインドネシアでの二つの重要で関連した演説の際に打ち出され、一般に「一帯一路」(One Belt One Road)[32]として知られるようになった。地図2‐2で示しているように、その野心的なプログラムの詳細は、徐々に具体化しているが、陸上と海上の両面でのインフラの包括的開発を伴う。中東、アフリカ、ロシア、最終的にはヨーロッパばかりでなく東南アジア、南アジア、中央アジア地域の中国の西南にある国々をつなげ、将来を見越した港湾施設、高速幹線道路、高速鉄道、パイプライン計画などが含まれている。

二〇一五年以降、英語ではＢＲＩ(Belt and Road Initiative)と呼ばれている一帯一路構想は、習近平がカザフスタンとインドネシアで発表したように、明らかに異なる二つの構成要素を持っている。一つは(カザフスタンで発表された「シルクロード経済ベルト」)、中国の古都長安(現在の陝西省の西安)から中央アジア、イラン、トルコ、ロシアを通過し、最終的に西ヨーロッパで終結する歴

地図2-2　中国に一帯一路構想

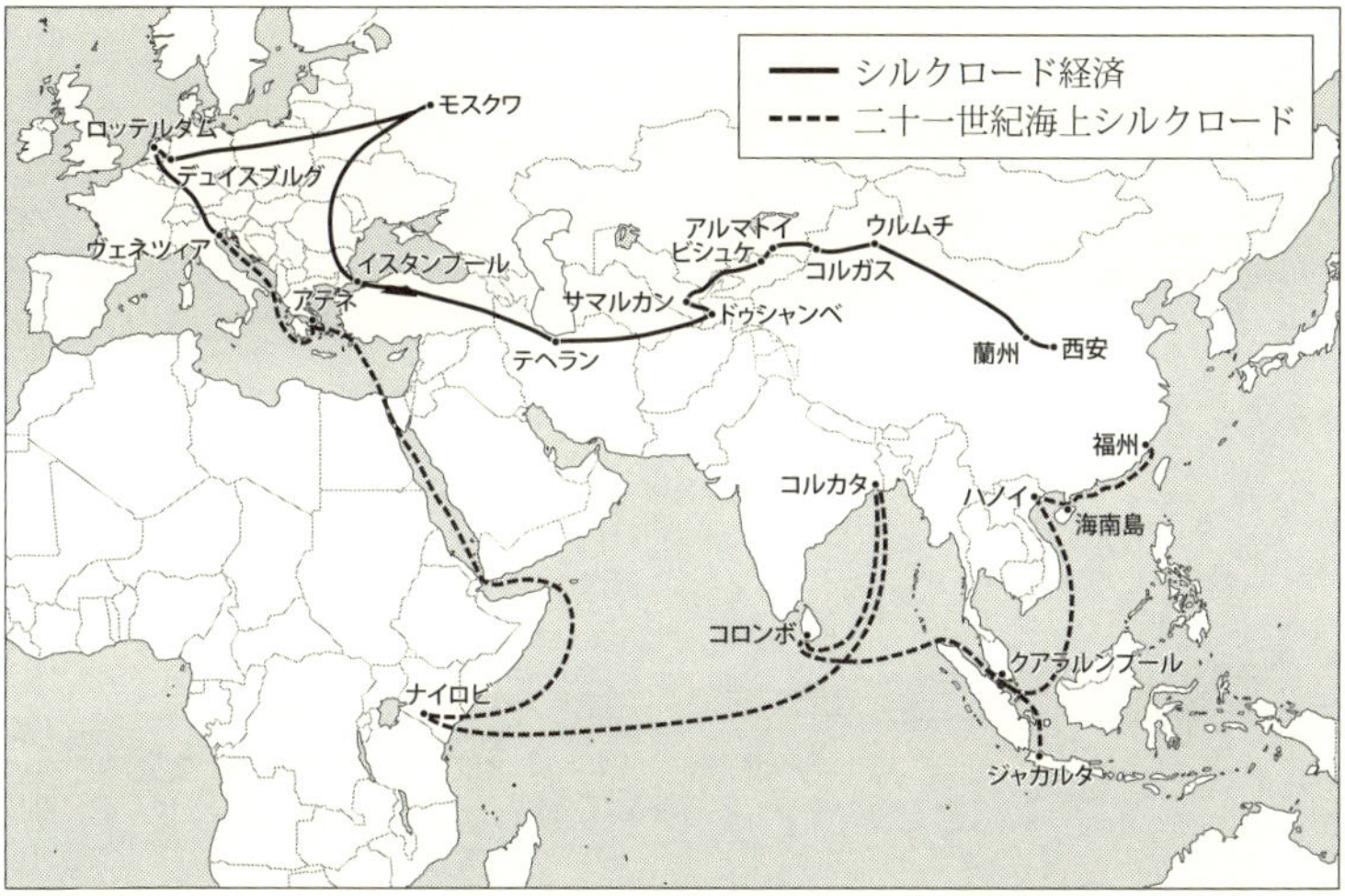

史的なシルクロードそのものに沿った陸路である。別のルートはインドネシアで発表された「二十一世紀の海上シルクロード」で海上である。このルートは近年の東南アジアやそれを超えた地域に移住した華僑だけでなく福建省福州から出発した明時代の船乗り鄭和の古典的航海での歴史的前例がある。

海上シルクロード構想は、南シナ海、ベンガル湾、インド洋に沿った国々の支援の一環として広範な港湾建設と海外開発援助を提案している。すでにこの構想で明らかな二カ所の優先計画はバングラデシュとスリランカの大規模港湾開発プロジェクトであり、アフリカの東海岸も恩恵を受ける可能性がある。ジブチでの新たな人民解放軍海軍施設の建設が二〇一六年初めに発表され、ギリシャのアテネにあるピレウス港で中国遠洋海運集団（COSCO）がその存在感を拡大しているが、このように一帯一路構想が中国とヨーロッパ間の関係をしっかりと深く結びつけている。

一貫輸送と通関手続きの近年の進歩を反映し、一帯一路構想の二つの異なる要素である「帯」部分の陸路と「路」部分の海路には重要な相乗効果がある。鉄道または道路輸送から海上輸送に切り替えることで、より安く、よりスピーディーでより効率的になってきている。このような発展は重慶での中国とシンガポールのモノのインターネット・共同プロジェクトやｅコマースの急速な進展によって加速されており、大陸横断の電子・精密機械、精製化学製品のサプライチェーンの構築に信頼性を与え、力強い新しい大陸間の地経学的刺激を一帯一路構想に与えている。[33]

習近平が一帯一路構想の概要を公表してから、他の中国の指導者やアナリストたちはそれを世界的な文脈に位置づけ、詳細を明確にしようと取り組んでいる。[34] この努力の結果を大々的に見せつけたのは、二〇一七年年五月に北京で開催された初めての一帯一路フォーラムだった。中国以外から、二九カ国の首脳、五六カ国の政府高官とその技術顧問たちに加え、世界銀行、国際通貨基金、世界貿易機関、国連を含むすべての世界的な国際政府間組織の代表者も出席した。彼らは、その席上で、一帯一路構想を世界的経済ガバナンスに匹敵するものに変換させようとする中国の新たな野心に圧倒されるとともに、中国とそれぞれの参加者との努力が一体化するよう圧力をかけられた。一帯一路構想について中国の論者による主な補足的な論点は次のようなものである。

（一）一帯一路構想は、世界的な繁栄を生み出すことに失敗し、世界的な不平等を激化させ、文明の違いを抑圧した欧米スタイルのグローバル化に対して寛容な代案である。昔のシルクロードのように、一帯一路構想は文明を交差させながら個々の文化に対して敬意を表している。一部の中国のアナリストは、文化的に敏感な性格を強調するために、グローバリゼーション２・０という用語を使用している。

（二）一帯一路構想は相互利益、協力的マネジメント、ウイン‐ウイン協力の運用を通じ、国際公共財と持続可能な開発に焦点を当てた新しい発展モデルを提示する。

（三）一帯一路構想は、国家の主権を明確に尊重する。各国政府とその傘下のシンクタンクも支援しながら、非政府組織，政府間組織そして企業の間の関係を発展させるためにフォーラムとインセンティブを与えながら目的達成を目指す。このように主権国家中心のヴェストファーレン秩序を尊重しながら、世界の政治経済の中でヴェストファーレン体制後の傾向を活用する。

（四）一帯一路構想は、アジア、ヨーロッパ、アフリカの連結性を強化することで、その目的を促進する。

（五）明白な政治軍事的特徴を持つオバマ政権のアジアへの回帰やトランプ大統領のインド・パシフィック戦略とは対照的に、一帯一路構想は経済発展だけに焦点を当てる。強いられれば、中国のアナリストたちは中国の中心性からくる潜在的な地経学的、地政学的な中国への恩恵を認めるが、一帯一路構想の理論的根拠として、少なくとも国際的には国内利益を強調しない。

結論

ユーラシア大陸横断の陸上ルートが、国際商取引とみなされる主要交易路だったのは、二〇〇〇年以上前のことだ。軍事同盟と絹の市場を求め、最初に西方の中央アジアのフェルガナ渓谷に向かった中国の皇帝特使・張騫が派遣されてからほぼ二一五〇年が経過した。シルクロードの抽象的概念と物理的な実体の両面はシルクロード自体の概念の普及には大きなばらつきがあったものの、長い間ずっと存在してきた。

張騫から中国の一帯一路構想までの長い歴史の中で、シルクロードとその様々な変容は同時代の西洋の規範をベースにしたことはなかった。それらは、さまざまな権威を取り込み、個別の処置に関しては普遍的な原則を適用するよりも受動的な対応が優先され、一貫してもう一つのガバナンスとして定着してきた。透明性は一般的に低く、金権はたいてい横行している。しかし、繁栄は多くの場合、政治的安定と相互に関連していた。

ユーラシアの統治という手ごわい政治・経済的挑戦に対して繰り返される複雑な反応は、これらを「シンドローム」と呼ぶにふさわしい。シルクロードは政治的に分散型であり、単に支配されることはなく、しばしば個別の国境を越えた緩やかな統合が起こるだけである。個人が物理的または政治的にシルクロード全体を横断できるようになったのは近年であり、それまではそのようなことはほとんどなかった。統治されていない場所や支配が重なり合う場所が往々にしてあったシルクロードの歴史においては、幅広い種類の仲介人の役割が大きい。個々のレベルで見ると交易商人、宿屋の主人や聖職者が、中継ぎ地点や旅人たちのために雨宿りをする避難所などを運営していたのは常に重要なことだった。さらに広い社会・政治的レベルでは、都市国家や帝国が貿易と情報の流れを促進する上で中心的な重要な役割を果たした。これは神聖ローマ帝国、ハンザ同盟のような存在やヴェネツィア共和国の商業複合体が現在の主権国家よりも時代を超えた仲介者として、はるかに一般的だったためであった。

シルクロードはユーラシアの主要地域に勢力が集中し、影響が行き渡った時に概して最も統合力がある。たとえば、マルコ・ポーロが壮大な旅に出た十三世紀から十四世紀にモンゴルの支配の下でシルクロードは繁栄した。別の時代では、中国の唐とペルシャのササン朝および中国の漢と西洋のローマ帝国の治世は、シルクロードに並外れた活力があった。十五世紀の終わりであるヴァスコ・ダ・ガマのインド到達後から衰退し、一九九〇年代に中国の爆発的成長とソ連の崩壊が再び説得力のあるロジックを与え始めるまでのほぼ五世紀の間、シルクロードが復活することはなかった。

近年、いくつかの主要なユーラシア諸国は微妙に異なる視点からではあるが、大陸主義の潜在性を把握し始めている。その先陣をきったのはニコライⅡ世と彼を補佐したセルゲイ・ウィッテがシベリア横断鉄道を熟考し始めた一八九〇年代初頭の帝政ロシアと言えるだろう。より最近では、ミハイル・ゴルバチョフ、ウラジーミル・プーチン、そして様々な韓国の指導者たちは、同様にユーラシアの大陸主義の概念を積極的に受け入れており、経済・地政学的な観点から自分たちの国がどのように恩恵を受けるか、という点を熟慮している。この背景には、シルクロードに断固としてアメリカを含めなかったことがある。日本とモンゴルにもある程度当てはまるが、各国共通の関心事項としてシベリアを横切るエネルギー開発と鉄のシルクロードがある。近年トルコも、ロシアへの競争的な立場から大陸主義の利点を検討し始めている。しかし、最も体系的で運用可能な概念をつかんでいるのは中国であろう。特に習近平の一対一路構想は、中国独自の利害の観点から中国とユーラシアを根本的に変革する見通しを示しており、一九四五年以降主流だったワシントン中心の世界体制を再構築する決定的でグローバルな変革へと世界を明白に近づけている。

第三章

発達中のユーラシア

「累積的に見れば、ユーラシアのパワーは米国のパワーを圧倒する」とズビグネフ・ブレジンスキーは、ソ連邦崩壊後六年にも満たない一九九七年に指摘した。「米国にとって幸運なことにユーラシアは政治的にひとつになるには巨大過ぎる」[1]とも付け加えている。この考察は、世界と大陸双方にとってユーラシア統合の挑戦を要約している。単に世界地図を眺めるだけで、世界情勢におけるユーラシアの潜在的意義を痛感させられる。東から西へ一三もの標準時間帯を横切る段違いの地球最大の大陸であり、その面積は世界全体の三分の一以上を占めている。その大地の奥深くには、埋蔵が実証された天然ガス八〇％以上と、同じく地球上の原油のほぼ六〇％がまだ眠っている。ユーラシアは世界の人口の半分以上の人々が住んでいる。要するに潜在的なスーパー大陸なのである。

しかし、その広大な規模とその結合力への地政学的潜在性にもかかわらず、ユーラシア自体が統一性のある実体だとみなされることはめったにない。第二章で見てきたように、複数の明確なビジョンを持った人たちが、地域の結束の潜在的重要性とその発展のために役立つ処方さえも説いてきた。けれども過去のシルクロードは、常に不完全なままであった。

政治は、ユーラシアの長い歴史の中で常にこの大陸を抑止してきた。手に負えない世界の中でユーラシアの主要国は、結合するためのエネルギーまたは能力を十分に持ち合わせておらず、より力のある世界的関与主義者に、頻繁にその行く手を阻まれてきた。

ユーラシアの二十世紀初期の歴史は示唆に富む。初期の統合はシベリア横断鉄道の到来、広範囲に渡る国境を越えた移住、そして多くの場合、植民地主義を背景に西側の投資の増加から始まった。しかしながら、大陸は戦争、革命、ナショナリズム、分割そして隣国と体系的な関わりをほとんど求めない自己充足型国家の広範囲に渡る出現により、次の一〇年が始まると突然分裂してしまった。一九七六年まで、スターリンの「一国社会主義論」、第二次世界大戦、インド・パキスタンの分離独立、中国革命、冷戦、中国文化大革命が途切れなく起こり、ユーラシア諸国は疎遠になり、互いの疑心暗鬼を生じさせ、経済的な自給自足に傾くなか、西側欧州と環太平洋地域を除き、経済が停滞していった。

　政治的結合へのユーラシアの能力に関するブレジンスキーの経験的な悲観論の根底にあるものは、一九七〇年台半ばから、彼がジミーカーター政権時に国家安全保障問題担当大統領補佐官としてホワイトハウスにいたこともあり非常に説得力があった。その一方で世界は、よりまとまりのあるユーラシアの再生を予感させるような方向へ、その後の年月で大きく変化し始めた。はじめに中国の近代化という形で経済力が解き放たれ、そして大陸のエネルギー需要の高まりにより、相互依存が刺激され始めた。過去一〇年に渡る莫大なインフラ支出と相まって、冷戦後の世界の政治的再編成と複数の金融危機は新しい形の結合を導き出した。我々がこれから見ていくように、ユーラシア大陸の新しい世界は合理的な意図よりも予想外の危機によって生まれつつある。大陸における最近の政治的分裂を巧みに処理しながら、過去五、六世紀のどの時代よりも統合されていると言える。つまり、一連の政治的経済的な大変動を通じて、近年の政治・経済パターンを抜本的に修正したスーパー大陸が生まれつつあるのだ。

中国の四つの近代化と大陸の変容

「中国が目覚めるとき、世界は震撼するだろう」。ナポレオンは鋭敏にそう予言した。地球上で最大の人口を抱える近代中国は、一九一一年の辛亥革命や一九四九年の共産党革命による中華人民共和国の成立を含め、国の命運に関わる変革を近代史の中で数多く体験した。けれども、グローバルな政治経済の出来事と、最終的にヨーロッパとマラッカ海峡に向かう西部と南部と中国のつながりを深める最も重要な進展は、四つの近代化（農業、工業、国防と科学技術）として知られている経済の自由化であった。その重大な宣言は一九七八年十二月の中国共産党一一期中央委員会第三回全体会議の席上、鄧小平自身によって言明された[2]。

中国と世界にとって四つの近代化の重要性は、最終的に近代化が実行されるまでの間、中国の変容を阻害した勢力について、その以前の状況を考察することでより明確になる。一九六六年五月から一九七六年九月に毛沢東が死去するまで、中国は文化大革命の真っ只中にあり、経済成長と国際関係は、イデオロギーの純度や外国人嫌悪の革命的熱情に従属させられていた。隣国ソ連は、ヨシフ・スターリンの下で「一国社会主義論」の自己充足政策から脱却したが、激しい地政学上の戦略の違いと市場原理に基づく商業活動の意思の欠如のために、ソ連と中国およびより西方にある衛星国との経済関係を停滞したままにした。

他の中国のリーダーたちの中でも特に先見の明をもつ老練の周恩来首相は、鄧小平以前に中国経済を合理化し、それを世界に開放することを考えていた。実際に一九六四年十二月[3]、文化大革命の二年前に周恩来自身が四つの近代化という用語を使い提起し、自らの最後の公務のひとつとして、一九七五年一月の第四期全国人民代表大会で改めてそれを提唱した。ところが、国内の反対派、特に毛沢東夫人の江青と彼女の仲間の四人組が実現の道を閉ざしてしまった。毛沢東の死後、ようやくより好ましい環境が現れた。

毛沢東がこの世を去ってから一〇カ月後の一九七七年八月に鄧小平が復権を果たし、直後の中国共産党第一一回党大会で四つの近代化を強調する演説を行った。鄧はその意味を「農村部への電気の普及、産業の自動化、新たな経済見通し、そして大幅な国防力の増強」だと明言した。一九七八年二月には華国鋒主席(4)がこの時点ですでに一年近くに渡り個別の自由化の施策を提唱していた。その中には、一九七六年から一九八五年の一〇カ年計画に盛り込まれ、多くの点で鄧とおなじではあるが、重工業（鉄、石炭、電気、交通インフラ）の重視をより強調している。鄧はより実践的で市場主義的で、政治的な感度は高かった。彼は一九七八年十二月に中国の現代史を再形成する決定的な改革宣言を行った。(5)

重大局面のインパクト

四つの近代化宣言を重大局面と捉えうるには三つの理由がある。

一点目は農業と重工業に集中する文化大革命の混乱を受けた中国の政治・経済的危機に関連している。中国の農業分野における一人当たりの穀物の産出量は、需要が高まるにも関わらず二〇年前に比べて一九七七年の方が低下していた。(6)一九七六年の鉄鋼生産量は二一〇〇万トンにも足らず、一九七三年の二二五〇万トンから低下し、一九六〇年の水準と比較してみてもわずかに一〇％増だった。国有企業は利益の源泉ではなく、農業分野から莫大な補助金を吸い上げていた。電力インフラが徐々に劣化する中、中国北東部大慶のような油田で働く労働者たちは、かつては文化大革命の模範的存在であったが不遇な環境におかれていた。その間、軍事領域ではソ連からの挑戦が増し、毛沢東主義による中国経済の脆弱性が国の安全保障にまで多大な影響を及ぼしていた。ソ連が拡張を進めていると中国の指導者たちには映り、国際的な脅威が高まっているという強い懸念が北京に生じ始めていた。

二点目は、一九七〇年代後半の中国には、変革を促す重要な政治的要因があった。中国は文化大革命の間に途方もない社会・経済的混乱を体験したが、多くの、特にエリート集団に属す人たちは、正常な状態への回帰を切望した。毛沢東の死を受け、文化大革命の惨状の是正につながる改革がついに可能となっていった。

三点目は、この時期に改革実施への強烈な時間的圧力があったことだ。ソ連の策動に対する恐怖から改革の必要性が生じたと一部では認識されている。中国国内の毛沢東派勢力は引き続き根強く残っており、国内政治情勢は相変わらず流動的なままだった。中国では十分に表れていなかった。中国が文化大革命の時代の邪悪で偏狭なやり方に再び戻る可能性は未だ十分に現実味があった。このような状況下で、鄧小平と同胞たちは将来を見据えた一連の経済政策の強化が決定的に重要であると感じていた。

鄧小平が権力を握ると、改革の全体計画は直ちに提示され当初予定されたものはまもなく実施された。初期に重点が置かれ次の段階に進むための重要な前提条件となったのは、農業改革だった。地方での市場改革は、そこでの生産性を向上させ、経済の第二および第三セクターで働けるように、中国の大規模な農村労働力のほとんどが解放された。

重工業改革は、鄧小平の次の優先事項であり、二〇億ドルを投じた上海近郊の宝山製鉄所がその最初のステップとなった。また中国は技術教育面を強化し、科学技術関係の労働者数を改革開始時の六万人から五年も経たないうちに四〇万人にまで拡大させた(7)。

政治情勢が次第に安定する中、鄧小平のアプローチは国の自立を目指す当初の目標を超え、相当規模の外国からの借入金を含むものに着実に広げられていった。たとえば一九七八年十二月、英国の銀行団から一二億ドルの政府融資を取り付け、同年四月中旬には合計一〇〇億ドルの外債を調達した。[8]その後、五カ所に経済特区（深圳、球海、広東省の汕頭、福建省の廈門と海南島全域）が設置され、社会主義と資本主義を混ぜたユーゴスラビア、ルーマニアモデルを参考に各特区が独自に外国企業と交渉できる権限が与えられた。

経済特区として正式に指定されていないものの天津は「沿岸開発地域」に選ばれ、一九八〇年代半ばにそれが公になった。一九九〇年代からその後一〇年にわたり、中国政府は経済特区から経済改革の新たなモデルへ決定的に切り替えた。「新区」を設けることで、上海市の伝統的な中心地から黄浦江を渡った浦東地域が最初の指定を受けることになり、また天津浜海新区は二番目の新区に指定された。

四つの近代化の国内外の衝撃をさらに拡大した鄧小平の重要な初期の取り組みのひとつは、海外の中国人、特に東南アジアの華僑に接触することだった。一九七〇年代後半時点で、台湾を除いた中国本土の外には約八二〇〇万人の広東出身者の末裔と五〇〇〇万人の福建出身者の末裔が居住していた。彼らの多くは先祖の故郷の福建省と広東省の海岸に沿って設置された、上述のいくつかの経済特区での優遇措置を与えられるパートナーとなった。これらの地域は「市場化」の社会・経済的な実験の場となることで軽工業が発展し、途上国との国際商取引の舞台となった。資本主義の香港が広東省のために実行したような、より大胆な将来のベンチャーへの道を拓いたのである。[9]

すでに提起したように、中国の四つの近代化は多くの根本的な方法で中国自体を変えた。特にそれらがユーラシアの中心部で解き放った爆発的な成長により、近代化は大陸全体の政治経済の変化に強い触媒作用を引き起こした。これらの変化の結果として我々が今日見ているように、ますます統合が進み、相互依存が高まるなか、大陸横断的なチェス盤の出現となった。

しかしながらユーラシアのスーパー大陸の誕生が意味するのは、中国の興隆だけではない。中国の興隆と相乗して起きている他の重大局面が、現在の国際情勢に根本的な重要性を持つ大転換点をも引き起こしていることをこの章で書き留めておきたい。それは、世界を舞台にした統一性と可能性を高めているユーラシアの台頭である。中国の興隆は、その移行の主要な部分であることは確かであり、中国の一帯一路構想は先見性に富み実質的に重要ではある。ただし、これから見ていくように、より統合されたユーラシア大陸が競い合いの場として出現したのは一帯一路構想以前であり、この構想をはるかに超越している。ユーラシアの再連結の真の可能性を把握するためには、中国を超えるさらに深い数々の原因を具体的に特定する必要がある。

ユーラシアの大転換点を作り上げている大陸の分岐点となる歴史的な出来事は三つある。（1）ポスト・ソ連の空間を生んだ一九九一年のソ連崩壊。（2）二〇〇八年のリーマン・ショックが、その対応で中国がとった大規模な景気刺激策と相まって、世界的な総需要拡大の貢献における西側とユーラシア側の溝を深める結果となったこと。（3）二〇一四年のウクライナの危機が、ロシアと東ヨーロッパの双方と中国とのより緊密な関係を促進したこと。まとめると、これらの地域における重大局面は、ますます相互作用を備えた競い合いの場へとユーラシアを変容させ、より広範な世界へのユーラシア内の発展の重要性を増大させた。繰り返すが、ユーラシアの変容は単に中国の台頭以上に多くのことを必要とする。一段と大きく、ますます相互作用が働く地域のチェス盤の出現を口火にして、深化した統合がより広い世界へ向け中国の重要性を決定的に変え、またそれを高めることにもなる。

ソ連の崩壊

シルクロードは、何世紀にもおよび開放と閉鎖を繰り返してきた。重商主義的な障害ができ、その後に解体されるという繰り返しである。二十世紀も決して例外ではない。そして自己充足型経済の六〇年を経た過去三〇年間の再連結は、真の大陸的意義を持つ。唐突な重大局面でのソ連邦の崩壊は、ソ連の後継国を通過回廊として開放した。これはこの章の後半で述べていくように、二重の相互作用と競争的側面でドイツとヴィシェグラード四カ国（チェコ、スロバキア、ハンガリー、ポーランド）双方を含んだ中国と中央ヨーロッパの間のダイナミックな政治・経済的相互依存をもたらした。一九一七年以前のロシア皇帝時代には、旅人たちはロシア国境でさえも横断し、ユーラシア中央部の大草原地帯や砂漠をかなり自由に移動した。しかし、スターリン時代には中央アジアの大部分を含むソ連のほとんどの国境が閉ざされ、スターリンは、広範な大陸の発展を無視した「一国社会主義論」を構築した。

一九九一年後半のソ連崩壊は、中央アジアを共産主義圏内の孤立した時代に取り残された場所からダイナミックで、経済交流とグローバルな地政学的競争のある変化の激しい地域へと変化させ、また状況を一変させた。その重大な進展は、十年、もしくはそれ以上にわたって留まっていた力から生まれた。ただし、劇的なクライマックスは、その出来事の数カ月前までは全く予期されていなかった。ソ連邦崩壊は、経済交流や政治的コミュニケーションに対するスターリン時代から続く長年の障壁を消滅させ、その結果、ユーラシアの近年の著しい成長とエネルギー需要は、大陸的スケールで自ら展開できるようになった。ソ連のこの突然の崩壊は、経済停滞を根源にその改革の試みの失敗と自身の過剰な拡張が原因で、実際には十年以上に渡って進行していた(10)。アフガニスタンでの高くついた戦争(一九七九年〜一九八九年)が、ソ連に戦争の犠牲者を生み、西側の制裁の発動を誘発したことが崩壊の大きな要因だった。これらの制裁はソ連から欧州連合(EU)や日本向けの大規模なエネルギーパイプラインの建設を妨害することで、ソ連が貴重な外貨を得る機会を奪うことを目的としていた。

一九八五年に権力を把握したミハイル・ゴルバチョフは、ソ連の構造的な問題を理解し、グラスノスチ(情報公開)やペレストロイカ(改革)などのキャンペーンを積極的に展開した。政治的混乱は、一九八九年前半のアフガニスタン撤退後、それまでの不満の重要な要因が解消したのにもかかわらず激しさを増していった。ソ連邦からの決定的な反応がないまま、一九八九年十一月にベルリンの壁が崩壊した。結果、ソ連邦の衛星諸国内およびソ連邦内部自体でも根本的な変化が起こりつつあるとの意識を強めていくことになる。

インパクトとその意味

クリミア半島でのゴルバチョフの休暇中の一九九一年八月一九日に、副大統領、首相、国防相、KGB長官や政権幹部がクーデターを起こした。エリツィンは迅速にこの企てを糾弾し、国民の支持を自分自身に集めた。彼は首謀者たちに逮捕されず、三日後にはクーデターは失敗に終わった。ゴルバチョフは権力の座に復帰したが、彼の政治的立場は決定的に弱まった。野心的なエリツィンの圧力によって、ゴルバチョフは正当性を急速に失うなか、危機と時間的圧力の双方を生み出し、大規模な政策変更を余儀なくされた。

このクーデター未遂からひと月も過ぎないうちにソ連はついにバルト三国の独立を承認した。リトアニアの独立宣言はその約二〇カ月前だった。ウクライナの独立は国民投票で九〇％の支持を得て、三カ月後の十二月一日に承認された。アルマアタ議定書はグルジア（訳注：英語読みの「ジョージア」を国名として表記するように日本政府が法制化したのは二〇一五年四月である）を除くすべてのソ連共和国の署名を受け、一九九一年十二月二十一日付でソ連の崩壊が承認され、次いで十二月二十五日にはゴルバチョフが辞任した。一九九一年末にはソ連の全ての行政機関の機能が停止され、ユーラシアの歴史に新たなポストソ連時代を拓くことになった。(11)

融合のインパクトとその意味合い

ソ連の崩壊に伴い、「一国社会主義論」を構築した時代からの長い歴史にもかかわらず、多くの伝統的な自己充足型の要素を持つスターリン主義の実践も消滅した。エリツィンは一九九二年一月二日に自身が首相になり代わり、全面的な対外貿易・価格および通貨の自由化を命じた。これらの宣言に続き、エゴール・ガイダール率いるエリツィンの市場志向が強い補佐官たちも外国投資を奨励する立場になった。このガイダールの構想は、価格の自由化や金融の安定化といった市場志向の取り組みを中心に、資本流入や西側先進国との相互依存を深めるために、より好ましい環境を促進するように計画された。(12)「旧ソ連諸国」の他の地域でも、官僚は同様に対外投資と国際貿易の拡大の支えとなる政策を追求していった。

新しいつながりと深まる関係

旧ソ連の先進的な西部地域ではソ連崩壊の短期的な主要な衝撃と突然の新しい市場経済化は、ロシアと非共産主義ヨーロッパ、特にドイツとの間の相互依存関係の深化を導いた。ベルリンの壁の崩壊後の二〇年の間に、ワルシャワ条約機構の六カ国の旧加盟国と旧ソ連の三つの共和国自体が欧州連合（EU）に加盟した。このソ連崩壊の直接的な結果による冷戦後のEUの拡大、ヨーロッパのより広い世界との関係およびヨーロッパ自体の本質にも大きな影響を及ぼした。EUの地理的中心点をフランスからドイツにかけて千マイル近く東に移動させ、大西洋から遠く離れたヨーロッパ内陸のサプライチェーンを再配置させた。そして、現在世界の自動車と自動車部品の二〇%を生産するドイツとヴィシェグラード四カ国におよぶダイナミックな新しい製造ゾーンを生み出した[13]。

東部でのこの新ヨーロッパの出現は、大陸の経済成長の大幅な加速を引き起こした。二〇一七年の時点で、実際にEUで最も急速に成長している一〇カ国のうち九カ国は二〇〇四年以降の加盟国であり、また六カ国はワルシャワ条約機構の元加盟国である。残りの一カ国のアイルランドは比較的小規模だが国際的に開かれた国であり、多国籍企業に対する税制優遇措置によってその成長が加速された。

融合のつながりと関係

新ヨーロッパは、旧ソ連邦のバルト三国とともに、東ドイツを含むワルシャワ条約機構の元加盟国であり、冷戦時代からアジアの共産主義国（中国、ベトナム、北朝鮮、モンゴル）と強固で長期的な関係を保持していた。ソ連は、このような大陸横断の関係を築き監視する中心的立場であり、その中には広範な貿易、教育交流、ゲストワーカー、および対外支援が含まれていた。たとえばソ連時代には、何万ものベトナム人がポーランド、チェコスロバキア、ハンガリー、東ドイツに「ゲストワーカー」として入国していた[14]。しかし、その一方でヨーロッパとアジアの共産主義国は、ソ連の連携とは距離を置いた独自の深い関係を確立した。これはソ連とのバランスを取り自分たちの社会主義圏内での自主性を高めたいという強い欲求から生まれた。これらすべてがソ連崩壊後のユーラシアの大陸主義を刺激するために役立ったが、時折地元の政治的反発により抑えられることもあった[15]。

しかし、中央アジアとロシア極東では、特に一九九〇年代以降、アジアの成長が加速する中で市場の力は旧ソ連やヨーロッパのどこか他の地域よりも、自然にアジアに対して接近するようにより強い力で働きかけた。中国、インド、イラン、トルコ、日本、韓国はソ連邦崩壊の結果、旧構成諸国との関係を大幅に深め、伝統的なシルクロードとの関係の復活を支援しながら、ロシアを東へと引き寄せている。

エネルギーの役割

今回の新しいユーラシア大陸主義者の相互依存関係は、エネルギー需要によって最初に強く突き動かされたことが発端になっている。重要なことは、ソ連の崩壊がエネルギーを主要な推進力として中国と中央アジアを前例のない新たな関係に導いたことだ。この新たな現実は二〇〇九年から二〇一四年にかけて、トルクメニスタンから中国の東海岸へと向けた複数の大陸横断パイプラインの敷設から始まった。今日ではこれらのパイプラインは上海での地元のガス供給の約半分をまかなっている。現在、中央アジアと中国の都市部に天然ガスを輸送する三本のパイプラインも建設され、その他の計画も進行中である[16]。

表3-1　ロシア、中国、トルコと中央アジアの三カ国間で拡大する貿易

ロシアとの貿易（100万ドル）						
	1995	2000	2005	2010	2015	2015/1995
アゼルバイジャン	187.20	347.63	1,002.64	1,918.56	1,854.67	9.9
カザフスタン	4,265.50	4,190.64	9,518.43	7,760.95	15,076.78	3.5
トルクメニスタン	162.61	1,283.80	310.04	901.95	1,037.84	6.4
中国との貿易（100万ドル）						
	1995	2000	2005	2010	2015	2015/1995
アゼルバイジャン	4.57	27.97	273.05	926.47	565.10	123.7
カザフスタン	331.70	824.71	3,675.75	14,084.12	10,567.94	31.9
トルクメニスタン	14.81	24.00	113.78	1,538.75	8,247.12	557.0
トルコとの貿易（100万ドル）						
	1995	2000	2005	2010	2015	2015/1995
アゼルバイジャン	166.95	233.48	588.96	942.34	1,475.68	8.8
カザフスタン	193.90	206.26	556.90	1,855.48	2,017.49	10.4
トルクメニスタン	309.99	439.30	342.93	1,572.69	2,495.13	8.0

出典:InternationalMonetaryFund,DirectionofTradeStatistics,accessedOctober22,2018.

一九九〇年から一九九二年のソ連崩壊過程のまさにその時期、カザフスタンと中国との貿易が一〇倍に拡大した。表３－１に示すように、中央アジアの中国及びトルコとの貿易もソ連崩壊後に増大し、依然として規模の大きいロシアとの貿易をはるかに追い越し、次第に新たな方向性を地域に与え始めた。二〇一〇年までに、中国のカザフスタン、トルクメニスタンとの貿易の規模は、中国の工業製品と石油、天然ガス需要の急増によって、旧ソ連の共和国であったこの二カ国とロシアとの貿易を大幅に上回るようになった。二〇一五年までに、特にトルクメニスタンとの貿易は勢いを加速させている。同時に、トルコとカザフスタン、トルクメニスタン、アゼルバイジャンとの貿易も着実に拡大し、ロシアとトルクメニスタンとの貿易を一貫して上回っており、二〇一六年にはロシアとアゼルバイジ

ヤンとの貿易の規模を超えている。

一九九一年末のソ連崩壊はユーラシア大陸全体に機会をうかがい、俊敏に反応しようというオポテュニズム（日和見的）な波を引き起こした。崩壊数か月後には、ウルムチ対外貿易商談会が、中央アジアからの多くの参加者を迎え中国で開催された。一九九三年十月にはカザフスタンの大統領が北京を訪問し、そのわずか六カ月後の一九九四年四月には中国の李鵬首相がカザフスタンの南の首都と呼ばれるアルマトイを答礼訪問した。その際、二カ国間で締結された国境確定合意を受け、国境横断インフラ整備について具体的な話し合いが行われた。

このハイレベル外交の結果、大陸間鉄道、パイプラインが建設されることになり、その後、国境を越えた交流の促進のために経済特区が、カザフスタン国境近くの新疆のイリ渓谷に設立された。二〇一〇年までに中央アジア最奥部から七〇〇〇キロメートルの距離を経て中国国内を横断し上海へ向かうパイプライン[17]によって、トルクメニスタンからの年間一〇〇億立方メートルの天然ガスに加え、カザフスタンから日量二〇万バレルの石油が輸送された。また、同年中国は、ロシアと近隣のイスラム世界との空輸による貿易を拡大し、トルコとイランの利益に見合う形で、ウルムチ国際空港に近い経済特区および同空港の貨物・乗客輸送施設の大幅な拡張工事に着手した。

ソ連の崩壊後、中央アジアとその南方および南西に位置する近隣のイスラム大国、とりわけトルコとイランとの関係は急速に発展した。一億人とも言われる中央アジア人との民族的な絆を持つトルコは特に関心を寄せ、新たに独立した中央アジア諸国を最初に承認した国となった。ソ連崩壊からまもなくして、トルコのスュレイマン・デミレル首相は中央アジアの全諸国を訪問し、毎年開催される一連の共同首脳会議を正式にスタートさせ、冷戦時代の境界を超えた重要で新たな政治・ビジネス面でのネットワークを構築した。二〇〇三年以降のトルコの主要な指導者であるエルドアン大統領も中央アジアとのより緊密な関係を築くために、その手段として民族の絆を利用している。[18] 一九九六年、トルコは米国の圧力に抗しながら、イランと二三年に渡る天然ガス契約を二三〇億ドルで結んだ。そのイランは同年、トルクメニスタンに向けの天然ガスパイプラインを開設し、二〇一〇年には二番目のガスパイプラインが、トルクメニスタンとイランの間で貫通した。

日本と韓国も同様に、ソ連の突然の崩壊後、ロシアと旧ソ連諸国として知られる国々とのつながりを広げ深化させていった。日本は特にサハリン島のエネルギー資源に重点的な投資を行い、一九九〇年代前半からサハリンⅠ、サハリンⅡプロジェクトでは主要な役割を果たした。日本と韓国の両国は中央アジアにも投資をしているが、特に韓国は自らの商業的地位をカザフスタンとウズベキスタンとの強い民族的関係によって強化している。これは皮肉なことだが、一九三〇年代、もともと太平洋沿岸に住んでいたコーリョ・サラム、文字通り「高麗人」をスターリンが中央アジアに強制移住させたことが背景にある。日本と韓国両国とも中央アジアのウランにもコミットしている。ただし、両国からあまりにも離れているために、二〇〇八年の世界金融危機後、中央アジアと中国との間で成立したようなパイプライン経由での炭化水素資源等の飛躍的な取引は抑制されている。

欧米の企業は、中央アジアで、そしてそれよりは少ないがロシア極東で、特にテンギス油田、カシャガン油田、サハリンⅡ[19]などの大規模なエネルギープロジェクトに参画する大投資家である。しかしアジアは、旧ソ連のアジア地域で必要なほとんどの工業製品の低価格の供給者であるばかりでなく、旧ソ連からのエネルギーの究極の市場でもある。東アジアは経済成長のために、より多くのエネルギーを必要とし、ユーラシア大陸を渡り西方に経済的に拡大することで、大陸との関係は自然に市場原理によって深まると予想される。ソ連の崩壊、対中央アジア向け直接投資の開放、そしてロシア国内でのエリツィンの自由放任主義政策のすべてが、根底にあるユーラシアの相互補完性を深め、前例のない新しい方法で、ソ連時代の絆を越えて、古典的なシルクロードを復活させた。

インドの外縁性

中国と旧ソ連のようにインドは、ポスト冷戦時代の初期に急激に広範にわたる歴史的な変化を経験し、新興スーパー大陸の今日の台頭[20]を予想するのを助長した。サダム・フセインのクウェート侵攻後、ペルシャ湾からのインド人労働者の引き揚げによって引き起こされた一九九〇年から一九九一年の厳しい金融危機は、マンモハン・シン財務相主導のインド国内の抜本的改革に導かれ、最終的にはより高い経済成長と海外からのより多くの直接投資につながった。しかし、中国とロシアの場合とは対照的に、インドの改革はユーラシアの再連結において中心的な役割をまだ果たしていない。

民主主義は皮肉にもインドと南アジアの隣国との再連結さえも複雑にする。たとえば、タミルナド州での逡巡した対応が、スリランカ内戦の重大な最終段階でインドの介入を抑制し、中国の影響力の強化の道を開いたと伝えられる。また西ベンガル州知事と中央政府との政治的対立も、バングラデシュとの国境問題の交渉を数年間にわたり遅らせてしまった。[21]

中国のようなライバルの経済力からして、また国内事情と地理的理由から、インドは、ユーラシアの再連結では、取るに足らない役割に限定されてきた。上海協力機構のような地域機関または一帯一路構想は中国に支配されているため、追加的な活動範囲の余地がほとんどない。しかしサービスと技術の両分野での強力な能力を国際舞台で十分に発揮するダイナミックな案が、インドに欠けていると言う訳ではない。インド政府の運命的選択肢は、我々がこれから検討するべき課題である。事実、ユーラシアが再連結しつつある中でインドに制約があることが、インド人と世界中のグローバリストが互いに接触するのを意義あるものにしていくであろう。

中央アジアに近接し、冷戦時代から確立された関係をもっていたにもかかわらず、インドはソ連の解体から恩恵を受けなかったアジアの主要国のひとつである。カザフスタンのような中央アジア諸国との商業関係は大幅に進展したが、中国が経験した爆発的な増大と比較すればそれは緩やかなものだった。中央アジア諸国の中で最も人口の多いウズベキスタンとインドとの貿易は、一九九五年から二〇一九年の間で一六〇〇万ドルから三億二一〇〇万ドルに増えた。一方でウズベキスタンと中国との貿易はより広い領域を持ち一億一六〇〇万ドルから四三億ドルへと二倍の速さで成長している。(22)

一九〇〇年代と二〇〇〇年代にかけて、ユーラシア大陸を再構成した激的変化は、インドの成長を助けるのではなく、皮肉にも傷つける結果となってしまった。一九六〇年代半ば以降、インド政府はソ連と非常に強い有益な関係を維持していたが、中国の場合とは対照的にそれはソ連邦の崩壊によって促進されるよりもむしろ中断されてしまった。同様にイランの聖職者による政治支配体制の出現は、伝統的な同盟国であるイランとインドの関係をさらに複雑にした。インドは中央アジアに地理的には近いが、パキスタンやアフガニスタンを含む、非常に不安定なイスラム諸国の間に位置している。二〇〇一年以降続くアフガニスタン紛争と中国のパキスタンとの緊密な関係も、より西方にある国々へのインドの様々な試みをいらだたしいほど難しくしている。

エネルギーを豊富に持つ中央アジアとインドの遠大な関係(23)は経済的に意味をなし、この数年内にそれが具体的に明らかになる可能性がある。ただし、もし不穏な地域内の政治関係が安定し、すでに建設中のTAPI（トルクメニスタン、アフガニスタン、パキスタン、インド）天然ガスパイプラインが完成すればとの条件が付いている。同じくインドとロシア極東とのエネルギー関係もより進展している。インドの石油天然ガス公社（ONGC）もサハリンIプロジェクトに参画しており、二〇〇八年には、ロシアの豊富な西シベリア油田地帯の英国の権益も獲得している。

しかし、将来のインドとユーラシアのより広範な再連結には、大陸情勢にどの程度イランが組み込まれるかにかかっている。そしてその部分的な背後にはユーラシアを越えた力関係が絡んでいる。二〇一五年のイラン核合意はインドと中央アジアの関係にプラスの影響を確かに与えたが、しかしその将来は不確かである。イラン東部国境にありこれまで不十分な開発しか行われて来なかったチャバハル港はインド西部のナレンドラ・モディ首相の故郷であるグジャラート州からわずか五五〇海里の距離にある。この港の拡張は核合意後に開始され、インドからイランを横切り中央アジアとヨーロッパへパキスタンを迂回して向かう重要な新しいルートを拓いた。インドの伝統的な友人であるイランとの正常化された国際関係[24]は、もしパキスタンのバローチスターン州の民族間の緊張やサウジアラビアとイランの対立がインドとイランの関係を複雑にしなければ、インドの急速に増加するエネルギー需要を満たすのにも役立つ可能性がある。

リーマン・ショック：西側の金融危機、中国の台頭そしてユーラシアの大転換点

不安定ではあるが深まる相互依存関係の特徴を持つユーラシア大陸を横断する壮大な競い合いの舞

台の出現は、上述したように二つの重大局面（中国の四つの近代化とソ連邦の崩壊）によって形作られた。これらの局面は大陸の政治・経済的構造の歴史的変容を通じて基本的な軌道が設定されたが、重大な長期にわたるグローバルな影響は一〇年以上も潜められたままだった。資本規制により一九九〇年代のアジア金融危機の影響を最小限にしか受けずに台頭した中国は、危機後も米国への大量な輸出の増加に支えられ、経済面で上昇を続けた。

しかし中国の上昇ペースは一九八〇年代から九〇年代初頭と比べ鈍化する中、米国とヨーロッパは一九九〇年代後半のドットコム・ブームを筆頭に二〇〇〇年代初頭の安定した住宅建設、同時にアフガニスタンとイラクの戦争に伴う財政支出の拡大に支えられ着実に成長していった。中国の成長は一九九〇年代初頭以前よりも米国市場にさらに依存していたが、アジア金融危機のピーク時を経てゆっくりと低下していった。

そして、大転換点の主人公である米国と中国の経済軌道が大きく変わる種が、静かにまかれていた。米国政府の負債は9・11の後に始まった二つの戦争の支出によって増大し、さらにベビーブーム世代の引退によって増加した社会保障支出の増加が財政問題[25]を悪化させていた。

米国中心の金融危機

ジョージ・W・ブッシュは二〇〇〇年に異論の多い大統領選挙で選出され、それはおそらく米国史上最も僅差での辛勝だった。ブッシュと彼の政治補佐役は二〇〇四年の再選への道が厳しくなることを認識し、二〇〇〇年の選挙で決め手となった高齢者の多いフロリダのような勝敗の鍵を握る州の中流階級に対して、実質的に訴えかける必要があることをはっきりと理解していた。そのためにブッシュの政策課題で優先されたのは、二〇〇三年に制定された高齢者向け医療保険制度に基づく処方箋薬の恩恵と寛大な住宅金融政策だったが、特に下層中流階級向けにアピールしたものだった。住宅金融政策[26]は英国のマーガレット・サッチャー政権下で、保守支配を持続させるための頼みの綱であったし、ブッシュ政権にとっても同じように魅力的だった。

この時期の金融界も、銀行と証券業務の分離を定めた一九九九年のグラス・スティーガル法の廃止によって煽られ、過渡期を迎えていた。この変革は現代のコンピューターを使った新しい金融テクノロジーと相まって、信用リスクを移転する強力なクレジット・デフォルト・スワップの出現を促進させ、技術的に精通し洗練された従業員のボーナスと金融機関の両方の利益を大幅に押し上げた。デリバティブは不可解ではあったが、ＡＩＧのような最高位であるＡＡＡ格付けを得ている保険会社によって歓迎され、市場性のある商品に姿を変え、米国だけでなく外国の企業も自信を持って取引していたが、後に後悔の念に駆られることとなる[27]。

新たな金融テクノロジーの潜在性と住宅を手頃な価格にするための政治的インセンティブとの合致は、住宅金融の新しい形式の制限を緩和し、クレジット・デフォルト・スワップのような新しい革新的な金融商品の売買につながった。規制緩和で生まれた新たな環境はまず住宅ブームを導き、まさにその時期に米国は二〇〇四年の大統領選に入った。前回の二〇〇〇年の選挙では必死で戦ったジョージ・Ｗ・ブッシュは、フロリダでジョン・ケリーに獲得票で五二対四七の差をつけ、意気揚々として再選された。

選挙後の二〇〇五年から二〇〇六年の間にインフレ率が上昇し始め、中産階級の所得の停滞にもかかわらず、米連邦準備制度理事会（ＦＲＢ）は政策金利を引き上げ始めた。これによって支払い能力を超えた債務者への圧力が高まり、より深刻な金融危機の環境が整えられ始めていった。二〇〇七年七月三十一日ベアー・スターンズ投資銀行は二つのヘッジファンドを清算し破産法の適用を申請、その一週間後の八月六日にはアメリカン・ホーム・モーゲージ・インベストメントが同じ対応を取らざるを得ない状況に追い込まれた。

大統領選の年の二〇〇八年初頭は金融危機が落ち着いてきたかのように見えた。一月十一日にバンク・オブ・アメリカが住宅ローン大手カントリーワイド・フィナンシャルを四〇億円で買収すると発表した。三月十六日にはFRBがJPモルガン・チェースへの売却に備えて、ベアー・スターンズに三〇〇億ドルを融資した。八月十五日にはグローバル経済トレンドの先見性で評価されていたソロスファンドが問題となったリーマン・ブラザーズ投資銀行の株式を一万株から九四七万株に増資した。

その数週間後、クレジット・デフォルト・スワップなど新しいデリバティブ商品によってもたらされた大規模リスクの中で、静かに深刻化していた金融危機が溢れ出るように劇的に明るみに出た。二〇〇八年九月七日、モーゲージ担保証券の中で最も重要なファニーメイとフレディマックの二つの企業が連邦政府保全措置下に置かれた。その三日後の九月十日、リーマン・ブラザーズは不良住宅ローン評価損五六億ドルを償却後、三九・三億ドルの第3四半期損失を計上し、翌日自社を売りに出したが、その株式は一日で四二％減、一株四ドル二二セントにまで急激に下落した。

アジアの韓国産業銀行と中国のある銀行はロンドンの国際金融グループであるバークレーズとともに、リーマン・ブラザーズの買収を検討していたが、米国住宅市場危機の大きさを察知し交渉を打ち切った。(28) リーマン・ブラザーズは潜在的な買い手としてバンク・オブ・アメリカ（ＢＯＡ）に目を向けていたが、九月十五日にＢＯＡは代わりにメリルリンチを五〇〇億ドルで買収することに合意した。

リーマン・ブラザーズは救済者が現れないまま六一三〇億ドルの負債で破綻し、米史上最大の企業破産となった。ＦＲＢはリーマン・ブラザーズから続く破綻がウォール街の大混乱を招くことを懸念し、ＡＩＧの破綻を回避するために八五〇億ドルの救済策を発表した。しかし余波は続き、九月二十五日には主要な住宅ローン貸付業者でもあるワシントン・ミューチュアルが、連邦規制当局によって正式に閉鎖され、米国の商業銀行史上最大となる経営破綻をもたらした。

深刻な商業不安に直面するなか、大規模な連邦緊急政策を公認するための議会に注目が集まった。しかし九月二十九日、議会は総額七〇〇〇億ドルの公的資金投入による不良債権買い取りプログラム（ＴＡＲＰ）案を否決、ダウ工業平均株価は七七八ドル安に急落し、過去二〇年で最大の一日での下げ幅となった。十月三日に議会がＴＡＲＰを修正した緊急経済安定化法案を可決したことで、金融界の大変動は初めて沈静化し始めた。新しい法律に基づき、金融当局は十一月二十三日にシティグループを救済した。ゼネラルモーターズとクライスラーは二〇〇九年夏に破産法の適用を申請したが、その結果、再建を支援するためにＴＡＲＰ融資を受けることになった。[29] 二〇〇九年春から、米国の株式市場は徐々に回復し始め、二〇一八年十月初旬までにＳ＆Ｐ五〇〇株価指数は二〇〇九年の三月初旬のレベルから四〇〇％以上上昇している。[30]

大西洋と太平洋の向こう側にいる世界経済に互いに依存し合っている自由主義の参加者たちの間にも金融不安が広がる中、急激に成長してきた経済の転落の激震が、多くの発展途上国と同様にＧ７諸国にも走った。その状況の中でも、ユーラシア大陸の閉鎖的な経済国のごく一部、特に中国はその影響を被るのを免れた。中国の世界から隔離された金融制度の恩恵と国家レベルの強い財政が、世界的回復の主要エンジンであることを後に証明することになる、大規模な景気刺激策の立ち上げを可能にしたことは論じるまでもない。

中国の強力な二〇〇八年の刺激策とその世界的影響

二年間で四兆元（五八六〇億ドル）という景気刺激策は、中国史上最大規模で運輸、住宅、インフラを中心とした一〇の戦略的分野での中央・地方政府の支出調整を伴った[31]。それは二〇〇八年十二月の第一回G20サミット開催直前に存在が明らかになり、胡錦濤国家主席とジョージ・ブッシュ大統領が内容をチェックしたのは正式発表のわずか一日前だった。このパッケージはリーマン・ショック後の桁外れな混乱期に、中国が世界経済の主要な安定化装置になるのを認めるうえで重要な役割を果たした。中国は他の国々が必死に奮闘する中、世界第三位の経済大国として二〇〇八年から二〇〇九年の間、ほぼ一〇パーセントのGDP成長率を維持したのだ。

中国の二〇〇八年から二〇〇九年の大規模な景気刺激策は、ユーラシアとより広い世界情勢の中で主要勢力としての中国の台頭を後押しし、広範囲なユーラシア大陸への輸送の接続を強化しながら、国内では遠方地域を結ぶ大規模な道路と鉄道インフラプロジェクトに集中した。中国の二ケタ成長は続き、G7がマイナス成長になるにつれて加速し、中国のGDPの世界でのシェアは大幅に増大した。中国はまた、ティモシー・ガイトナー、ハンク・ポールソン、ロジャー・アルトマンなどの影響力を持つ西側の財政政策の高官から、世界経済全体を安定させる役割を担っていることに対して賞賛を得た[32]。購買力平価ベースのGDPで米国を超え、主要なグローバルプレイヤーとして、またユーラシア大陸主義の中心的な牽引役として中国の時代が到来した。

ウクライナ危機とユーラシアの発達

ウクライナの首都キエフは、は北京、東京、ソウル、ニューデリーからはかなりの距離がある。ウクライナは、国内の政治的な不安定さとロシアとの長引く紛争の影響で経済が縮小傾向にあるため、その発展がユーラシア統合とどう関係しているのか、と疑問に思う人もいるかもしれない。しかしながらウクライナ危機の間接的な影響は非常に重要であり、過去一〇年間にわたるユーラシアの着実な再連結を具体的に実証していると言える。

二〇一四年三月のロシアの突然のクリミア併合は、第二次世界大戦以降、ヨーロッパの国境に関する初の一方的な改正である。この出来事でもたらされたウクライナの危機は、ロシアが復興し、統合力のあるソ連の後継国として復活するという見通しを消し去り、ロシアは必要とされる人的および工業・農業資源を失った。この危機はまた、ウクライナと一四〇〇マイルに及ぶ国境を持つロシアに新たな安全保障上の課題をも引き起こした。モスクワからウクライナの一部地域までは三〇〇マイルも離れていない。また、ドイツを含む西側の重要な関係国とロシアの関係を複雑にすることで、ロシアをますます中国の腕の中に押しやり、強力な独立した主体から中国と中央ヨーロッパ間の通過国に変容させている。

ウクライナ危機はこのように予想外にも、ロシアと北東アジアの再連結の触媒となり、スーパー大陸の台頭を活気づけている。ロシアと中国、日本、そして言うまでもなくモンゴルなどのアジアの大国は、何世紀にも渡って互いに疑いの目を向けてきた。そして半世紀前にはウスリー川における中ソ国境紛争で両国は戦争寸前にまで至った。ユーラシアの二つの巨人間にあった未解決な国境の領有権をめぐる問題は二〇〇八年に最終的に解決したが、ソ連崩壊後も相互疑惑の感情は弱まらなかった。そして大規模な二国間協力の協議にもかかわらず、経済問題についての実際の進展は長年にわたって非常にゆっくりとしたものだった。

ますます明らかになってきているが、二〇一三年から二〇一四年のウクライナ危機は結果として、政治・経済的バランスとユーラシア自体を決定的に再形成し始めている。これから見ていくように、ウクライナの政権交代への激しいロシアの対応は、欧米の制裁を呼び込み、ロシア政府をヨーロッパとアメリカから深く孤立させている。ヨーロッパにおける東西間の緊張は今ではシリアにまで広がっており、ロシア政府が中国政府と接触するように導き、ユーラシアの勢力間との交渉関係を変えた。深化した中ロの相互依存は皮肉なことに、ユーラシア経済同盟（ＥＡＥＵ）の形体でユーラシアの経済自立政策を促進するロシア政府の試みによって活用されている。サプライチェーンと物流の技術革新と相まって、ＥＡＥＵと中国の経済大国としての台頭はウクライナ危機が強力な触媒を提供したこともあり、新たなユーラシア横断の政治・経済を誕生させることになった。

では、大陸を横切るこれらの重大で新たな政治・経済的圧力を生み出すどのような重大局面がウクライナで実際起こったのだろうか？　それを知るためにはウクライナのさまざまなこれまでの動きを詳細に理解することが重要である。他の重大局面と同じように、二〇一三年末から二〇一四年の初めの四カ月間という非常に短期間の間に主要な出来事は起こった。

ウクライナ危機のプロファイル

ロシアとウクライナの二国間関係は親密だが相容れないものである。ソ連が崩壊する中、一九九一年八月に独立を宣言したウクライナは四五〇〇万人の人口を抱える大国であり、何と言ってもロシア文明の揺籃の地でもある。ロシア自体とは産業的につながっているが、多様な民族の多くはモスクワの伝統的な支配を激しく嫌っている。また戦略的に重要でもある南東ヨーロッパに位置し、東と西の両方面からの介入を受けやすい。ウクライナは複数政党による民主主義に向かった二〇〇四年のオレンジ革命を経験したが、その後二〇一〇年から二〇一三年のヴィクトル・ヤヌコーヴィチ政権がモスクワ寄りに方向転換した。これが発端となり八〇万人を巻き込んだ大抗議デモが勃発し、一〇〇人以上の死者を出す惨事となった。その後、ヤヌコーヴィチ大統領は追放され、二〇一四年二月以降は西側指向になり、そして反対派も勢いを増している[33]。

二〇一四年三月十八日、プーチン大統領がロシアの主要な海軍基地があるクリミアを併合する法案に署名したことで、ウクライナ東部の武力紛争はさらに激化していった。その一方でウクライナ、ジョージア、モルドバが、ロシア離れを象徴するかのように同年六月にＥＵとのパートナーシップ協定に調印し[34]、ロシアを激怒させた。

米国とその同盟国は、徐々に範囲を広げ、強化した一連の経済制裁で応じた。二〇一四年三月に始まった第一波では、ＥＵと米国が十六人のロシア政府高官とプーチン大統領に近いとされるウクライナでの軍事衝突に関連したメンバーに対して渡航禁止と資産凍結を課した。二〇一四年四月にはロスネフチ（訳注：ロシアの国営石油会社）のイーゴリ・セーチン会長を含む更に七人の高官と一七のロシア企業が米国の経済制裁第二弾の対象となり、さらにＥＵは自身の制裁リストに一五人を加えた[35]。

国際的な緊張がさらにエスカレートしたのは、二〇一四年七月十七日、アムステルダムからクアラルンプールに向かうマレーシア航空一七便が、ユーラシア大陸を飛行中にロシアのブーク9M38型ミサイルによって撃墜された時だった。結果的に二九八人の乗客乗員全員が死亡した。この事件を受けた制裁の第三波は、金融、国防産業、エネルギー取引を網羅した最も広範なものだった。この措置の中で、ロシアの国営銀行は制裁参加国で長期貸付金を調達することを禁止された。ロシアへの軍民両用の軍需品の輸出は将来のEUとロシア間のすべての武器取引と共に禁止された。米国とEUはまた、特定の石油産業の技術の輸出を禁止したが、天然ガスに関する同様の技術は影響を免れた。

EUは、EU加盟国の国民や企業がロシアの国営銀行が発行した新しい債券、株式、または類似の金融商品を売買させないようにし、ロシアの海外資本市場へのアクセスも標的にした。また、EUと米国は、ロシアのビジネス界におけるプーチンの友人たちを対象にし続けた。この中にはゲンナジー・ティムチェンコ（ノヴァテク）、アルカジー&ボリス・ローテンベルク兄弟（SMPバンク）、イーゴリ・セーチン（ロスネフチ）、セルゲイ・チェメゾフ（ロステック）、ユーリ・コヴァリチュク（バンク・ロシア）などがいる。資産凍結と渡航禁止は武器として使える制裁方法だった。二〇一八年三月、米国はさらに一年間制裁を延長した。一方、EUの経済制裁は二〇一九年六月まで延長され、個人資産凍結と渡航禁止も同じく継続された。[36]

ユーラシアを横切るショックの波

西側の制裁は、ユーラシアの他の地域での経済再編による埋め合わせを促した。たとえば、ウクライナ危機は、（1）ロシア・中国二国間、（2）中国と東欧と中央アジアの諸国間、（3）中国と欧州間に、深化し多様化した関係をもたらした。二〇一四年五月にはロシアと中国は、四〇〇〇億ドルの大規模なエネルギー取引に署名し、ロシアのエネルギーセクターに前例のない中国の資本参加の機会を与えた。(37) エネルギー貿易も深化し始めた。第七章で詳しく述べるように、二国間の国防技術の結びつきも深まっている。

ウクライナ危機を受け、中国と旧ソ連邦諸国を含む東欧との関係も進展し始めている。二〇一五年八月に習近平国家主席はウクライナの独立記念日にキエフを訪問し、ウクライナの独立と領土保全を中国が尊重することを強調した。(38) また中国とウクライナは共同で史上最大の機体と見込まれる大型輸送機アントノフＡＮ－２５２を製造することで合意した。習近平はまた、二〇一五年から二〇一六年の間にロシアの他に、ベラルーシ、セルビア、ポーランド、ウズベキスタンを訪問し、一帯一路構想に基づくかなりの援助を提供した。特に注目に値するのは、二〇一六年六月に、地域で中国最大の貿易パートナーであるポーランドへの訪問と、そして中国がベオグラードからブダペストまでの高速鉄道路線を含むインフラとエネルギーに一〇億ドル以上の投資をしているセルビアへの訪問(39)だった。

結論

ユーラシアの地理自体は、大規模な人口と莫大な天然資源埋蔵量が近接しているなどの強力な潜在的相乗効果を秘めている。大陸の巨大な規模は、世界情勢における決定的な潜在影響力も授けている。しかし、ハルフォード・マッキンダーなどの古典的な地政学者とは対照的に、我々は地理が運命であるという概念に対しては懐疑的である。意識的な政治・経済的行動を通して潜在能力を解き放つ必要がある。スーパー大陸は創造されるものであって、けして自然に生まれ出てくるものではない。

この章では究極的にはグローバルな重要性を持つ再構成されたユーラシアを生んだ政治・経済的な動きを探求してきた。これらの動きは世界情勢における大陸としての戦略的意義の高まりと共に、ユーラシアをますます相互に影響し合う壮大なチェス盤へと作り上げた。また、この章では極めて困難であり同時に短期間で意思決定をしなければならない危機であるいくつかの重大局面が、孤立した国々を取り込み、ユーラシアの再連結の主要因となったと論じた。中国の四つの近代化とともに、三つの重大局面がどのようなものであったかを次のように確認した。(一) 一九九一年末のソ連崩壊、(二) 二〇〇八年のリーマン・ブラザーズの破綻に端を発した世界金融危機、(三) 二〇一四年のウクライナ危機。

中国の四つの近代化は、幅広いプロセスの触媒を提供し、ユーラシアと世界の両者を変え始めている。触媒的な役割およびユーラシアにおける中国の規模と中心性により、中国の重大局面は、最初のクロスオーバーポイントとしても見なされるのがふさわしい。三つの重大局面をまとめて見ると、中国の初期の触媒作用に反応し、一国を超えた壮大な競い合いの舞台を作り出しながらユーラシア大陸をより広範に変容させた。三つの重大局面はまた、ユーラシア大陸のいたるところに経済成長と相互作用のための新しい動機を与えた。(二) と (三) の局面は、世界の他の国々とは相対的に大陸全体の経済成長を加速させ、その成長の方向性を内部から見直した。重大局面は組み合わせると、四〇年以上に渡り、ユーラシア大陸間の相互依存に対する既存の政治的制約を解き放ち、大陸がさらに深い統合と世界情勢の中で拡大する集団的役割を果たすよう駆り立てるインセンティブ (誘因) を作り出した。重大局面とその解き放たれた力は世代を超え、このようにユーラシアを宿命的で長期的な意味合いを持つ再連結に駆り立ててきた。これは新しい連結志向の一帯一路構想で中国が享受する影響力さえも超越していると言える。

第四章

統合のロジック

一世紀あまり前、ユーラシアが世界情勢にとって中心的重要性を持つという見解は、地政学的論理が幅広く受け入れられ始めたこともあり、説得力があったように思える。言うまでもなく対等のライバルが北米だけだったこともその背景にある。ユーラシアは世界の陸地部分全体の三分の一以上を覆い、地球上で最も広大な大陸であると認識されていたが、産業化時代の幕開けの頃には、明らかに、必要とされた原材料の宝庫の大陸として見なされていた。当時、すでにユーラシアの人口は世界の半分以上を占め、加えて同じ大陸の帝政ロシアは世界最大の石油生産国として発展していた。そして内陸の交通機関網は、一九一六年に完成したシベリア鉄道の発展に象徴されるように、陸上輸送の技術が急速に海上輸送に追い付きつつあり、急速に発達していた。主観的に見ても、ユーラシアのスーパー大陸としての将来性については議論の余地がないように思えた。

オックスフォード大学が開設した地理学院の初代院長だったハルフォード・マッキンダーは一九〇四年一月の王立地理学協会における講演で、ユーラシアは「歴史の地理学的な回転軸」を構成していると主張した。[1] ユーラシアが世界情勢の命運を変える可能性のある大陸の心臓地帯＝ハートランドであるというこの考えは、マッキンダーだけではなく、その後、半世紀近くにわたりヨーロッパや日本の無数の地政学アナリストによって、堅く支持されていた。[2] 近年、ユーラシアの重要性は、米国の国家安全保障問題担当大統領補佐官のズビグネフ・ブレジンスキーのような鋭い分析者たちによって、[3]裏付けられているものの、十分に注目されてはいない。

ユーラシアと地政学への意識は概して近年薄れつつあるが、マッキンダーや彼以前の著名な地政学者たちにユーラシアの重要性を確信させた数々の地政学の基本的概念は、当然ながら不変である。地理と国際情勢の不変的な関連性についての古典的な固定観念は、変化する政治経済状況を説明するためにも修正が必要かもしれない。地政学とは、地経学的競争の基本的な特性を決定づけるものであり、その特性が何かをはっきりさせることは不可欠である。

ユーラシア統合の論理のはじまりは地勢と共に展開される。ユーラシアは間違いなく世界最大の大陸であり、地球の地表上を支配している。内陸の交通機関網は短く、潜在的には効率がいい。また政治情勢は複雑ではあるが、冷戦後の世界でさらに統合と補完性を高め成長を遂げている。その中でも中国、東南アジア、ロシア、中東そしてヨーロッパこれらすべての地域は、三、四〇〇年前と比較すると、格段に相互依存関係が深化し続けている。政治的危機は前章で述べたように、この深化した構造的な統合を導きながら、逆説的ではあるが機能的役割を果たしてきた。

しかしながらユーラシアの物理的な地勢には固有のロジックがあり、最近際立った順応性を持つその政治的地勢には、より深い統合の誘因を引き出す具体的な経済的触媒が求められている。この章では新たな経済的圧力と、同時にかつてない政策調整の展望を高める機会を生み出している、エネルギー、物流、金融という三つの分野に焦点をあてていく。

不朽の地球物理学的特徴

マッキンダーは「ユーラシアのハートランドは強い地理的統一性を持つ」と、繰り返し強調した。また、インドと中国がヒマラヤによって分離されているように、アフリカは、この世界で最も断絶のない自然の境界地帯であるサハラ砂漠が、異なる人種が住む世界とを分け隔ててきた、とも指摘している。[4] しかし、ヨーロッパとアジアの間にはウラル山脈のような緩やかな斜面とダーダネルス海峡やボスポラス海峡のような陸地に挟まれた狭い瀬戸しか存在していない。比較的容易な地理的移動手段を考えると、この地域での宗教、芸術などの文化の交流は古代から頻繁に行われており、一つの大陸として統一性をさらに強化させてきた。

ユーラシア内の地勢は、自由なグローバル関係とは対照的に、三つの重要な点で、大陸内の関係に特権を与えている。まず、先に述べたように、ヨーロッパとアジアの間には比較的簡単にアクセスできるルートがあること。第二にユーラシアの地理は、大陸を横断する内陸の輸送と交通網を生み出す可能性を持っている。マッキンダーも強調したように、大陸を外周する海路の遠回りのルートよりも明らかに陸路のルートの方が移動距離は短い。先に示した地図1－1が示すように、上海のような主要な東アジアの中心地とロッテルダムのようなヨーロッパ副都市との陸路の距離は、海路よりも三分の一以上短縮されている。

地勢がユーラシア内の経済活動に与えている三番目の不動の利点とは、天然資源と人口の近接性である。ユーラシアは、世界の天然ガス埋蔵量の八〇％と石油埋蔵量の六〇％近くを保有しており、これらの資源のほとんどは地理的にペルシャ湾とロシアに集中している。また、世界の人口の半分以上がユーラシアに存在している上に、世界最大の人口密集地域であり、エネルギー不安を抱える中国とインドに驚くほど近い距離にある。

近接性と陸上の交通機関網、資源と人口の近さはすべて、ユーラシアの将来のグローバルな役割に関わる、変わることのない地理的特徴である。これから述べていくように、実際の地政学的重要性はいつの時代でも、当然のことながらテクノロジーおよび経済的な要因次第である。しかしながら地理的特性は不変であり、ユーラシアが成長し、インフラがより洗練され、そしてコスト効率が高くなるにつれて統合をより支えていく宿命にある。

政治地理学の現実

政治的な境界線とは、厳密には地理的な要因に左右されるものではなく、不変性は限られている。しかしながら、原子力時代と言われる現代においても、ユーラシア諸国のさまざまな政治構造は安定傾向にある。ユーラシアの現在の政治的地勢が抱える注目すべき重要な特徴として、次の三点が挙げられる。

（一）ユーラシア大陸上において、中国は地経学的に重要な位置にある。東側に韓国と日本、南側に東南アジア、南西側には南アジアと隣接しながら、最も多い人口を抱えた経済的にも活発な地域の中心にある。

中国はいくつかのやっかいな地理的障壁に囲まれており、特に南西はヒマラヤ山脈が取り囲んでいる。しかし代替え手段として、これらの障壁の間を巧みに抜けることが可能な、ミャンマーやパキスタンを通過するアクセスルートが存在している。西に向かった中央アジアに近い中国国境周辺は、大部分が砂漠で、起伏がなく乾燥した草原と向かいあう格好になっている。加えて、機械化が進む時代の移動ではたいした障害ではないにしろ、砂漠が延々と広がる中、天山、パミール、クンルン山脈が南西への通行を制限している。相互依存への影響力を強化しながら近代中国は、地図４－１に示されているように、ホルムズ海峡までの道のりの三分の二とＥＵの国境までの距離の半分というユーラシア大陸のかなりの部分を占めている。

地図4-1　西に向かう大陸横断ルートで優位に立つ中国

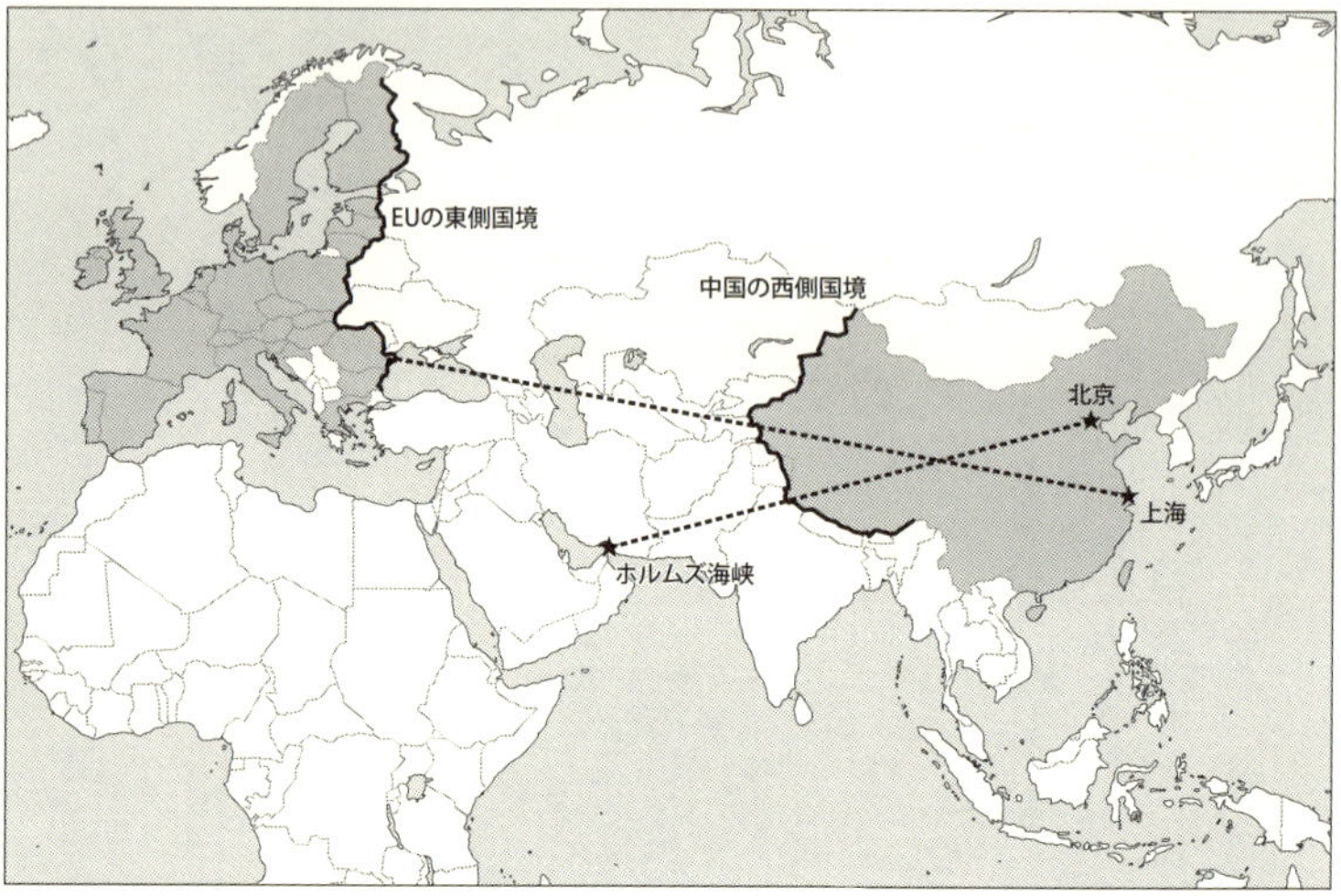

地図4-2　中国とロシアが抱える「海上へのアクセス」へのジレンマ

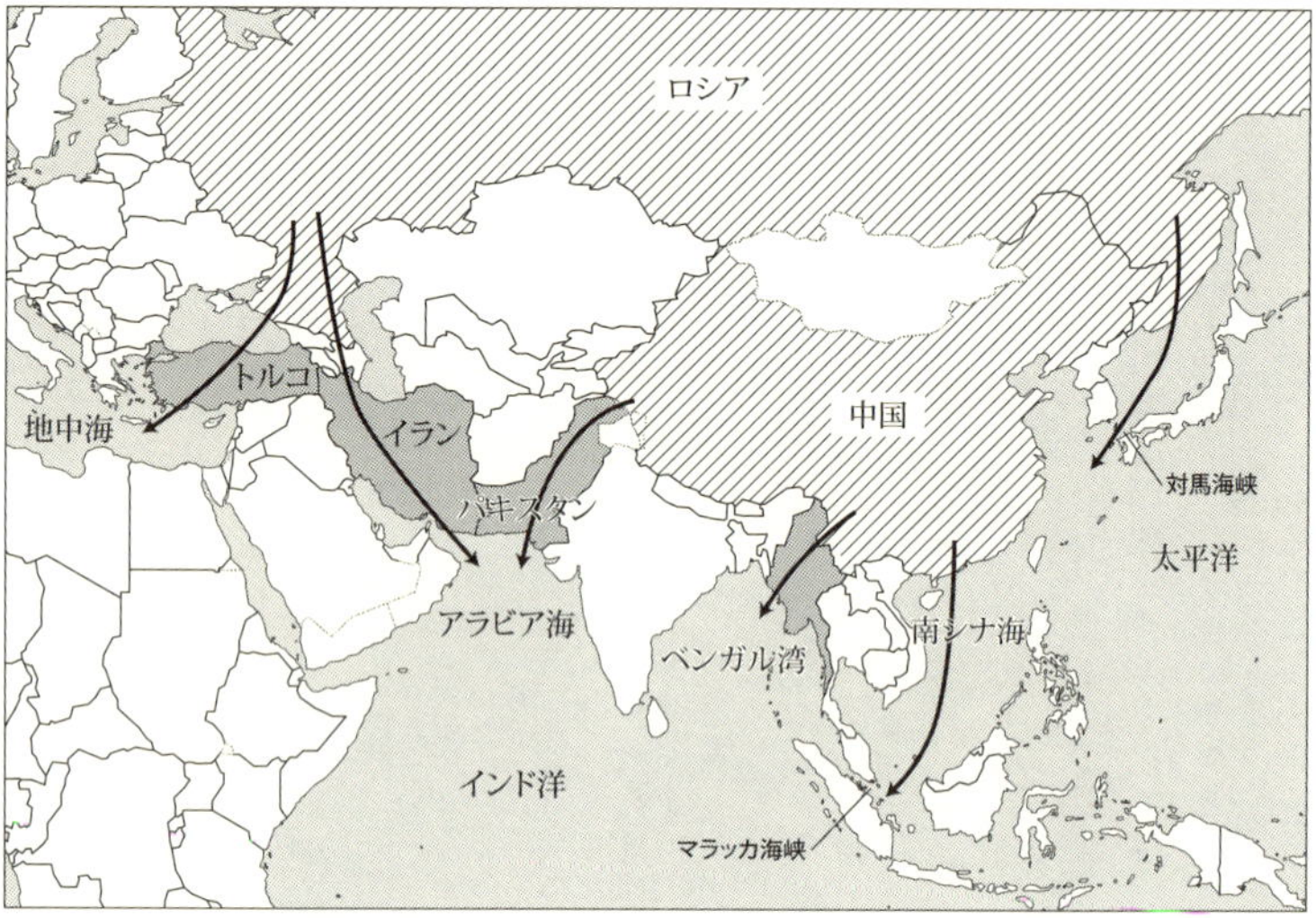

（二）陸地の中心であるにもかかわらず、中国とロシアは両方とも地図４－２で示しているように、南側の海へのアクセスルートに制約がある。しかし、これら地政学的現実は、陸上連携を開発し、同時に海上アクセスを持つトルコ、パキスタン、ミャンマーなどの水陸両用国家との関係を促進させるという二重のインセンティブを与えている。この背景には、大陸・海上輸送の両面を持つ中国・パキスタン経済回廊、中国・ミャンマー経済回廊構想そしてトルコのエルドアン政権との関係を重視する中国の一帯一路構想がある。中国のようなアジア大陸の大国は、地政学的戦略として一帯一路構想のように陸路・海路の双方から経済的関係強化を目指すことができる。

確かに、マラッカ海峡とこの海峡を取り囲むシンガポール、マレーシア、インドネシアのような国々は、中国の海洋における地政学的なもくろみのなかで重要な存在である。また、マラッカ海峡は東アジアから中東への重要な中継点であり、中国の石油輸入の七〇％以上はアフリカ、中東からマラッカ海峡を通過し輸送されている。これらすべてが意味していることは、地勢が地経学的だけではなく、きわめて重要な地政学的影響を持っているということである。

（三）中国、ロシアとは対照的に、インドはインド洋での海上アクセスを支配しているが、地図４－３からもわかるように、ヨーロッパに向かう陸上アクセスは非常に困難な課題を抱えている。インドは宿敵パキスタンの東に位置し、一方でパキスタンは、一九四七年の分離独立以来、三回の流血戦争で衝突しており、カシミール地域では依然としてこの紛争の渦中にある。パキスタンは中国にペルシャ湾へのアクセスを提供したが、インドが中央アジア、最終的にはヨーロッパに向かって北上できる陸路を認めていない。ロシアとヨーロッパの両方と陸路でつながるためのインドの最良の選択肢は、地図上で示すように唯一、イランを経由することだ。

地図4-3　インドが抱える困難な陸路の課題

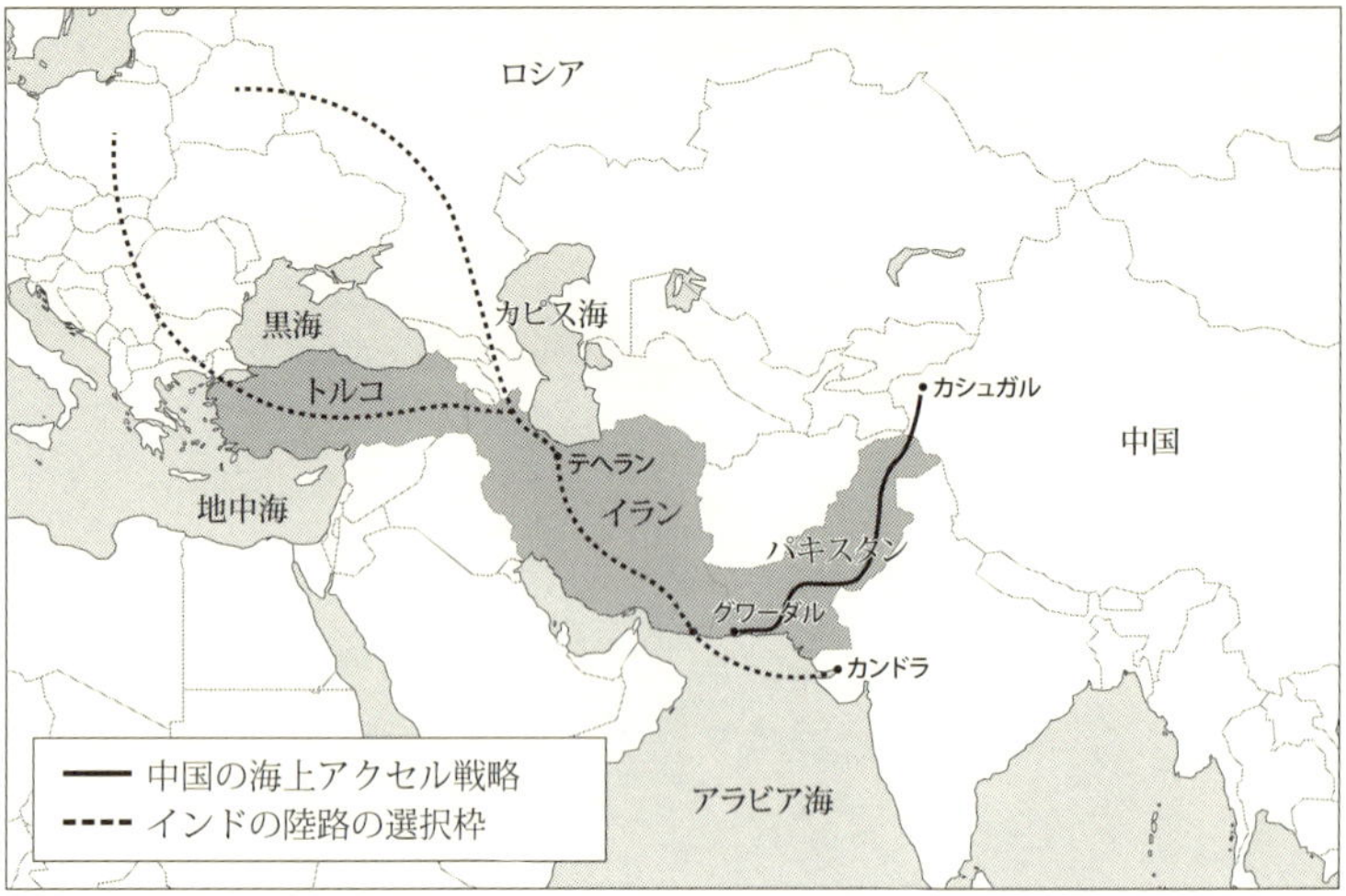

一九八〇年代頃から物流・戦略的重要性が増したイラン南部のチャーバハール港は、ペルシャ湾から三三〇海里東へ進んだ、インドのナレンドラ・モディ首相の故郷グジャラート州の西五五〇海里に位置している。チャーバハール港はイラン経由でヨーロッパへ向かうアクセスで大きな可能性を持つ海の玄関であり、インドが地経学的に重要視している場所である。また、インドはイランにとっても、広い世界との関係を安定化させ、イラン全土の南北輸送インフラを改善させるためにも重大な意味を持っている。

現在のユーラシアの政治的地勢は、このように大陸上の巨大で多くの人口を抱える国家が、それぞれ潜在的に持つ地理的影響力を活かしながら、大陸全体を連結することを画策している。大陸国家にとってのこうした試みは、経済、資源の要求度、市場の必要性がすべて強いときに特に顕著に現れてくるが、これは二十一世紀の中国そのものである。だからこそ一帯一路構想は、中国にとって卓越した意味を持っているのである。実際、ドイツの元外務大臣シグマール・ガブリエルなど多くのアナリストは、一帯一路構想が今日の世界情勢において統一性のある大きな力を持った壮大な戦略であるかもしれないと述べている。(5)

ユーラシアの再連結を推進する力

地理はこれまで見てきたように、多くの政治経済的競争の特性を決定付けながら、ユーラシアが持つ特別な可能性と潜在的な利点を、内陸の連結を促進している国家に授けている。また、その国家が成長しながら政治的影響力を持つ場合には大陸の相互依存が機能することで、その可能性をさらに高めることになる。統合を目指したこれらの力は、どのように力強く前進し、そして大陸をどこに導いていくのだろうか？　これがわれわれが今、直面している核心的な課題である。

本章の後半では、ユーラシアの深まる統合のために最も基本的でダイナミックに促進の働きをするエネルギー、輸送貿易、および金融の三分野について検討していく。これら分野を活性化することは、経済成長と技術変化というより基盤となる力が求められる。この変革をもたらす可能性のある経済成長と技術変化は、過去三〇年間の「ポスト冷戦」時代にわたり、大陸全体で非常に活発に展開している。さらに物流、人工知能（ＡＩ）、第5世代通信（5Ｇ）といった技術革新によって、連結自体も加速されている。

地図4-4　対照的なヨーロッパと東アジアの
エネルギー供給オプション

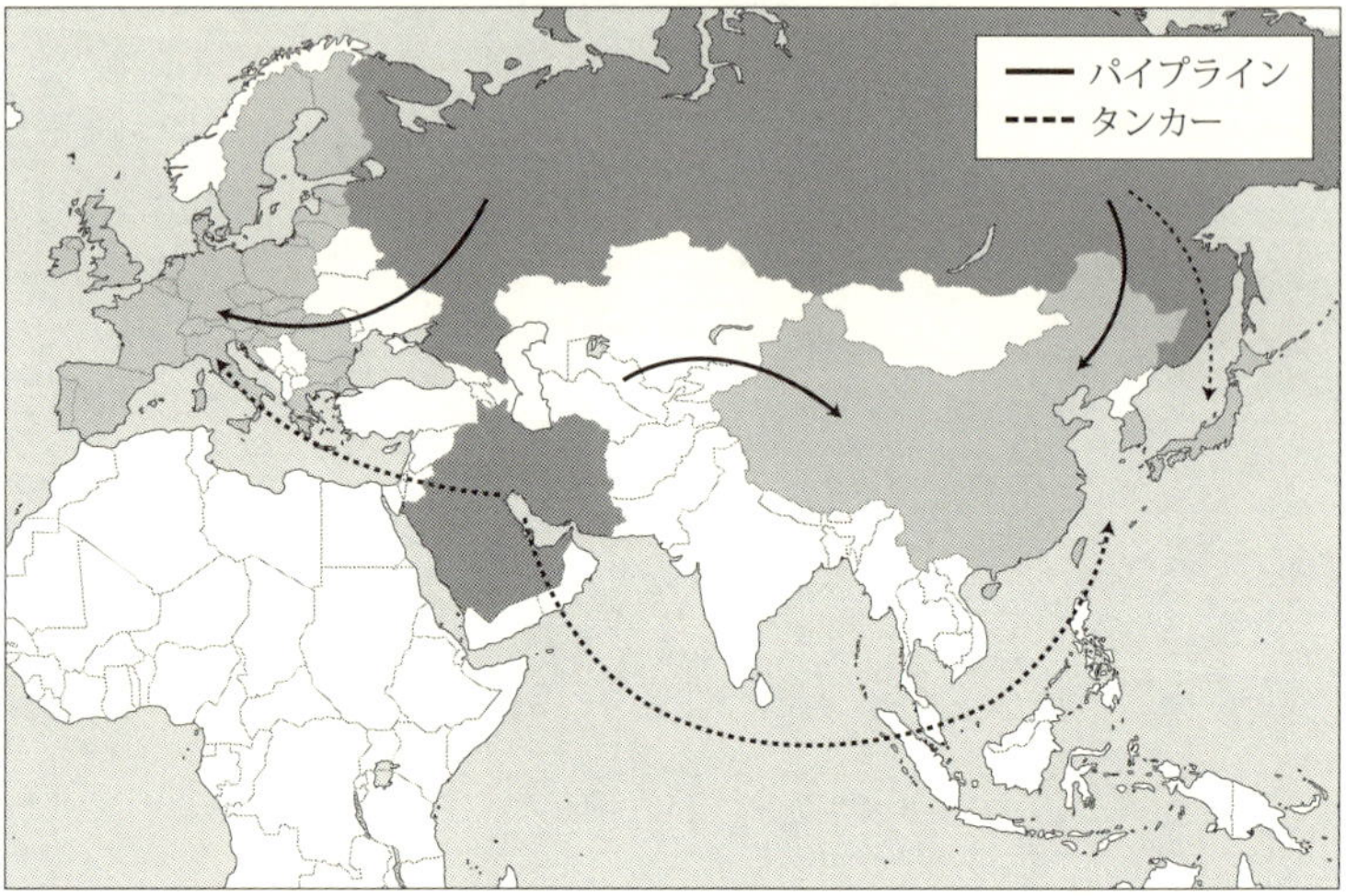

ユーラシアを変容させるエネルギー

ユーラシアは地球上の大陸の中でも最大のエネルギー埋蔵量を保有しており、また、世界の人口の半数以上がユーラシアに存在している。そして膨大なエネルギーは地図4－4に示されているように、人口密集地域のそばに眠っている。もしも、良好な経済と政治的条件が整っているのならば、必然的にエネルギーはユーラシア大陸のより深い統合を支えていくことが可能になる。

エネルギーは、経済の豊かさを提供するだけではなく、貿易の流れを生み出すことでユーラシア統合を支えている。一方で、ロシア、カザフスタン、イラクなどのユーラシアのエネルギー余剰国は石油とガスを輸出することで、中国、韓国、日本、またはヨーロッパの製品を購入するための外貨を得ている。このようにエネルギーは、他の分野の貿易にも大きな流れを与える原動力となっている。もしエネルギー需給の補

表4-1　石油の埋蔵量、生産量そして輸出量（2017年）

	総確認埋蔵量（億トン）	総確認埋蔵量に占める割合	可採年数	総生産（百万トン）	総輸出に占めるアジアの割合
米国	6.0	2.9%	10.5	571.0	32.1%
カナダ	27.2	10.0%	95.8	236.3	0.4%
ベネズエラ	47.3	17.9%	393.6	108.3	40.3%
ロシア	14.5	6.3%	25.8	554.4	29.0%
イラン	21.6	9.3%	86.5	234.2	64.5%
イラク	20.1	8.8%	90.2	221.5	53.8%
クウェート	14.0	6.0%	91.9	146.0	80.4%
サウジアラビア	36.6	15.7%	61.0	561.7	67.9%
アラブ首長国連邦	13.0	5.8%	68.1	176.3	98.8%
リビア	6.3	2.9%	153.3	40.8	12.4%
ニカラグア	5.1	2.2%	51.8	95.3	28.3%
ペルシャ湾総計	105.2	45.5%	-	1,339.7	70.3%

出典：BP,"Oil：ProvedReserves,""Oil：Production—Tonnes（from1965）,"and"Oil：Inter-areaMovements,"StatisticalReviewofWorld Energy,June2018;OPEC,"Table5.1OPECMembers'CrudeOilExportsbyDestination,"AnnualStatisticalBulletin,2018.
注：1）ベネズエラ、イラン、リビア、ナイジェリアの石油輸出量はOPECからのデータから算出した　2）表中の国々は、世界で確認された埋蔵量の少なくとも2パーセントを保有している。

完性がユーラシアに存在しなければ、製造と輸送の相互依存関係が構築されることは、まずないだろう。これはしばしばユーラシア相互依存について語る鋭敏なアナリストたちも忘れている論点である。[6]

エネルギー分析のためにユーラシア全体を、ひとつの構成単位として考えることは、「大陸内で補完的な需要と供給のパターンが生まれ始めている」という潜在的な相乗作用を理解するうえで役に立つ。その一方でヨーロッパと、大陸の主要エネルギー市場である東アジアの供給パターンが地理的条件によって、やや異なることを認識することも重要である。日本と韓国の大規模で成熟した市場には、ペルシャ湾から海上輸送を使って運ばれたエネルギーが、容易に供給されており、供給されており、ヨーロッパには、それよりさらに簡単にロシアから陸路で供給されている。ロシアと旧ソ連の中央アジア諸国は、地図4－4が示すように中国の主要地域へ迅速に供給する能力を備えている。
世界の石油・ガス埋蔵量と、石油、ガスの両分野におけるユーラシアの支配的な地位は、エネルギー分野で、ユーラシアが、経済的に自立できる可能性があることを明らかにしている。表4－1に示しているように、地球上の確定石油埋蔵量のほぼ半数はペルシャ湾に集中しており、さらに八％は旧ソ連地域にあると推定される。[7] ベネズエラの重油とカナダのオイルサンドの高い抽出コストと政治的リスクを考慮すれば、ペルシャ湾と旧ソ連地域の重みはさらに増していくだろう。同じような考え方は、天然ガス分野にも広がっている。ペルシャ湾は世界全体の四〇％近い確定埋蔵量を保有しており優位な立場ではあるが、湾岸の天然ガスのシェアは石油のようには大きくはない。旧ソ連は世界の天然ガス埋蔵量の四分の一以上を占め、[8] 石油よりも天然ガスのシェアを拡大している。これらの埋蔵量の多くはロシアの現在の国境を越えた中央アジアに眠っている。
エネルギー取引のパターンは無論、国内の需要と供給関係、地理的近接性、および必要とされるインフラ事業の内容に起因している。表で示しているように、米国はシェール革命時代の大規模な炭化水素生産国であり、米国は石油と天然ガスの両方で世界最大生産国になったが、アジアへの輸出が緩やかに増加しているにもかかわらず、依然として輸出面では取りに足らない状況である。[9] 米国がユーラシアの主要なエネルギーパートナーになるには米国の内需が大き過ぎるうえに、地理的およびインフラの両方の課題が、あまりにも多すぎる過ぎる。[10]
ユーラシアの消費者にとってのエネルギー供給者は、表4－1と4－2で示しているように、まさにユーラシア自体なのである。表に示すように、サウジアラビア、イラン、イラク、クウェート、アラブ首長国連邦（ＵＡＥ）を含むペルシャ湾の大規模な輸出国は、石油輸出の三分の二以上をアジア

表4-2　天然ガスの埋蔵量、生産量そして輸送量（2017年）

	総確認埋蔵量（1,000立方メートル）	総確認埋蔵量全体に占める割合	可採年数	総生産量（10億立方メートル）	アジア太平洋地域の総輸出に占める割合（パイプライン）	アジア太平洋地域の総輸出に占める割合（天然ガス）
米国	8.7	4.5%	11.9	734.5	-	40.9%
ベネズエラ	6.4	3.3%	170.2	37.4	-	-
ロシア	35.0	18.1%	55.0	635.6	-	99.2%
トルクメニスタン	19.5	10.1%	314.1	62.0	94.2%	-
イラン	33.2	17.2%	148.4	223.9	-	-
クウェート	24.9	12.9%	141.8	175.7	-	67.3%
サウジアラビア	8.0	4.2%	72.1	111.4	-	-
アラブ首長国連邦	5.9	3.1%	98.2	60.4	-	93.4%
アルジェリア	4.3	2.2%	47.5	91.2	-	5.3%
ナイジェリア	5.2	2.7%	110.2	47.2	-	31.2%
中国	5.5	2.8%	36.7	149.2	-	-
ペルシャ湾総計	72.1	37.3%	-	571.5	-	69.1%

出　典：BP,“Gas”ProvedReserves,”“Gas：Production-Bcm（from1970）,”“Gas：TradeMovementsPipeline,”and“Gas：TradeMovements：LNG,”StatisticalReviewofWorldEnergy,June2018.
注：表中の国々は、世界で確認された埋蔵量の少なくとも2パーセントを保有している。

に輸送している。国によって特有の違いはいくつかあるが、政治的不安定さなどに起因している。アラブ首長国連邦やカタールなど湾岸諸国の大規模なガス輸出国の一部は、液化天然ガス（LNG）として半分以上がアジアに輸出されている。輸出の半分以上をアジアに輸出している。旧ソ連の最大の輸出国でもあるトルクメニスタンは二〇〇九年以降に完成した三つの主要ガスパイプライン経由で中国の東海岸に中央アジアからガスを供給している。

ペルシャ湾の膨大な埋蔵量、採掘と処理の低コストそして東アジアの急速な経済成長を考えると、東アジアのペルシャ湾への石油依存度が着実に増加していることは驚くことではない。二〇一七年のペルシャ湾に対する日本、韓国、中国の依存度はそれぞれ一九九〇年代初頭に比べて高くなっており、減少したのはインド[11]だけだった。

アジアのペルシャ湾への石油供給依存の高まりは、米国とヨーロッパ両者の依存度の低下とは対照的である。米国の湾岸への依存度は一九九一年の石油輸入の約三〇%から二〇一七年は二五%未満へと減少している。主要なEU諸国でも同様に輸入シェアが一九九一年の一六%から二〇一五年は一三%へと減少した。

一一〇〇万バレル以上の石油が毎日ペルシャ湾からアジアへと東に流れているが[12]、これは国際貿易における石油流通の四分の一以上を占めている。最大の消費国は中国だが、おおよそアジア太平洋地域に流入する湾岸原油輸出の約五分の一にあたる約二四〇万バレル近くを、毎日消費している。また日本は、湾岸から一日二三〇万バレルを輸入しており、湾岸地域に依存する国民の割合は中国よりはるかに高い。しかし日本は中国だけでなく、韓国や東南アジア諸国連合（ASEAN）との間で、湾岸からの石油供給に対する長期的競争の激化に直面している。この三カ国が、湾岸から日本以外の東方面へ向かう石油供給のほとんどを手に入れている。

ペルシャ湾からの輸出に占めるアジアの割合は、世界の他の地域が調達する石油の輸出量の二倍に近く、一九九七年から一九九八年のアジア金融危機以降、危機の最中の五〇%から二〇年後には七〇%を越えるまでに大幅に上昇している[13]。湾岸エネルギー輸出に占めるアジアの比率は金融危機の間に下落し、危機以降の一九九八年から一九九九年までの間、一九九六年の五六%から、五二%未満へと若干の下落が見られた。しかしアジアのシェアはその後、地域経済が回復し始め、二〇〇三年までにはペルシャ湾の総輸出の六〇%を越えている。これは中国とインドの急速に高まる需要に支えられており、その後、二〇〇九年に六五%、二〇一七年には七〇%にまで上昇した。アジアへのペルシャ湾からの輸出は、この地域の膨大な埋蔵量を考えると、今後さらに上昇する可能性が高く、人口が多く高成長を遂げている中国とインドのエネルギー需要は、更に上昇を続けている。

中国は二〇三〇年までに世界最大の石油消費国として米国を超え、ＥＵよりも大きな天然ガス市場となると予想されているが、[14]おそらく二〇四〇年までに中国の総エネルギー需要は米国の二倍に達するだろう。中国はこのように、国内供給が慢性的に不足している一方で、世界の中でも卓越したエネルギー市場へと進化し続けている。インドの見通しはいくつかの観点から見ても極めて重要である。原油生産が需要に比べて低下しているため、インドの石油輸入依存度は二〇四〇年までに九〇％以上にまで上昇すると予想されている。[15]この国は世界で最も急速に成長する原油消費国になる可能性があり、それはおそらく今日よりもペルシャ湾岸に対して一層大きく依存することになるだろう。

天然ガスには、ペルシャ湾とアジアの相互依存を深めるパターンがあり、それは石油と同じような傾向にある。日本、中国、韓国は世界最大のＬＮＧ輸入国であり、これらの国々で世界の輸入の半分以上を占めている。[16]

三カ国とも東南アジアやオーストラリアからかなりの量を輸入して補ってはいるが、ペルシャ湾岸に大きく依存し続けている。また、インドはペルシャ湾岸の主要なＬＮＧ輸入国として台頭してきており、これらの具体的な傾向は、東アジアと湾岸の相互依存関係全体を更に深めている。

湾岸諸国も石油と同様にＬＮＧ輸出市場としてアジアに大きく依存している。最大の湾岸ＬＮＧ輸出国であるカタールは、表４‐２が示すように、ガス輸出の三分の二をアジアに依存しており、同様にアラブ首長国連邦も特に日本に対してだが、アジアに一〇〇％近く頼っている。同じくオマーンもアジアに大きく依存しており、輸出量の半分は韓国に、そして三分の一は日本に輸出されている。

アジアとペルシャ湾は、このように石油とガスの両方で、強力な新しい相互依存関係を持ち、深化するユーラシアのエネルギー関係の強固な支柱となっている。二つ目に重要なのは、ヨーロッパとロシアの間の長年の緊密な関係である。その始まりは、かつて帝政ロシアが世界で最大の石油生産国として君臨し、バクーの豊かなカスピ海埋蔵量を最大限に利用していた二十世紀初頭までさかのぼる。[17]一九〇四年と一九一三年の間にロシアの世界の石油輸出に占める割合は、国内の政治的混乱により三一%から九%に下落し、[18]ロシア皇帝の後継者となったソ連が世界第二位の産油国として浮上した一九五〇年代後半まで復活することはなかった。[19]もちろんロシアはユーラシアの潜在的なエネルギー供給国として、ガスと石油両方の巨大な埋蔵量を持ち続けており、表4－1と表4－2に示すように世界最大の天然ガスと六番目に大きい石油埋蔵量を保有している。ロシアの五五年という可採年数は、世界で最も重要な資源の中で比較的高い数値を示しているが、その一方でロシアの広大な地域のほとんどは地質学的調査がまだなされていない。[20]

ロシアのヨーロッパとのエネルギー関係は一世紀以上前から始まっていたが、冷戦後期の間に急激に深まりを見せた。ソ連はコーカサスと西シベリアの埋蔵量を頼りにし、ソ連の奥深くのガス田から東ヨーロッパの衛星国と中央ドイツの間をつなぐ巨大なパイプラインを建設するなど、モスクワにとってエネルギーは戦略的コントロールの重要な手段となった。

冷戦後も、ロシアは西側への輸出を継続し拡大させた。東西を結ぶ新しいパイプラインは、二〇一一年十一月と二〇一二年十月に完成した並列する二本のノルドストリームパイプラインを含めて建設された。これらのプロジェクトでは、ポーランドやウクライナなどの東欧のパイプライン通過国が、ロシアの欧州に対する政治的影響の高まりを懸念し、このパイプラインプロジェクトに反対したため、バルト海の海底を経由し、ロシアからドイツに直接ガスパイプが配管されている。二〇一七年までに四分の三のロシアのガスパイプライン輸出はヨーロッパ向けだったが、市場全体には急速な成長は見られなかった。しかし、アジア向けの液化天然ガスＬＮＧ輸出は二〇一七年には合計で約一五四億立法メートルと大幅な増加となった。同じ年の米国のアジア向けＬＮＧ輸出量はわずか七一億立法メートルだった。[21] ロシア企業のガスプロムによる「パワー・オブ・シベリア」プロジェクトも、二〇一九年十二月に中国へのガスパイプライン輸出を開始する予定である。[22]

　ユーラシア大陸横断エネルギー統合の第三の柱は、旧ソ連諸国と東アジアの様々な集団の間で急速に発展する炭化水素をめぐる関係だ。これには供給側の二つの構成要素が含まれている。（１）巨大な埋蔵量を持つロシアは、その大部分がウラル山脈の東側に存在している（２）中央アジアとコーカサスの供給国の中には、トルクメニスタン、アゼルバイジャン、カザフスタンが含まれている。世界的に確認されているガス埋蔵量では、トルクメニスタン四位、アゼルバイジャン二〇位、カザフスタンが二五位である。[23] カザフスタンには巨大なカシャガン油田とテンギス油田もあり、石油埋蔵量で一二位に入っており、アゼルバイジャンが二一位[24]とこれに続いている。

　急速に台頭する中国の天然ガス需要と旧ソ連の潤沢な埋蔵量の間には、潜在的に強い共益関係の可能性がある。ロシアのガスはその近接性、エネルギー効率そして魅力的な環境品質が中国をとりわけ引きつける要因になっている。しかし、この自然な関係を複雑にしてしまう二つの厄介な問題点は、価格設定とインフラストラクチャの欠如である。価格は、合意がない場合に中国は代替として低コストの石炭という手段があり、中国とロシアのエネルギー貿易の課題でもある。中国は世界の石炭埋蔵量の一三％以上を占め、その生産コストは低価格で、価格変動も少ない。[25] さらに中国に最もアクセス可能なバイカル湖の北西に位置するロシアの天然ガスは、インフラ投資がなければ、採取はまず不可能な状況にある。

数十年にわたる、インフラ、特にパイプラインの欠如は、シベリア、中央アジアから中国、日本、韓国の市場に向かう東や南へのエネルギーの流れにとって長い間、大きな妨げとなっていた。韓国の現代（ヒュンダイ）は一九七〇年代初頭には三菱商事と、また一九九〇年代中盤には伊藤忠商事と共にユーラシアのガス採掘の野心的な計画を持っていたが、インフラ投資の不足が原因で実現に至らなかった。しかし、最終的に中国政府が介入し、二〇〇〇年代初頭、まず、新疆から上海への東西パイプラインに資金を調達し、そしてトルクメニスタンとカザフスタンから中国の東海岸に至る野心的なガスパイプラインプロジェクトに足を踏み入れた。

今日、トルクメニスタンは、ほぼすべてのガスを東アジア、特に中国に輸出しており、上海は中央アジアからのガス供給の約半分を取得している。この深化する中国と中央アジアの相互依存関係は二〇〇八年から二〇一四年の間に建設された、中央アジアから伸びる三本の大きな大陸横断パイプラインに象徴されており、この建設は中国への供給を押し進めようというロシアの競争意欲をかき立ててきた。中国による二〇〇八年の金融危機時の大型景気刺激策から生じた経済的動因と二〇一四年のウクライナ危機からの中国とロシアの政治的進展から、ロシアは中国とのエネルギー契約条件を受け入れやすくなった。ウクライナ危機が起きた直後の二〇一四年に中国とロシアは、包括的な共同エネルギー開発として、三〇年間にわたる四〇〇〇億ドルの大型長期契約を結んだ。ロシア側（ロシア領土内）は二〇一四年九月一日に「シベリアの力」と呼ばれる天然ガスパイプラインの建設を開始し、中国は、二〇一七年四月にロシアとの国境から大慶に向けてパイプライン建設を開始している。二〇一九年末には、「シベリアの力」が稼働し、天然ガスの輸出が開始される予定である。[26] この大陸横断の地政学的圧力に突き動かされる形で、ロシアのウラジーミル・プーチン大統領と習近平中国国家主席はインフラの課題に対処するために政府補助金を使うことに合意した。さらに最近、いくつかの構想も加わることで、ロシアと中国のエネルギー分野での統合は深化しており、ユーラシアのより広範な再連結を成功に導いていくはずだ。

ユーラシアのエネルギー関係を深化させる最後の要素は、再生可能エネルギーにある。ヨーロッパは炭化水素燃料の代替手段追求で世界をリードしてきた。早くから日本とともに京都議定書の環境クレジット制度などに基づいた太陽光や風力などの多様化に対する中国の野心的な努力を支援していた。またデンマークのヴェスタのような企業も、資本財の輸出と技術支援で支えている。

中国は独力で太陽光パネル分野の主要生産国となり、日本やヨーロッパを影の薄い存在にしてきた。そのエネルギー需要は、日本の起業家である孫正義氏が提案した北東アジアスーパーグリッドという新たなユーラシア代替エネルギービジョン[27]に信ぴょう性を与えるほどになった。このビジョンはゴビ砂漠から集められた太陽エネルギーを、ロシアの水力エネルギーなどの地域資源と合わせて活用し、中国、日本、韓国のエネルギー不足に対処することを提案している。実現すれば、このプロジェクトはユーラシアの再結合に向けたもう一つの重要な一歩となるかもしれない。

物流革命、「大陸移動」、そして大陸横断相互依存の深化

これまで考察してきたように、エネルギーは半世紀にわたってユーラシア相互依存の主要な推進力であると同時に、アジアの巨大な人口規模とペルシャ湾と旧ソ連の驚くべき大量に埋蔵された炭化水

素エネルギーとの間に強い共存関係を構築してきた。しかし過去二〇年間にわたり、輸送を基盤とする重要で新しい推進力が登場し、ユーラシアの相互依存を深める刺激となっているエネルギーを補完している。この歴史的な分岐点は、物品の輸送と流通の方法をデジタル技術の応用によって根本的に変えている物流革命であり、国境を跨ぐ国際輸送のコストを大幅に削減し、迅速化している。

物流革命は、少なくとも次の四つの理由から、ユーラシアにとって格別な意味がある。まず、ヨーロッパと中国の主要な製造拠点間の陸上ルートは航路よりもはるかに短い。第二にユーラシアの輸送には、独自の様々な国際交通回廊が含まれており、近年の技術変化による輸送コストの大幅な低下につながっている。第三に大陸横断移動の半分近くが中国国内であり、物流革命に対しての中国の強い関心を反映し、中国内のインフラは過去一〇年間で飛躍的に改善した。また、企業間（B2B）の電子商取引（eコマース）の出現はインフラの改善に影響を与え、長距離のジャスト・イン・タイム方式（必要なものを、必要なときに、必要なだけ）の供給網をさらに拡大させている。四つ目は、米国は別としてグローバルなレベルでの技術進歩とグローバルな規模の経済という意味で、二極である北東アジアとヨーロッパ間のつながりが、これらの技術と経済の変化によって深まっている点である。このようなつながりの深化は、最終的には現在構成されている世界的な政治的経済的秩序に対して、広範にわたる地政学的影響を伴い、重大な経済的課題をもたらす可能性がある。

この物流革命は一九五〇年代半ば、貿易を劇的に促進したコンテナ化が契機となり、ベトナム戦争中に世界の主要航路に広まった。今日の国際物流の大半は、高速かつ低コストの世界統一規格のコンテナで運ばれている。しかし、安全保障の確保のバランスに加え、米国同時多発テロ以降、貨物情報申告の義務付けなど通関手続きの新たな課題は、自由貿易の促進のために貢献できるはずのコンテナ輸送の潜在能力を数十年もの間妨げて来た。

コンテナ輸送はコンテナ船の大型化が進み、近年デジタル化が勢いを増すことで、大きな効率化の進歩が約束されている。また、技術革新が進んだ分野には、保険、通関、貨物輸送、複合一貫輸送などが含まれている。コンテナ化はより早い時期の開発だったが、テクノロジー分野では、特に複合一貫輸送の技術が過去一〇年間で急速に進化している。そしてさらなる進化を遂げているＩｏＴ（モノのインターネット）と第5世代（5Ｇ）ワイヤレスネットワーク技術の導入により、今後も新しい価値を生み出す破壊的イノベーションの実現が期待される。ＩｏＴは例えば、会社全体で商品のリアルタイム監視や資産管理を可能にし、以前は手動で行った手順を自動化することで、複数の物流システムの連携方法を最適化することができる。このような技術革新は既存資産の運用率の向上、スマートな在庫管理、高品質の予知保全、高価値の商品の全行程での正確な追跡につながる。

東アジア諸国、特に中国、シンガポール、韓国は経済成長とコンテナ化が物流オプションとして台頭してきた同時期に、設備投資が積極的に行われるようになったことで、コンテナ化初期の先駆者だった。(28) 最初にコンテナ化を大規模に利用したのは大西洋だったが、その影響力を世界経済に強く与えたのは東アジアだった。日本も、造船業に対する政府の大規模な支援と、ソニーのような日本企業によって輸出される、精密で高額な電子機器を保護する必要性もあり、コンテナ化をいち早く導入した。一般的にコンテナ化は保険コストを下げ、商品を輸送するために必要な時間も短縮されることから、国際貿易を促進する重要な影響力を持っている。

東アジアは、輸送・製造面の草分けであり、ヨーロッパは保険や通関を含むコンテナ化の政治的かつ財政的側面で新境地を開いた。ヨーロッパの経済統合に向けた着実な前進は、ローマ条約（一九五七年）からマーストリヒト条約（一九九二年）と通貨統合（二〇〇〇年）の到来に至るまで、当然ながら物流の進歩を促した。ヨーロッパの豊かな地勢は、鉄道、道路、河川、時には空を使った移動を複雑に組み合わせながら、複合一貫輸送のイノベーションを優先順位の高いものへと押し上げた。

デジタル化は貿易自由化を通して得られる効率性の向上を相乗的に拡大させてきた。これらの発展は二十一世紀初頭に欧州連合（ＥＵ）の中で、まず、顕著に現れた。デジタル化が進む中、ドイツポストＤＨＬなどの新しい物流業者のダイナミックな拡大が始まったのだ。ＤＨＬは二〇〇二年にドイツポストに買収された後、二〇〇三年にはエアボーン・エクスプレスを買収している。二〇一三年までにこの物流サービス専門のヨーロッパ企業は、国際物流輸送が収益全体の五三％を占めるまでに成長した。[29]

中国は世界最大の製造国であり、当然ながらドイツなどの大手製造国のように、物流輸送の効率向上に熱心である。ドイツでのデジタル革命は、最も先進的な設備を導入し、最適な規模の経済性を追求することにより、デジタル化された最先端の流通ネットワークを発展させながら制御するという強力なインセンティブを生みだしている。

中国は現在、世界最大の鉄道会社と最大のコンテナ輸送港、三大海運会社の一社、そして世界の二大ｅコマース企業のうちの一社を持っており、この流通規模の大部分は二〇一五年以降の合併を通して拡大されている。

デジタル化、コンピューター化、通信、および保管技術の急速な進歩に触発された人工知能（ＡＩ）とＩｏＴの発展が、最近起きている物流革命の前進の背後にある。ＡＩの進歩と組み合わされたトランスポンダー（電波中継機）の爆発的な拡大は、これまでにないほどコンピューターを自動化し、物流追跡を可能にしている。これらの開発は、特に一貫した輸送と保管に劇的な影響を及ぼしており、企業が容易に出荷物を追跡しながら納品を予測できるようになった。ブロックチェーン技術は、手作業によるデータ入力からのエラーを減らし、データの透明性を高め、サプライチェーンの調達をより効果的に追跡することで予測の可能性を向上させることができる。

物流革命は、生産者、流通業者、および顧客に重大な影響をもたらす。生産者にとっては、より効率的で予測可能なB2Bサプライチェーンの見通しが開けたことで、大陸横断ネットワークなど製造業者間の長距離生産ネットワークを一段と実現可能なものにしている。物流革命は競争の激しさを増しながら、一方ではビッグデータを使い消費者を理解しているアマゾンやアリババのような業者に優位性を与えている。(30) 消費者にとって、この破壊的な変革は、配達の迅速化、消費者の選択肢の拡大、そして少なくとも短期的には低価格の実現を意味している。

物流革命はユーラシアの再連結にとって、次のように特に大きな意味を持つ。そして、おそらく世界の他のどこの地域よりも、その革命は大規模なものだ。第一にヨーロッパと東アジアは、中国とドイツ国内に非常に強い製造拠点を持っている。両国は世界第一位と四位の製造業大国であり、世界全体の工業生産の約二五％を製造している。(31) 彼らの精度の高さと労働力を集約させた製造業の強さは互いに補い合う関係である。もっとも、メルカトル研究所が指摘しているように、中国の製造業の進歩が北東アジアとヨーロッパの両方、特にドイツと韓国に深刻な課題をもたらす可能性はある。(32) 第二に、欧州と中国は両方とも、異なる分野（インフラ対通関・金融）ではあるが、物流革新のリーダーであり、潜在的に補足関係にある。第三に、ヨーロッパと中国はお互いにユーラシア大陸を横切って位置しており、陸路での複合一貫輸送の増加から、極めて大きな利益を得ている。ほとんどの国際貿易は、今後、さらに海路と陸路の要素を組み合わせていくだろう。ヨーロッパとアジアは、自己充足型経済と過剰規制が特に目立ってきたユーラシア大陸に位置しており、ダイナミックなこの両地域は今や世界中で急速に進んでいる技術変化と規制緩和のおかげで、不釣り合いなほどの利益を享受している。

物流革命がスーパー大陸の出現を推進している明らかな構図のひとつは、中国海洋海運集団（COSCO）とギリシャ国有鉄道（OSE）によって促進されている陸海一貫高速輸送ルートであろう。両企業は、二〇一六年七月にコスコが買収したギリシャのピレウス港に物流センターを建設した多国籍企業のために、中央ヨーロッパへのブロックトレイン（コンテナ専用列車）サービスを提供し始めた。このルートにより中国からEUへの伝統的な海上ルートを約四五〇〇キロ短縮し、また大陸横断輸送の総所要時間を八日から一二日間縮めることができる。(33) この海陸一貫高速輸送ルートを実現するには、中国とヨーロッパを効率的につなぐ輸送ネットワークの接続の合理化と通関手続きが重要な要素となる。

中国の国内輸送革命：大陸横断貿易のための触媒

中国の東海岸からEU東側の国境までの距離の半分は中国の内部を通過していることは、述べてきた通りである。そして中国は、他の国々に大きな差をつけているユーラシア大陸最大の経済大国である。中国内部の鉄道と道路インフラの変化は、物流とともに、ユーラシアの輸送経済全体に大きな影響を及ぼしている。そして、これらの変化は過去一五年間にわたって全てを圧倒し続けている。

最も重要な変化は高速鉄道（HSR）である。中国政府は、HSR開発の初めの一〇年（二〇〇六年から二〇一五年）の間に推定二兆四〇〇〇億元を投資し、二〇一六年から二〇二〇年の間には、さらに三兆五〇〇〇億元を追加投資する計画である。二〇一五年以降、そのペースは緩やかになっているが、二〇一七年の終わりまでに、中国は鉄道路線網を一二万七〇〇〇キロに拡張し、そのうち二万五〇〇〇キロは高速鉄道が運行されている。これは全世界に敷設された高速鉄道の六五％以上の距離に相当する。[34] 二〇一七年には実績輸送人員が一七億人に達したが、これは世界全体の約半数、日本の二倍以上の規模である。[35] また、中国は二〇二五年までの鉄道インフラを一七万五〇〇〇キロ以上に拡大する計画があり、そのうち三万八〇〇〇キロは高速鉄道が予定されている。インフラの拡大ほど急速ではないものの、貨物輸送も着実に増加している。[36]

中国の一帯一路構想政策の中心は、言うまでもなく大規模な交通インフラ拡張戦略である。一九九七年から二〇一五年の間に中国は一二万キロ近くの高速道路を建設したが、年間投資で鉄道にかなりの差をつけた大規模な取り組みだった。このネットワークは、旅客とトラック輸送だけでなく、かなりの複合一貫輸送も同様に促進させている。

中国は過去の一〇年以上、内陸経済の新興を図るため、新たな輸送ルートの開拓にかなりの労力を注いできた。これは国内の大規模なインフラ計画と強い相乗作用を持つものである。二〇一五年十一月に習近平主席とリー・シェンロン首相は、中国とシンガポールの二国間プロジェクトとして相互接続プロジェクト「重慶イニシアチブ」を発表した。これは一帯一路構想に触発された中国内陸部とASEANをつなぐ、複合一貫輸送の側面を持っている。[37] また中国は、米国のマイクロソフトなどと一帯一路のグローバル・バリューチェーン形成のため、新世代AIの発展を推進するプロジェクトに取り組んでいる。一帯一路構想はeコマースをはじめとするデジタル経済を十分に活かしきれてはいないが、デジタルな次元での一帯一路は将来に向け重要な地経学的影響を持っている。

深まる北東アジアとヨーロッパの結びつき

物流が技術面でより効率的になり、国境の通関がスムーズになるにつれて、ユーラシア間の相互依存がさらに深まっている。地図4‐5に描かれている北東アジアからヨーロッパへの陸上ルートは、主要路を明確に示している。これらのルートは、多くの難所があるアジアの南側の縁を周る遠回りの海上輸送路より地理的にはるかに直接的であり、ハートランドパワーにとっては戦略的で、大きな魅力がある。高速鉄道と迅速な国境通関が進む中、大陸横断ルートは、さらに高速化される可能性があり、これまで以上に経済的に効率的になるはずだ。

新たに出現した大陸横断輸送に見られる移動時間の短縮は劇的である。上海からマラッカ海峡、インド洋、スエズ運河を通過し、ロッテルダムなど北西ヨーロッパの港までの南海航路は二万三〇〇〇キロで、到達するまでに四五日から六〇日を要する。対照的に地図4‐5で示されている重慶からドイツのデュイスブルク間の陸上ルートは、一万七六九キロの移動が一五日間で完了する。また完全にロシアの領土を避け、トルコを横断する陸上ルートは二〇日から二三日ほどの日数を要する。[38] 地図4‐5上で●がついた都市は、次の三つのカテゴリに分類できる。（1）政治的力を持つ（たとえば、北京やベルリン）。（2）主要ターミナル（例：重慶とデュイスブルク間、中国浙江省義烏《イーウー》とロンドンやマドリード間）。（3）分岐点（例えば中国への出口）。

特にこれまで非現実的だった陸路および複合一貫輸送網の輸送時間の短縮は、遠回りながらもコストが安い海路に近づいている。また、中央ヨーロッパや中国中央部など、海から離れている地域にとっては、自然と鉄道輸送が魅力的な手段となる。成都とワルシャワ間でのコンテナ輸送は、たとえば、

地図4-5　東西を繋ぐユーラシア横断鉄道

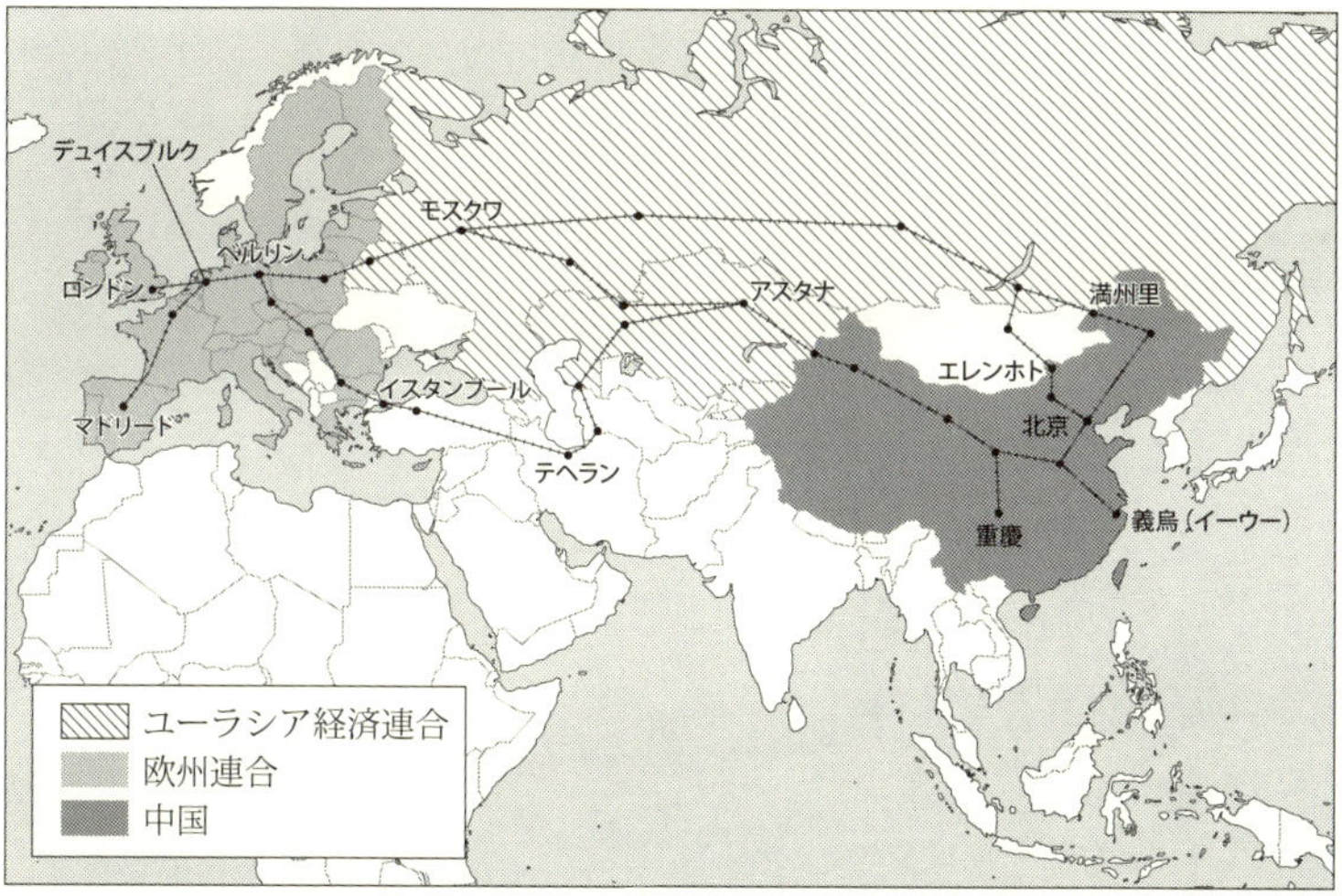

出典：Author'sillustrationbasedonNationalDevelopmentandReformCommission,"ChinaRailwayExpressConstructionandDevelopmentPlanfor2016releasedonOctober17,2016.

二〇一七年後半にすでに船舶輸送費用よりもわずか一〇%ほど上回るだけで、輸送時間は三分の一にまで減少している。[39]

大陸の相互作用に対する経済的制約と同様に、政治的制約も減少傾向にあるが、ロシアの大陸横断輸送への影響力低下も、その誘因となっている。一九九一年末のソ連崩壊以前とは対照的に、現在では陸路輸送はロシアの支配地域を迂回し、中国・ヨーロッパ間のユーラシア大陸を効率的に進むことがかなり可能である。地図4-5が示すように、イラン経由の完全陸路以外にも、カザフスタン、カスピ海、アゼルバイジャン、ジョージア、トルコを経由する陸海複合輸送ルートがある。[40]この複合一貫輸送ルートの重要な要素である「バクー・トビリシ・カルス鉄道」は、アゼルバイジャン、ジョージア、トルコが主導し、二〇一七年十月に開業している。陸上輸送で最も短時間にユーラシアを横断できる経路上に、ロシアのごく一部が交差したとしても、「モスクワへの依存」は冷戦時代よりはるかに弱まっている。カザフスタンは中国・ヨーロッパ間、ますます重要性が高まる中国・中東間など東西・南北の国際輸送路の中継（トランジット）点としてさらに存在感を増している。

ユーラシアの輸送ネットワークが拡大する新しい世界において、ロシアはモスクワの視点から見ると、覇権主義的な要求者から単なる通過地へとその姿を変えつつある。地図4－5が示しているように、新疆にある中国の西側国境と、ポーランドのEU東側国境の間には、わずか三カ国（カザフスタン、ロシア、ベラルーシ）しか存在していない。これらの国はすべて、二〇一五年初めに発足したユーラシア経済同盟のメンバーであり、皮肉なことに中国の経済的侵略を抑えることが当初の目的であった。かつてはソ連の一部だったこの三カ国間の関税同盟は実際には、意図としない結果ではあろうが、国とヨーロッパ間の中継ぎ貿易を簡素化し加速させている。[41] これはロシア極東にとって不都合ではあっても、全体的にはユーラシアの大陸主義の統合を深めている。最も地理的に効率的な経路とそれに伴う予算を十分に得た、ヨーロッパと中国の主要製造拠点を結ぶインフラ整備は主に中国とカザフスタンで展開されている。この経路はロシアのごく一部を通るが、南部のアゼルバイジャンとトルコを通過するもう一つのルートもある。このルートには黒海とカスピ海を横断する鉄道と海上の複合一貫輸送が含まれており、中国と欧州の物流企業がロシアとの関係の中でその影響力を高めている。

中国と大陸ヨーロッパは過去二〇年間、双方とも産業主要部に人口が密集しており、この二つの主要製造拠点は世界経済の生産拠点、製造工場となってきた。彼らは地球上で製造される製品のほぼ半分を生産しているが、その製造ラインは補完性を増しながら、大陸の生産ネットワークへの依存を高めている。EUと中国は、地球上の三大市場のうちの二大市場でもある。中国が驚異的に国内成長し、

EU加盟国が九カ国から二五カ国へと増加したことで、両者とも過去三〇年間並外れた経済規模で成長している。

中国と米国、ヨーロッパと米国とは違い、中国とEUは陸上でつながっている。しかし、大陸全体の輸送と物流は伝統的に非効率であり、大陸政治の複雑さによって悪化したため、歴史のほとんどを通して、陸上でつながっていても、たいして差がない状況だった。しかし、二〇年以上、革命的で相乗的ではあるが、ほとんど目立たないミクロ経済レベルの発展が、これまで以上に北東アジアとヨーロッパの間の深い大陸横断的経済交流の基盤を築いてきた。これらの破壊的変化は、三つの相互関係を持つ領域で発生している。（1）生産チェーンの地理的位置、（2）複合一貫輸送、（3）eコマースである。これら領域は、前例がないほど中国と中央ヨーロッパの製造志向の政治経済をまとめ上げ、画期的な地経学的統合が加速する中で、これらの地域をかつての「大洋の向こう」から引き離している。

最も重要なのは、ヨーロッパ大陸と中国の製造拠点が、第一章で論じた地政学的な「大陸移動」の一連の過程によって地理的に近接しつつあることだ。冷戦終結以降、ドイツの製造業チェーンは、中央ヨーロッパのヴィシェグラード国（ポーランド、チェコ、ハンガリー、スロバキア）の労働力と不動産コストの低さに惹かれ、東に新しい方向性を見いだしている。その一方で中国の製造業は、上海、天津、広州を中心とする沿岸部から四川省や陝西省などの内陸省へと徐々に西へと移動を始めている。インフラと物流のつながりが改善し、大陸横断の投資が急増したことで大陸横断サプライチェーンは一層広範で互いに密着したものになっており、この傾向はeコマースによって将来的に大きく高められる可能性がある。

ドイツとその周辺諸国、特にヴィシェグラード諸国で稼働している自動車および電子機器企業は、現在、世界の自動車産業の二〇％以上にあたる規模の生産をしている。このダイナミックな中央ヨーロッパの産業複合体は、自動車、電子工学だけでなく精密機械、化学薬品でもグローバルな重要製造拠点となっており、ＥＵの製造業における付加価値製品輸出全体の四二％を占めている。[42] この競争力を持つ一群は、世界中からの投資を引きよせ、中国での部品生産量増加の大きな源となっている。また中国企業は、ドイツの中小企業メーカーやロボット企業を買収することで中央ヨーロッパへのバリューチェーン拡大に一層力を入れ始めている。ＤＨＬやＤＢシェンカーのようなドイツの物流企業や、コスコのような大規模な中国の複合一貫輸送の複合企業と中国鉄道株式会社は、鉄道や港湾を支配するために競い合っているが、一帯一路構想がさらに大きな戦略的優位性を中国に与えている。[43]

北極圏の輸送ルート

そして、北極海を渡る北東アジアからヨーロッパへの輸送ルートがあり、最近は中国政府によって「氷上シルクロード」[44] と称されている。このルートはユーラシア大陸の南側の伝統的な海上ルートよりも距離が短く、極寒状態がその経路を阻まなければ効率的なはずである。二〇一一年以降、砕氷船で護衛されながら、北東アジアからヨーロッパへと北の海を渡る定期的な商業航海が実施され、二〇一三年には初のばら積み貨物船が北極航路を通過している。地球温暖化が北極全体で進む中、この北極航路はヨーロッパとアジアの連携面で、より重要であると考えられるが、詳細については第七章で詳しく検討していく。北極航路は、北東アジアとヨーロッパ間のもっとも通行可能な北極圏全ルートのおよそ三分の二にあたる部分がロシア沿岸近辺を通過しており、この航路は、ユーラシア横断輸送の他の分野に欠けている影響力をロシアに与える可能性がある。加えて、ロシアは北極ルートを追求するための最高の設備と最も豊富な経験を兼ね備えている。

触媒としての金融

エネルギーと物流革命は、中国の爆発的な成長、ヨーロッパの変化、そしてソ連の崩壊によって促進された無数の新しい道によって巨大大陸、ユーラシアの異なる部分をはっきりと再連結している。しかし、これらの経済推進要因が新たな相互依存関係の可能性を開いたとしても、広大なユーラシア大陸の物理的な難題が可能な商取引の量を実際には抑制してしまっている。距離の過酷さを軽減するには、大陸に架かる新しい鉄道、パイプライン、高速道路、送電網の建設が必要とされてきた。二〇一七年にアジア開発銀行（ＡＤＢ）は、二〇一六年から二〇三〇年までのユーラシア全土における新しいインフラ投資に二六兆ドルが必要と見積もったが、そのうち年間一兆七〇〇〇億ドルがこの大陸横断開発予算に組まれている[45]。中国の一帯一路構想の出現は、さらに大規模なインフラ支出への期待を大いに高めた。

　発展を妨げる要因であるものの、促進させる働きをする可能性があるのは、金融である。ではユーラシアの成長に必要な資本のために、どのように資金を集めることができるのか。これを達成するために、どのような新しい政治体制や制度が必要となるのだろうか。はたして既存の機関は、地政学的影響が関係しているこの重荷を背負うことができるのだろうか。

　その重要な始まりは、中国の一帯一路構想が地平線上に登場する遥か前に、多国間機関の手によってなされていた。アジア開発銀行は一九六六年以降、拡大メコン地域（ＧＭＳ）経済協力プログラム[46]、トルクメニスタン・アフガニスタン・パキスタン・インド天然ガスパイプライン（ＴＡＰＩ）プロジェクトなどの主要な地域結合プロジェクトに資金を提供してきた。二〇〇一年に設立されたアジア開発銀行主導による中央アジア地域経済協力（ＣＡＲＥＣ）には、中国を含む一一カ国のユーラシア開発途上国と六つの多国間開発機関が加盟している。中央アジア全体への投資額は三一五億ドルに及び、そのうちの三分の一はアジア開発銀行自体が資金を提供している。[47]ＣＡＲＥＣは、各国政府とよりも、国際機関がより円滑に交渉することができる「スマートグリッド、複合一貫輸送ネットワーク、および国境通関手続き」に焦点を当てている。

世界銀行は、ＣＡＲＥＣや一帯一路構想の加盟機関とともに、ユーラシアの主要インフラプロジェクトに協調融資を多く充てており、現在、東アジアと南アジアに対する総貸出額は世銀の全貸出額の三五％に相当し、他の地域よりも大きなシェアを占めている。[48]一九九一年、冷戦後の経済体制の転換を促進するために設立された欧州復興開発銀行（ＥＲＤＢ）は、三〇年余りにわたって中央アジアを含む旧ソ連各国内での大陸横断の連結を推進するために積極的に取り組んでいる。特に現在、西欧と中国間の国際輸送道路を改修するためにカザフスタンの南西道路プロジェクト（七五億ドル）に、世界銀行、アジア開発銀行、イスラム開発銀行、カザフスタン政府と協力して融資を行っている。[49]

しかしながら、ユーラシアにおける国際プロジェクト融資の地政学的な側面は依然として存在している。二〇一三年以降、ユーラシアの再結合に前例のない勢いを与えてきた、大陸全体で進行している大きな変化を理解するためにも、このことは認識されなければならないだろう。主要政策への融資機関は、第二次世界大戦後の初期に設立された世界銀行と一九六〇代半ばに設立され、地域融資機関として機能しているアジア開発銀行である。そして両機関共に日米両国が主要出資国として主導してきた。この「ワシントンコンセンサス」構造を補完するために一九九一年に元韓国首相の南悳祐《ナムドクウ》が韓国政府の非公式の支持を受け、北東アジア開発銀行の提案をするなどの試みが繰り返されてきた[50]。しかし、長年にわたるこれら改革論者の提案は、モラル・ハザードの危険性をはらんでいると指摘する従来の支配的機関からの静かな抵抗や、勢いがふるわず実現には至らなかった。

中国のアジアインフラ投資銀行（ＡＩＩＢ）とＢＲＩＣＳ五カ国（新開発銀行ＮＤＢ）の提案が非常に興味深いのは、かつての韓国の試みに関連しているからである。これらの構想は中国の大規模な外貨準備金に基づいており、提案が正式になされた時点で、一兆三〇〇〇億ドル以上は中国の主権国家資産ファンドと非公式積立金で支援されていた。その総額は三兆ドル以上にまで達している。しかし中国国外からのかなりの協力も関係しており、開発目標への野望を考えると、一帯一路構想の究極の成功には、そうした中国国外からの資金は不可欠となるだろう。

新しい機関の透明性と実際に業務を遂行する上での専門知識の欠如などのいくつかの課題はまだ残っている。また、本部が香港や他のグローバル金融センターではなく、北京や上海のような都市にあるのは、市場志向の融資受け入れグループの観点からは理想的ではないかもしれない。これらの問題は、一帯一路構想が必要とする巨額の資金を調達するうえで、最終的に重要視されるかもしれない。けれども、こうした新しい機関の首脳陣は非常に専門的でダイナミックである。確かにアジアインフラ投資銀行の五人の副社長のうち戦略政策担当、財務担当、総務担当の三人はヨーロッパの金融企業で豊富な経験を積んでいる。

重要なことは、中国の新しい構想が実現に至らなかった韓国の北東アジア開発銀行提案など、かつて地域主義が努力したものの、得ることの出来なかった世界的な支持を引き寄せていることだ。ここまで受け入れられた過程は複雑だが、世界の政治経済がどのように変化しているか、理解を深めることができる。アジアインフラ投資銀行のコンセプトの五年間の進化が、ユーラシアの再結合を刺激するうえで重要であることが明かされた代表例であると言える。

インフラ融資に焦点を当てたアジアを拠点とする多国間機関設立の必要性は、二〇〇八年の世界的金融危機の余波が続いていた二〇〇九年四月、中国海南島で開催されたボアオ・アジアフォーラムの基調講演で、温家宝首相によって提起された。温家宝は地域の回復を支援するために、中国が巨額の外貨準備をインフラ建設のために使用する組織設立の必要性を講演の中で強く主張した。[51] また、地域インフラ協力を支援する投資協力についても一〇〇億ドルの中国・ASEAN基金設立を具体的に提案している。その四年後、二〇一三年に同じくボアオ・フォーラムで曽培炎・元中国副首相は、中国に拠点を置いた多国間開発銀行の提案を改めて表明した。同席していたゲイリー・ロック駐中国米国大使も、個人的関心を示したと言われているが、その一方で米財務省当局者は、オーストラリアと韓国が非公式にこの考えを支持することに落胆したと伝えている。しかし、習近平主席は二〇一三年十月にインドネシア議会で行った二十一世紀海洋シルクロード演説の中で、正式にアジアインフラ投資銀行の設立を提唱した。翌年、李克強中国首相も二〇一四年四月のボアオ・フォーラムの基調講演で、中国が協議を強化する準備ができていると繰り返し述べている。[52]

決定的な国際的突破口は、英国のジョージ・オズボーン財務大臣が、二〇一五年三月初めに英国が正式にアジアインフラ投資銀行に加盟すると表明した時だ。その数日以内にはドイツ、フランス、イタリア、韓国も参加を表明している。また、三月二十八日に習近平はアジアインフラ投資銀行を通じて、地域の連結を強化する主導的な立場を担う決意を示した。二〇一六年一月十六日にアジアインフラ投資銀行は北京に本部を置き、中国からの五〇〇億ドルの支援を含む一〇〇〇億ドルの資本金で実際の業務を開始した。初年度、アジアインフラ投資銀行は七カ国の九つのプロジェクトに一七億ドル以上の資金提供をしている。二〇一七年三月までに、アジアインフラ投資銀行は発展途上国の大部分の国と共に、米国と日本を除くすべてのG７加盟国から加盟申請を受けている[53]。そして日本も次第に態度を軟化させていった。

中国はＢＲＩＣＳ開発銀行という当初インドが提案していたコンセプトを具体化させる中心的な役割を果たし、二〇一三年三月に南アフリカのダーバンで開かれた第五回ＢＲＩＣＳサミットの席上で正式に提唱した。上海に本社を置き、新開発銀行（ＮＤＢ）と改名し、一〇〇〇億ドルの授権資本を保有するこの銀行を設立する正式な合意は、二〇一五年七月の第七回ＢＲＩＣＳサミットの席上で発効され、そして一年後の二〇一六年七月に、上海で新開発銀行理事会の年次会合がはじめて開催された。

中国は多国間銀行を通してだけでなく、株式投資と開発金融にも直接関わっている。一帯一路構想での自国の貢献、つまり典型的な「分配型グローバリズム」は、ユーラシア大陸の統合を深めるために、最も重要な金融戦略実行の推進力である。中国の地政学的利益の促進と途上国の借金漬けが時に批判されているが、一帯一路構想は紛れもなく陸上と海洋の両面で、ユーラシアを変容させている。

二〇一四年の終わりに、中国は四〇〇億ドルで国有の投資法人「新シルクロード経済圏ファンド（ＳＲＦ）」を発足させた。有望なユーラシアのインフラ、工業、資源開発プロジェクトを支援するために、様々な中国の公共および民間機関がこのファンドを通して資金を出資している。投資の七〇％は、一帯一路構想に参加する国の中の地域、エネルギー、電力、通信事業が対象となり、そのほとんどが株式等によって調達された返済義務のない資金である。新シルクロード経済圏ファンドは次の第五章で検討するように、中国国内の金融機関の多数と緊密に協力しており、中国開発銀行、中国輸出入銀行、中国輸出信用保険公司および四つの主要商業銀行が一帯一路構想とユーラシア全土の結合を支援している。二〇一八年、これら中国国内のコンソーシアム活動は、その透明性の欠如と地域の政治経済的もろさをご都合主義的に悪用したとして、国際的批判の高まりを招き始めた。こうした批判は、予想されていた欧米からだけではなく、マレーシアのマハティール首相のようなアジアの政治指導者からもあがっている。

習近平は二〇一七年五月中旬に北京で開催された初の一帯一路フォーラムで、中国の開発金融構想の勢いをさらに加速させた。席上、習近平は中国がインフラ重視の新シルクロード経済圏ファンドに一四五億ドルを追加拠出すると発表した。同様に中国開発銀行は中国輸出入銀行とともに、インフラと工業への一帯一路構想の協力を支援するために、それぞれ二五〇〇億元と一三〇〇億元に相当する特別貸付計画を設定した。また世界銀行総裁のジム・ヨンキムは、世銀が協力して一帯一路構想の金融イニシアチブにさらにテコ入れする可能性があることを示した。金融資源の規模で、一帯一路構想はすでに一九四〇年代後半のマーシャルプランと比較されている。今日の金融市場の相互依存と高度化によって、自らの資産をテコに、地球規模で経済を刺激する機能を持つ一帯一路構想は、ほぼ間違いなく七〇年前のマーシャルプランよりもさらに大規模だが[54]、その一方で国内企業にとっては、限られた範囲内での稼働になりそうだ。

ユーラシアの開発金融の物語は、もちろん完結まではまだ程遠い。稼働してから最初の三年で、アジアインフラ投資銀行は信頼できる多国間機関としての地位を確立し始めたが、必然的にこれまでの諸機関よりもユーラシア大陸主義の傾向性を持っている。その政策の方向性は新開発銀行、シルクロード基金、および他の中国関連機関によって支えられ、アジア開発銀行を含む主な金融機関がユーラシアの連結にますます集約的に取り組むことを奨励している。このように、金融プロジェクトは、物流革命によって強められたユーラシア再連結のロジックを、まったく新しい方法で実現させる可能性を持っているのだ。

結論

ユーラシアは過去四半世紀にわたって大変革を遂げ、重要な政治・社会・経済的差異は依然として残るものの、ますます統合が進み、相互に作用する競い合いの舞台となった。この変革の最も重要な三つの原動力は、エネルギー、国際輸送、および金融である。これらが一緒になってより集積されたトランジット貿易と中国とヨーロッパをつなぐ生産ネットワークを取り込みながら、ユーラシア全体の経済的相互依存を深めてきた。これらのネットワークは、長期的には世界的な地政学とグローバル・ガバナンスにとって特別な意味を持つ。

炭化水素の場合、ユーラシア大陸横断の相互依存に次のような三つの重要な側面がある。すなわち、(1) アジアとペルシャ湾の間、(2) ロシアとヨーロッパの間、(3) アジアと旧ソ連各国（つまりトルクメニスタンとカザフスタンのようなロシアと中央アジアの両方のエネルギー生産国）の間である。アジアとペルシャ湾地域の相互依存関係の深化が最もダイナミックなものであった二十一世紀初頭、ペルシャ湾岸の石油の約半分がアジアに輸出されていた。二〇一五年までにこの比率は、中国の急速な需要増加とペルシャ湾岸の膨大な供給能力により七五％近くにまで上昇した。アジアの湾岸への依存度も中国では約三〇％から五〇％へと上昇し続けている。同様に日本と韓国でもわずかだが増加が見られる。

アジアの成長、ペルシャ湾地域の埋蔵量、そして説得力ある地理的論理は、将来的にこのペルシャ湾と北東アジアの相互依存を強めるであろう。それは、ユーラシアのエネルギー方程式の中におけるロシアの潜在的な大きな役割によってのみ軽減されるかもしれない。一方、米国とユーラシアのエネルギー関係は、シェールガス革命、勢力関係、地理的距離により複雑化している。その中でも地政学的な要因がペルシャ湾岸、ロシア、ヨーロッパ間のエネルギー関係を複雑なものにしている。

国際貨物輸送の発展は、リーマン・ショック以降、ユーラシア相互依存の重要な原動力となっている。中国の政治経済の中心を西側に引き寄せる地経学的な使命を持った「大陸移動」は、ヨーロッパの製造拠点が東に移動する中で、東西交流の土台を深く築いた。また、中国の成長、大陸横断インフラ、規制緩和、そして物流輸送のデジタル化のこれらすべてが、プロセスを加速させている。二〇〇八年の世界的な金融危機の後、複合一貫輸送である鉄道–航空–海上輸送だけではなく、輸送中継基地も爆発的に成長してきた。例えば、カザフスタンの鉄道貨物輸送量は、二〇〇八年の一二六〇万トンからわずか四年後の二〇一二年には一六五〇万トンにまでに増大した。二〇二〇年までにカザフスタンの陸上貨物量は三〇〇〇万トンに達すると予測されている。二〇二〇年には、鉄道輸送の半分は中国から西へ向かう見通しだが、二〇一二年と比べるとすでに三倍近く伸びている。また、陸上の地理的な効率性だけでなく海上輸送の費用効率の良さも活用した複合一貫貿易も拡大している。

金融面のイノベーションは統合プロセスをさらに加速させてきた。二〇一四年に設立された新シルクロード経済圏ファンド、二〇一五年から二〇一六年の間に相次いで設立された新開発銀行とアジアインフラ投資銀行は、これまで述べたように、二〇一六年から二〇三〇年の間にインフラ投資に必要とされる推定額二六兆ドルを調達するための新たな資金源を提供している。二〇一七年五月の一帯一路構想フォーラムでの発表は中国と多国間のユーラシア統合への志向性を拡大させた。ロンドン、香港、その他の地域を通じた世界の資本市場からの資金の流れは、このプロセスをさらに加速させている。政治経済分野では、二〇一二年に設立された中国の構想である「16＋1」フォーラムの構築によって大陸間の関係がさらに強化されており、投資、運輸、金融、科学、教育、文化の分野で、中国とEU加盟の一一カ国、バルカン地域五カ国との協力関係の推進を目的としている。年に一度首脳会議を開くこのフォーラムは、中国と中央アジアそして中東欧諸国（CEEC）に、相互依存を深める過程で発生する共通の貿易と規制の問題について議論するための有益な場を提供している。[55] マレーシア、スリランカ、パキスタンなどの国では、金融の透明性、特に海外での中国国内組織の商取引に関する問題が依然残っている。しかし、一帯一路構想が持つ連結力に大きな影響を及ぼすかどうかは、現時点では不確かなままである。

このように、エネルギー関係の深化、複合一貫輸送の改善、新しい金融機関の三つがユーラシアの政治経済相互依存関係の見通しを高めており、新しい大陸横断の政治経済ネットワークもその過程を後押ししている。次の章では、中国とロシア、ヨーロッパとの結びつきが深まっていることを具体的に探りながら、その後の大陸間関係の深化が、世界にどのような意味をもたらしているのかを考察していく。

第五章

中国の静かなる改革

我々の地勢分析が示唆しているのは、中国がユーラシアの政治経済の再連結において、唯一ではないものの、触媒的な役割を演じる潜在能力を持っているということである。渤海湾からホルムズ海峡までの三分の二にあたる上海から欧州連合（ＥＵ）東側国境までの距離の半分は中国領土である。そして中国は歴史のほとんどにわたり、他のどのユーラシアの国々よりも、多くの人々と大きな経済を有する、洗練された物質文化の源だった。

第二章で考察したように、二〇〇〇年以上前の漢王朝時代には中国の工芸品が、すでにヨーロッパに伝わっていたが、シルクロードに危険を冒してまでも思いきって出かけていった中国人はほとんどおらず、また中国は古代ローマ人が果たしたように、領土全域の主要都市を結ぶ街道を作り上げることもなかった。そして、ほとんどの中国の軍隊は、中国を脅かす厄介な蛮族を鎮圧する以外に海外に進出することはなく、むしろ海外遠征に積極的だったのは中国人ではなく、国際的な戦力展開と征服への強い欲望を持ったモンゴル人だった。

今日、広い世界における中国の役割の範囲と推進力は、今までとは大きく異なっている。二十一世紀の中国の特徴は、地域の連結性を追求する動機と能力の両方を持っていることだ。しかもこれまでけっして見せなかった激しさと国際的な攻撃性を伴い、中国経済の規模は格段に大きくなった。そして、ユーラシアの中枢の要として君臨することで、地経学的な暗黙の可能性をもつかみ取ろうとしている。構想で暗に示されている多数の分配型ツールを通してユーラシアの連結性を促進することは、ユーラシアでの中国の役割を高めながら、さらに広い地域の繁栄を推し進めている。要するに「分配型グローバリズム」は中国自体の最近の経済的成功を基礎に築かれ、世界がかつて目にしたことのない、中国の国際情勢における積極的な役割を促しているのだ。

本章では歴史的な観点から、過去四〇年間に渡り、中国を力強く牽引しながら、ユーラシアの再連結にも影響を与えて来た中国国内の力を探っていく。まず中国の成長と国内利益構造の両面への重大な岐路となった「四つの近代化」の影響を考えることから始めていくが、ここでは一九七〇年代までの、活力に欠ける社会主義経済から、一九八〇年代から一九九〇年代にかけて、民間セクターの拡大で巨大な輸出産業国となった中国の大変貌を明らかにしていく。続いて、二〇〇八年の世界的な金融危機以降、インフラ建設の主導役へと変容する中国を年代順に追っていく。今日の中国で、中国共産党（CPC）、人民解放軍（PLA）そして特に国営の重工業企業は、習近平の一帯一路構想で代表される「ユーラシア大陸の再連結」を達成するための大きな影響力を持っている。

鄧小平が練り上げた壮大な政策の変更は、一九七八年十二月の中国共産党全国代表大会を皮切りに始まり、中国の政治経済路線の歴史的方向転換を示した。これは世界に対して決定的な意味を持つ、中国の飛躍的な規模の経済的進歩を生んだ。もちろん、一晩で中国の新しい方向性を設定したわけではない。代わりに三〇年以上にわたる微調整とうまく結合した四つの近代化が生み出したインセンティブの転換を通した経済成長が始まり、鄧小平の創造的な新しい政策方針を、さらに積極的で大陸的で影響力のあるグローバリストへと最終的に転換させた。それが、われわれが今日世界の舞台で目にしている中国なのである。

四つの近代化は、中国経済の四つの分野（農業、産業、国防、科学技術）を強化することを目指し、鄧小平によって明確に設定された国家目標である。しかし、これらの目標は文化革命以前の、実際には一九六四年頃の周恩来の開発を志向する宣言の中にその端緒があり、彼は死の直前の一九七五年にその重要性を繰り返し伝えていた。[1] この四つの近代化は、まさに将来を見据えた明確なビジョンであ

図5-1　ユーラシア経済に占める中国の割合

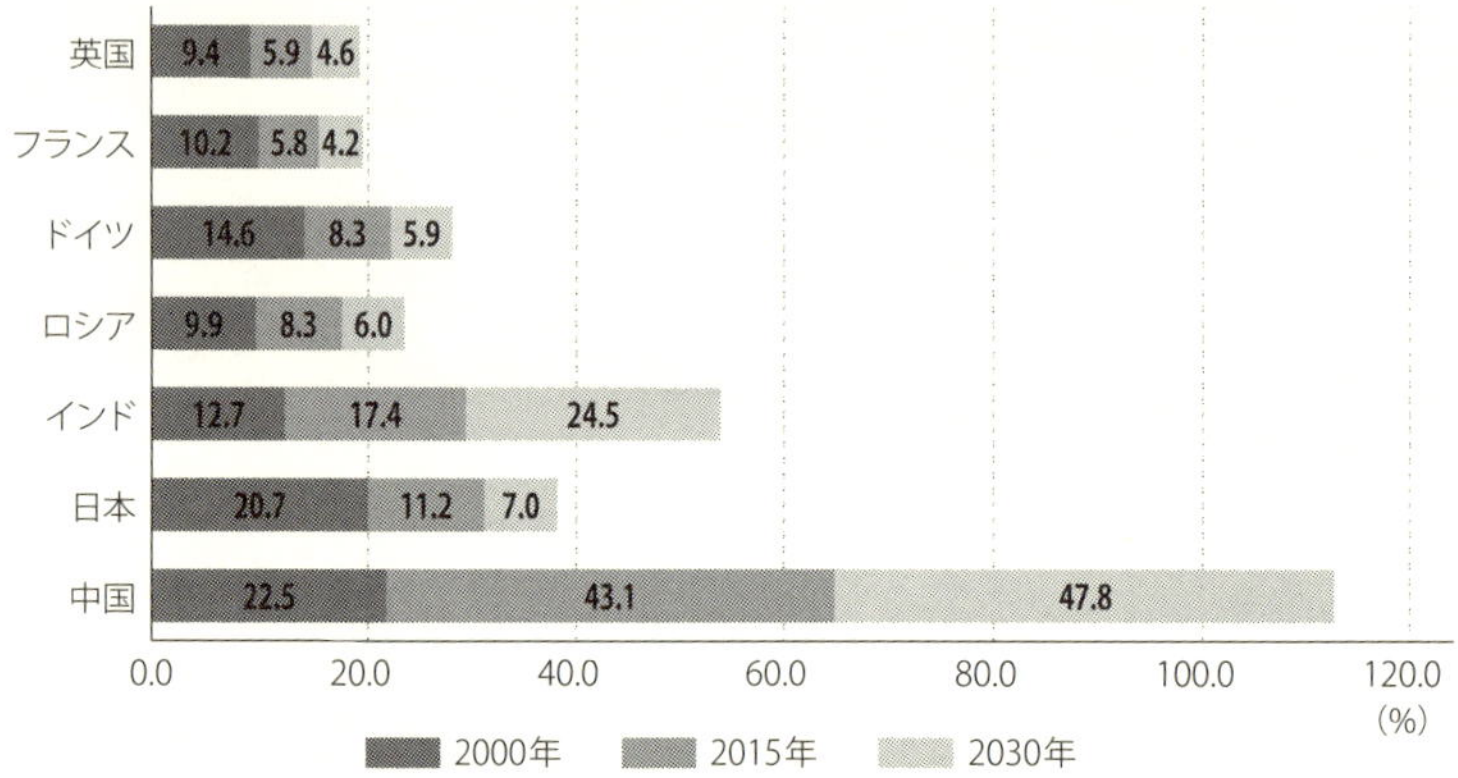

出典：World Bank, "GDP, PPP (Constant 2011 International $), World Development Indicators, accessed September 28, 2018; and PwC, "The Long View: How Will the Global Economic Order Change by 2050?" February 2017, Table 2: Projected Rankings of Economies Based on GDP at PPPs (in Constant 2016 $bn).
注：数値は、ユーラシアの主要経済国の購買力平価ベースによるGDPを示している。

ったが、中国を世界の経済大国にすることを企図しており、二十一世紀初頭までの実現を目指していた。

一九八〇年代はじめまでに、中国の経済成長はすでに二ケタ台にまで急上昇しており、以後三十年以上にわたって継続していくことは、運命づけられていたのかもしれない。中国経済は世界銀行の名目GDPリストによると、一九八〇年の世界第一二位から二〇一〇年には二位へと大躍進している[2]。また一九八〇年から二〇一〇年までの三〇年間に、中国の経済は三〇倍以上に達する成長を遂げた。この伸びはユーラシア域内の経済成長を大きくしのぐ規模である。図5-1が示しているように、ユーラシア経済に占める中国の割合を購買力平価（PPP）で見てみると、二〇〇〇年の二二・五％から二〇一五年には四三・一％に上昇した。二〇三〇年には四七・八％にまでに増加すると予想されている。

図5-2　中国経済の需要構造の変化（2000年—2017年）

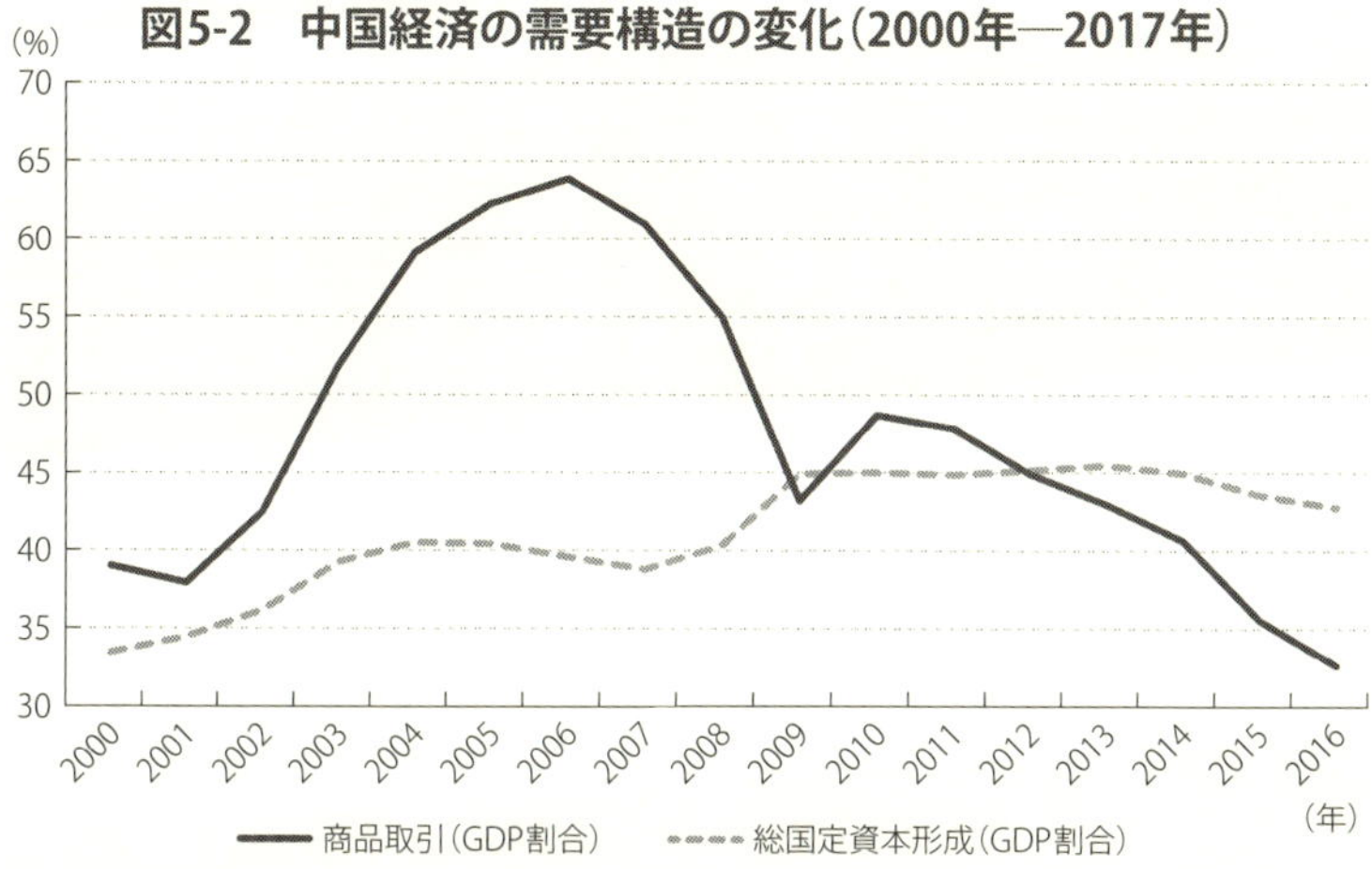

出典：World Bank, "Merchandise Trade (% of GDP)" and "Gross Fixed Capital Formation (% of GDP)," World Development Indicators, accessed October 22, 2018.

変化する成長の特徴

最初の二〇年間、高度成長のほとんどは、図5-2が示すように輸出が成長をけん引する原動力となり、鄧小平が「一九九二年南巡講話」で特別の注意を払った広東省のような沿岸地域が中心となっていた。広東省と福建省に経済特区が与えられた後の三〇年の間に、中国の輸出は、一九七八年の一〇〇ドル未満から二〇〇七年には一兆ドル以上に達し、一〇〇倍以上増加しているが、そのうちの三分の一は広東省だ。[3] 当初、輸出は日本とヨーロッパに大きな重点が置かれていたが、一九九〇年代にはアメリカにも拡大した。東南アジア諸国連合（ＡＳＥＡＮ）も二〇〇〇年代に中国の主要輸出先として台頭し、ついには日本を追い越し二〇〇九年には中国のアジア最大の輸出市場となった。

外国の多国籍企業は、中国の輸出の半分以上を扱っており、初期には中国の成長を促進する上で大きな役割を果たした。しかし二〇〇〇年代半ば以降、中国の成長の地理的領域が西部にまで広がり、国内需要が東海岸地域を越えて中国の広大な内陸部で顕著になると、多くの外国企業は徐々に相対的な重要性を低下させていった。二〇〇六年、中国のＧＤＰに占める商品取引は六四％にまで上昇しピークに達した。それ以降シェアは徐々に減少し、二〇一七年には三五％を下回っている。反対に、ＧＤＰにおける固定資本形成のシェアは二〇〇〇年の三三％から二〇一七年には四二％へと着実に上昇した。大規模な景気刺激策が導入された二〇〇九年には五％も急増している。

民間企業の台頭

経済改革の四〇年間を通して、経済面では民間企業と集団所有制企業の役割が着実に拡大し続けた。確かに国営企業（ＳＯＥ）は、海運（中国遠洋海運集団ＣＯＳＣＯ）、鉄道輸送（中国中車集団ＣＲＲＣと中国鉄路集団ＣＲ）、エネルギー（中国石油天然ガス集団ＣＮＰＣ）、通信（中国モバイル）などの重要な分野で、戦略的な地位を与えられており、モバイル通信の華為《ファーウェイ》技術のような官民の性質が混在する集団所有制企業は公共政策で重要な役割を果たした。政府の目にかなったこのような集団所有制企業は、株式市場と銀行融資制度の両方で優遇措置を受けながら、資本市場を支配し続けている。

確かに、純粋な民間企業は国有企業よりも勢いよく成長を続けている。中国の民間企業は、国有企業が資本市場で厚遇されているような支援を受けていないことから、自己の利益によって調達した資金で補われている。しかし、このような企業はピーターソン国際経済研究所のニコラス・Ｒ・ラーディーが指摘するように総資産利益率では国有企業を上回っており、実際に、二〇一〇年と二〇一四年の民間企業によって達成された利益率と国有企業のそれとの差は、ほぼ三対一だった。(4) アリババ、ファーウェイ、テンセント、ＪＤ・ｃｏｍのような民間および半民間企業は、国内の政治・経済面において、ますます重要な部分を担っており、彼らの高い収益性は、自立した経済基盤を確立させている。また、いくつかの企業は国際的な競争力を高めており、中国の産業戦略、一帯一路構想との関係は、今後数年で世界的な関心事になるだろう。

推進力としての産業政策

中国の政治経済が社会主義から離れ、民間企業の利益がより重要になっていく過程で、二〇〇〇年代半ば以降、国家主導のさらに戦略的な、統制経済の形態が新たに登場した。二〇〇六年、中国は技術集約型産業とともに地域の研究開発促進のための新しい「自主創新政策」を発表したのである。この経済統制政策は、中国の外国企業への要求をエスカレートさせ、従わない企業に対しては独占禁止法を適用し、差別的な調達政策を強化したことで、急速に日米との対立につながった。同時に中国は、フェイスブックやグーグルなどのインターネット企業が中国国内で直接事業を行うことを禁止し、中国との国際データと金融の流れに対して厳重な管理を維持し続けた。このように、中国政府は市場のダイナミズムを有効に利用する一方で、戦略的または政治的に機密部門を保護するという混合戦略を押し進めてきた。

二〇一五年、国務院は、製造業の質の向上へ向けた工業情報化省（ＭＩＩＴ）の青写真である「中国製造（メード・イン・チャイナ）２０２５」を発表した。この計画は次世代の情報技術、高度なデジタル制御の工作機械、ロボット、代替エネルギーを搭載した自動車など重要な一〇分野の開発推進に焦点を当てている。海外からの批判に直面したことから最近、強調することは控えているが、このプログラムは政府運用投資ファンドからの補助金を受けており、特に一帯一路構想の運輸・通信分野で具体化されている野心的な連結プログラムとの相乗性が高い。また最近の注目すべき中国産業政策は、eコマースの「ニュー・エコノミー」企業に好環境を提供していることであろう(6)。

金融：連結を目指し、強まる威力

ユーラシアの連結が中国にとって長期的な地理的戦略または地理・経済の観点から見ていかに望ましいものであろうとも、市場メカニズムがこのような効果を自然に作り出すことはない。政府の財政支援と産業政策との連携が、その連結を作り出すうえで中心的な役割を果たしてきた。一帯一路構想のような中国の野心的な連結プログラムとその脆弱性を理解するためには、現状の財務基盤をまず把握することが重要である。そのうえで相対的な視点からその基盤を見極めるべきである。

今日の中国の財政状況のうち四つの側面が極めて重要である。

第一に中国は巨大な国で、GDP名目で世界第二位の経済大国であり、現在、GDPの購買力平価（PPP）換算の二一兆二〇〇〇億ドルは世界最大である。実質ベースの年間成長率六%超は、大規模な開発ニーズだけでなく大きな可能性をも引き続き持っている。

第二に、中国の財政状況は国家レベルにおいて、かなり良好であり、二〇一七年の対GDP比の債務残高は米国の八二・三%に対して四七・八%に過ぎない。ちなみに隣国の日本は二三六・四%である。そして今後一〇年間の中国政府の収入の伸びは、どこよりもはるかに高いと考えられる。中国では確かに透明性が比較的低く、一方で地方行政や国有企業は隠れた大きな債務を抱えている。また中国はゆるやかな財政構造と世界最大の外貨準備高の両方を持ち、国内外で政府の戦略目標を支援するために、柔軟に使うことができる。(7)

第三に中国は構造的、政治的理由の両面で、他の主要国よりも国家の目的のために、歳入を引き上げる効果的な手段を持っている。中国は構造的な面で、ヨーロッパやこれからの日本のように付加価値税（ＶＡＴ）に大きく依存しているが所得税に大きく頼る米国とは対照的である。ＶＡＴは徐々に増加しながら、歳入を大きく増やしている。過去の四〇年間にわたる、日本の例が示しているように、民主的な制度の中では政治的理由で調整が困難な場合もあるが、中国は透明性に乏しいソフトな権威主義体制であり、ＶＡＴの調整を実施するのは難しいことではない。

最後に、中国には国家主導の経済金融活動に適した様々な機関が存在しているが、その多くは、米国やヨーロッパ、また日本でも何年も前に廃止されている。例えば郵便貯金、国家財政投資と貯蓄計画のような、日本では小泉政権（二〇〇一年〜二〇〇六年）でほとんど捨て去られた予算外の資金調達メカニズムを中国は現在も維持しているのだ。確かに、このようなシステムは気まぐれな市場志向の世界においては弱点を持っているが、中国という国家が国内外で動かすことができる大規模な資産を保持している現実を忘れてはならない。

明確に相互依存を推し進める重要な機関の一つは、設立から四半世紀が経過した中国開発銀行（一九九四年設立）である。中国開発銀行の総資産はおおよそ一六兆元（約二兆三〇〇〇億ドル）で、世界銀行を実質的に上回る世界最大の開発資金貸し付けを行っている。(8) 中国の主要な政府系銀行、半政府系銀行ならびに主権国家資産ファンドは、新しい投資手段を強く支持している。実際に中国開発銀行のみで一一〇〇億ドル以上を、また中国の四大国営商業銀行は少なくとも一五〇〇億ドル以上を、それぞれ新興諸国に貸し付けている。さらに、中国証券規制委員会は上海と深圳の証券取引所を通じて、国内外七企業からの合計五〇〇億元に相当する「一帯一路」債券の発行申請を承認した。[9]

また一帯一路構想が提唱されてから、「新シルクロード経済圏ファンド」(二〇一四年)、「アジアインフラ投資銀行」(二〇一六年)などの新たな連結を支援する機関がさらに急増している。いくつかの地域のみを対象にした投資ファンドも設立されており、そのほとんどは中国企業による株式投資に資金を提供している。たとえば「中国・アフリカ開発基金」と「ロシア・中国投資基金」は、一帯一路構想の正式な発足前に業務を開始したが、それ以降、「中国・中東欧投資協力基金」(二〇一三年十一月)などが設立されている。この基金には「中国輸出入銀行」「ハンガリー輸出入銀行」、そして「中国開発銀行」と「ロシア直接投資基金」が共同で設立した「ロシア・中国RMB協力基金」(二〇一七年七月)[10]が共同で出資している。

中国の国家主導の金融システムが国際金融に対して抱えるはっきりとした二つのリスクは、その長所とは全く逆のものである。このシステムは、まさにモラルハザードに対して脆弱な中国国家の産物なのである。日本は一九九〇年代後半のアジア金融危機の最中に、アジア向けの融資などが焦げ付き、このように管理されていたはずの信用システムが危険に陥った状況を体験している。同じような構造的な理由から、現代中国の金融システムは信用評価が不得手である。このため中国とホスト国の双方で、時には政治的圧力も絡まり、問題が起こっている。このような圧力は、時折、受け入れ側の政府への私見も絡み、経済的に疑わしいプロジェクトに着手する信用スキャンダルにつながっている。最近ではマレーシア、スリランカ、パキスタンなどで続発している。

欧米と日本の銀行は、一帯一路構想の一部のプロジェクトに、明らかなリスクがあるにもかかわらず、引き続き関心を持っているようだ。外国銀行は、一帯一路プロジェクトに取り組んでいる多国籍企業に外国為替、貿易金融、金利スワップ、および資金管理を提供することに重点的に取り組んでいる。たとえば、シティグループは中国銀行と北京ガス（北京燃気集団）の一帯一路計画への融資に大規模な債券発行を主導した。またこのプロジェクトを動かしているいくつかのフォーチュン500に名を連ねる大企業に対して、資金管理および為替ヘッジ契約を締結した。スタンダードチャータード銀行は、中国と共同で建設されたバングラデシュの電気事業への二億ドルの融資や中国が保証するスリランカのガスターミナル事業に対する四二〇〇万ドルの輸出信用など、一帯一路関連事業に関係した金融取引を過去四年の間に二〇件獲得している[11]。

大陸主義と分配型グローバリズムに向けて

日本、韓国、さらには米国を含む多くの国は、頻繁に国家安全保障に関連付けながら、さまざまな側面から産業政策を追求してきた。今日の中国の特徴は、大陸規模のインフラ開発を戦略的目的に関連づけている点にある。このパターンは一帯一路構想を通して習近平の下で広く使われているが、少なくとも二〇年前、習近平が権力を持つ以前に、その深い根源がある。

中国のアプローチのもう一つの特徴は、それが国家主義的な性質を持つ産業政策と国際共存の責務の間に内在する緊張を解決する方法であることだ。中国は、インフラ投資、ターゲット・ローン、および戦略的購入など、「分配型グローバリズム」の形式を取り、パートナー国に利益を配分することで海外の反発を鎮める一方で、ＩＴ、インターネットサービス、金融などのいくつかの戦略分野では明確な障壁を維持し続けている。

分配型グローバリズムは、中国の国際経済への関与の深まりがリベラルなグローバリズムへの政策対応を必要とすることから、その支柱となる政策として最近浮上してきている。一方で、積極的な公共投資は、重要な政策アプローチとしての長い歴史がある。道路、鉄道、ダム、送電網の建設を通して国内需要を加速させる方策は、一九九〇年代半ばに始まった鄧小平の初期の四つの近代化の中で、輸出拡大を補完する重要な政策だった。たとえば一九九四年に国務院が開始した重要な税制改革[12]は、地方政府に社会福祉対策の大部分の責任を負わせながら、中央政府にほとんどの徴税を集中させ、土地賃貸料を確保した。

財源の裏付けない権限の拡大のため、地方自治体は地域の要求を満たすために必要な歳入を確保しようと、不動産開発への依存を高めていった。地方政府が抱く歳入増への強い願望が、インフラを構築するという強い動機とあいまっていくなか、インフラ支出を拡大すべきだという中央政府に対しての要求が、今度は地方の地価を高騰させることになった。かつて高度成長期に日本と韓国のようにアジア経済でも機能していた、建設主導で押し進めようとする公共事業への偏りは、二〇〇八年の世界的な金融危機以降、習近平の一帯一路構想に象徴される大規模でインフラ投資主導型の景気刺激策へと変容してきた。

一九九〇年代から現在に至る中国の鉄鋼産業の台頭と変化は、初期の四つの近代化の海運と軽工業を、力強く万能な一帯一路時代の大陸主義・中国へと劇的に変遷させた。一九七八年当時、中国は米国や日本の三分の一程度、世界全体の四・四％に相当する鉄鋼しか生産していなかったが、アジアの金融危機直前に両国に追いつき、一九九六年にはついに世界最大の鉄鋼生産国となった。二〇一五年には中国は日本の約八倍、米国の一〇倍近い鉄鋼を生産しており、今日、世界全体の粗鋼生産量の約

図5-3　深刻さを増す、中国鉄鋼業における過剰生産能力

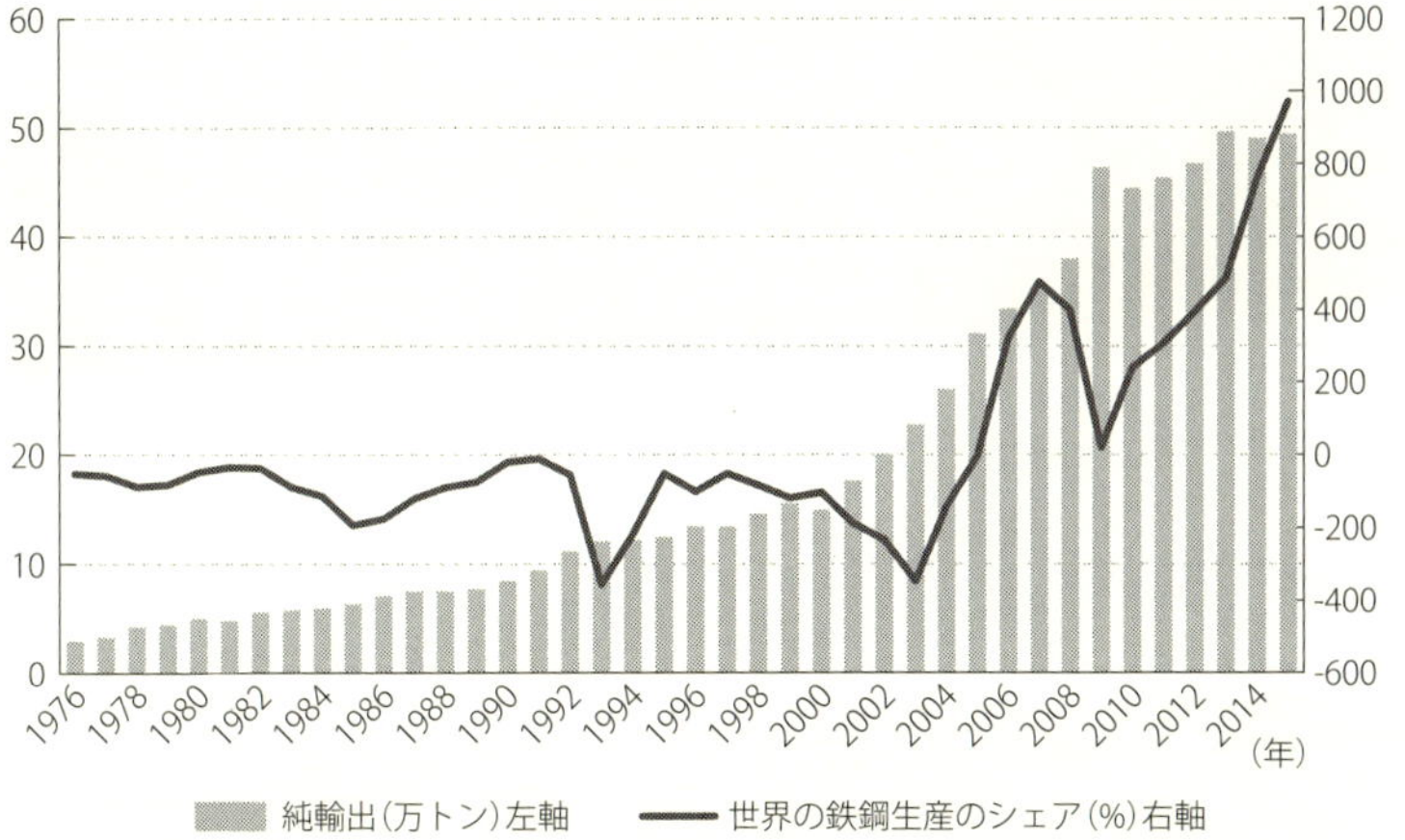

出典：World Steel Association, "Total Production of Crude Steel," "Exports of Semi-finished and Finished Steel Products," and "Imports of Semi-finished and Finished Steel Products," Steel Statistical Yearbook, 1986, 1996, 2006, 2016, and 2017 editions.

半分、約四九・六％を占めるまでに成長している。[13]一方で日本は第二位だが、世界全体の六・五％を占めるのみである。

世界との鉄鋼貿易の赤字から黒字への転換はさらに劇的だった。図５－３からもわかるように、中国は二〇〇三年には年間三五〇〇万トンの純輸入国だった。しかし、二〇〇五年までに純輸出国となり、二〇〇六年には日本を抜き世界最大の鉄鋼輸出国にまで上り詰め、二〇一五年までに世界の鉄鋼輸出のほぼ四分の一を占める年一億一〇〇〇万トンの大輸出国となった。[14]この輸出総額の少なくとも半分はアジアの他の国々（特に韓国と東南アジア）に輸出されている。現在、中国の鉄鋼産業の過剰生産能力が、世界的な問題となっているにもかかわらず、米国の中国からの鉄鋼輸入は、二％程度のシェアを占めているにすぎない。[15]

中国国内の政策変更は、四つの近代化から段階的に続き、一九九〇年代以降、中国の爆発的な鉄鋼生産と最終的には輸出分野で中心的な役割を果たした。まず、第一に、国家開発改革委員会の文書で戦略的企業とみなされている鉄鋼に中央政府からの補助金の支援がある。一方で地方政府は市場価格を大幅に下回るエネルギーと土地を提供し、国家政策の効果を拡大させた。そして何と言っても、鉄鋼は過剰生産によって赤字が発生しても、市場の規律から独立した国営企業なのである。

前途のように、中国の地方税制は地方政府の管轄区に企業を誘致し、工業団地関連のインフラ投資の促進を強化する動機を与えた。鉄鋼は、投資の規模の大きさに加えて、雇用の提供とインフラ需要による市場の明るい見通しから、何年もの間、地方政府にとっての有望な誘致対象業種だった。この構造は、過剰生産が中国全体で明らかになっても競合する地方の鉄鋼生産量の調整を非常に困難にしている。二〇〇二年、中国の鉄鋼の設備稼働率は九五％であったが、二〇一五年には七一％以下に下落している。

二〇一〇年代初頭から深刻化しているこうした中国の過剰生産能力の問題は、資本生産性の高い民間企業に対して、国内生産の拡大と輸出に対する圧力を高めている。また、一帯一路構想のように非西欧市場への政策的支援の影響で、輸出に対するインセンティブも増加している。現在、中国は鉄鋼労働者約四〇〇万人を抱えており、これは世界全体の六〇％以上にあたる。二〇一三年のモルガン・スタンレーの分析によると[16]、中国が二億トンの過剰生産能力を削減することは、八〇万労働者の失業と一五〇〇億ドル以上のマイナスの経済的影響をもたらす可能性がある。またこの影響は北京に近い、河北、山西、遼寧省のような北部の「ラストベルト（さびついた工業地帯）」に地理的に集中する確率が高い。明らかに一帯一路構想下で加速したグローバルなインフラ促進を含む、新ケインズ経済派的な政策は、過剰生産能力を抱える鉱業、非鉄金属、機械製造分野だけでなく鉄鋼産業に対しても中国国内で政治的に好ましい生産能力の圧縮を促している。

ユーラシア再連結のミクロ的視点

地勢は、ユーラシアを再連結する潜在的な機会を中国に授けた。われわれが見てきたように中国の経済成長は、膨大な資金力と金融対外開放措置を採るなど、前例のない方法で可能性をさらに広げている。しかし、その能力がどうであれ、その明確な目的も重要である。我々はユーラシアの再連結を目指す政府の意欲的な産業戦略をこれまで見てきた。本章の次の区分では、国家のリーダーシップの役割を検討し、鉄鋼産業も関連する分野の影響力もあわせて考察していく。また、これから利益団体と企業の間に重要なけん引役が存在していることを述べていきたい。

利益団体の圧力

一九九〇年代以降、中国国内の成長過程を先導してきた大陸主義には、重工業や地方政府をはるかにしのぐ、別の成長志向を持った政治的な保守権力層が中国政府と強力な利害関係を確立している。中国人民解放軍は、国家安全保障を理由に、北京と周辺地域を結ぶ高速通信と輸送を含む、国のインフラ改善を支援してきた。中南部アジアにおける中国の地理経済的卓越性とその高まる政治経済的影響力を考えれば、周囲の国々と陸と海が接続を深めることは、当然、人民解放軍にとっての戦略的魅力になる。新疆の経済発展のなかでの新疆生産建設兵団のような準軍事的政府組織の歴史的役割が、再び注目されている。新疆では革命直後に建設大隊が土地を開拓するなど重要な役割を果たした。また、与党中国共産党は、隣国日本のような経験豊かな与党政府のように、道路、鉄道、航空輸送に予算を手厚く配分することは、国内の安定のための魅力的な手段だと見ている。つまり、中国内部に広まる、秩序ある組織化された国家依存の環境は、特にその開発面において中国の既成政治団体に適しており、江沢民以降、中国首脳陣によって進められてきた大陸主義政策を支持する立場に置かれている。

中国の巨大企業とユーラシアの連結

個々の企業は、一帯一路構想に象徴されるユーラシアの再連結のための、中央政府の組織的宣伝活動など政府の政策の代理人とけん引役の両方の役割を担っている。過去四〇年間にわたる、社会主義から混合経済への中国の複雑な移行により、企業は幅広い組織形態を取り、多様な意欲を示した。ユーラシアの再連結の課題に取り組む中国のビジネスを活発化させている草の根の力を理解するには、各種企業の行動と性質を検討することが役に立つだろう。

私たちはここで中国を代表する三つの巨大企業――保守的な国有企業の中国遠洋海運集団（COSCO）、従業員持ち株制によって運営されている華為技術（ファーウェイ）、そして民間企業のアリババを取り上げ考察していく。どの企業も現在、一帯一路構想の支援に携わり、ユーラシア再連結の促進のために中国政府を支えている。また、三社は相補う形で運営されており、異なる戦略目標をそれぞれ掲げている。

中国政府はこれら企業からの協力を促すために、さまざまな具体的方策を講じている。ニュー・エコノミー企業にとって特に重要な方策のひとつは、対外競争からの保護である。二点目は、電池、電気自動車、通信などの対象分野への補助金、そして三番目の方策は企業の脆弱性をうまく補うことである。たとえば、アリババは法的に疑わしい複雑な株主構成を通して、ニューヨーク証券取引所に上場しているが[17]、企業が国家と衝突するようなことになれば、非常に脆弱になってしまう恐れがある。また北京の反腐敗政策が恣意的に使われれば、成功している民間企業に注意を払うことを強いることになる。

大まかに言えば、中国政府は利害関係がある国営と民間両方の大企業に戦略的協定を提案し、中国政府の国内政治政策に従う見返りとして、世界でも最大級の中国市場への「外国企業の参入」から保護されている。これら企業は、国内政策に特に利益をもたらす、海外の戦略的拠点にも投資している。このように、巨大企業は広範囲な政府の利益に奉仕する見返りとして繁栄を約束されているが、つまりそれは、現在の背景を考えると「一帯一路構想への支援」を意味している。

この三社の中で、中国遠洋海運集団（ＣＯＳＣＯ）のユーラシアの再連結への関与が最も成果を上げている。この企業は一九六一年に設立された由緒ある国有企業であり、政策主導の合併を大規模に達成してきた。たとえば、現在の企業形態は二〇一六年に中国本土の海運業界の二大国有企業であるＣＯＳＣＯと中国海運が合併して以来である。また、二〇一七年には同じく北京と上海にそれぞれ拠点を持つ合併会社が、香港の董家所有で知られる大きな海運会社のオリエント・オーバーシーズ・インターナショナルを買収している。ＣＯＳＣＯは現在、北京と香港の国際的ビジネス専門知識で強力な政治的結びつきを持つ、世界三大コンテナ海運会社のひとつである[18]。

ＣＯＳＣＯは一帯と一路の両面で最も傑出した重要企業の一つである。二〇一六年、かつて米空母の母港だったギリシャ最大の港であるピレウス港を取得し、二〇一七年には同じく新疆とカザフスタン国境の特別経済区ホルゴスにある物流センター（ＩＣＢＣ）の株式を二四・五％取得したことが話題になった。[19] ＣＯＳＣＯはまた、スペインのターミナル運営企業であるノアタムの企業支配権をにぎり、ロッテルダム・ユーロマックス港の三五％の株式を保有、そしてアブダビ首長国のカリファ港の拡張に四億ドルを投資し、アブダビに首都があるアラブ首長国連邦（ＵＡＥ）政府に、ドバイ首長国に対する競争力を与えた。ＣＯＳＣＯの事業は陸と海の両面から大陸を再連結する現実性を高めながら、ユーラシア全土の陸海・複合一貫貿易を確実に促進させている。

一帯一路関連の別の主要な国有企業についても述べておきたい。そのひとつは一〇〇カ国以上で七〇〇件のプロジェクトに関わりその事業総額は一〇〇〇億ドル以上となる中国通信建設集団（ＣＣＣＣ）である。[20] ＣＣＣＣは一帯一路構想最大の請負業者として、二〇一七年には世界最大級の交通インフラ建設会社になるまで急成長した。彼らのプロジェクトの範囲は、南シナ海の中国軍事基地からスリランカのハンバントタ港とコロンボ港湾都市プロジェクトにまで拡大している。また中国製鉄鋼の大量消費企業でもある。

もう一社は中国国外にまで拡大している中国鉄路集団（ＣＲ）である。ＣＲは二〇〇万人以上の従業員を雇用し、世界の高速鉄道延長距離の三分の二以上にあたる鉄道網を運営している。この世界で最も利用頻度が高い鉄道会社は、二〇一五年には、世界の高速鉄道輸送の乗客の半数以上を運び、二〇一七年には一七億人以上の乗客が利用した。[21] また、マドリード、ハンブルク、ロンドンを含む一五カ国のヨーロッパの都市に向けた貨物輸送は、中国の国有企業で世界最大の車両企業である中国中車集団（ＣＲＲＣ）の車両で運ばれている。

二番目の巨大企業であるファーウェイは一九八七年に設立された、形式上、創設者と厳選された幹部によって運営されているシンプルな民間企業である。従業員持ち株会社所有として公式に組織化されてはいるが、中国軍に近いとされ、また米国の規制監督機関と複雑な関係にある。強力な中国政府の支援により世界で三番目に大きい通信機器メーカーにまでのぼり詰め、中国の進化を続けるデジタル通信の中心的存在である。(22) ファーウェイの国際的役割に関する最近の論争にもかかわらず、二〇一七年には九二〇億ドルの収益を記録し、その半分は中国国外からの利益だった。また主要な国営銀行からの多額の融資と政府の補助金は、彼らにとって重要な研究開発を支えている。

ファーウェイは、ヨーロッパとの大陸横断携帯電話通信を構築するためのビジネス戦略に集中的に取り組んで来た。実際に二〇一七年の世界全体の総売上の三五％はヨーロッパであり、アップル社よりも販売数を伸ばしている東ヨーロッパと中央ヨーロッパに特に力を入れている。(24) またスウェーデンとロシアには大規模な研究センターを、ポーランドにはスーパーコンピューターのためのイノベーションセンターを設立している。ヨーロッパには合計一万人以上の従業員と一八カ所の研究開発拠点があり、大陸を横断するデジタル・シルクロードが注目される中で中心的な役割を担っている。

二〇〇六年に世界で二番目に大きいファイル管理ソフトの特許申請をした際には、ヨーロッパとの研究開発を通して築かれたつながりが大いに役立った。二〇〇九年以降、ファーウェイはクアルコム、ノキア、そしてエリクソンと同様に、欧州での高度な5G技術開発研究に特に重点を置いている世界的のリーダーの一員である。また、ユーラシア大陸上の連携を通して、電気通信機器規格の設定に関わっているヨーロッパと密接に共同研究を進めているファーウェイは、米国の同業企業にとって手ごわい挑戦相手である。(25)

もうひとつの巨大企業であるアリババは、非凡なビジョンと積極性を持つ元英語教師のジャック・マーによって一九九九年に設立された。スタート当初からゴールドマン・サックスやソフトバンクからの投資を受けるなど海外からの大きな支持を得ていた[26]。中国政府は世界のオークションサイト最大手イーベイ（ｅＢａｙ）との初期の闘いの段階で、アリババの決済システムを間接的に支援していた。しかし、アリババへの国家支援には、アリババだけを対象にした支援と言うよりも、むしろ金融セクター全体に対して外国からのアクセスを制限する政府の施策があった。アリババは創造的な企業戦略を貫き、激しい国内競争に直面しながら中国市場で成功した。実際、信用度合いを電子化した革新的なアリペイシステムや、消費者への高リターンが魅力のマネー・マーケット・ファンド（ＭＭＦ）「余額宝」は、国営銀行の銀聯（ユニオンペイ／China Union Pay）を弱体化させ、今やキャッシュレスクレジット時代へと中国を力強くリードしている[27]。

世界でも有数のｅコマース企業であるアリババは、もともと相互接続事業を専門としているが、現在その中核となるｅコマース事業が収益の八六％を占めるまで成長している。国際市場からの利益は八％程度だが、東南アジアやインドでは急速に拡大しており、将来的にユーラシア大陸を再連結する上で強力な存在となるだろう。実際、アリババの国際商取引小売事業はLazada（アリババの東南アジア拡張戦略の一環）およびAli Express（アリババのグローバルオンラインリテールサービス）によって二〇一八年度には九四％も拡大している[28]。

アリババが国際的に不明瞭な法的立場と、中国政府による強力な規制の執行に強く依存していることを考えれば、革新的な民間企業であるにもかかわらず、政府の意向にさらに密接に協力していくことが予想される。アリババはすでに国内で政府主導の個人の行動を評価するための「社会的信用」システムを試用している企業の一つであり、ビッグデータとクラウドコンピューティングは政府の監視とデータ収集能力を向上させる大きな可能性を秘めている。アリババの創設者であるジャック・マーは、今のところ正式には中国の政治活動に関与していないが、一帯一路構想を含む習近平の世界的経済構想に関しては傑出した国際的スポークマンとして有名である。またマーは大統領就任直前のドナルド・トランプと面談し、eコマースを通して米国の中小企業の輸出を促進する方法について議論したこともある。そして二〇一八年にはダボス世界経済フォーラム会議の席上で、習近平の構想を支持するスピーチを行い[29]、eコマース活動を通じて一帯一路構想の次世代バージョンを継続的に推進する姿勢を示している。

全体をまとめてみると、中国巨大企業は、国有企業、政府が支援する民間企業、従業員が株式を所有する三つのタイプの企業体がある。そして、いずれもユーラシアの連結が深化する中で、中心的役割を果たしている。ＣＯＳＣＯは運送分野において、大陸を陸路と海路で連結させている有力な国営企業である。またＣＲとＣＲＲＣは、鉄道の設計と建設を提供する中国鉄道建築（ＣＲＣＣ）と共に旅客鉄道と車両供給において連結を目指した補完的な役割を担い、ファーウェイとアリババは共に大陸を網羅するデジタル接続強化に焦点を当てている。中国はこれらの巨大企業を通して、深化する大陸の経済相互関係を優位に推し進めており、文化的、政治的障壁をたくみに回避しながら、姿を現し始めているスーパー大陸に、より目に見える具体的な形を与えている。

地域的側面と関連する制約

二〇年以上に渡る中国の改革による経済成長は、一九七八年から一九九九年までの間に、特に天津の南から広東省にかけての中国東海岸に沿って集中した。[31] 現在も中国の輸出の八〇%以上、工業生産の総産出量の半分近くが五つの沿岸省と三カ所の大都市のみに集中している。これらの沿岸地域は、一帯一路構想を含むポスト二〇〇八年の大規模な公共事業プログラムが、わずかながら内陸部に対して有利にバランスを修正してきたものの、輸出中心の工業化と中国における市場志向型経済の台頭で恩恵を受けた一番の受益者だった。

気候条件も、中国の大陸主義者の方向づけに自然な制約をいくつか与えている。中国の人口の九〇%以上が、満州の北東からミャンマー国境まで斜めに伸びる、年間雨量三八一ミリの境界線の東側に居住している。四川省、甘粛省東部、雲南省といった経済的に有望な非沿岸地域のいくつかはこの年間雨量の境界線の東側に位置しているが、中国西部の半分以上には、乾燥地が広がり一部は砂漠化している。このように気候条件は中国の西部拡大において無視できない難題を突きつけている。

戦略的闘争

しかし、このような気候条件や民間企業の優遇にもかかわらず、中国の公共政策は、一九九九年に江沢民が西部大開発を打ち出してから、国家安全保障上の理由と、沿岸部と内陸部の所得格差の是正を目指し、中国西部の発展を強調してきた。前途で示したように、内陸部の地方自治体や重工業からの圧力は、特にこの方向性を強化してきた。また西部開発政策は、沿岸部の市場経済化した地域経済よりも、内陸部で中心的な役割を果たしている人民解放軍と共産党本部からの支持を集めた。また、人民解放軍海軍は習近平が二〇一三年後半に提唱した海のシルクロードと南シナ海の問題の両方で、あらためて海事問題に重点が置かれたことで、一層勢いが増している。これらすべての要素が重なり合うことで、陸と海の両面で一帯一路構想の国内支持が増大しているのである。

一帯一路の「路」は、中国の海上貿易の強みと東南アジアの広範な華人コミュニティの間に築かれている。これは、東南アジアとの長年の交易関係を持っている広東省と福建省のような中国南東部の重要な主要輸出地域の経済的課題の解決を手助けしている。過去数百年にわたり、この結びつきは中央アジアとユーラシア大陸全域と中国との関係よりも一貫性を持ち続けていた。対照的に一帯一路の「帯」は、地政学的先見性を持ち、おそらくもっと先を見据えている。それは政治軍事的結び付きだけでなく、考察してきたように二〇〇八年の世界的な金融危機以後、かなりの勢いで台頭してきた民間企業という新しい推進力と国営企業との強力な複合体の上に築かれている。

リーダーシップの促進力としての役割

四つの近代化の上に構築された、将来を見据えた一連のリーダーシップ構想と一九九〇年代の税制改革は、これまで述べて来た論理を反映しながら、二十一世紀の最初の二〇年間で中国の政治的経済のユーラシア大陸主義的側面を強化させて来た。まず江沢民が沿岸部との地域不均衡をなくすことを目指し、一九九九年にインフラを基盤にした西部開発政策にはじめて着手した。チベットをはじめとする甘粛省や貴州省など内陸の不況地域にかつて勤務していた胡錦濤は、同じく甘粛省に駐在していた温家宝に支えられ、最高指導者として在任中（二〇〇二年から二〇一二年）、この路線を継承した。胡錦濤の五八六億ドルという大規模な経済刺激策は二〇〇八年の世界的な金融危機の中で立ち上げられ、内陸インフラの発展に向けて大きく方向づけられており、国内の成長とユーラシア横断大陸主義の両方にとって特に強力な刺激策だった。(32)このことについては次章で詳しく述べていく。

最もエネルギッシュでビジョンをもった大陸主義構想は、習近平によって引き継がれた。それは前任者である胡錦濤の下で複雑化し高度に技術化した国内インフラを基盤としている。二〇一三年九月、よく知られているように習近平はシルクロード経済ベルト構想を提言し、翌月、続いてインドネシアで「二十一世紀の海上シルクロード」について演説をしている。二〇一四年から二〇一六年にかけて、中国は一連の機関構想を継続して実施していたが、特に二〇一六年一月のアジアインフラ投資銀行の設立などは大陸と海上両方の側面で、習近平の提言に具体的な政治的経済的実体を与えた。二〇一六年末までに、一帯一路構想は、貸付金や株式投資でほぼ三〇〇〇億ドルに膨らんでおり、その規模は二〇一六年のドル換算でマーシャルプランのほぼ三倍に相当する。(33)また、そのうち一五〇〇億ドルは、中国の四大国営銀行（中国工商銀行、中国農業銀行、中国銀行、中国建設銀行）、一一〇〇億ドルは中国開発銀行によって資金が提供されたが、まだ設立間もない一帯一路構想関連の政策機関からは少額にとどまっている。

二〇一五年にほとんどのヨーロッパ諸国がアジアインフラ投資銀行に加盟したのに続いて、カナダも二〇一七年に加わり、習近平の構想は地域だけでなく、グローバルな規模で影響を及ぼし始めた。(34)

二〇一七年五月十四日から十五日にかけて北京で開催された「一帯一路」国際協力サミットフォーラ

ムは、その影響を劇的に明白なものにした。習近平に加え、二九カ国の首脳が出席したのだ。参加者にはユーラシア諸国政府関係者の他にアフリカ、ラテンアメリカ、および主要なグローバル多国間組織からの著名人だけでなく多くのユーラシアの政府首脳が含まれていた。また工業国からは、セルビア、ギリシャ、イタリア、チェコ、ハンガリーの首相や政府関係者など、中央、東、南ヨーロッパ地域から集中してトップリーダーたちが出席した。他にもASEAN諸国の政府指導者一〇人のうち七人、中央アジア七カ国のうち三カ国の参加に加え、世界銀行総裁ジム・ヨンキム、アントニオ・グテーレス国連事務総長、国際通貨基金（IMF）専務理事クリスティーヌ・ラガルドらもフォーラムに出席していた。[35]

この二〇一七年五月の一帯一路フォーラムで、中国はいくつかの新しい成果を発表した。はじめに中国開発銀行が産業協力貸付制度（人民元一〇〇〇億相当）と海外金融機関向けの追加信用与信限度枠（五〇〇億元）を導入すること、そして中国輸出入銀行が中国開発銀行とほぼ同規模の類似与信枠を設置することが付け加えられた。[36]

ユーラシアの相互依存の影響

四つの近代化以前の中国は、巨大ではあるが経済面では静止状態が続く中、自身の利益にのみ没頭する中国自体が、世俗からかけ離れた兒嶌のようだった。近代化とそれに触発された急成長は、この均衡を根本的に変え、中国のクロスオーバーポイント、つまり大転換点の基礎を築いた。急速な開発により中国はかつての日本のように、資源需要が急速に国内資源を上回り始め、次第に輸入依存が高まる中、中国経済は輸出志向へと一気に成長した。しかし、輸出志向は、はるかに力強く柔軟性を持つ大陸的なアプローチによって、中国国内の内需志向へと移行しつつある。

四つの近代化による最初の国際的影響は、世界の他の地域に優先して東南アジアと米国（ともに中国の伝統的な輸出市場）との相互依存を深めたことだった。米国市場への依存度は二〇〇二年にそのピークに達するまで上昇した。その後、中国などの国々の米国への貿易依存が弱まると同時に、他の国々の中国依存が際立つようになっていった。

中国の傑出性は、米国の主要な同盟国のいくつかを含むアジアの中の重要な二国間関係を通じて着実に前進している点であろう。この傾向は韓国で特に顕著にあらわれており、二〇一七年には米国、日本とよりも中国との取引の方が多かった[37]。中国は、オーストラリア、ニュージーランド、日本、フィリピン、タイといった米国の太平洋同盟国が最大の貿易パートナーだが、このパターンは最近、ユーラシア大陸、サウジアラビア、そして二〇一六年にはヨーロッパ最大の経済大国であるドイツにまで拡大している。図５－４からもわかるように、これらすべての国々との貿易における米国と中国の差は二〇〇一年の中国のＷＴＯ加盟以来、急激に拡大している。

四つの近代化の副次的効果はユーラシア大陸とのエネルギー主導の相互依存関係であった。これは二〇〇〇年以降に高まったもので、アメリカへの依存が衰退し始めると同時に、中国と世界のその後の関係で中心になった。中国は長年石油輸出国だったが、二〇一七年には一日あたり八〇〇万バレル以上という大規模な不足状態となり、同時に米国を上回る世界最大の原油輸入国となった。中国が消費する石油のほぼ七〇％が現在輸入されており、中国は二〇四〇年までには石油需要の八〇％を輸入

図5-4　ユーラシア貿易の方向転換：米国から中国へ

2010年

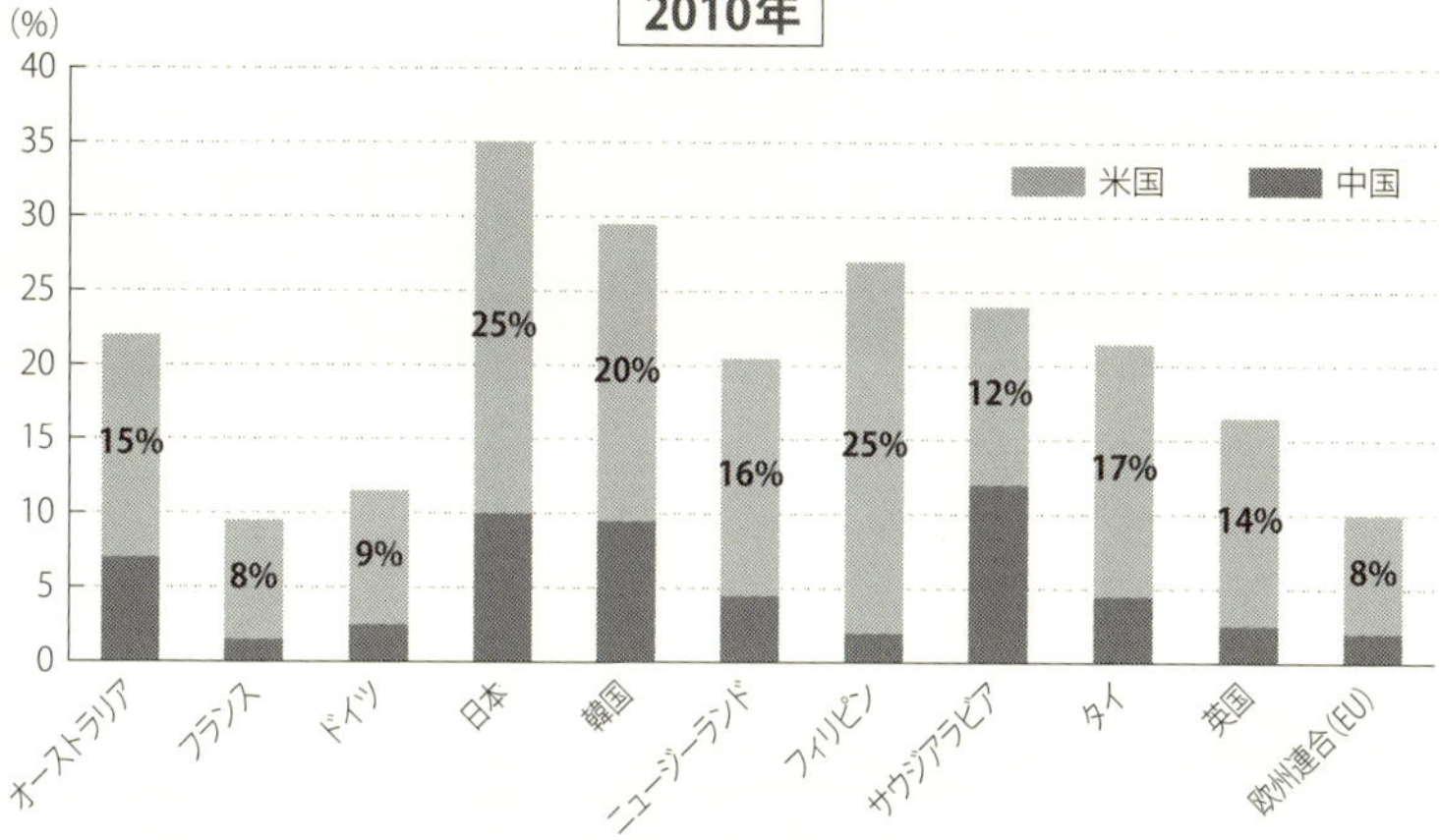

出典：International Monetary Fund, Direction of Trade Statistics (2000, 2017).
注：このデーターは選択したユーラシアのパートナー国の総貿易額を米国および中国と比較してる。

図5-4　ユーラシア貿易の方向転換：米国から中国へ

2017年

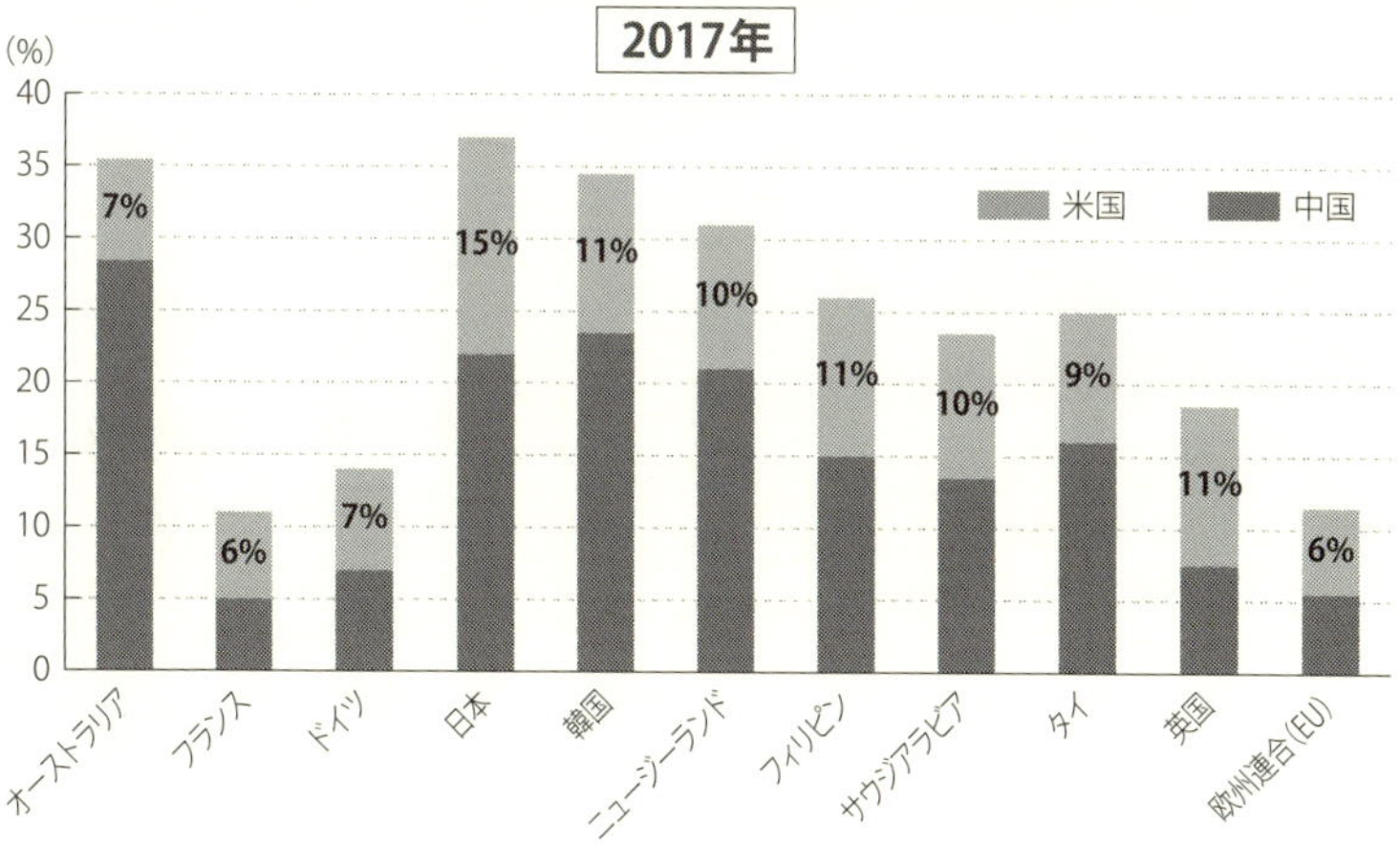

出典：International Monetary Fund, Direction of Trade Statistics (2000, 2017).
注：このデーターは選択したユーラシアのパートナー国の総貿易額を米国および中国と比較してる。

に頼る見通しが高い。また米エネルギー省は、アメリカが二〇二二年、もしくはそれよりも早く、エネルギー純輸出国になると予測している[38]。この歴史的な変化は、中国のユーラシア大陸（中東、ロシア、中央アジア）への前例のない急激な炭化水素依存へと駆り立てている。それはユーラシアの隣人と非エネルギー関係を広げることによって補われている。

ユーラシア共同体の将来に対する、中国の四つの近代化がもたらす三つ目の重要な長期的影響は、近代化が達成された政治的背景にある。ソ連とは異なり、中国は政治改革を行わず、漸進主義、行政上の分権、排他主義的な契約というプロセスを通して経済改革を進めた。共産主義の中国版特別ブランド（制度化が少なく、ソ連より分権化され、共産党のリーダーシップに固執）は、この成果を促進させていた。中国はこのように、部分的にオープンで、浅く世界と一体化する高成長国でありながらソフトな権威主義国家として浮上した。文化革命の間、無秩序の恐怖が社会を支配したことが分岐点となり、その後の指導者は「法の下での自由」の古典的な西洋の模範に代わるソフト権威主義へと中国を向けさせた[39]。

最近では、沿岸地域から西部開発へと漸進的に広がりをみせるなど、四つの近代化が生み出す経済のダイナミズムは、インフラの改善、通関手続きの緩和により、冷戦後のヨーロッパとの補完性を高めている。この変化はユーラシア大陸を横断する商業取引の急増にもつながっている。二〇一一年一月から二〇一六年六月の終わりまでの間に、約一七〇億ドル相当分の荷を積んだ中国からの貨物便が、ヨーロッパ各地、そして中央アジアに向けて運行された[40]。

エレクトロニクス、自動車部品、精密機械の大陸横断サプライチェーンは、インフラ整備が進展し、物流コストが着実に低下し、陸路移動およびインターモーダル輸送がますます便利になるなかで集中度を増している。四つの近代化初期の中国は、多国籍企業の大きな関与によって、内陸部は貧窮化と孤立状態のままではあったが、沿岸部に軽工業のダイナミックさを与え、広域な地理的経済の多様性を持つ強力な自立国家へと変化した。中国は通信、輸送などサービス産業の貿易、物流輸送、外国投資、国際融資、輸出の分野で、急速にグローバルに成長している。中国はこのように、ユーラシア全体とその先の地域にまでも運命的な影響を与える、国内の大転換点に近づきつつある。

未来への影？

いくつかの経済対策によってもたらされた新しいグローバルシステムへの大転換は、すでに始まっているのかもしれない。世界銀行は最近、購買力平価（ＰＰＰ）において中国は現在、地球上で最大の経済大国であると結論付けた。好ましいことではないが、中国は現在も二〇一六年の二酸化炭素（ＣＯ２）排出量で世界の二七・三％を占め、米国の一六％、欧州連合の一〇・四％と比較すると世界最大のＣＯ２排出国である。[41]中国は世界最大の製造国であり輸出国である。同時に石油、自動車、スマートフォン、ダイムラー・ベンツ製品、さらにはケンタッキーフライドチキンの最大の市場である一方で、最大の石油輸入国である。[42]一九九六年以降、世界最大の粗鋼生産国でもある。これは戦後のドイツ経済の奇跡と、日本が一九五〇年代後半に地球上で最大の造船国となったこと、韓国が依然として世界最大の半導体製造国の一つであることに続いて起きた。[43]中国は現在、地域全体の生産バリューチェーンが高度に統合されたので、前の世代に他の近隣諸国が切り拓き、根本的にはそれら諸国を包含し続けているユーラシアの産業の卓越性と再連結過程の先駆者として先頭に立っている。

結論

中国は古代シルクロードを構成する上で、最も重要な国であるにもかかわらず、驚くことに必要最小限の役割しか果たしてこなかった。しかし、現在、中国が担うユーラシアの再連結のための役割は、はるかに重要である。中国は東シナ海から東欧までの距離の半分そして渤海湾からペルシャ湾に至るまでの距離の三分の二にまで広がる領土を持ち、高い貯蓄率、世界最大の外貨準備高、そして国際開発のための追加資金を集めるかなりの政治的経済的な潜在能力を兼ね備えている、地球上の二大経済大国のひとつとなった。ユーラシアの再連結と同様、さらに広い世界で中国の役割を果たすには、インフラ投資の拡大など国内の利益を優先すると同時に、経済の活力を頼りにし続けなければならない。しかし両方の目的を支える勢いには、力強いものがある。

われわれはこの章で、中国が過去四〇年間にわたって経済規模を着々と拡大し、そしてインフラ構築のための積極的なプログラムを通して、ユーラシアの再連結を目指した明確な目標を掲げていることを見てきた。これらの能力と目標は、中国の成長の歴史的加速を促進した鄧小平の四つの近代化の下で姿を現し始めたが、インフラと大陸間の再連結に重点を置いていることは、ずっと後まで明らかになることはなかった。

一九八〇年代から一九九〇年代にかけて、中国の経済成長は輸出主導であり、自国の利益の拡大が最優先だった。中国がインフラ構築に向けて突き進むことを決定的に促した重要局面は、二〇〇八年の世界金融危機とそこから生じた五八六〇億ドルの大規模インフラプログラムだった。習近平の一帯一路構想は疑いの余地なく拡大し、中国共産党、人民解放軍、そして重工業と近年の海洋権益に支えられ、ずっと以前からはじまっていた中国の再連結の努力を強化させた。中国は地政学的な重要性を活用し、連結性を高めるという持続的な努力を通して、経済の重みを深め、そしてはじめは音も立てずゆっくりと、しかし確実に、より目に見える形で、厄介なユーラシアを世界的な影響力を持つ真のスーパー大陸ユーラシアへ変容させる中心的な役割を果たしている。

第六章

東南アジア――最初の試み

中国は文字通り「中央の王国」であり、地球上で一番大きい大陸の地経学的中心に位置している。北京、上海からユーラシアの西方に延び、旧ソ連の大草原を横切りヨーロッパへ向かいながら、潜在的力を持つスーパー大陸は南方へ広がり、東南アジアの熱帯のジャングルを越え、マラッカ海峡に至るまで続いている。大陸主義と中国の地政学的領域はこのように二つの異なる側面を持ち、ますます相乗性を高めながら、ユーラシアの再連結の基盤を構築している。

中国を越えると北東に日本と韓国が位置している。日本はその高度な技術力で依然として世界三位の経済大国であり、歴史に根ざした戦略的権益を、特にマラッカ海峡とその先の海洋アジアで保持してきた。一方で南北朝鮮の南西にある中国が、常にこの二つの間に巨大な姿を現し、関与を続けている。

ユーラシア大陸を横切った先のヨーロッパも、無論、独自の東南アジアとのつながりがある。イギリス、フランス、ポルトガル、オランダといった国々と、タイを除くＡＳＥＡＮ諸国間とのつながりは植民地に起源を持つ。その中でもベトナムはワルシャワ条約機構時代に、フランスと別の関わり方をしている。一方で、中国と総勢三〇〇〇万人の華僑・華人たちは、ヨーロッパとより広い世界への仲介役として政治経済的役割を果たしており、インド、ロシア、日本、韓国、ドイツ、シンガポールなど多数のユーラシア勢力も関わっている。

およそ四分の三世紀前、日本は東南アジアを中心とした大東亜共栄圏を宣言したことがあるが、その日々はとうの昔に過ぎ去った。我々がこれから考察していくユーラシア勢力と東南アジアのダイナミックで相互作用的な関係は、やや威圧さがあるにしても、目を見張る勢いのある中国を伴いながら、新しい形で生じている。スーパー大陸の主要部分は、このように地政学的な緊張が緩やかに高まりながらも、相乗効果を推進させその姿を現し始めている。

歴史の遺産

中国の西方シルクロードとのつながりは、紀元前の漢王朝にまでさかのぼる。また、中国の南部との関係も非常に長い歴史を持つ。紀元前二世紀の漢帝国の領土拡大は、最終的にはいわゆる海上シルクロードに発展し、海岸線に沿った海上貿易ネットワークの出現につながった。東南アジア最古の王朝と言われる扶南は、一世紀から六世紀にかけて栄えたカンボジアの歴史的な王国であり、貿易中継地として重要な役割を果たしていた。また七世紀にはスマトラのシュリーヴィジャヤ王国が、新しい国際貿易の中心地としてその地位を確立していた。

このような南との繋がりにもかかわらず、古代中国は巨大で十分に統合された内部市場をすでに築いていたため、特に外部貿易の必要性を感じることはなかった。海外に遠征する場合には、海路よりもシルクロードを横切って西側への貿易を好む「陸路の大陸主義」帝国だった。しかし、断続的な北の遊牧民からの外圧は、結局、中国を伝統的な中央アジアに続く陸上交易路から切り離してしまった。このように陸路が封鎖されたことで、宋王朝など海上交易が唯一の選択肢として残された時代が歴史上周期的に現れている。黄河流域の開封《かいほう》が首都だった宋王朝は一一二七年に滅ぼされてしまうが、その後、南宋が臨安（現在の杭州）に都を再建した。今日、ユーラシアの再連結の大きな推進力である巨大インターネット企業アリババは、かつての臨安、ここ杭州が拠点である。

宋王朝後期は、陸上貿易が封鎖されたことによって、海上貿易の収益が一〇五六年から一一二七年の間の一〇倍に跳ね上がり、帝国の歳入に占める割合も一・七%から二〇%へと急増した。[1] 一二九三年のモンゴル帝国によるジャワ侵攻の後、十四世紀から十五世紀末にかけて中国のイスラム貿易船はインドネシアとマレーシアの沿岸の町に頻繁に立ち寄っていた。とりわけ中国明朝の宦官であった鄭和（ていわ）は一四〇五年から一四三三年の間、七回にわたり南海への大航海に出たが、その途中にスラバヤ、パレンバンなどの東南アジアの港を通過している。[2]

中国と東南アジアとの交流が始まった初期の頃から、華僑は文化の懸け橋をつくるという難しい課題に取り組んでいたが、時折、反感と懸念を引き起こしている。最初の移民の波は商人の到来によってもたらされた。華僑は十四世紀にインドネシアのパレンバンとスラバヤのような主要貿易地で中心的存在になり、その後の二〇〇年の間で地元の人々に同化していった。[3] その後、十九世紀後半にヨーロッパの植民地主義が最高潮に達した頃、太平天国の乱（一八五〇年～一八六四年）による貧困と破滅によって中国から追いやられた多くの人々が、東南アジアを目指す最も大きな移民の波が起こった。オランダ、フランス、イギリスの東南アジアの入植者たちが、これらの新しい移民を農場の労働者としてだけではなく、しばしば税金の徴収や植民地統治の下層管理者としても使っていた。この社会的に複雑な職務はささやかな富を彼らにもたらしたが、インドネシアの現地人のような先住民族からは頻繁に敵意を向け続けられていた。二十世紀初頭の中国の動乱、一九四九年の革命、文化革命、一九九七年の香港返還、そして中国のグローバル化へと続いたすべてが、中国から東南アジアへの移民の新しい波を作り出した。しかし、東南アジアと中国、そしてより広い世界との関係に最も影響を与えたのは、十九世紀後半にかけての移民たちである。

表6-1　東南アジアにおける華僑・華人の多様なパターン（2011年）

国名	華僑・華人の人口（千）	総人口（百万）	総人口に占める割合（%）	同化している
インドネシア	8,010.72	248.00	3.23	No
タイ	7,512.60	64.26	11.69	Yes
マレーシア	6,540.80	28.73	22.77	No
シンガポール	2,808.30	5.26	53.39	N/A
フィリピン	1,243.16	95.83	1.30	Yes
ミャンマ	1,053.75	62.42	1.69	No
ベトナム	992.60	89.32	1.11	No
ラオス	176.49	6.56	2.69	No
カンボジア	147.02	14.43	1.02	No
ブルネイ	51.00	0.41	12.44	No
合計	28,536.44	615.22	4.64	

出典：DudleyL.PostonJr.andJuyinHelenWong,"TheChineseDiaspora：TheCurrentDistributionoftheOverseasChinesePopulation," ChineseJournalofSociology2,no.3（2016）：348-73,doi：10.1177/2057150X16655077.
注：（1）シンガポールの数値には、ゲスト労働者が含まれている。またシンガポール国民の約4分の3が華人である。（2）シンガポールの華人は、シンガポールの総人口に占める割合が高いため「同化」の比較を困難にしている。

現在、東南アジアの華僑はほぼ三〇〇〇万人で、海外に居住する中国人の総人数の半数にあたる。そしてこの非常に恵まれた世界的ネットワークは、移住した場所において政治経済的な面で主要な力になっていると同時に、中国と世界の間をつなぐ重要な仲介者の役割を担っている。表6−1が示すように、この地域で二番目に大きな華僑人口を持つタイは、華僑に対して歴史的に寛大である。中国人移民は早い段階にタイ王室の援助を受け、非常に評価されるという幸運に恵まれた。確かに一七八二年に現在のチャクリー王朝を設立したラーマ一世は、華人の血筋を一部受け継いでいる[4]。

四〇〇〇年以上にわたってタイと中国のエリートたちは、東南アジアの他の地域に見られるような、中国人と先住民族を争わせる植民地支配の政策の影響も受けずに、混在しながらも同化してきた。彼らの歴史はこのように、タイにおける中国の政治経済的プレゼンスに必要な強固なプラットホームを築いてきた。タイ最大のチャイナタウンであるバンコク・ヤワラート地区には、一九五〇年代まで、移民してきた中国人の半分以上が居住していた。今日でもタイ全体の人口の一〇%は華僑である。一方で、華僑はタイの多くの分野に投資しており、商業投資の九〇%、産業投資の九〇%、金融投資の五〇%など高い割合を占めている。タイの最も裕福な上位四〇位までの八〇%以上は完全に、もしくは一部中国の血を引くタイ系中国人である。(5) タイで政治経済的影響を与えている中国人コミュニティーは、国内で十分に受け入れられており、その活躍ぶりは高い評価を受けている。このようにタイの華僑たちが地元に築いてきた人的つながりは、長年の中国とタイの関係に安定した土台を提供している。

マレーシアとインドネシアは、タイとは対照な歴史的背景があり、中国との関係はそれほど良好とは言えない。特にマレーシアは国の人口の約四分の一を華僑が占め、インドネシア、タイに次いでこの地域で三番目に大きい中国系の人口を抱えているにもかかわらず、マレーシアの中国人コミュニティーは、今でも地域社会の中にうまく同化していない。マレーシア政府は独立以来、組織的に華僑の政治経済的影響力を無視するように動き、たとえば政府の雇用、公共事業において生粋のマレー系を優先的に採用するなど、現地人優遇政策をとってきた。

インドネシアも歴史的には似た点がある。オランダ人は組織的に中国人を優遇し、一般現地人がひどく嫌っていた税金の取り立て役や下級役人として華僑を使っていた。独立後、多くの中国人が裕福になり、影響力を持つようになったが、彼らに対する憤りと敵意は強まるばかりだった。一九六五年にインドネシアで発生した軍事クーデターで、軍は五〇万とも一〇〇万人とも言われる共産主義者と多くの中国人の死につながった大虐殺に目をつぶった。(6) このことで一九九〇年代まで中国とインドネシアの間の国交は断絶されていた。多くのインドネシアのエリートたちは、今日に至るまで、根本的に中国に対して疑わしい気持ちを抱いたままである。

中国と東南アジアとの関係の三つ目のパターンは、同じく深く歴史に中国が埋め込まれているシンガポールのモデルである。言うまでもなく、シンガポールは華僑が過半数を占める東南アジアの国のひとつだが、しかしそれは、即座に中国に賛意を示す意味ではない。シンガポールは建国以前から反共主義を採り、歴史的に隣国マレーシアに広がっていた中国に対する憤りと疑惑の念に非常に敏感であった。そのため、シンガポールは華僑が人口の過半数を占めるにもかかわらず、歴代外務大臣ポストには伝統的にあえて中国系ではなく、インド系を指名して来た。そして一九九〇年、中国と国交を樹立したが、それはまさにASEANの中で最後の国であった。(7)

シンガポールは長年にわたって、慎重に中国との外交的距離を保ってきた。米国との関係は政治・軍事面で時間をかけて築きあげたものだが、その一方で中国の経済発展に、さまざまな形で貢献している。その最も顕著な例として、シンガポール政府が中国の主要機関と共同提案したパイロットプロジェクトが挙げられる。すでに実施されている次の四つの重要なプロジェクトは、それぞれが中国の同胞に価値ある開発技術を与えるよう計画されている。（1）製造業への外国投資の促進：中国―シンガポール蘇州工業園区（蘇州。一九九四年から）。（2）環境都市開発：天津エコシティ（天津市。二〇〇八年から）。（3）知識集約型経済開発：広州ナレッジシティ（広州市。二〇一〇年から）。そして（4）モノのインターネット（重慶市。二〇一八年から）。(8) リー・クアンユーと鄧小平の力強い交流が始まったことで、シンガポールの指導者たちは世界的に重要な問題に関しては、中国指導部に対してある意味洗練された友人の立場を示してきた。しかし、この役割は中国自身の世界との接触が拡大していった場合、その重要性は低下していくかもしれない。シンガポールのビジネス企業や投資家も同様に、福建省や四川省など中国国内の特定の地域にある彼らの文化的、家族的絆を大いに活用している。

中国にとっての東南アジアの重要性

中国は十五世紀に交易が盛んだった時代でも、また二十一世紀においても、東南アジアは中国にとって地理的な環境が与える政治的・経済的側面で重要性を持ち続けてきた。最も重要なのは直接国境を接しながら、安全保障上の課題と経済的な機会の両方を中国にもたらしていることだ。東南アジア三カ国（ベトナム、ラオス、ミャンマー）は中国の南側では直接の隣人であり、地図上では東南アジアの大陸部分（タイ、マレーシア、シンガポールを含む）は南部雲南省と広西チワン族自治区にぶら下がる格好でそれぞれが近接している。一九七九年初めに、ベトナムと中国に国境紛争が勃発し、四週間にわたる血まみれの戦闘で、少なくとも二万人の死者を出した。ベトナムの安全保障上の課題は、ベトナムが中華帝国の支配下に置かれた二〇〇〇年前頃からこの一九七〇年代後半へと深い因縁を持っていることである。

東南アジアと中国の経済関係の急速の深化は、中国の安全保障問題と相互に関係している。また東南アジアは、電子部品や原材料を中心に世界三位の中国の輸入供給元である。二十一世紀はじめの一〇年間で中国とＡＳＥＡＮ諸国間の二国間貿易は、六四〇％[9]と爆発的に増大した。中国が二〇一六年に輸入したコンピューターの約六〇％、集積回路の三分の一以上が東南アジアから輸入されており、マレーシアからの輸入品が特に多い。この地域への中国の投資は二〇〇五年の一三億ドルから二〇一七年の二八六億ドルへとほぼ三〇倍上昇している。[10] 東南アジアは中国と華僑の血筋など自然な繋がりを持つが、いくつかの局面では継続的な課題を抱えている。

東南アジアは広い西側の世界に向かう海上交通輸送路に沿って位置していることから、対外志向の中国にとっては重要な存在である。半島側のマレーシア、ミャンマーの南端、タイ南部で構成されるマレー半島はやっかいな地理的障壁として、また、マラッカ海峡は海上貿易の隘路としてそれぞれ存在しており、中国の西方への海上アクセスを抑制している。南シナ海を通ってマラッカ、スンダ（スマトラ島とジャワ島との間）、ロンボク（ロンボク島とバリ島との間）、マカッサル（カリマンタン島とスラウェシ島との間）の各海峡をぬけてベンガル湾とインド洋に向かう中国から外へ向かう海上輸送路は、容量で世界の全海上貿易量の三分の一を占めており、様々な原材料や食糧とともに中国の石油輸入の七〇％を運んでいる。[11] 東南アジアの無関税港はペナン、マラッカ、シンガポールなど海上輸送路沿いに集中しており、広範囲にわたって中国のグローバル性の高まりに影響する商業サービス、技術、そして戦略的情報を与えている。東南アジアは歴史ある明王朝時代の主要路の中心であり、直近では「海上シルクロード」として知られている。

純粋な経済的考慮を超えて、南シナ海は次のような基本的な理由から中国に対して特別な戦略的重要性を持っている。最初に、中国の最も人口密度が高く経済的に発展した地域の中の一つである中国南部地域の安全保障の自然な盾として役立っている。また、南シナ海は米海軍にとってアジアをめぐる活動の戦略的後背地であり、また米国支配の第一列島線（日本列島、沖縄、台湾、フィリピン）を打ち破る手段となりうる潜在的可能性がある。そして重要な長期的エネルギーの源に、中国国内の海岸線が接近していることである。前記のとおり、中国の貿易船は六〇〇年以上にわたり、南シナ海を定期的に横断してきた。歴史的に米国がカリブ海を自分たちの所有物として見てきたように[12]、中国がその戦略的水路の独占を考えるのには十分な理由がある。

ベトナム、マレーシア、フィリピンを含む東南アジアのいくつかの国々は、伝統的に南シナ海に対して中国とは異なる見解を取り、米国に支持されてきた[13]。二〇一三年一月、フィリピンは国連海洋法条約付属書Ⅶに沿って組織されたハーグの仲裁裁判所に、南シナ海の領有権をめぐる中国との争いの仲裁裁判を申し立てた。中国は一貫して仲裁手続きを受け入れない立場を表明しながら、軍事目的のための人工島の建設を含む南沙諸島の埋め立てと西沙諸島の石油掘削装置の建設で応酬し始めた。二〇一六年七月に仲裁裁判所はフィリピンに勝訴の判決を下した。裁判所は中国の歴史的な権利の主張を拒否し、それどころかフィリピンの主権的権利の侵害だと述べたが、中国はその判決受け入れを断固と拒否した[14]。

しかし裁判所の判決の直後、二〇一六年五月にフィリピンの大統領選挙が行われ、ロドリゴ・ドゥテルテが権力を握った。同年十月、ドゥテルテ新大統領は国賓として中国を訪問し、中国首脳との親密な関係を確立し、政府間および民間セクターの総額二四〇億ドルにのぼる協定に署名した。その二カ月後、ドゥテルテ大統領は裁判所判決を無視する可能性を示唆する発言をしたのに続いて、二〇一七年四月にＡＳＥＡＮ首脳会議がフィリピンを議長国として開催された際には、議長声明の中にあった「埋め立て」と「軍事化」を指摘する文言の記載を削除している[15]。ベトナムも、一九七五年にさかのぼる中国との過去の論争は時折乱暴なものになるが、中国に対する最近の反応は控えめである。

中国にとって二面性を持つ歴史的で古典的な地経学的課題は、東南アジアが本質的にもたらしているもので、国境の安全保障、商業、およびインド洋とさらにその向こうへ伸びる西方航路の制限である。これらの課題は中国経済の伸びとグローバル化により過去三〇年にわたりますます重大なものになってきた。一九九三年秋まで中国は石油輸出国だったが、二〇一七年にはマラッカ海峡を通過して一日八〇〇万バレル以上の石油を輸入した。[16] 国際エネルギー機関は、中国が二〇四〇年までに石油の八〇％、もしくは現在の約二倍の量を輸入するようになり、それは主にマラッカ海峡、ベンガル湾、南シナ海を通る同じエネルギー海上輸送に沿って輸入すると予測されている。[17]

成長を続けている中国は当然、巨大な量の原材料が必要であり、今後もこの状態は変わらないだろう。東南アジアの中でもインドネシアは、中国への輸出量がインドネシア総輸出量の三八％を占め、鉱物、特に石油、天然ガス、石炭の主要供給元である。ますます工業化する中国はまた、膨大な量の工業部品を必要としている。特に、フィリピン、マレーシア、シンガポール、ベトナム、タイからの電子・自動車部品を中心とする機械類は中国向けの最大の輸出品である。そのうちフィリピン製の七六％、マレーシア製六三％、シンガポール製四二％、ベトナム製五三％、そしてタイ製の三五％が中国に輸出されている。[19] 東南アジアにおける中国最大の貿易相手国であるマレーシアは、中国の消費者向けにつくられた低コスト家電製品の最大供給国のひとつであり、ペナン島などマラッカ海峡に沿う地域にある中国、日本、欧米諸国の巨大な工場から絶え間なく製品が作り出されている。[20] 電子機器の生産と貿易は効率的な低コスト労働、そして安定したビジネス環境と高品質のインフラにより、二〇〇〇年代初頭から急速に拡大している。マレーシアのエレクトロニクス生産は、ユーラシアの多くの工業団地や米国への重要な供給元になっている。

中国経済が拡大するにつれてさらに中国は豊かに成長し、国境を越えた投資を始めた。東南アジアは資源が豊富で人件費が低いため、当然、最適な投資の先となる。特にタイ、マレーシア、シンガポールを中心とした大規模な華人コミュニティーは、断続的な民族的摩擦にもかかわらず企業経営を促進する助けになっている。二〇〇五年から二〇一七年の間で、中国の総海外投資の一二％がＡＳＥＡＮ諸国である。世界経済の観点から見ると比較的小規模な地域であるにもかかわらず、中国のＡＳＥＡＮ投資の主要な受け入れ先はマレーシアが二一％、インドネシアは一九％、ベトナムは一一％、シンガポールは一八％だった。特に、中国の東南アジア向け投資の大きなシェア（四六％）を占めているのはエネルギー分野である。[21] 二番目は二〇〇五年から二〇一七年まで全体の一七％を占め、最も急速に成長している輸送分野である。輸送分野での投資先は五六％が鉄道、一六％が海運である。これは約一〇年前から輸入と輸出両方の流通ネットワーク獲得を重視するという中国の投資政策を反映している。[22] 一帯一路構想はこの戦略的な地経学的推進のもっとも新しい形であろう。

ここ数年にわたり、中国企業は産業間の貿易を促進するために、しばしば台湾や外資系企業と協力して、中国と東南アジアの間に新たな物流網を整備している。たとえば、ベトナムに隣接する広西省では加工貿易を中心にした総輸出入額は、二〇一〇年から二〇一六年まで、平均年率三三％の割合で増加している。[23] このような電子機器、食品加工、医薬品分野の貿易は、低賃金の外国人労働者に頼る海岸沿いか、ベトナム国境にある税優遇措置の工業団地を通して行われている。[24] これらの中国の輸出加工区は、中国国内で技術トレーニングを実施し、中間レベルから最高レベルまでの加工機能を維持する一方で、低価格の加工かカンボジアに下請けに出すことによってコストを削減している。

中国とマレーシアはまた、「二国二産業パーク」構想を通じて、バリューチェーンの最適化と向上に取り組んでいる。二〇一二年に開始されたこのプログラムは、広西省の鉄州とマレーシアのクアンタンの二つの共同工業団地が舞台となっており、どちらも南シナ海へのアクセスがある港湾都市である。欽州工業団地では、ヘルスケア、海洋産業、食品加工などの開発のために六つの産業群が対象となっている。またマレーシアの伝統的なニッチ産業である、ツバメの巣とイスラム教のハラル食品加工が中国と周辺国向けに生産されている。マレーシアと中国のインフラプロジェクトは、中国に批判的なマハティール首相の就任によって再検討中だが、中国とマレーシア政府が共同で整備した欽州工業団地のような、中国国内で展開されている共同商業プロジェクトが影響を受けることはほとんどないだろう。

深化する中国・東南アジアの鉄道網

中国は大陸東南アジアの隣国（ベトナム、ラオス、ミャンマー）とは山岳地帯や、時には入り込めないジャングルによって分け隔てられている。広西チワン族自治区や雲南省を含む中国の国境地域は、少数民族の人口が多いうえに貧しく未開発のままである。この物流の難しさに加え経済的インセンティブも限られていることから、ベトナムを除き、中国と東南アジアの間のほとんどの経済と文化の交流は、歴史的に海洋を利用して行われてきた。

運営の難しさにもかかわらず、中国が南方で隣国と陸路で結ぶための強力な経済的および戦略的な論理が存在している。そして、中国が成長するにつれて、マラッカ海峡よりはるか向うへ連結を作り出す能力も明らかに高まっている。最も具体的に現れているのは、いわゆるシンガポール＝昆明間鉄道である。雲南省の昆明とシンガポールを三つの異なった路線で結ぶこの汎アジア鉄道プロジェクトは、一九九五年の第五回ＡＳＥＡＮ首脳会議で地域の組織的な新規開発事業として最初に発表されたが、このネットワークは断片的にではあるが、フランスとイギリスの植民地時代から存続していた。[26]その後何年もの間、鉄道建設はおおむね単なる強い願望で終わっていた。

シンガポール・昆明高速鉄道は、昆明からバンコクへの三本の主要な路線で運行されると予測されている。いまだ完全には改善されてはいないが、タイからシンガポール区間の路線はすでに長年運用されている。地図６－１が示すように、この東南アジア中心のネットワークは重慶を経由してヨーロッパに向かうユーラシア大陸横断輸送網にもつながっており、ユーラシア全体での緊密な統合の可能性を作り出している。昆明とバンコク間の三つの主要路線は（１）ベトナムとカンボジアを経由する東ルート、（２）ラオス経由の中央ルート、（３）ミャンマー経由の西ルートがある。

二〇一三年後半の一帯一路構想の到来とともに、この汎アジア鉄道網の中央ルートは勢いを得て、中国部分（玉渓－モハン）の建設は二〇一六年十一月に着工され、二〇二一年十二月に完成予定である。またラオス側の建設も二〇一六年後半に開始され、ラオスの首都ヴィエンチャンから中国国境沿いのルアンナムター県ボーテン間は、ラオス建国四六周年記念にあわせて二〇二一年十二月に開通する見通しである。中国側が七〇％を保有する合弁会社「ラオス・中国鉄道」は六〇億ドルのプロジェクトを担っており、ラオス政府は、中国輸出入銀行から四億七〇〇〇万ドルを三五年満期二・三％の金利で借り受けた。[27]この中国とラオスの路線は、昆明からシンガポールまでの鉄道総距離の約半分の長さである。資金調達条件が合意に至らず交渉がもつれ、着工の遅延が繰り返された後、タイ部分のバンコクとナコーンラーチャシーマー県間の鉄道建設が始まり、タイ・ラオス国境のナコーンラーチャシーマー県とノンカーイ県の部分は二〇一九年開始予定である。[28]最終的にこのタイとラオスの間の

地図6-1　アジア各国を結ぶ「汎アジア鉄道構想」

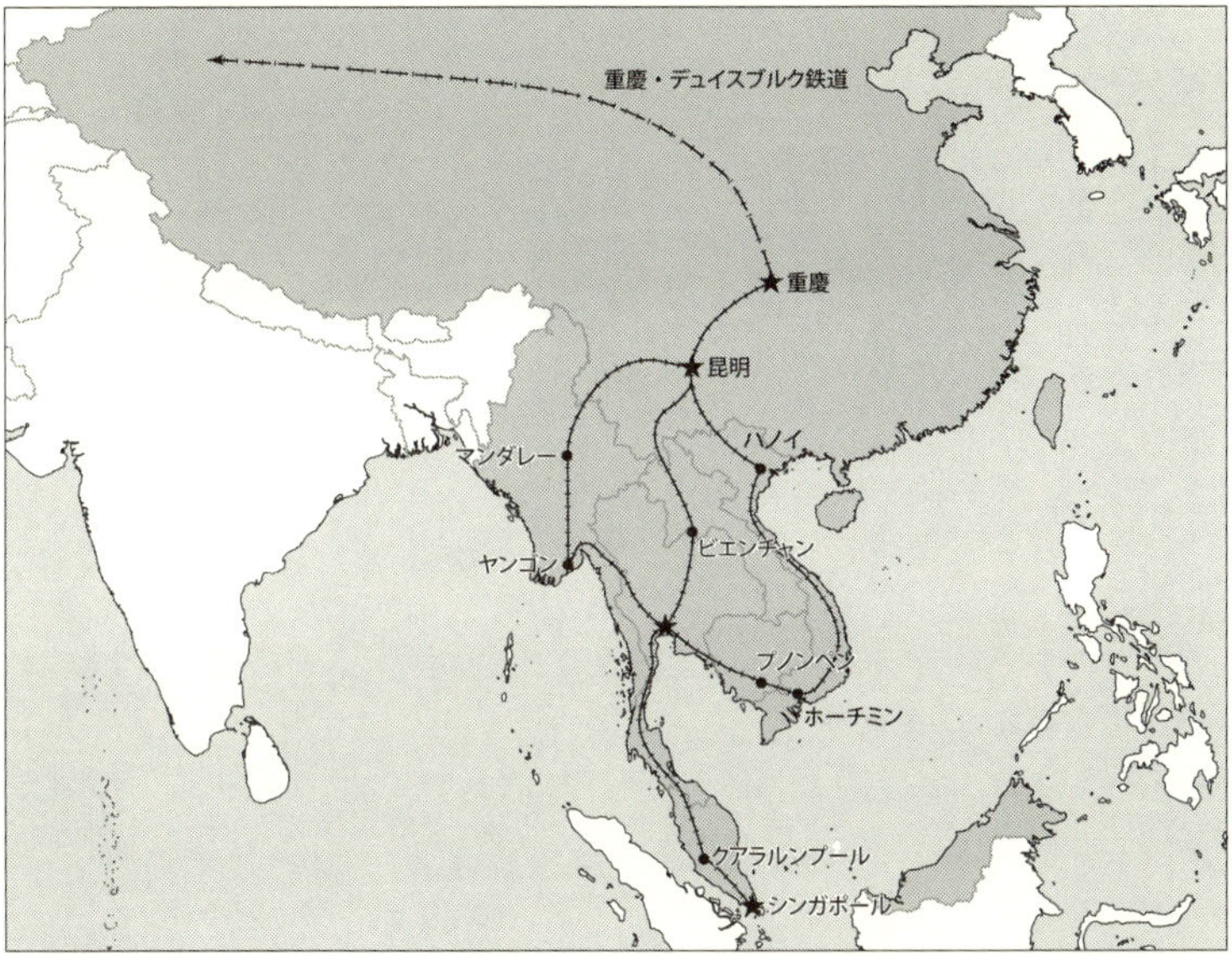

高速鉄道路線は二〇二三年開通を目指している[29]。

バンコクとシンガポール間の高速鉄道の南半分は、まず何よりも先に改修工事が必要である。しかし、クアラルンプールとシンガポールを結ぶ高速鉄道の将来の見通しについては、いささか疑問が残る。二〇一六年に、マレーシアの当時のナジブ・ラザク首相が、数十億ドルの契約書に署名をしたものの、ナジブはマハティール・モハマドに二〇一八年五月の総選挙で敗北した。九十三歳の新首相は選挙に勝利した直後に、このプロジェクトの取り消しを発表し、マレーシアの巨額の債務を整理するため、財政再建に必要な措置をまず優先すると発表したのだ。マハティール首相は後にシンガポール側への多額の違約金が発生するため、その後、延期交渉をすることで合意している。

二〇一八年九月、両国は高速鉄道プロジェクトを二〇二〇年五月末まで延期することで合意にこぎつけた。これによってクアラルンプールとシンガポール間の高速鉄道は、二〇三一年一月に開業する見通しとなった。(30)

東方ルートの中国昆明からベトナムとホーチミン間は、植民地時代から断続的に運用されており、中国部分の昆明から海南省海口市間の近代化は二〇一四年にすでに終わっている。戦禍とその後の長い間の放置でベトナム国内の区間のほとんどが機能不全になっているが、ベトナム国会は近代化を目指した五六〇億ドルのプロジェクト計画案を二〇一〇年に否決している。(31) ベトナム政府は最近、プロジェクトへの関心を取り戻しており、現在、全長一五四五キロメートルの南北高速鉄道を二期に分けて建設することが政府機関によって検討されている。ハノイからベトナム北部ヴィン、ベトナム南部のニャチャンからホーチミンへの二カ所が二〇二〇年から二〇三〇年にかけて最初に建設され、二〇三二年に全路線が開業する予定である。残りの鉄道線路も二〇四〇年から二〇五〇年の間に完成し、操業する予定だ。この新しい計画の推定費用は五八〇億ドルと見込まれている。(32) また、カンボジアの内戦時代に破壊された鉄道線路は、プノンペンとカンボジア―タイ国境間の四二キロの区間は、二〇〇九年にアジア開発銀行が融資した一三〇〇万ドルで再建されたが、ホーチミンからプノンペン区間の計画は依然としてほとんど手つかずのままである。(33)

二〇億人の消費者がいる中国と東南アジアの市場は増大し続けており、それらを結びつけるというこの経済理論の可能性に注目が集まっている。アジアはまた、西マレー半島とタイ南部でインド洋に接続され、ベンガル湾につながることから中国にとって地政学的魅力を持っている。このようなルートは、マラッカ海峡を抜ける脆弱な海上交通路に対して陸路の代替ルートを作り出すことができるものの、二〇一八年にマレーシアのマハティール首相が迷走したように、時折、政治的問題に直面することがある。

中国と南アジアや中央アジアを結ぶ野心的なプロジェクトと比較すると、この汎アジア鉄道網は世界最大の高速鉄道網を持つ中国の技術力を世界に見せつける、またとない好機である。最近ではインドネシアやトルコなどの海外市場にも彼らの高速鉄道のＨＳＲ（水平走査速度）技術の輸出を開始している。[34] 地理的に中国から離れているこれらの国々の路線とは異なり、汎アジア鉄道は中国独自の大規模既存ネットワークと直接相互接続することが可能であり、双方の経済的価値を相乗的に高めることができるだろう。

また、汎アジア鉄道は高速鉄道技術に格別に有利な条件を提示しているが、ラオス部分と最近復活したベトナム部分の両方は建設費用から、高速ではなく中速で走行する可能性が高い。汎アジア鉄道の見込まれる総距離は三〇〇〇キロを超え、理想的な運行範囲とされる二〇〇キロから一〇〇〇キロよりもはるかに長いが、クアラルンプール・バンコク間などいくつかは最適な運行区間である。これらの都市やその路線周辺地域でも地方経済が活発になっており、中国製品に成長市場を与えていくことだろう。[35]

マレーシア鉄道産業への中国の投資額が大きいにもかかわらず、マレーシアとの間にはいくつか調整が必要な問題が残っている。しかし、次第に高まる中国の地経学的影響が、一〇年から一五年以内に汎アジア鉄道網の協調の成果を生み出すように思える。

これまで述べたように、東南アジアに対処するうえで中国の昔から続く地経学的課題の一つは、マレー半島が中国東部からインド洋とその先に向かうアクセスをいつも妨げていることだ。汎アジア鉄道構想はこの問題に対処する助けにはなるが、マラッカ海峡のシーレーンの難所を解決する中国の挑戦はいまだ残ったままだ。そのため、中国が二〇年以上にわたってひそかに求めているのが、マレー半島の最狭部を形成しているクラ地峡、東のタイランド湾、西のアンダマン海を直接つなぐ運河の建設である。(36) 一帯一路構想の出現で、この模索されてきた運河計画がさらに具体化する可能性があるが、巨額な費用が予測されるうえに、タイの政情の不安定さとＡＳＥＡＮ内の意見の相違が実現の見通しを曇らせている。

東南アジアと中国の国内変容

第五章で述べたように、中国は二つの基本的側面に沿ってその内部が変容している。中国の経済はより大きく成長しているが、それは資源の国内需要の拡大、市場としての重要性の増加、そして世界との関係における政治・軍事面での拡大を意味している。しかし同時に、国内もまた、変化を続けている。経済の重心は、西と南へと移動しており、二〇〇八年の世界金融危機以降、国内で着手された大規模な公共事業プロジェクトによって加速された。この国はまた、さらに統合されて成長し、海外でも大きく注目されている。

四川省や雲南省など内陸部は、過去一〇年で、中国全体で最も急速に成長しており、海岸部の成長が鈍化しても、内陸部の成長率は二桁に達している。国外市場向けの生産能力とともに、エネルギーやその他の資源、消費財などの国内需要が上昇している。中国内陸部は、伝統的に国を超えた広い世界との相互作用を刺激してきた歴史を持つ。上海や香港などの東海岸の伝統的な自由港が果たす役割だけが、必ずしも最高のものとは言えない。内陸地域の繁栄はこうして、柔軟で中央集権性を薄めたユーラシア大陸主義へ向かう力に影響を与えている。

触媒的中継地としての周辺中国都市

内陸地域では、ミャンマーやバングラデシュなどの東南アジア、南アジアの近隣諸国と直接陸路でつながろうというインセンティブが高まっており、これら人口の多い近隣地域でも急速な経済成長によって同じような傾向が顕著に現れている。このことは、周辺諸国への懸け橋となる質の高い空港と経済特区を十分に兼ね備えた中国の地方都市のダイナミックな輸送と物流の構築につながっている。たとえば、昆明はこのような多様な機能をさらに発展させている都市である。東南アジアと南アジアは豊富な原材料を埋蔵しており、二〇億人の消費者を抱える隣国中国とは飛行機で二時間以内の距離にある。加えて昆明はインド洋にアクセスできるベンガル湾の北八〇〇マイル未満に位置している。(36)

中国の内陸部にある高度な物流能力を持つ地方都市が、東南アジアとヨーロッパ間の急成長する大陸間貿易において中心的な役割を果たしはじめている。その中でも際立っているのが重慶である。東西南北からの道路と鉄道は中国で最も人口の多い州の重慶で長江と交わり、上海から長江まで九〇〇マイル、広西チワン族自治区のトンキン湾からわずか五五〇マイルの距離にある。重慶は最も広く利用されている大陸横断鉄道の東の終点地でもあり、その西の終点はドイツ・ルール地方の工業の中心地、デュイスブルクである。二〇一四年に定期往復貨物便の運行が開始されてから、その本数は週三本から週二五本以上に大幅に増加した。(37)

重慶の東南アジアとの連結はヨーロッパと同様にいくつかの側面を持っている。三本の道路貨物路線は重慶を東南アジアの、ベトナム（運行中）、タイ（運行中）、ミャンマー（雲南省を経由して建設中）に接続している。アジアへの定期道路貨物輸送は二〇一六年四月に開始され、果物、米、木材を輸入しながら自動車部品を輸出している。重慶とシンガポールの間の通常の海運と鉄道を組み合わせた貨物輸送も、二〇一七年九月に広西チワン族自治区を経由した路線が操業を開始し、輸送時間も長江と上海経由の三週間から一週間へと所要日数が短縮された。

将来的に重慶を経由する東南アジアとユーラシアの他の地域間の中継貿易が、さらに効率的になるという見通しには力強いものがある。二〇一五年十一月に習近平が初めてシンガポールを公式訪問した際に、シンガポール首相リー・シェンロンと経済交流プロジェクト「重慶連結イニシアチブ」を立ち上げ、シンガポールは中国と共同でデータと情報を共有する電子プラットホームを確立しながら、通関手続きの迅速化を推進している。最終的には、シンガポールと重慶間の貨物輸送時間を五日間に短縮することを目的としている[38]。

内陸中国の繁栄と地経学的重要性の高まりは、東南アジアを含んだ複数の建設プロジェクトにつながった。将来的に一帯一路構想の下で急増すると見込まれている。たとえば、二〇一三年十月には、昆明とベンガル湾沿岸のミャンマー西部ヤカイン州チャウピュ間の長距離天然ガスパイプラインが稼働しており、同パイプラインは急速に成長する貴州省と広西チワン族自治区に、中東からのLNG液化天然ガスを大量に供給している[39]。ミャンマー西岸のベンガル湾から昆明までの石油パイプラインも二〇一七年に操業を開始している[40]。また同じく昆明はミャンマー、バングラデシュ、インドなど、南の近隣で成長している地域との高付加価値製品貿易を強化・推進するために数十億ドル規模で新たに改装した空港の近くに、「国家経済技術開発区」をオープンした(41)。また、中国の一帯一路構想のバングラデシュ―中国―インド―ミャンマーの経済回廊の一部として、昆明と、インドの西ベンガル州の州都コルカタ間の高速鉄道開発も計画中である。

東南アジアの特別な文化と政治経済的有用性

伝統的に中国の北部と東部は、さほど開発されていなかった東南アジアを含んで漢字文化圏の中心だった。東南アジア系中国人の祖先が住んでいた周辺の中国南部地域もそのひとつである。しかしながら一九七〇年代以降、中国が劇的に飛躍的経済成長を遂げる中で、東南アジアは新しいダイナミックな役割を果たすようになった。資本、技術、知力、政策的助言の源であるだけでなく、責任あるユーラシア大陸の大国として中国がスムーズに出現するため、外交をとりなす役割を担っている。また、この地域は欧州、米国、ロシアを含むより広い世界に対して、中国についての情報や助言を与えるよりどころとなり、中国のグローバルな舞台への登場を助けてきた。

東南アジアの中でも特にシンガポールは、中国の国際的な台頭を支援し、仲介する役割を担ってきた。この地域は、概して中国を深く疑ったままの西側諸国と日本の信頼を依然として維持しており、外交的には「偉業」であり、功績も残してきた。これは東南アジアの指導者の抜け目なさとずば抜けた外交能力、そして彼らの相手方である中国の実用主義のたまものでもあるが、ある意味タイミングにも助けられたかもしれない。東南アジア首脳陣の重要な役割は、リー・クアンユーに始まり、米国・中国・ＡＳＥＡＮの三者が深く関与したベトナム戦争で生まれ、戦略的利益もおおむね一致した冷戦の間に深まった。

東南アジア、特に華僑のコミュニティーは、過去四〇年間にわたり中国の平和的な国際舞台への台頭に強く関係していた。東南アジア全域にはほぼ三〇〇〇万人の華僑が居住しているが、総人口の過半数を占めているのはシンガポールだけである。他の場所では、彼らは常に経済的影響力を持ちながら、政治的に弱い立場に頻繁に立たされる少数派の富裕層である。そして中国の行動は、華僑が彼らの自国内でどのように扱われ、見なされるかに、大きな影響を与える可能性がある。

中国の近代化草創期に東南アジアは決定的な役割を演じた。リー・クワンユーが鄧小平にようやくシンガポールで会ったそのひと月後、鄧小平は歴史的な四つの近代化を発表した。そしてその二カ月後には米国が台湾から中国へ外交認識を転換させている。[43] リー・クワンユーはリチャード・ニクソン、ジミー・カーター、および彼らの主要アドバイザー（キッシンジャーとブレジンスキー）を含む米国の指導者と中国の間で重要な役割を担った。[44] リーはまた、彼の後継者と同様に中国と台湾の関係を助けてきた。一九九三年にシンガポールで中台対話が始まったのは偶然ではない。その最も重要な公式の出来事は、二〇一五年、初の最高指導者会談となった中国の習近平国家主席と台湾の馬英九総統によるシンガポールでの会談であった。

ユーラシアを背景にした中国と東南アジア

東南アジアはヨーロッパ、日本、そして中国との深い歴史的そして経済的関係を持っている。[45] また、欧州連合（ＥＵ）は東南アジア最大の外国の投資者であり、日本がそれに続き第二位である。どちらも東南アジアにおける中国の優位性を警戒しているが、日本は最近、この地域のいくつかのインフラプロジェクトで中国と共同で動き始めている(46)。

東南アジアはまた、ヨーロッパと北東アジアの両方を含む幅広いユーラシアという文脈での中国の連結を支援する役割を果たしてきた。たとえば、シンガポールの元首相のゴー・チョクトンは、日本と中国が中心的な役割を担うアジア欧州会議（ＡＳＥＭ）の設立に尽力した。シンガポールを含む東南アジア諸国の全ての国々は、ほとんどのヨーロッパ諸国と同様に、事実上アジアインフラ投資銀行を含む中国の一帯一路構想に参加している。

シンガポールは、現実には東南アジアと中国との関係をとりなす際や、米中結びつきの初期段階で、中心的な役割を果たしたが、中国との関係では極めて控えめな外交姿勢を維持してきた。シンガポールはめったに中国系の外務大臣を任命せず、初代外務大臣のＳ・ラジャラトナムのように最上級外交官のほとんどはインド系である。東南アジア諸国連合（ＡＳＥＡＮ）が一九六七年に結成された後、シンガポールは中国との外交関係は、ＡＳＥＡＮ五カ国の最後に結ぶとくり返し声明し、シンガポール独立の四半世紀後の一九九〇年十月まで正式に中国を承認することを待った。

中国の世界的な台頭における東南アジアの役割は、外交面だけに限定されているわけではなかった。四つの近代化の下での最初の経済特区は、主に福建省と広東省の海岸に沿って散在する東南アジア華僑の祖先の故郷に建設された。このように祖国を離れた中国人は一九八〇年代から一九九〇年代にかけて、彼らの故郷に多額の投資をし、中国の初期の経済発展に大きく寄与した。一九九四年以降、シンガポールは中国と積極的に政府間協力プロジェクトを開始している。イノベーションを重視し、近代情報化の実現を通じて、中国で最も発展のスピードが速く、国際的な競争力を持つハイテク工業パークになることを目指し、第一号の蘇州工業パークはじめ、都市計画（天津）、環境管理（広州）、モノのインターネット（重慶）などの開発に取り組んでいる。

結論

東南アジアは、ヨーロッパや日本を含むユーラシアの他の地域と幅広い歴史的・経済的関係を持っているが、近年は中国とその緊密度を深めている。タイを除くすべての東南アジア諸国はかつてヨーロッパの植民地であり、東南アジアのほぼ全域は、かつて日本の支配下におかれていた。そして、ベトナムは最も複雑な外交関係を持ち、ソ連と米国にも冷戦上の深いつながりを持っていた。しかし、東南アジアを大陸とつなぐ地勢的そして経済的な支柱は近年、北側に迫っている恐るべき地経学的存在の中国であった。

中国の東南アジアとの関係は非常に古く、漢時代にまでさかのぼる。しかし常に大きな地経学的・地政学的課題を抱えていた。東南アジアは中国にとって南側の隣人であり、東南アジアの三カ国と陸で国境を接している。また、この地域は中国の西への航路に位置しており、石油輸入の約半分と製品輸出のかなりの部分はここを通過しなければならない。

中国と東南アジアの経済関係は一九七〇年代後半に四つの近代化が始まって以来、急速に深まっている。今日のＡＳＥＡＮは、日本と米国を上回り、中国の二番目に大きい輸入元になっている。しかし原材料の輸入はインドネシアからが重要であるが、電子部品やその他の機械類は他の東南アジア諸国からが主力である。特にマレーシアは電子産業が好調で、最大のシェアを占めている。中国の東南アジアへの投資もかなりの規模に拡大しており、特にエネルギー・輸送分野で大きく成長している。いくつかの大規模な輸送プロジェクトは、東南アジアの多くを新しいユーラシア大陸主義の中心的参加国にしている。シンガポールと中国南部間の高速鉄道専用路線の建設を含む汎アジア鉄道構想は、このプロジェクトの中でも最も重要であり、二〇二〇年代に建設工事がすべて完了する見通しだ。中国の国内政治経済の重心が西と南へ移動するにつれて、四川省や雲南省などの地域は、さらなる海上貿易へのアクセスを求め、内陸部の中国と海の間をミャンマーやバングラデシュを経由するパイプライン、道路、鉄道でつなげる努力をしている。

一九七〇年代後半から中国が世界の舞台にさかんに登場するようになった一方で、南アジアはその歴史的変遷のさまざまな場面で、独自の役割を果たしてきた。世界へと飛び立って行った福建省や広東省の華僑たちは彼らの祖先の故郷に建設された経済特区に、多額の投資を行うと同時に世界に広がる複合生産システム網の拡大を促進している。また、シンガポールの指導者たちは一九七〇年代から一九八〇年代にかけて米国と中国の関係を仲介し、一九九〇年代初頭から二〇一五年末の中国の習近平国家主席と台湾の馬英九総統の歴史的な初会談までの両岸対話の支援で特に重要な役割を果たした。概して東南アジアは、中国の着実な世界的台頭と南シナ海のような地域的紛争で重要な役割を果たしており、今後も支援、情報提供そして、そして国際的仲介で重要な存在となっていくだろう。東南アジアとヨーロッパの歴史的な結びつきは経済的、政治的にも依然として活気に満ちており、対中関係と広く相乗作用を持っている。トランプ政権の出現に伴う厳しい環太平洋通商政策を受けて、東南アジア、中国、北東アジア（日本、韓国）間の連携は強化され、同様にユーラシア全体の結合と共存共栄に大きく貢献している。

第七章

ロシア——
非対称の協商

ユーラシアの大陸主義は、多くの側面を持っている。世界戦略の観点で最も重大な問題の一つは、大陸上に二つ存在する最大級の軍事力と、どう関わっていくのか、そして洗練された防衛技術の生産が、これからどう進化して行くのかという命題である。中国とロシアの親密さが深まれば、米国とその同盟国は戦略上の懸念を確実に強める。ロシアと中国のパートナーシップが放つ相対的な影響力はまた、防衛技術の移転と貿易、投資、国際金融における相関関係を含め、世界情勢に大きな影響を及ぼし始めている。経済と軍事の両面において、中露関係はユーラシアに出現しつつあるスーパー大陸の有り様を運命的に決定づける要因となりうる。

中国とロシアは見方によっては、互いに全く無防備である。両国の国境は太平洋からユーラシアの中心を越えてさらに深奥まで延び、四三〇〇キロ以上の距離がある。米国とメキシコの国境より長く、世界で最も長い陸の境界線の一つである(1)。旧ソ連時代のソ連と中国の国境も地球上で一番長い国境だった。唯一同等であるのは、米国とカナダの国境ぐらいのものだった。中露の国境は米加の国境とは異なり、その近代史のほとんどを通じ、政治的緊張と実際の対立により緊迫した状態が続いており、国境線が全て画定したのは、わずか一〇年前である。中露の間には、人口統計的な不均衡も存在している。特に極東地帯では、ロシアの人口が七〇〇万人未満であるのに対し、隣接する中国の黒竜江省は面積がはるかに小さいものの、人口はロシア側の六倍に達する(2)。

中国とロシアの関係は、最初の三世紀もしくはそれ以降も、ロシアが一貫して支配的な立場にあった。ロシアは一六三九年初めに太平洋に隣接するオホーツク海に到達していた。建国間もない満州族の清王朝との間の対立が、一〇年も経ずに始まった。野心的な清王朝は、別の方面でも領土の拡張を進めていた。中国の最北端は、支配民族の満州族にとって神聖な先祖伝来の地であり、近隣の中国人とは和解や商業をあえて促進しなかった。このため広大な未開地は当初、双方に二分割された。アムール川流域の支配をめぐり、十七世紀にかけて断続的な紛争があり、満州の主権がネルチンスク条約（一六八九年）によって定まった。これは中国が国外の勢力と初めて締結した条約であり、その後の一七〇年間、中露国境では平和と友好の時代が続いた(3)。

しかし、ロシアはアムール川流域の喪失を甘んじて受けたわけではなかった。中国とイギリスの間のアヘン戦争（一八三九〜一八四二年）の結果、清帝国が劇的に弱体化すると、ロシア総督と東方の野心家たちは好機の到来を察知した(4)。一八五〇年代、ロシアの貿易業者は、東シベリア総督ニコライ・アムールスキー将軍の後押しとコサック軍の支援により、伝統的な満州地域を抜けウスリー川を下り、日本海へと果敢に進出した。中国は国の衰退が激しかったため抵抗できず、満州のヤブロノイ山脈とアムール川の間の領有権を、やむなくロシアに認めた。これが一八五八年のアイグン条約によってロシアが獲得した沿海州である。二年後、北京条約（一八六〇年）が締結され、中国はウスリー川と日本海の間の領土を正式にロシアに割譲した。同じ一八六〇年に拠点都市としてウラジオストクを開いた。特筆すべきこの年の末までに、約四万人ものロシア入植者が沿海州へ押し寄せ、皇帝の領土を保持すべく多数の造船所と軍事基地が建設された(5)。

間もなく一八六二年から七七年にかけて回族の蜂起があり、ロシアは清朝の新疆を事実上の占領下に置いた。だが一八八一年のサンクトペテルブルク条約（イリ条約としても知られている）で、盆地の東部イリ地方を中国に返還した。その間も中国とロシアは、かなりの相互依存関係を維持していた。日本の以後半世紀の間に清王朝はロシアに、満州族伝来の領域を含む広範な鉄道の権利を譲渡した。日本の帝国主義が一九三一年に満州を占領し、権利が自分たちにあるとみなすまで、その状態が続いた。

一九一七年のロシア革命で、緊張した中国との関係は一時的に改善した。ミハイル・ボロディンが率いる中国のレーニン主義者と孫文は、欧州の帝国主義に対抗する共通の大義を見いだした。[6] しかし一九二七年に蒋介石が共産主義者と対立し、突如として排除に乗り出した時、慎重でシニカルなスターリンはこの状況を傍観した。毛沢東と中国共産党は、辛く波乱に満ちた長征、延安（かつての中国共産党の革命根拠地）での日々、そして一九四五年以降の歳月を経て、自らの手で革命を起こした。ソ連の消極的な受け身の姿勢は、一九四六～四九年の中国内戦時にソ連が与えた重要な支援にもかかわらず、中国を大いに怒らせた。

革命の勝利から四カ月も経たない一九五〇年二月、中華人民共和国とソ連は、中ソ友好同盟相互援助条約に署名、日本の脅威に対抗する同盟と友好の初期条約として位置づけられた。ソ連は中国の再建と近代化を支援するために、一九五〇年代に数千人の顧問を派遣したが、相互の不信は強まる一方だった。毛沢東とスターリンの会談は始終緊張に満ちていた。第三次世界大戦を恐れたソ連は、中国が莫大な費用をつぎ込んだ朝鮮戦争介入を積極的に支持することができなかった。ソ連は旅順と満州の他の拠点からしぶしぶ撤退したが、ソ連が帝国主義の発想を捨てないことを、中国は改めて認識した。

最終的にソ連は一九五九年の夏、中国との新技術協定を破棄し、専門家を引き揚げさせた。中ソ関係は螺旋を描くように、さらに悪化していった。一〇年後の一九六九年三月、両国は極寒のウスリー川の流氷の上で、国境をめぐる死闘を繰り広げ、最悪の局面が訪れた。ソ連はほどなく、中国が開発した核兵器を破壊するため、協調して先制攻撃をかける計画を、米国のニクソン政権に提案した。[7] 中国は果敢に反応し、ソ連が中央アジアで行う核実験を監視してワシントンに通報するため、米国製の監視機器を新疆の国境地帯に設置した。[8]

ソ連では一九八〇年代後半にミハイル・ゴルバチョフが政権を握り、一九八七年に中国との国境画定条約に関する交渉を開始し、和解を模索し始めた。しかし、決着はまだまだ先のことだった。国境の画定を進め、周辺に配備した軍事力を削減する条約は、一九九七年まで締結できなかった。双方の最終合意で国境線が画定したのは二〇〇八年のことだった。[9]

ソ連の崩壊は力関係において、中国に劇的に有利に作用した。しかしロシアには豊富な資源があったので、その不均衡が顕在化するまで時間を要した。国境問題はモスクワの体制転換で調整が滞り、中国にとっても切迫感が薄れた。大陸上の二大国は思いがけず全く異なる政治体制を有することになり、協調関係の構築にも困難が生じた。共産主義国家の中国は、一九九〇年代にロシアで進んだネオ・リベラル主義の改革を、強い疑念を抱いて見守った。ウラジーミル・プーチンは二〇〇五年から二〇〇七年にかけて石油資本ユコスを解体したが、このようなプーチン政権の初期の政策も、中露関係に複雑な影を落とした。プーチンが逮捕、投獄したユコス社長のミハイル・ホドルコフスキーは、モスクワで中国と最も近い関係を築いた人物であった。

基盤にある経済の相乗効果

一九九〇年代後半から中国とロシアの貿易関係はめざましく拡大し、台頭著しい中国は停滞するロシアに対し、ますます優位な立場を獲得していった。二国間の貿易高は二〇〇一年に一〇〇億ドル程度だったが、二〇〇四年には二一〇億ドルを超え、二〇一四年には九五二億ドルと四倍以上の水準に達した。ロシアの景気後退により、二国間貿易額は二〇一五年、二〇一六年に一時下落したが、二〇一七年には回復した。

二〇一三年十二月に起きたウクライナ危機を受け、モスクワは積極的に中国の信頼を得ることに努め、技術協力の拡大を図った。北京もある程度まで前向きに応じてきた。当然ながら関係改善の基底には、ロシアと中国の間にエネルギー分野の補完性が存在するという事情がある。ロシアは第四章の表4－1および4－2が示すように、世界の天然ガス埋蔵量の約五分の一と、豊富な石油資源を持つエネルギー輸出大国である。一方で中国は世界最大のエネルギー消費国であり、世界最大のエネルギー輸入国になろうとしていた。実際に二〇一七年までに米国を追い抜き、世界最大の原油輸入国となった[10]。

中露のエネルギー協力の可能性は、ロシアと地理的に隣接する中国北部で特に顕著に見て取れる。地図7－1が示すように、中国の六大都市のうち北京と天津は、バイカル湖周辺の巨大な天然ガス田からわずか数千マイルの距離にあり、瀋陽やハルビンなど満州の主要な経済中心地はさらに近い。中国では二十世紀後半を通じて、北東部の大慶油田と勝利油田が中国産業を支える拠点に燃料を供給してきた[11]。しかし、これらの国内資源は現在、徐々に枯渇しようとしている。このため特に上海以北では、将来を見据えてロシアからの供給が魅力を増し、それに頼る状況が生まれている。さらにロシアから資源が調達できれば、ペルシャ湾から六〇〇〇海里を超える危うい海上輸送に頼り、アメリカ海軍が支配するシーレーンを横切る必要もなくなる[12]。ミャンマーを経由する南からのパイプラインでさえ、中国の制御が及ばないインド洋とベンガル湾周辺の海域を通過しなければならない。

地図7-1　中国が持つ複数のパイプラインの選択枠

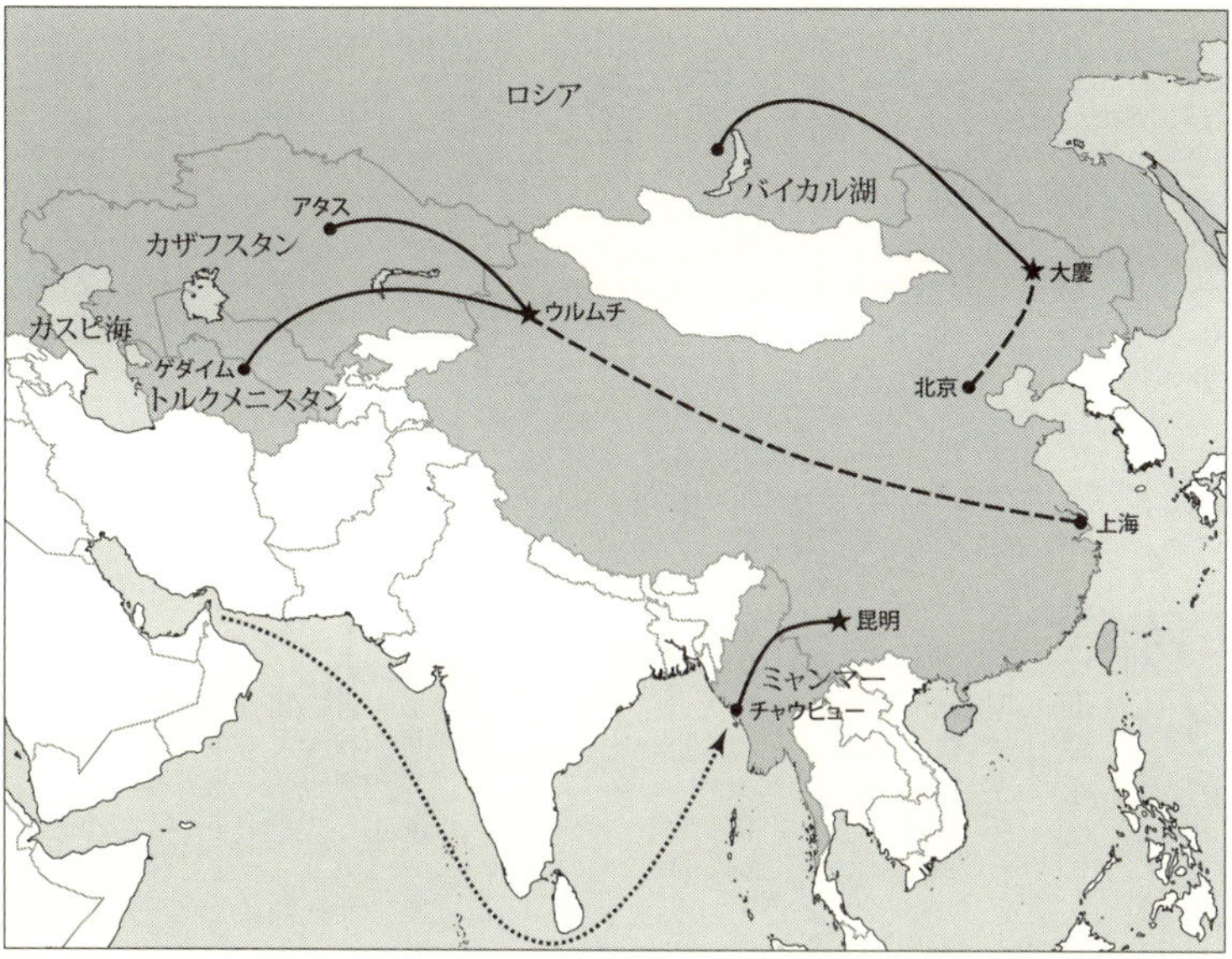

エネルギー需要の拡大を促す急速な経済成長に伴い、中国、特にその北部地域は、資源を介してロシアとの相互依存を強めざるを得ない。相互に受け入れ易い価格の交渉と資金調達の環境が整いつつある。ロシアは消費生活の発展に伴い、低価格の中国製品を輸入するようになっている。隣国という地理的条件を活かしたこのような相互補完性は、中ソの緊張が一時的に緩和した一九五〇年代とは異質の相互依存関係と、実質を伴う経済合理性の基盤を形成している。皮肉なことに、かつて共産主義世界の伝統的支柱であった中国とロシアは、資源と製品の輸出入が生む市場の力を介し、前例のない新しい関係を構築しようとしている。

二〇一四年五月、ロシアと中国はバイカル湖の北にあるヤクートとイルクーツクのガス生産拠点と中国国境をつなぐ全長約三〇〇〇キロの天然ガスパイプライン「シベリアの力」をめぐり、協力の合意に達した[13]。シベリアのエネルギー開発は、ユーラシア大陸という地理的な枠組みに着目すれば、その北部における枢要な事業である。「シベリアの力」は、二〇一九年から二〇二〇年の運用開始を目指し、中国に毎年三八〇億立方メートルのロシア産ガスを供給する予定である。これは中国が二〇一四年に消費した量の四〇％、ロシアのガスプロム社が中国石油天然ガス集団（ＣＮＰＣ）へ輸出した量の六〇％に、それぞれ相当する。ロシア側はこのプロジェクトで、調査と建設の費用として七〇〇億ドルを投資した。内訳はパイプライン本体の建設費が三五〇億ドル、ガス田開発関係が二〇〇億ドル、中ロ国境の処理工場建設費が一五〇億ドルである。また、ロシアの石油化学大手シブールも協力していた[14]。

北極圏における競合

中ソが兄弟のように仲睦まじかった一九五〇年代初めの短期間を含め、両国関係の歴史において、北極はほとんど関心の対象とはならなかった。ロシアは当然、近代を通じ北極圏の地政学で中心を成す存在であり続けた。一方で中国は北極海と接しておらず、経済的、戦略的な利害関係を伝統的に持たなかった。しかし二〇一〇年以降、この状況は劇的に変化し始めた。大陸の地層の上に何千フィートもの氷が堆積する南極とは異なり、北極では氷塊が海面に浮かんでいる。北極では過去半世紀にわたり、地球全体の二倍の速さで温暖化が進み、近年では海面が露出し始めている。地球温暖化は北東アジアから北極圏を経由して欧州へ至る航路を出現させ、北極資源開発の展望をも開いた[15]。

北極海の半分以上の海域はロシアに面し、そこに最も通行に適した航路がある。中国は三つの観点から北極海への関心をますます高めている。第一に地図７－２で確認できるように、中国と欧州を結

地図7-2　北極海航路が拓くユーラシアの新時代

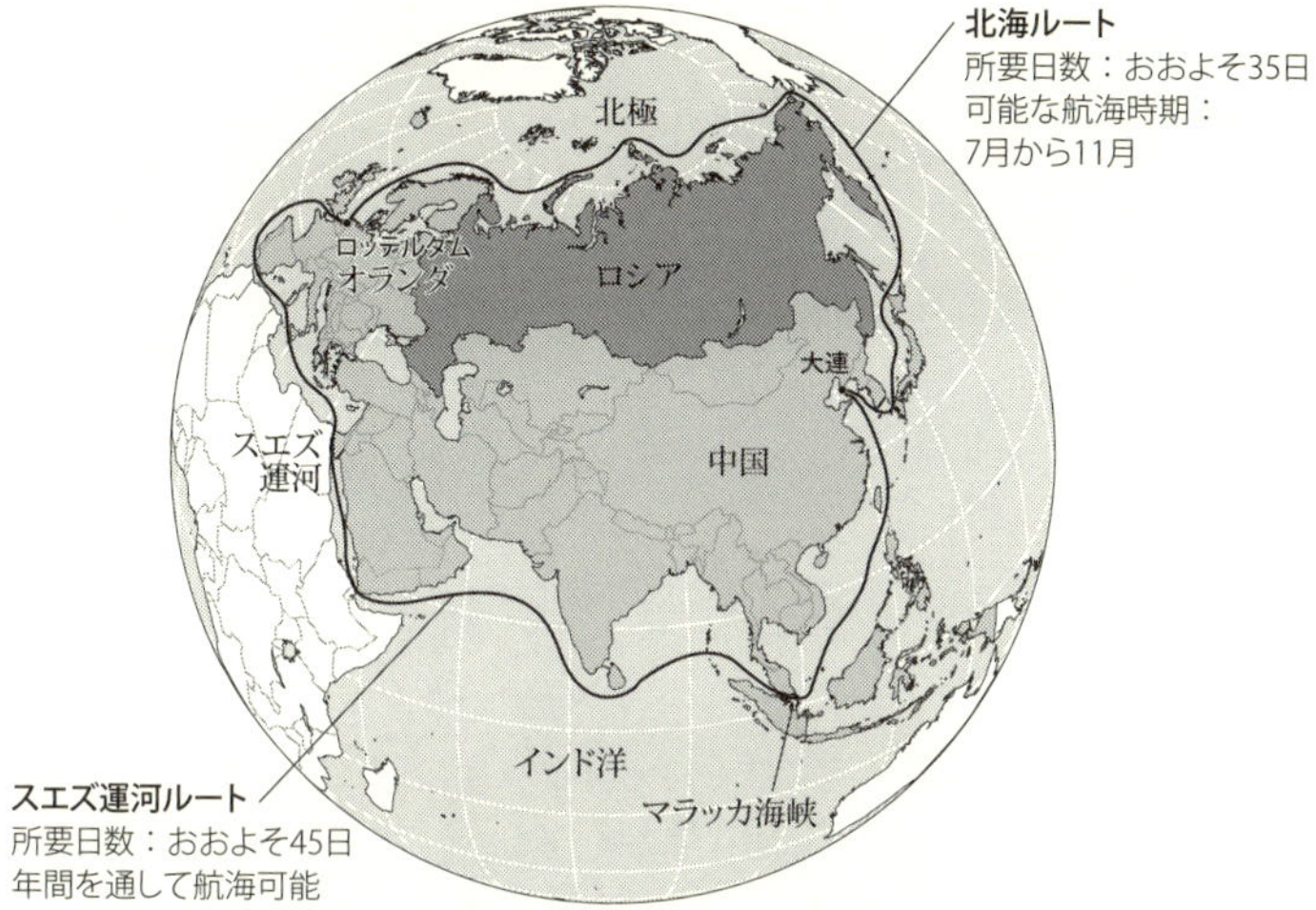

ぶ海上の距離は、マラッカ海峡とスエズ運河を通過するより、北極海経由のほうがはるかに短い。北極海を横断すれば、上海からハンブルクまでの距離を六〇〇〇キロ短縮することができる[16]。大連など中国北部の港から欧州西部までの航海時間は、北極海航路が使える七月から十一月の間、スエズ運河を経由するよりも二五％ほど削減できる。

第二に、中国にとって北極海航路は極寒の海域を航行する技術的困難を勘案しても、南方の航路より戦略上の価値が潜在的に高い。米国とは異質の地政学的環境に、中国がますます影響を受けるようになっているためだ。地図7－2が示すように、南方航路には多くの狭窄した海域があり、そのほとんどは米国海軍が制海権を握っている。対照的に北の航路は狭窄海域も少なく、米国ではなくロシアが支配する海域を通行できる。

北極は地球最後の資源フロンティアとして、可能性を秘めた未開発の領域である。中国にとっても、その重要性が増している。加えて北極は手つかずの埋蔵天然ガスの規模で世界の三〇％、石油埋蔵量の一三％を占めると推定される。石炭、鉄、ウラン、金、銅、魚類などの膨大な蓄積は言うまでもない[17]。中国にとって北極圏は、はるか遠方の領域である。北極資源の推定八八％が五つの沿岸国（ロシア、カナダ、米国、ノルウェー、デンマーク）の海岸線から二〇〇マイル以内に存在し、これらの国が管轄権を主張できる。この海岸線の半分以上がロシアに属しており、この点で関係国に異論はない。このまま地球温暖化と中国の成長が続き、北極圏の資源開発が予想通り進めば、北極圏をめぐる中露の協力には自然と展望が開けるだろう。二〇一二年九月、中国の砕氷船「雪竜」（Xue Long）が初めて、青島から北極海を経由してアイスランドに到達した[18]。アジアと欧州をつなぐ北極海航路の利便性が高まっている。

北極はロシアにとって、象徴的にも戦略的にも極めて重要な地域である。ロシアは長年にわたり、北極評議会でオブザーバーとしての資格を認めることすら消極的だったが、ようやく二〇一三年五月に中国を最初のオブザーバー国のひとつとして受け入れた。中国はその後、ロシアが支配者として振る舞う北極への関与を急速に深めている。中国が北極評議会でオブザーバー資格を得た一週間後、ロシア最大の国営石油会社ロスネフチとCNPCは、北極圏のバレンツ海で共同探査と生産を行う合意書に署名した。CNPCはその三カ月後、ヤマル半島で液化天然ガスを生産するロシアの巨大プロジェクトで株式の二〇％を取得した[19]。

二〇一七年十二月、二七〇億ドルのヤマルLNGプロジェクトの第一段階の操業が始まった。出資しているのはロシアのノバテク（五〇・一％）、CNPC（二〇％）、フランスのトタル（二〇％）、中国のシルクロード基金（九・九％）である。ヤマルから中国へのLNGは二〇一八年夏に初出荷された[20]。ヤマルがフル稼働すれば、年に一六五〇万トンの生産が見込まれる。これは一帯一路構想のもとで最初の大規模エネルギー事業である。このようなプロジェクトは今後も、さらに続くであろう。ヤマル・プロジェクトは、中国、欧州、北極海のロシア水域をつなぐ役割も果たそうとしている。ユーラシアの二大国が地政学的な警戒心を相互に抱いていることは疑いない。しかし北極圏においては、前例のない協力体制を築き、明確な共通利益を見いだしている。

二〇一四年のウクライナ危機で、欧米はロシアに制裁を科し、ロシアが北極圏で三分の二以上の現場に必要とする探鉱機器が禁輸の対象となった。中国は対露制裁に参加していない[21]。このような事情を踏まえれば、北極圏での協力は両国にとって特別な意味を持つことが分かる。制裁が緩和されれば、エネルギー需要が急増する中国は、ロシアが北極海資源の輸出拡大を期待できる有力な市場となろう。

地政学的懸念を共有？

中国とロシアの北極圏における地政学的、戦略的、経済的な利害は見事に一致している。背景には相互補完的な関係がある。ロシアは資源と輸送路を有し、中国はそれを必要としている。中国にはロシアが求める市場がある。ウクライナ情勢をめぐり制裁を受けた後は、ことさらその市場が重要となった。北極は中露がさらに相互依存を深める触媒となり得る。

中露協力の有望な舞台はユーラシア大陸の南方にもある。その広範な領域では、この二〇年間にわたり米国が強引に野心を追求したため、状況が激しく変化した。一九九〇年代までは、中国とソ連だけが事実上、排他的に支配した地域である。九・一一のテロを受けて米国は二〇〇一年十月にアフガニスタンへ軍事介入し、優に一〇万人を超える部隊が中央アジアに展開した。キルギス、ウズベキスタンに基地を確保し、アフガニスタンにも拠点を設けた。米国が中央アジア最後の航空基地となったマナスをキルギスに返還したのは二〇一四年六月である。それまでは、中国の西部国境から数百マイルしか離れていない旧ソ連領に米軍が留まっていた。中国に近接したアフガニスタンには、米国の軍事顧問、特殊部隊が今も残っている。米軍はこの間、ロシアと中国に挟まれたモンゴルとも共同演習を実施したが、このような演習は三〇年前には考えられなかった。

ユーラシア大陸でこれほど中露に近い領域で、米国が軍事プレゼンスを誇示した前例はなかった。このため共通の地政学的な懸念が、中露を前例のない形で結びつけた。中央アジア諸国の政治社会情勢が冷戦の終結後、不安定化し動揺した事態も、中露共通の不安材料であった。一九九二年まで中国の新疆ウイグル自治区が国境を接するのは、ソ連とソ連の衛星国であるモンゴル、カシミールだけだったが、今や七つの独立国家と国境を接している。イラン革命以降、民族意識や宗教心が暴動やテロに転化しやすい状況が生まれた世界にあって、これら隣接国の大部分はウイグル族と同じトルコ系民族が支配的で、互いに国境を越えて同族意識を保っている。新疆ではかつてウイグル族が圧倒的な多数派だったが、今やその地位を失っている。住民の都市化と富裕化は新疆でも一般的な傾向だが、大都市部では特にウイグル族の比率が減っている。一方、ロシアは国境地帯で過激派によるテロへの対応を迫られている。チェチェンや大都市部もテロの脅威にさらされており、テロと民族問題の緊張が北京とモスクワの結束を強めている。

外からの脅威と二国間協力の深化

明らかにロシアと中国の間には、協力を促す様々な理由がある。継続性が強く重要度も高い要因が、特にこの一〇年の間に顕在化した。それらは一九六〇年代、七〇年代、八〇年代のいずれにも存在しなかった。中央アジアにおける米国のプレゼンスなどは、史上に全く例を見ない出来事だった。断続的に起きた政治経済の危機も、両国関係を深化させた。

冷戦後に起きた四つの危機が、中露関係の強化に拍車をかけた。一九九一年にコソボ紛争が勃発、ベオグラードの中国大使館も爆撃を受けた。二〇〇二年には米国が旧ソ連との弾道弾迎撃ミサイル（ＡＢＭ）制限条約から離脱し、戦略兵器をめぐる米ロの軍拡競争という悪夢が現実味を帯びた。二〇〇〇年代初頭には、ロシアに近い旧ソ連圏で次々と、いわゆるカラー革命が起きた。グルジアのバラ革命（二〇〇三年）、ウクライナのオレンジ革命（二〇〇四年〜二〇〇五年）である。このような政変劇は、外国が反政府勢力をそそのかし政権を転覆させたという疑念をロシアに植え付けた。

とりわけロシアに衝撃を与えたのは、二〇一三年から二〇一四年のウクライナ危機である。妄想に取り憑かれたロシアは、いわゆる「近隣国」を舞台に、またもや見過ごしがたい政変が突発的に引き起こされたとみなした。すでに述べたように、この危機を受けて欧米はロシアへの制裁を強め、中露関係はますます強化された。伝統的なロシアと欧州の貿易は、一連の制裁が足かせとなり後退したので、ロシアが中国との経済関係にいっそう力を入れる結果となった。以上の様々な経緯を経て、中露関係は新たな水準まで到達し拡大した。しかし、そこには抜き差しならない地政学的な力学も働いていた。具体例については次の節で述べていく。

急変する中露の地経学的バランス

すでに指摘したようにロシアと中国は、長大で不安定な国境を有し、長年の間、互いに深い疑念を抱いてきた。しかし、一九九〇年代初頭から様々な出来事があり、両国の伝統的な緊張が緩和した。エネルギー分野では相互依存の関係が成立し、貿易関係も拡大した。ともに戦略上の観点から米国の警戒を招く存在となった。特筆すべきは、両国の間の地経学的バランスが急速に崩れ、中国が優位に立った事実である。ソ連崩壊直後の一九九二年は、図7－1に示すように、経済規模でロシアは中国をわずかに上回っていた。ところが二〇一七年の時点で、中国の経済規模はロシアのほぼ六倍にまで膨張した。人口規模でロシアの三分の一をわずかに上回るだけの韓国でさえ、名目上の経済規模がロシアより大きい。二〇〇八年の国際金融危機と二〇一三～一四年のウクライナ危機が決定的な転機となり、中露の経済力が相対的にここまで格差を広げる結果を招いた。

二〇〇八年とその直後の短期間で、中国はロシアに大きく差をつけた。世界的な金融危機の真只中で、中国が巨大な景気刺激策を始めたことが主な要因である。二〇一三年以降は逆に、中国の経済成長は鈍化しつつ、一方でロシアの経済が落ち込んでいった。加えて、人口減少、資源価格の低下、西側による制裁という三つの要因が、ロシア経済に痛手を与えた。

ロシアでは人口減少がすでに二〇〇八年に問題化し、その後も状況は深刻化していた。二〇〇八年の時点で人口の一八％が六十五歳以上だったが、この比率が二〇％まで増えた。二〇三〇年までには、

図7-1　ロシアと比較した中国の経済規模の拡大（1992-2016）

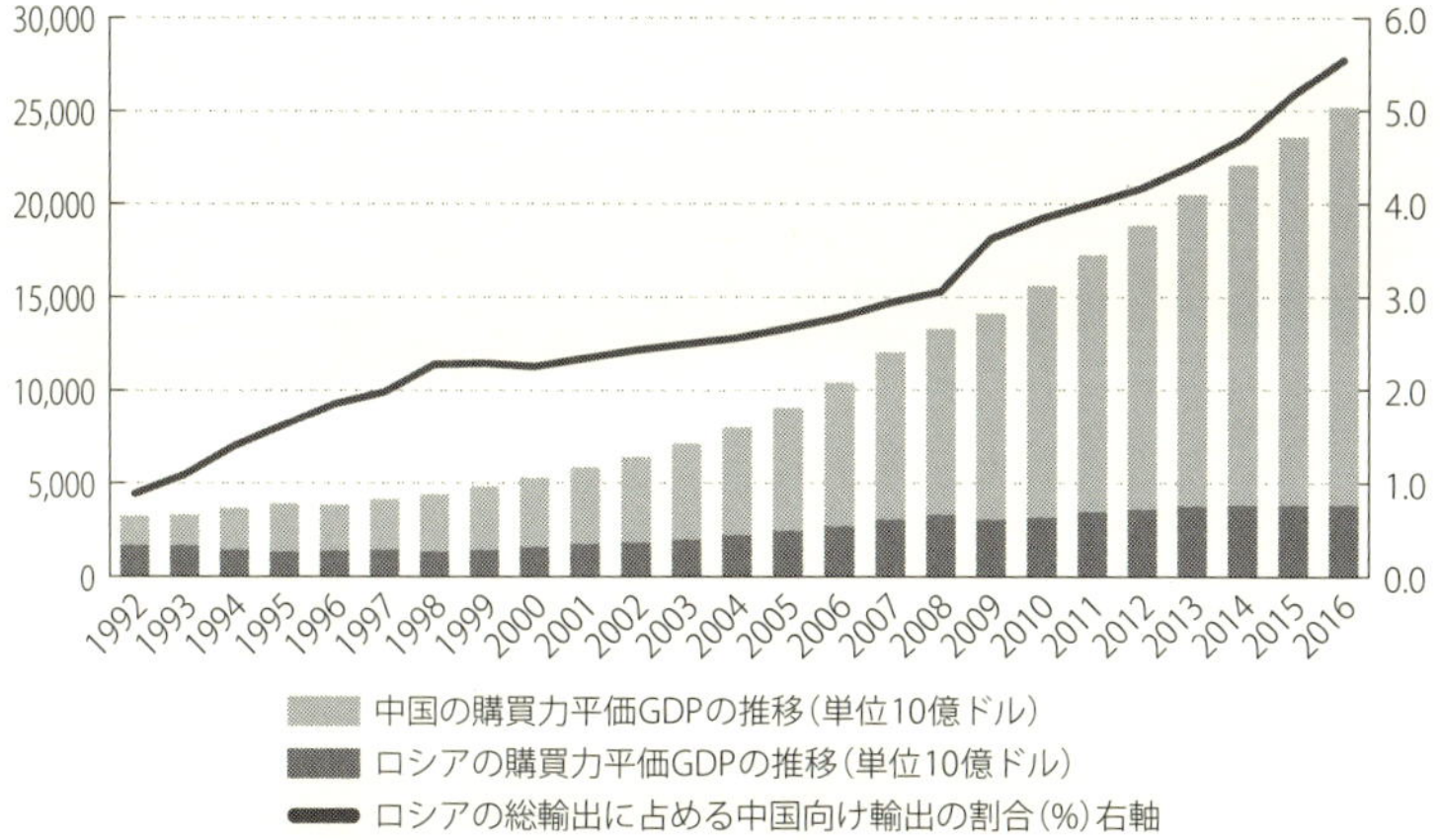

出典：World Bank, "GDP, PPP (Constant 2011 International $)," World Development Indicators, International Monetary Fund, Direction of Trade Statistics.

引退の年齢とされる六十五歳以上の国民は、全体の有に三〇%に達する見通しである。

エネルギー価格が不安定化する世界で、エネルギー輸出に過度に依存する体質は、ロシア経済にとって近年ますます阻害要因となりつつある。石油と天然ガスが輸出全体に占める割合は一九九八年には四〇%だったが、二〇一四年には七〇%にまで高まった。特に天然ガスがエネルギー輸出への依存度を強める要因となっている。米国がシェールガスの主要生産国になりつつあることや、福島の原発事故で原子力需要が急減した事情が作用して、天然ガス、特に液化天然ガスの供給が世界で拡大している。このため、ロシアの地経学的影響力は中国に対しても、世界に対しても深く損なわれた。

二〇一四年にロシアが強行したクリミア併合を受けて西側が発動した制裁は、ロシア経済を危機的な状況へ陥れた。二〇一三年から二〇一六年にかけて、ロシアのＧＤＰは四四%縮小し、輸出も四六％減少した。実質家計所得は二〇一七年まで四年連続で減った。しかし、輸出全体に占める中国への輸出の割合は、二〇一三年の六・八％から、二〇一七年には一〇・九％にまで増えた。

次世代型流通業の分野でも、ロシアは遅れをとっている。中国の電子商取引大手アリババは二〇一八年九月、商品サイト「アリ・エクスプレス」を通じ、中国製品をロシアで販売する合弁契約を複数のロシア企業と締結した。ロシアにはこれまで、大規模な電子取引企業が存在しなかった。「アリ・エクスプレス」は二〇一九年に開業予定であり、ロシアで最大の電子取引サイトとなるだろう。

ユーラシア大陸においてロシアの影響力を弱める最後の要因は、物資輸送経路の変化である。二〇年前までは、ユーラシア大陸を経由する物資は、主に北東アジアの資本主義国家（日本と韓国）が発出していた。日韓は伝統的に欧州への物資輸送を海上輸送に頼っていたが、陸の輸送路はロシアを経由するシベリア鉄道しかなかった。

現在では日韓に代わり主に中国が、東方から物資を送り出しているうえに、大陸の輸送路も多岐にわたる。トルコのイスタンブールと中国を結ぶ「中央回廊」は、ロシアを全く通らない。多くの輸送路はカザフスタンを経由し、ロシアの西シベリアを通ってもわずかな距離にすぎない。ユーラシア大陸において、ロシアは多くの分野で中国に対する影響力を失ったが、陸上輸送でもその実質的な力を失った。

習近平とプーチンが深化させる非対称のユーラシア協商

冷戦終結前後の数年間、中国もロシアも米国を筆頭とする西側先進国に積極的に接近した。鄧小平は対米関係を一九七九年に正常化させ、後に韜光養晦「才能を隠して、内に力を蓄える」と中国の外交・安全保障の方針を述べた。[28] ゴルバチョフは一九八〇年代後半、「欧州共通の家」構想を掲げ、ロナルド・レーガンとのレイキャビク会談を起点に軍縮の可能性を探った。[29] ロシアではエリツィン、メドヴェージェフ、一期目のプーチン、中国では胡錦濤も同様に、どちらかと言えば融和的な政策を進めた。

二〇一二年、ウラジーミル・プーチンは四年にわたり首相を務めた後、大統領に復帰、三回目の任期に就いた。[30] 中国で習近平が政権の座に就いたのもこの年である。どちらも、特に習については、長期政権が見込まれた。プーチンも習も任期の当初から、前任者とは異なる基本戦略を打ち出し、米国に敵対的な外交政策を採用した。プーチンは就任から間を置かずに従来の欧州重視を転換し、徐々に太平洋への志向を強めたが、そこには「離反」と「誘引」の要素がともに作用していた。

二〇一〇年に欧州を襲った債務危機や、ブリュッセルで将来のEU拡大への嫌悪感が強まっている現状を踏まえ、プーチンやロシアの指導層は「欧州共通の家」にロシアの生産的な未来はないと見切りをつけた。[31] 経済大国として台頭する中国の存在や、オバマ政権が「中国へと軸足を転換」した現実、中国にロシアと親和性が強い政権が誕生したことも、モスクワの東方シフトに拍車をかけた。米国ではトランプ大統領がロシアに歩み寄る態度を示したが、議会は相変わらずロシアを敵視する姿勢を崩さなかった。これではロシアが米国の外交政策に大きな変化を期待できるはずもなかった。

第二次プーチン政権の「アジア旋回」を象徴するのは、二〇一二年九月にウラジオストクで主催したアジア太平洋経済協力サミットである。中国の指導者に内定していた習近平が出席したが、バラク・オバマは、アメリカ大統領選挙の民主党大会と日程が近いのを考慮して、欠席した。二〇一五年には同じウラジオストクで東方経済フォーラムを開催、以後、毎年九月に開催することとした。二〇一八年の同フォーラムには、プーチン、習に加え、日本の安倍晋三首相、モンゴルのハルトマーギーン・バトトルガ大統領、韓国の李洛淵首相が参加した[32]。

ロシアの「アジア旋回」には、(1)ロシア極東部の経済発展、(2)アジアへのエネルギー輸出拡大、特に付加価値が高い石油化学製品などの販路開拓、(3)中国を筆頭とするアジア諸国からロシアへの投資拡大、(4)中国、インド、ベトナムなど主要国との軍事協力、(5)BRICS(ブラジル、ロシア、インド、中国、南アフリカ)や上海協力機構、東アジアサミットなどを通じ、アジアにおける大国の地位を定着させる――という五つの主要な狙いがある。プーチン政権がアジアへの関与をますます深める姿勢は、アジアにおける軍事プレゼンスの拡大にも反映し、かつて旧ソ連が支配したベトナムのカムラン湾など、新たな軍事拠点の確保を目指している[33]。

習近平が中国で正式に政権の座に就いたのは、プーチンが東方シフトに積極的に乗り出して間もない時期である。習は当初からロシアや周辺諸国を重視する姿勢を鮮明に打ち出した。首脳として最初の公式訪問国にロシアを選び、二〇一三年三月後半、モスクワを訪れた。一方で李克強首相は初の外国訪問でベルリンを訪れ、中国、日本、韓国の首脳級会合への出席を見送った。習はその後の数カ月の間に、プーチンと三回会談し、中央アジア五カ国のうち四カ国を訪れた。二〇一三年九月にはカザフスタンのアスタナにあるナザルバエフ大学(当時)で、一帯一路構想を発表した。その一カ月後には、インドネシア議会で、二十一世紀「海のシルクロード」構想、アジア・インフラ投資銀行(AIIB)の設立を提唱した。これらは看板政策である一帯一路構想と不可分の要素と位置づけられた。

一帯一路はユーラシア諸国の相互関係を刷新し、新大陸主義の在り方を探る壮大な構想である。高速鉄道、電力供給網、スーパーハイウェイ、港湾設備などのインフラ整備を想定している。このようなネットワークが中国と、ユーラシア大陸の西方や南方の諸国、さらにアフリカ大陸を結びつける。これらの国々がインフラに投資する際は、ＡＩＩＢ、シルクロード基金など中国主導の金融機関が触媒の役割を果たす。既述したように一帯一路には二つの道がある。シルクロード経済ベルトは、ユーラシア大陸の地上輸送路と通信網が形成する動脈である。そして海のシルクロードが、南シナ海、ベンガル湾、アラビア海からペルシャ湾、アフリカ東海岸に連なるユーラシア大陸南部の港湾設備を連結させている[36]。

習近平とプーチンは隣接する二大国の指導者として、ソ連崩壊以降二〇年に及ぶ米国一極支配に終始符を打つべく、二年間にわたり絶え間なく対話を継続した。その結果、二〇一三年末までに政治的にも個人的にも緊密な関係を築き上げた。二〇一三年十二月にウクライナの首都キエフで反政府デモが燃え盛り、親ロシアのヤヌコーヴィチ政権が崩壊した危機を通じて、習とプーチンの関係はいっそう緊密となった。その三カ月後、ロシアはクリミアを併合し、主要七カ国（Ｇ７）はロシアに厳しい制裁を課した。その後、ロシアは中国にさらに接近した。

ウクライナ情勢、ロシアと欧州の関係の歴史的な転換は、中露が多くの領域で関係をいっそう深める契機となった。習とプーチンの個人的な関係も、国同士の協力を強めるうえで役立った。西側がロシアのクリミア併合を理由に制裁を科して二カ月も経たないうちに、プーチンと習は上海で会談し、両国関係の拡大について集中的に話し合った。両者はその成果として、四〇〇〇億ドルのエネルギー協力計画に合意した。七〇〇億ドルを投じて、シベリアのイルクーツク、バイカル湖の周辺から北京近郊までを結ぶ「シベリアの力」パイプラインを新設する計画や、ロシアが中国に年三八〇億立法メートルの天然ガスを供給する契約を含む巨大な商談が成立した。二〇一四年十月には「シベリアの力」の設計、建設、運営をめぐり、さらに具体的な条件で合意した。[37] 第二次大戦終結七〇周年を記念する数々の行事を通じ、ユーラシアを代表する二大国の首脳は、ますます親しい間柄となった。二〇一五年五月、習は妻の彭麗媛を伴い、欧州戦勝記念日の主賓格としてモスクワを訪問した。さらにユーラシア行脚の一環として、カザフスタンやベラルーシも公式に訪問した。モスクワではプーチンと、中国の新シルクロード構想とロシアが主導するユーラシア経済同盟を結びつける方針を一致させ、中国の西部国境地帯から東欧のEU諸国までの広大な領域に、共通の政治経済空間を創設する戦略を描いて見せた。中国はモスクワとカザンを結ぶ高速鉄道の建設に、五八億ドルを投資する方針も明らかにした。この鉄道はさらに中国まで延伸する予定である。[38] 二〇一五年六月、両国はこの高速鉄道の建設で実際に契約書を交わした。皮肉なことに、この経路はイワン雷帝がボルガ流域からモンゴル人を駆逐した遠征の経路と重なる。[39] モスクワ―カザン間はモスクワと北京の間を高速列車が走る野心的な計画の一部でもある。[40]

その四カ月後、九月三日に中国が祝う戦勝記念日に合わせて、今度はプーチンが主賓として北京を訪問、中露関係のさらなる強化を確認した。プーチンは習と会談し、運輸、金融、天然ガスなどの分野で、二一もの協力協定に調印した。[41] プーチンは二〇一六年、杭州のG20サミットを含め二回、訪中した。[42] 二〇一七年の訪中も二回に及んだ。同年五月、習が念入りに準備した一帯一路フォーラムに、二八カ国首脳の主賓格として参加し、さらに厦門のBRICSサミットに出席した後、二〇一八年には青島の上海協力機構（SCO）サミットに赴いた。ドナルド・トランプはイランの核開発をめぐる共同包括行動計画（JCPOA）から脱退、二〇一八年の夏から秋にかけて、経済で中国との対決姿勢を強めたことで、プーチンと習はさらに接近した。

政治と軍事をめぐる中露協力

経済的利害の一致や首脳同士の親密な関係に加え、中露関係は中国の台頭を背景に、政治と軍事の分野でも重要性を増している。一九九一年のソ連崩壊以降、中国は常にロシア製兵器の最大の輸入国であった。中国は一九八九年の天安門事件で西側から兵器禁輸の制裁を受けており、ロシア製兵器への依存を強めていた。中国の兵器輸入に占めるロシア製兵器の割合は、二〇年の間、平均で七〇％前後までに達していた。しかし二〇〇五年の八〇％から、二〇一二年には四〇％にまで、その割合が減少した。[43] それでも両国は二〇一三年から二〇一四年にかけて、いくつかの大型商談を成立させた。ロシアと西側との緊張が高まり、中国のロシアに対する発言力が強まった事情も関係していた。ロシアは中国へ、これまでより格段に高い水準の兵器を輸出するようになった。輸出の量は減ったが、質は向上した。ウクライナ危機を契機に、中国の立場が一段と強まったためでもある。[44]

ロシアは二〇一五年四月、最新鋭の地対空ミサイルＳ４００を、三〇億ドルで中国へ売却することを決めた。これまでは技術流出を恐れて、なかなか売却に合意しなかった兵器である。[45] 中国に対するロシアの立場は、二〇一四年のクリミア併合を受けて西側が発動した対露制裁のため弱くなっており、このような方針転換をもたらしたとみられる。Ｓ４００の射程距離は四〇〇キロに達する。台湾の全領空を内陸部から射程内に収めることができ、[46] 東シナ海に設定した防空識別圏（ＡＤＩＺ）の防空能力も強化できる。今後、南シナ海でも中国がＡＤＩＺを設定すれば、その北部領域で同様の効果が期待できる。Ｓ４００は二〇一八年五月に実際の引き渡しが始まった。[47]

ウクライナ危機以降、ロシアは最新鋭の戦闘機スホイ35（フランカーＥ）を中国に輸出する契約にも調印、兵器供給で実績をさらに上げた[48]。これにより中国は、空軍力で潜在的に台湾を上回ったとの見方もある。スホイ35を保有することで、中国が戦闘機開発の技術力を高め、国産のステルス戦闘機J20の性能を米国のF22の水準にまで高める可能性もある[49]。二〇一六年十二月、スホイ35の最初の四機が引き渡された。次の一〇機が二〇一七年十二月に、さらに一〇機が二〇一八年十二月末に、それぞれ納入された[50]。

ロシアから中国への兵器輸出には周期性がある。一九九九年から二〇〇五年にかけて急速に拡大し、二〇〇五年から二〇一〇年までは減少した。二〇一〇年から二〇一五年にかけて安定化し、この間にS400輸出など重要な契約が成立した。地対空ミサイルや戦闘機をめぐる取引の変化が、このような規則的な変動を生む大きな要因となっている。同時に二〇〇二年に米国がABM制限条約を離脱したことや、二〇一三年を起点とするウクライナ危機など、安全保障上の環境の変化も関係している。

中国ではロシア製兵器への依存度が、他国の兵器に比べて明らかに強いが、大きな変化が全くないわけではない。例えば一九九四年と一九九八年は、ロシア製兵器の輸入が大幅に減少した。中露の軍需産業が相互依存を強めたので輸出入の必要性が低下したことや、ロシアが中国への技術流出を警戒した事情があるとみられる。

ロシアから中国への兵器輸出は二〇一〇年に比べれば増加しているものの、最近の契約件数は二〇〇〇年代半ばより少ない。中国の技術水準が上がっていることも一因だが、中国がロシア製兵器を解析して技術を流用する事態をロシアが警戒してライセンス供与に慎重となっているのも確かである。中国国産の瀋陽J11戦闘機は、ロシアのスホイ27を研究して開発したとされる。中国は一九九五年にスホイ27をライセンス生産する権利を二五億ドルで買い取り、J11A戦闘機二〇〇機を生産した。中国はさらに、この技術を基礎に改良型であるJ11Bを開発した。これを知ったロシアは二〇〇六年に、ライセンス契約を打ち切った。中国は世界で初めてスホイ35を輸入したが、この戦闘機に注ぎ込まれた技術をまたもや盗むのではないかという疑念が拭えない[51]。中国が別のルートからロシアの軍事技術を入手している可能性も浮上している[52]。

中国が軍事技術を盗用する懸念に加え、地政学的な思惑も中露の軍事技術協力を複雑なものにしている。ロシアは中国と伝統的に対立する国々を対象に兵器の輸出先を多様化することで、中国の力を抑制しようともくろんでいる。中国への輸出を充分に確保する一方で、中国と領土紛争を抱えるインドやベトナムにも兵器を輸出している。特にインドへの兵器輸出は中国より長い伝統があり、中国へ供与する兵器より進んだ兵器を輸出している。

同時に中露の軍事技術協力が、ますます常態化する傾向も否定し難い。ウクライナ問題で二〇一四年に導入された対露制裁を受け、潜在していた地政学的な利害関係が顕在化し、その状態が今後も長く続くとみられる。このため両国は以前よりはるかに念を入れて策を練るようになった。南シナ海など戦略的に重要な地域での協調行動にも十分な戦略性がうかがえる。このような構造的な転換は、両国が結ぶ軍需産業のライセンス契約にも反映している。二〇一五年末までに中露が締結したライセンス契約は九件に達した。第四世代戦闘機スホイ27の生産でロシアが中国を支援する契約や、海空域探査レーダーの生産に関する契約などが含まれる。二四機のスホイ35を対象とする二〇億ドルの契約など五件のライセンス契約も二〇一五年に結ばれた。中国はロシアが債務を兵器で現物返済することも認めている。

戦略的意味合い

中国の台頭で非対称性を強める中露の防衛協力は、主に三つの領域から成り立つ。これらは二〇一三年から一四年のウクライナ危機により、特に重要度を増した。第一の領域は中国軍の「接近阻止・領域拒否」戦略に関わる。中国は台湾に対する外部からの支援に対処するコストが急速に膨張することを想定して、この戦略を採用した。台湾で李登輝と陳水扁が政権の座にあった一九九〇年代後半から二〇〇〇年代前半にかけて、ロシアが中国に供給する兵器の中で最も重要度が高かったのは、キロ級潜水艦とペテルブルク・ラーダ級潜水艦だった。後者は中国と共同で設計、開発した。ロシアは二〇〇五年から二〇〇九年にかけて、SS－N－27対艦ミサイル一五〇基も中国に供与した。台湾が政治的軍事的な挑発を強めた場合、米海軍の空母戦闘群の接近を阻止することが、中国の優先課題である。[53] ロシアが供与したこれらの兵器で、中国は「接近阻止」能力を強化できた。

中露の国防協力は近年、第二の領域でより鮮明に焦点を結びつつある。地政学的に潜在的な意味を増す防空と航空機の生産である。既述したように、ロシアは中国のみならず、中国と競合する国々にも新鋭兵器の供与を継続している。ベトナムにディーゼル潜水艦を、インドに最新型のスホイ30戦闘機を、それぞれ輸出している。[54] しかしウクライナ危機の後で、中国との軍備協力を、従来はインドとの間にさえなかった高い水準へと引き上げた。

第三の領域は軍事演習である。軍事演習は地政学的にも技術的にも、より大きな意味を帯び、両国に戦略上の利益をもたらすようになった。国防、軍事技術をめぐる中露の協力は、一九五〇年代に比べ格段に制度化が進んだ。精度も高く規模も大きい合同演習に取り組んでいる。最近ではミサイル防衛でも合同演習を実施している。相互運用の水準も前例のないほど高い水準に達した。とはいえ、一九五〇年代には常態化していた合同演習が復活したのは二〇〇五年であり、恒常化したのは、ここ一〇年ほどのことである。

二〇〇五年八月にウラジオストクで実施した合同軍事演習「平和の使命２００５」で中露は、台湾を想定した〝第三国〟を相手に、上陸強襲、海域封鎖、防空網破壊の訓練をした[55]。二〇〇三年一月から二〇一八年十二月にかけて、中露の合同軍事演習は計三〇回に達した[56]。このうちテロ対応の演習は一七回、上海協力機構の枠組みで実施した多国間の演習が一一回である。二〇一二年以降は、プーチンと習の国内基盤や、制裁によるロシアと西側の関係悪化などを要因に、中露合同演習の性格に変化が生じた。

二〇一二年四月、中露海軍は連続合同演習〝繋がる海〟の開始を宣言した。二〇一四年五月には、その一環として、海上艦艇、潜水艦、特殊海兵隊による合同演習を東シナ海で実施した。

中露海軍は二〇一五年五月、ともにダーダネルス海峡を通過、初めて地中海で合同演習をした[57]。二〇一五年八月には、第二次大戦で日本が敗けて七〇周年の節目から数日も経過しないうちに、日本海（東海）を舞台に両国艦隊が示威行動をした。いずれの行動も地政学的に重要な意味を帯びていた。日本海での艦隊行動は、台湾や東シナ海の領土紛争と関連した海上演習を、この一〇年で初めて中露が実施したという意味で特筆すべき出来事だった。両国は二〇一六年九月、南シナ海でも大規模な合同演習を行った。ハーグの仲裁裁判所はこれに先立ち、南シナ海で中国が主張する領有権には法的根拠がないと認定していた[58]。二〇一七年にはバルト海、黄海でも合同演習を行った。二〇一四年以降、中露はそれぞれが戦略的利害を有する海域を相互に行き来して合同演習を繰り返している。

中露が二〇一八年秋に東シベリアで決行した「ヴォストーク２０１８」は、過去最大の合同演習となった。ロシア軍は約三〇万人、中国軍は三〇〇〇人以上が参加した。モンゴル軍の参加は、ユーラシア統合がさらに一歩前進した印象を与えた。この演習は一九八一年以降、ロシア領土で行われた軍事演習で最大の規模となった。また冷戦後の演習で初めて、安全を脅かす非伝統的脅威に対処する演習とは異なり、国同士の紛争をシナリオに採用した。

結論

ロシアと中国の間では、合理的な経済関係が成立している。ただロシアの経済規模は、成長著しい中国の五分の一にも満たない。両国はユーラシア大陸の中央で二二〇〇マイルの国境を共有し、資源の供与、消費などを通じ、互いに不足あるいは弱い領域を補完する関係を築いている。中国は一〇年以上前から、世界のエネルギー需要拡大の相当程度を担い続けている。そして、当分の間は世界最大のエネルギー消費国であり続けるだろう。ロシアは中国とは対照的に、在来型天然ガスの埋蔵量で世界の四分の一を占め、石油その他の資源も極めて豊富である。二〇一六年と二〇一七年は、中国への石油供給量で第一位を占めた。

ロシアと中国はユーラシアの二大強国として、過去二世紀に占める多くの時代を通じ、緊密な接触を保ってきた。その関係は時に脆弱であり、しばしば敵対的でもあったが、この一〇年で大きく変わった。今や中露関係の絆を強める四つの要因は次の通りである。①ウクライナ危機や冷戦後のNATO拡大のために、ますます深まるロシアと西側の間の亀裂。②エネルギー、工業の分野で成立する相互補完関係。③米国の一極支配を突き崩すことで得られる戦略的利益の一致。④二国間で中国に傾く力関係の変化。ウクライナ危機以降、中露関係はますます中国に有利な条件で推移するようになっている。

これまで検討してきたように、中国が主導権を握る中露協商には、ウクライナ危機が本格化した二〇一四年前半以降、いくつかの重大な局面があった。経済面においては、二〇一四年五月のエネルギー合意と、中国の一帯一路とロシアのユーラシア経済同盟の連携に関する合意が挙げられる。安全保障の面では、ロシアが中国に輸出する防衛装備や軍事技術の範囲が顕著に拡大しており、地対空ミサイルＳ４００や、量産段階に入った最新鋭戦闘機スホイ35の供与などが代表例である[59]。両国はますます高度で地政学的な意味を帯びた合同軍事演習に取り組むようになった。ウクライナ危機を受けて強まった中露の政治的、経済的な協力は、さらに緊密な両国関係を実現することで、一九五〇年代の中ソ対立以降、かつてないほど堅牢で高度なものとなった。スーパー大陸へと変貌しようとするユーラシアにおいて、深化を続ける中露協商の動向は最も注視すべき対象である。中露協商は台湾の安全を脅かし、中国の欧州へのアクセスに寄与する。欧州が中国にとって今後、重要性を増す相手であることは、次の章で考察していく。

第八章

新しい欧州——深まる相乗作用

欧州と中国はユーラシアの両端に位置する。その間には地球半周分の隔たりがあり、対照的な文明を育んできた。文化の違いや過去の帝国主義に由来する複雑な遺産が、双方の関係を損なう要因となってきた。ただ双方は同じ巨大な大陸にあり、断続的に交流が途絶える時代があったにせよ、双方の行き来を阻害する地理的な要因はあまりなかった。欧州も中国も米国と同様に、生産と技術の主要な担い手であったので、経済の領域で互いに関心を抱いてきた。ユーラシア・スーパー大陸の勃興は世界の重大事であり、欧州と中国がともに支柱の役割を果たすことになるだろう。

トランプが生む米国と欧州の緊張は、欧州と中国を着実に接近させている。欧州と中国は一〇年前のリーマン・ショックを契機として相互依存を強めるようになった。ユーラシアをまたぐ親密な関係は、社会、経済、さらに政治の領域でも醸成されつつある。将来的には世界情勢を決定づける要素となる可能性を秘めている。欧州と中国は、互いに異質な性格を有するにもかかわらず、世界でともに政治経済の中核を成す存在である。力を合わせれば米国の突出した支配力を脅かし、世界を動かす仕組みを抜本的に変えてしまいかねない。

欧州と中国をめぐる問題は、むしろ世界規模の問題と言えよう。欧州と中国はそれぞれ、米国を除けば国際情勢を動かす最も重要なプレーヤーにほかならない。欧州連合の名目GDPは一六兆ドルで、世界の生産の二二%を担う。中国は一五%なので、双方を合わせた生産量は世界の計三七%を占める。米国の生産量は世界の二五%にとどまり、(1) 欧州も中国も非常に洗練された技術力を有する。中国は膨大な人口を有し、急速な経済成長を続け、まだ一人当たりの収入が低く伸びしろが大きい。成長力では欧州にも確かな潜在性がある。欧州と中国の組み合わせは、来るべき世界でますます大きな比重を占めるだろう。

再連結への試練

欧州と中国は有史以来、ほとんどの時代を通じ、政治的にも経済的にも隔絶していた。互いの文化にも理解が薄かった。しかし、はるか遠方の異国情緒に惹かれ合うことも稀ではなかった。そのような蜜月状態が最近、復活しつつある。

中国と欧州の交流史は、シルクロードの歴史と密接に絡んでいる。中国の漢とローマ帝国の間で断続的に続いた二〇〇〇年前の交易に、その起源を見いだすことができる。アウグストゥスが地中海全域を制圧、紀元前二〇〇年にパルティアと和解してから、この交易は特に盛んとなった。ローマ帝国が分裂すると中国との交易もなくなったが、欧州の中世に復活した。そして、欧州の大航海時代に再び衰退した。この経緯は次節で述べていく。

第二章で指摘したように、シルクロードを介した欧州と中国の交易は、過去二世紀の間に盛衰を繰り返してきた。それは概ね仲介者を通じた交わりであった。シルクロードの歴史において、少なくともその前半は、欧州も中国もソグド人やパルティア人などの商人から話を聞いて間接的に互いを知るにすぎなかった。中国を最初に実見し広く紹介した欧州人は、十三世紀のマルコ・ポーロである。[2]

ポーロは中国を自由に往復できた稀な人物だった。皮肉なことに、それは残忍なモンゴル帝国が旅券制度を導入したので、シルクロード経由の取引や長距離の旅に制限を加えていた仲介業者や卸売人たちの横暴が抑え込まれた。元の王朝は一三六八年に崩壊し、モンゴル人が中国から追い出されると、欧州と中国の交流はかなり困難となった。欧州と中国がイエズス会の活動を通じ、再び直接の交流を始めるのは十六世紀になってからである。膨大な人口を有する中国は、キリスト教の布教活動にとって、潜在的に大きな期待を託せる地であった。

イエズス会のマテオ・リッチもイタリア人で、極めて活動的で発信力に富む宣教師であった。彼は中国に一五八三年から一六一〇年まで滞在した。(3) ジョナサン・スペンスによれば、リッチは「中国人民の生産力、洗練された官僚制、伝統文化に宿る哲学性、支配者の威勢」を称賛した。(4) 彼の詳細な日誌は、中国に関する欧州人による初期の文献としては、最も優れたものの一つである。欧州では十八世紀中葉まで、このような中国称賛は特に珍しくはなかった。

清朝初期の十七世紀後半、イエズス会の中国布教でイタリア人に代わり中心的な役割を果たしたのはフランス人であった。彼らは中国の現実と潜在力を、イタリア人にも増して熱く称えた。それは「太陽王」と呼ばれたルイ十四世に向けた訴えでもあった。宣教師たちは資金援助の上積みと人材派遣を大いに期待しており、(5) 特に儒教の経書にみられる倫理的規範を強調した。中国人は生来、道徳的な民で、ユダヤ教やキリスト教と類似した一神教を信仰した時期もあり、キリスト教への改宗は容易である。フランス人宣教師たちは、このように説いた。

二世紀以上の間、イエズス会士が中国の支配者や社会について残した報告は、中国について欧州で最も詳細で普及した情報であった。それは欧州における中国像を決定づけた。一七七三年にローマ教皇はイエズス会の解散を布告したが、宣教師が残した記録の力は失われなかった。啓蒙時代の十八世紀となっても、欧州ではリッチやイエズス会のフランス人宣教師たちが伝えた肯定的な中国像は変わらなかった。

ドイツの哲学者ゴットフリート・ウィルヘルム・ライプニッツ、同じ時代に活躍したフランスのヴォルテールや重農主義者フランソワ・ケネーらは、中国の文献を仔細に読み、影響を受けた。特に「中華王朝」が封建貴族を否定し、官僚による統治を導入したことを高く評価した。ヴォルテールは中国について、統治者が同時に哲学者でもあることによってプラントンの理想政治を追求する世界で唯一の国家である、と手放しで称賛した。[6] ヴォルテールによる中国称賛に刺激を受けた欧州では、やがて公務員制度が誕生し定着した。[7] 反教権主義者のヴォルテールは一方で、イエズス会が称賛した中国の高い倫理性を逆手に取り、中国はキリスト教国家ではないのだから、キリスト教を倫理的社会の基盤とする必然性はない、とも主張した。[8]

ヴォルテールの中国礼賛には、同時代の欧州に広く行き渡っていた中国への文化的共感が反映している。欧州と中国の間には、自らへの欲求不満と未来への希望というプリズムを通して互いを眺める傾向があった。十八世紀中葉の欧州は、世界に開かれてはいたが、革命に向かっており社会不満が渦巻いていた。ある意味では二世紀後の一九六〇年代の欧州と似ていた。そのような欧州から眺めれば、中国の在り方は多様かつ斬新で、有力な選択肢としてのパラダイムを明確に示しているように映った。

シノワズリと呼ばれる中国趣味が、欧州にあまねく浸透した。それは社会政治の分野にとどまらなかった。スペンスによれば、「中国の家屋や庭園を描いた印刷物、刺繍のある絹地、敷物、色とりどりの磁器」を見て、「欧州人は、新古典主義の建築がまとう幾何学的な正確さや、重厚なバロック様式を超える魅力を見いだした」。[9] 中国の美意識は、フランスのロココ様式から、市民が憩う公園に建てた仏塔、富裕層が移動に使った籠椅子、観賞用の庭を取り巻く格子細工に至るまで、強い影響力を広く及ぼした。

しかし啓蒙思想の価値観に照らせば、中国は不可解な存在であった。そのような国に欧州がどのように向き合うべきかという問題が、社会政治学の視点から提起され、厳しい議論が展開された。ユーラシアにおける欧州と中国の関係をめぐっては、このような議論が今日に至るも継続している。[10]ヴォルテールやライプニッツは概ね中国に好意的であった。だが対照的にルソーやモンテスキューは中国に容赦がなかった。彼らによれば、中国の文化は確かに洗練されてはいるが、中国人は真の自由を享受していない。法律は理性より恐怖の上に成立している。複雑な教育制度は倫理を向上させるより損なう方向へ作用する。[11]このようにルソーらは主張した。欧州と中国が知の在り方をめぐり今も対立する構図は、既に十八世紀の啓蒙思想が提示していたのである。

啓蒙時代に欧州人と中国人が互いに抱いた親密感は、時代を経て飛躍的に強まった。一九六〇年代以降は協商の様相さえ帯びるようになった。特筆すべきは二〇一五年に、多くの欧州国家がアジア・インフラ投資銀行（ＡＩＩＢ）に加盟した事実である。欧州連合（ＥＵ）は今日、中国にとって最大の貿易相手で、中国はＥＵにとって、米国に次ぐ第二位の貿易相手である。相互の投資が急速に拡大しているので、ユーラシア大陸のみならず北極でさえ、輸送経路としていっそう関心を集めるようになった。[12]欧州諸国と中国は毎年、首脳会談の機会を設けている。欧州諸国は先を争うように中国主導のＡＩＩＢに加盟して、加盟を拒否する米国に衝撃を与えた。[13]

中国と欧州の関係が現在いかなる水準にあるか、将来どこへ向かおうとしているのかを理解するためには、さほど遠くない過去を振り返るのが有益である。互いの文化に憧憬を感じた啓蒙時代を経て、欧州は帝国主義の時代を迎えた。中国との間に疎外感が生じ、関係は複雑さを増した。第一次アヘン戦争の結果として一八四二年、英国は香港を併合した。欧州諸国は中国に不平等条約を強要したが、後に日本までもが、同様の条約を中国に迫った。毛沢東は一九四九年、中国人民政治協商会議における歴史的演説で「中国人民は立ち上がった」と宣言した。中国革命に対して、欧州諸国は米国より好意的だった。英国やデンマーク、フィンランド、スウェーデン、スイスなどは、中華人民共和国（PRC）を一九五〇年の早い時期に承認した。しかし、英国を除く他の欧州主要国は、より時間をかけた[14]。中国とフランスが一九六四年にクロス承認に踏み切ったことが、一つの転機となった。フランスのアンドレ・マルロー文化相が、華々しく北京を訪問した。彼が書いた『人間の条件』は中国革命の初期を好意的に描き反響を呼んだ[15]。欧州で中国への関心を呼び覚ましたのは、またもフランスであった。

今日の中国と欧州の関係は一見して過去と似ているものの、将来に向けた高い潜在力という点で冷戦以前とは質的に異なる。第一に政治、経済の問題を折衝する仕組みや制度がよく整備され、互いに予見可能な存在となった。これにより、ヴォルテールやルソー以来、欧州が苦慮した中国の政治体制に関する議論と距離を置いて、中国に向き合うことができるようになった。一九五八年設立の欧州委員会が中心的役割を果たした。この組織は個々の国家を超越し、特に経済問題では政治に拘束されず技術的な観点から対処できるため、EUと中国の関係と対話を安定軌道に乗せる役割を果たした。一九九八年以来、毎年恒例となったEU中国定期首脳協議、二〇〇八年に始まった経済と貿易に関する高級対話、二〇一二年に第一回が開催された人的・文化交流に関する高級対話は、その成果である[16]。外交問題で全会一致を原則とするEUの決定方式では、経済や金融の潮流に応じて迅速な反応ができない。

一九九六年創設のアジア欧州会議（ASEM）は官僚、研究者、NGOに、政府間ルートに制限されない〝1・5トラック〟という緩やかな交流の枠組みを提供している。資金面では欧州復興開発銀行（EBRD）が新たな取引相手となった。中国は二〇一六年一月、EBRDの六七番目の株主となった[17]。地政学的に機微な性格を帯びる安全保障面では、ブリュッセルに本拠を置く北大西洋条約機構（NATO）が、実務的折衝の窓口である。

拡大EUと対中関係の深化

この三〇年間でEU自体も根本的に変わった。それに伴いEUと中国の関係にも変化が生じたが、従来はあまり関心を集めなかった。最も重要な変化は、EUが地理的に領域を大幅に拡大した事実である。新規加盟国は二つの範疇に分類できる。これによりEUは、政治、経済、歴史的な経験という点で、冷戦時代の西欧六カ国[18]あるいは九カ国[19]の時代とは、決定的に異なる時代を迎えた。地図8－1に示すように、新規加盟国は①スペイン、ポルトガル、ギリシャなど民主化を成し遂げて一九八〇年代に加盟した地中海諸国[20]、②中東欧で旧ソ連崩壊後の一九九〇年代に共産圏を脱した〝新欧州〟の諸国に分類できる。

第一のグループであるポスト「欧州9」は南欧の民主主義諸国で、欧州の諸国連合が地中海へ拡大したのは、一九五八年にイタリアが欧州共同体（EC）の前身である欧州経済共同体（EEC）に加盟して以来である。ギリシャ、スペイン、ポルトガルは、EU加盟の前提条件である民主主義国家の要件を一応は満たしている。だが、その民主主義は依然として脆弱である。軍部の介入、強力な労働組合、未成熟な官僚制度、国民心理に根付いた伝統的な政府不信などの問題を克服できていない。後年になって、これら南欧諸国が経済危機に陥り、中国のようなEU以外の新興有力国の経済支援に臆

地図8-1　欧州連合（EU）の拡大（1957年-2013年）

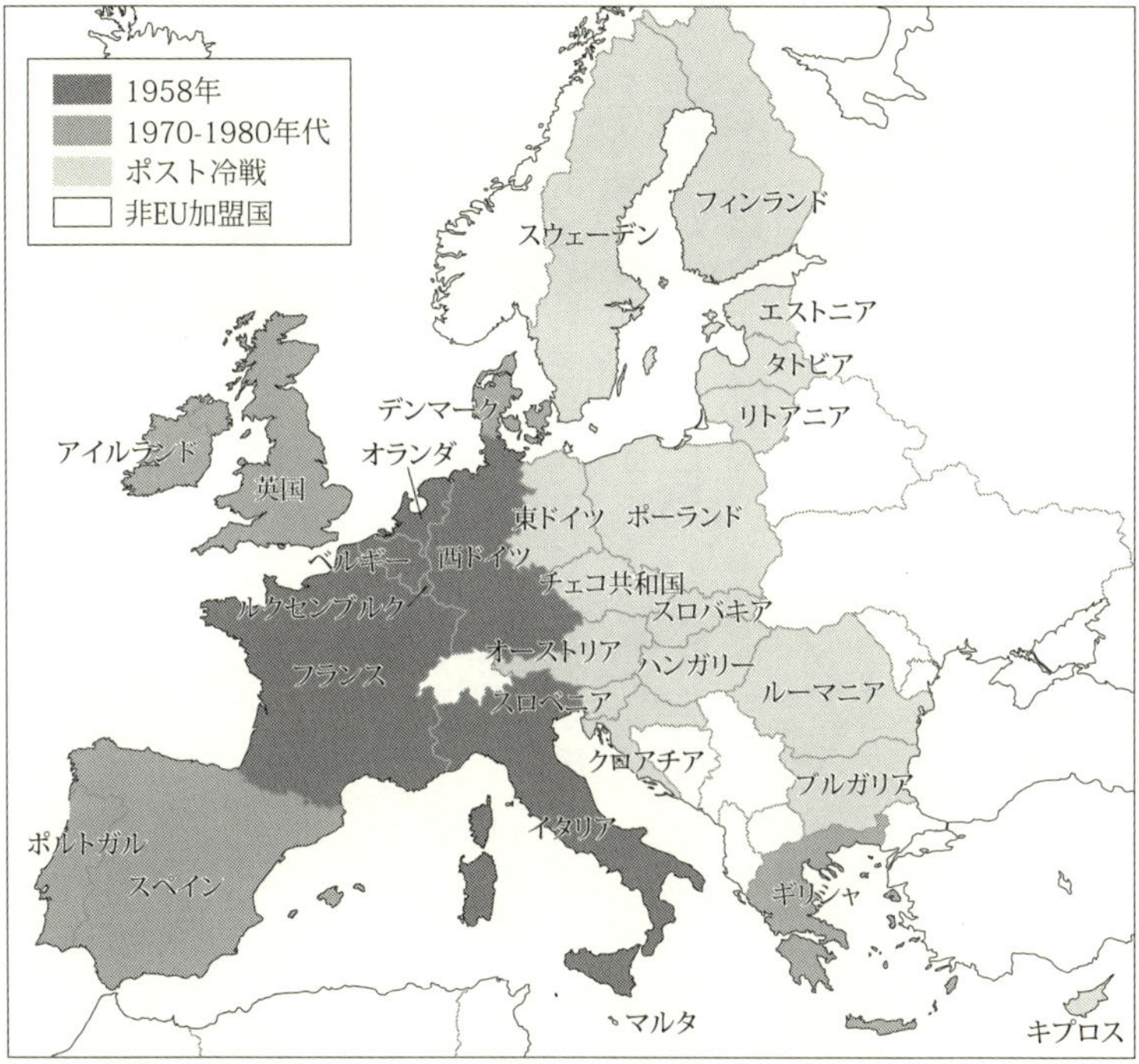

出　典：EuropeanUnion,"EUMemberCountriesinBrief,"https：//europa.eu/european-union/about-eu/countries/member-countriesen.
注：英国のＥＵ離脱日の再延期が最長で2019年10月31日まで承認されている。

面もなくすがるようになったのは驚くに当たらない。

　地図８－１に示す新欧州諸国は、地中海諸国より約二〇年遅れてＥＵに加盟した。これら新規加盟国は①ポーランド、チェコ、ハンガリーなど旧ワルシャワ条約機構加盟国、②一九九〇年代初頭までソ連の一部だった国、③旧ユーゴスラビアの国の三種類に分類できる。第一のグループは国際的地位も高く、世界と広く安定した関係を築いていた。第二のグループにはバルト諸国（エストニア、ラトビア、リトアニア）が含まれる。これら三国は、スターリンによって一九四〇年にソ連に併合されるまで、二〇年以上、独立国家として存在していた。[21] 旧ユーゴスラビアからEU加盟を果たしたのは、まだスロベニアとクロアチアだけである。

新欧州諸国には共通して、冷戦に由来する以下のような際立つ特徴がある。①長年にわたり中国とおおむね良好な伝統的関係を維持してきた。新欧州諸国はソ連に対して自立性を保つため、同じ社会主義国家である中国を利用した。②かつてロシア帝国に属したため、ロシアに対し、微妙で、しばしば敵対的な国民感情があるロシアが地政学的な野心を復活させつつあることに恐れを抱いている。以上の事情から新欧州諸国は、中国との関係深化に地政学的な利益を明確に見いだしている。これは、しばしば強調される経済的動機とは異なる。新欧州諸国がEUとロシアの接近をあからさまに嫌悪する背景にも、中国と自国との経済的関係への配慮がある。近隣にあるロシアはウラジーミル・プーチンのもとで、再び野心を露《あらわ》にしている。新欧州諸国は、はるか遠方の中国との関係を、対露関係で均衡を保つために利用しようとしている。ロシアの脅威が高まれば高まるほど、中国の魅力がそれだけ増して見える。

欧州主要国は一九九二年のマーストリヒト条約で、通貨統合へと乗り出した。その結果、貿易と金融の領域で、国家間の相互依存が急速に強まった。財政と規制に関しても協調の度合いを高めた。ユーロが実際に導入されたのは一九九九年である。地中海諸国を含む新規加盟国は、一斉に著しい経済成長を遂げた。これら諸国では政府、経済界、消費者がこぞって低い利息の恩恵を被り、通貨同盟からの資金借り入れに殺到した。急速な成長は債務の増加を伴い、通貨同盟がこの先も、果たして順調に機能するのかという疑念が生じた。

ますます多様化する傾向は、この四半世紀の間に顕著となった新欧州の特質である。新欧州諸国は地域規模でも世界規模でも、これまでに全く例がないほど相互依存を深めている。新欧州の幾つかの国──断じて全ての国ではない──は、中国との相互依存を歓迎している。だが留意すべきは、全会一致というＥＵの行動原則である。ハンガリー、チェコ、ギリシャなど東欧、南欧にあって中国依存を強める比較的貧しい国々は、西側主要国が多くの分野で中国に厳しい態度で臨もうとしても、それを妨害できる。このため西側主要国は、自らは正当と判断する政策を推し進めることができない状況に追い込まれようとしている。

欧州の変容と安全保障

北大西洋条約機構（ＮＡＴＯ）の起源は、欧州の経済統合より古い時期にさかのぼる。一九四八年、チェコで政変が起き、ソ連がベルリンを封鎖した。ＮＡＴＯはこのような動乱に応じて生まれた。一九五七年のＥＣ創設より、ほぼ一〇年早い。ＮＡＴＯもＥＣも段階的に拡大してきた。ベルリンの壁が崩壊し、ワルシャワ条約機構が消滅した一九九〇年代は、特にその潮流が早まった。二〇〇〇年代には旧ソ連の一部であったエストニア、ラトビア、リトアニアがＮＡＴＯへ加盟した。アルバニア、モンテネグロ、トルコなどはＥＵには未加盟だが、ＮＡＴＯの構成国である。オーストリア、フィンランド、アイルランド、スウェーデンなど中立政策をとる国々は、ＥＵにもＮＡＴＯにも加盟している。だがＮＡＴＯとＥＵの加盟国はおおむね重複しており、この数十年間にわたり、拡大も似たような様相を呈してきた。

ＮＡＴＯ拡大は中国と欧州の関係に重大な影響を及ぼした。第一にＮＡＴＯ拡大により、多くの欧州国家とロシアとの間に緊張と疎外感が強まった。特に東欧において、その傾向が顕著である。このため中国は戦略的バランサーとしての役割を自ずと高めた。中国は冷戦期においても、一九五〇年代後半から同様の役割を演じる機会が多かった。第二に一九九〇年代に始まったNATOの東方拡大は、中国との付き合いが長く人的交流も多い国々を西側陣営に取り込んだ。その結果、欧州と中国の関係は経済面でも外交面でも進展した。第三に、NATOは拡大によりロシアへの抑止力を強めたので、欧州と中国が接近することに対する米国の警戒感が薄れた。

欧州で拡大する中国の投資と貿易

欧州で生じたこのような歴史的変化のみならず、中国自体の変化も欧州との関係を深化させた要因である。中国はこの四〇年間に急速な成長を遂げ、二〇〇一年十二月にはWTOに加盟した。その結果、図８－１が示すように、欧州の企業にとって中国は、膨張著しい市場となった。しかし二〇一〇年以降は貿易高の中国依存が鈍った。中国の成長が減速し、中国市場への参入がさまざまな理由で難しくなってきたためである。

中国と欧州の経済関係で近年最も劇的な現象は、中国から欧州への投資である。中国の欧州向け投資は二〇一四年に初めて、欧州の中国向け投資を上回った。二〇一四年から二〇一七年の間にかけて、中国の欧州向け直接投資は、欧州の中国向け直接投資の三倍となった。その結果、二〇一七年の時点で、欧州における中国の累積投資は、中国における欧州の累積投資と同じ水準に達した。[22] 中国のEU

図8-1　EUの中国市場への依存の高まり（1990～2017年）

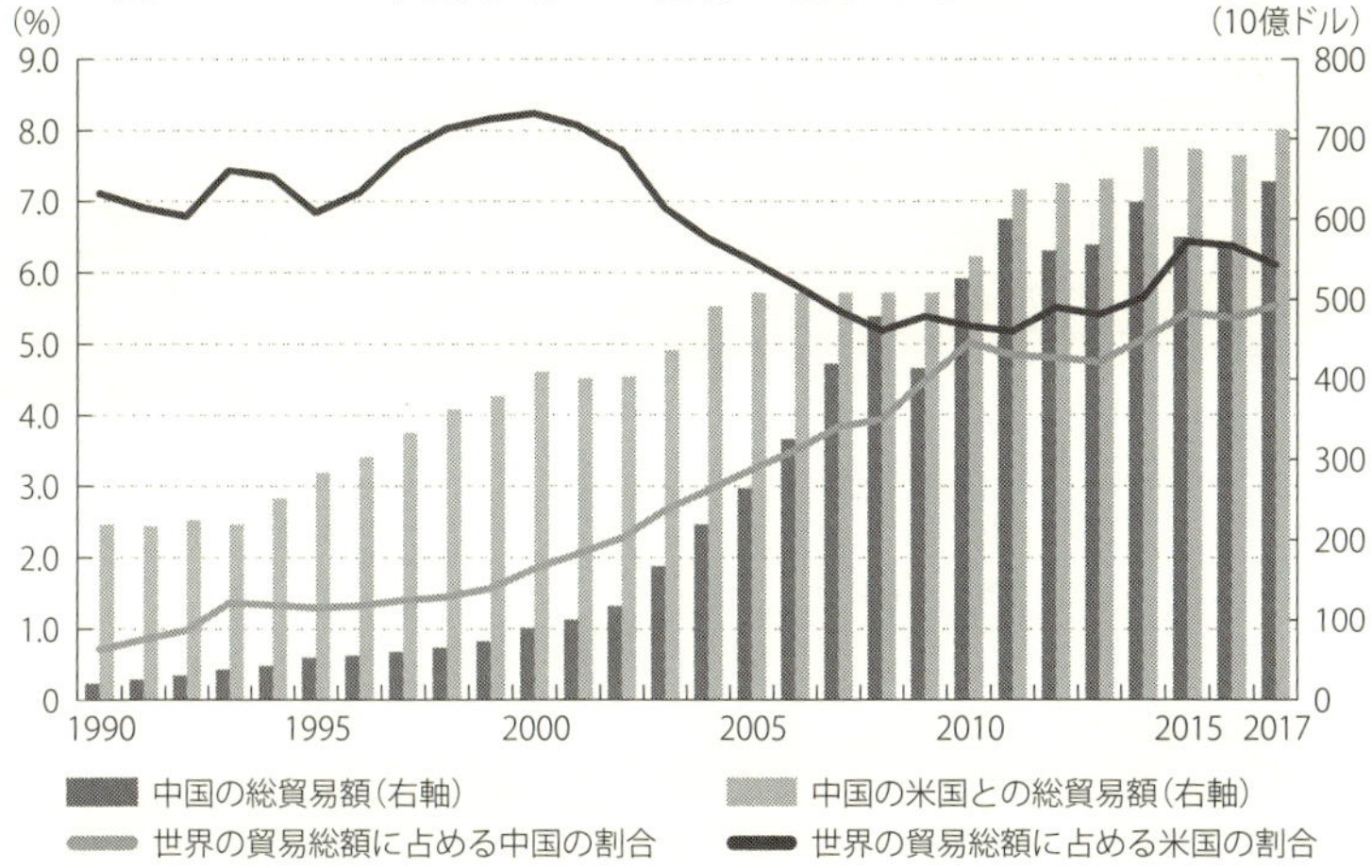

出典：International Monetary Fund, Direction of Trade Statistics.

向け投資は二〇一六年の単年で倍増し、約四〇〇億ドルに達した。優に中国の海外投資の四分の一を占める規模である。[23] 中国はセルビアや西隣のバルカン諸国などEU未加盟国にも、積極的に投資をしてきた。図8-2は、ロシアを除きEU未加盟国を含む欧州の全ての国のデータを反映している。この図が示すように、中国の欧州向け投資は二〇一〇年以降、急速に増えている。二〇一〇年の段階で、中国の海外投資総額に占める欧州向けの割合は六・四%にすぎなかった。ところが二〇一七年にその比率は三六・八%までに増加している。

相互依存を促進した二つの重大局面

一九九〇年代から二〇〇〇年代を通じて中国と欧州は、貿易、投資、文化交流の領域で関係を深めた。グローバル化の潮流に乗って、中国は北米・南米、アフリカとも関係を強化した。当然ながら欧州も東南アジアや南米とつながりを深めた。

図8-2　勢いを増す中国から欧州への投資

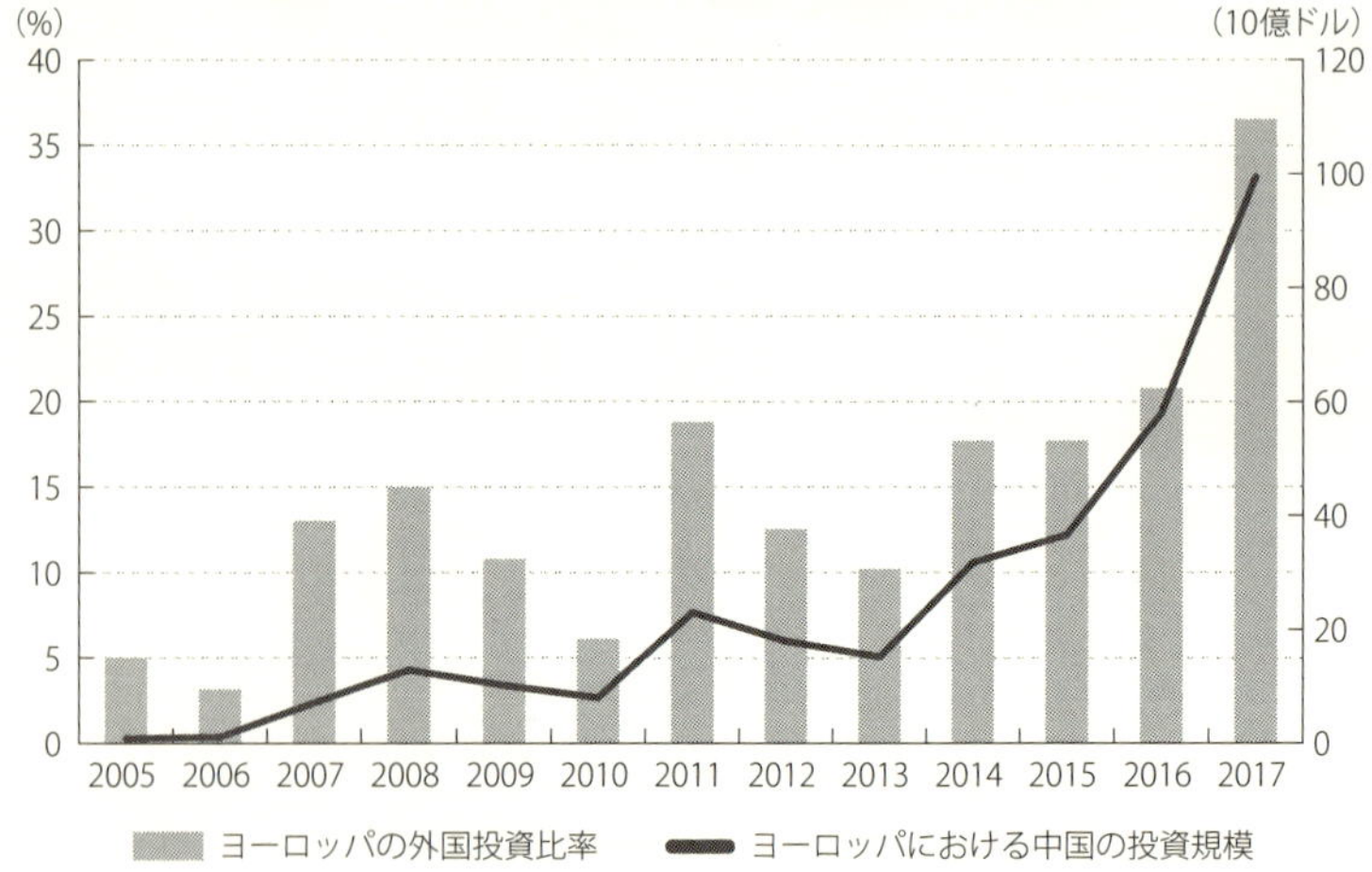

出典：International Monetary Fund, Direction of Trade Statistics.

グローバル化は全世界で地域間の相互依存を強めた。ユーラシア大陸における相互依存もその一環である。

しかしながらユーラシアには固有の事情もあった。一九七〇年代後半と一九九〇年代初めに、二つの重大局面が地経学的な統合をいっそう加速させた。中国の四つの近代化の開始（一九七八年）とソ連の崩壊（一九九一年）である。ソ連崩壊は欧州とアジアの地経学的状況に甚大な影響を及ぼした。特に欧州では、その帰結が重要な意味を帯びていた。欧州にとってソ連崩壊は、冷戦終結に伴い世界規模で起きた地殻変動の一環であった。ベルリンの壁が一九八九年に壊れ、東欧諸国の共産主義体制が次々と倒れた。その帰結としてＥＵとＮＡＴＯが拡大し、欧州は決定的な変貌を遂げた。

二〇〇八年以降にも、新たな転機が二回あった。一つは経済現象であり、さらに一つは安全保障上の変化である。これらがユーラシアの統合をさらに進め、第三章で論じたように中国と欧州の関係を深化させた。第一の転機は二〇〇八年に世界を襲った金融危機である。大西洋の東西で西側の産業化社会は根底から揺らいだ。中国は大規模な景気刺激策を講じ、疲弊した西側に対して政治的にも経済的にも影響力を急速に増した。金融危機は体力の弱っていた欧州で共通通貨ユーロをめぐる危機を誘引し、二〇一〇年以降、断続的に表面化した。

南欧で現れたユーロ危機は、ドイツや中欧諸国を突き動かした冷戦終結後のダイナミズムとは震源が違う異変であった。スペイン、ポルトガル、イタリア、ギリシャなど、あらゆる地中海諸国が痛手を受けた。それは二〇〇九年以降のギリシャ金融危機で頂点に達した。ギリシャ危機は、欧州諸国を強引に一つの構造に組み込もうとした野心に由来する挫折である。その意味で、後に起きたウクライナ危機とも共通する性格を帯びていた。急速に台頭する中国は世界最大の債権国であり、外貨準備高は三兆億ドルを超える。中国の存在は欧州の安定要因として重要度と期待度を増しており、対照的にロシアの存在感と信用は薄れている。そして米国は及び腰である。

ユーロ危機が起きた後は、中国の欧州における潜在的役割が、より明確となった。ユーロ圏は地政学的要因によって拡大した。だが新規加盟国の多くは地中海諸国で、欧州先進国が備える政治や社会の謹厳な基準を満たすことが難しかった。この構造的な乖離が、慢性的な財政赤字と構造改革の難航に悩む南欧のユーロ加盟国で、定期的に危機を招く要因となった。二〇一〇年、二〇一四～一五年のユーロ危機は、このような現実を浮き彫りにした。地中海諸国が脆弱な財務体質を克服するのは容易ではなく、同様の問題が今後いつ起きても不思議ではない。

ユーロは一九九九年に導入され、欧州大陸で広く定着した。比較的強い経済を有する欧州北部の国々の行方を、経済体質が弱い南欧諸国の動向が左右する構図が次第に出来上がった。地中海諸国は二〇〇〇年以降、中国との貿易を急速に拡大した。地中海諸国との貿易を減少させた日本とは対照的である。地中海周辺、とりわけその東部地域は中国との主要航路に近接しているため、中国にとって地経学的に特別な魅力がある。成長力を誇る中国には、この地域へ関与する強い意欲がある。このため地中海諸国はこの五年間で、中国への依存をますます強め、日本への依存度は著しく低下した。[24]

海外からの直接投資も同様の傾向を示した。中国から欧州への資金移動はすでに図8－2で示したように、過去五年間で着実に増加した。国別に見れば、経済が苦境にある地中海諸国への投資が特に多い。これら南欧の国々は、北に位置する伝統的な欧州主要国より、成長率が低くインフレ率が高いので、中国を除けば海外からの投資は急速に落ち込んだ。[25]興味を引くのは、中国のアイルランド向け投資が地中海諸国への投資より大幅に少ないという事実である。アイルランドは二〇一〇年の金融危機で窮地に陥ったという点では地中海諸国と同じだが、地中海とは、はるかに離れて位置する。中国は欧州でギリシャのようなEU弱小国を下支えする存在として、いっそう重要性を増している。支援を受ける個々の国のみならず、ブリュッセルのEU指導部にとっても、中国は大切な国となりつつある。対照的な存在が日本である。日本は欧州の安定化を図る役割を積極的に果たそうとしていない。

中国と欧州の関係を決定的に変えた第二の転機は、二〇一三年十一月に始まったウクライナ危機である。同国のヤヌコーヴィチ政権はEU加盟に見切りをつけ、親ロシア路線へと舵を切った。これに反発してキエフ中心のマイダン広場に集まった群衆は、やがて暴徒化し、騒乱は遂に革命へ転化した。親ロシア政権は崩壊し、武装勢力を含む反プーチン連合が実権を握り、ロシアとの対決色をますます強く打ち出した。これに対処する形でロシアは二〇一四年三月にクリミアを併合、西側の制裁を招いた。東西の軍事的緊張はウクライナだけにとどまらなかった。ロシアは旧ソ連圏において、バルト諸国などロシアと関係が悪い地域に対して圧力を強めた。

ウクライナをめぐる東西緊張が中国とロシアの関係を様々な面で強めた事実は、すでに第三章と第七章で指摘した。ロシアは欧州の大部分の国との隔絶を著しく深め、中国へとすり寄らねばならなかった。このような中露関係の変化を受けて、中国は中央アジアやベラルーシで影響力を増した。ともに従来はロシアの勢力圏にあった地域である。中国は比較的容易に、旧ソ連圏を欧州への通過経路として活用できるようになった。欧州諸国にとっても、クマの如く獰猛なロシアを牽制できるバランサーとして、中国の魅力が増した。

将来を見据えれば、ウクライナ情勢が生んだ緊張はロシアにも西欧にも、決定的な影響を及ぼし続けるだろう。冷戦末期のゴルバチョフ時代からロシアと欧州の指導者は、大西洋からウラルに至る「欧州共通の家」という構想を長年共有してきた。[26] だが、この理想も今や絵空事と化した。NATOに加盟したバルト諸国やポーランドに対してロシアが圧力を強めた結果、ロシアと欧州の間で緊張が高まった。このような状況下では、西側の同盟関係にどこまで頼れるのかという疑問さえ生まれている。西側がロシアの圧力に簡単に屈することはあり得ない。一方で西側が旧ソ連圏の心臓部に迫る事態を、ロシアは戦略的な危機とみなす。このためロシアは西側を旧ソ連圏から排除すべく圧力をかけざるを得ない。

中国はロシアと異なり、ウクライナ危機など新たな戦略的現実が脅威として迫ってくるわけではない。旧ワルシャワ条約機構の心臓部まで浸透し、旧ソ連圏の奥の院まで脅かそうとするNATOは、ロシアには脅威だが、中国には差し迫った危険を感じさせない。それどころか、新たな現実は中国の裁量の余地を広げている。ロシアと欧州が離反する状況で、中国は双方と良好な関係を保つことができる。NATOの東方拡大が偶然の産物ではない以上、今後も潮流は変わらないので、ロシアと欧州の緊張も簡単には解けないだろう。東欧では中国が今後も有利に立ち回れるはずだ。

中国と中欧の特殊な相互補完性

中国と欧州の貿易、中国の欧州向け投資は近年、ドイツといわゆるビシェグラード四カ国（ポーランド、ハンガリー、チェコ、スロヴァキア）への集中度を著しく増している。ドイツを加えたこれら五カ国はドイツ中欧製造業中核地域（GCEMC）と称され、付加価値商品の輸出に限れば欧州全体のほぼ半分を担う。その割合は二〇〇八年の世界金融危機の後で顕著に増えた。GCEMCを構成する膨大な工場群は一九九〇年代、欧州を分断していた冷戦が残した灰燼(かいじん)の上に出現した。西ドイツ、イタリア、フランスが構成する従来の生産網はすでに勢いが衰えていたため、その役割をGCEMCが果たすことになった。小ぶりで効率性が高い生産網が、かつての分断線をまたいで中欧に生まれた。地図8－2で示すように、隣接しながら分断されていた高い技術力と安い労働力が地経学的に融合した。

冷戦後に誕生したGCEMCは今や、精密機械、自動車、精製化学製品の製造において、世界で最も競争力がある工業地帯の一つとなった。小回りが利き効率性が高い供給体制は、地経学的に世界で突出した優位性を誇る。ドイツはGCEMCの生産性の恩恵を受け、中国、米国、日本に次ぐ世界第四位の製造業大国である。[27] 二〇一五年に公表された十年計画「中国製造2025」によれば、中国が格別な関心を抱くのが、まさにGCEMCが生み出すこれらの製品である。

BMWと中国が深める協力を見れば、GCEMCと中国の互恵関係が機能していることが分かる。

**地図8-2　ドイツとヴィシェグラード四カ国、
そして冷戦時の境界線の影**

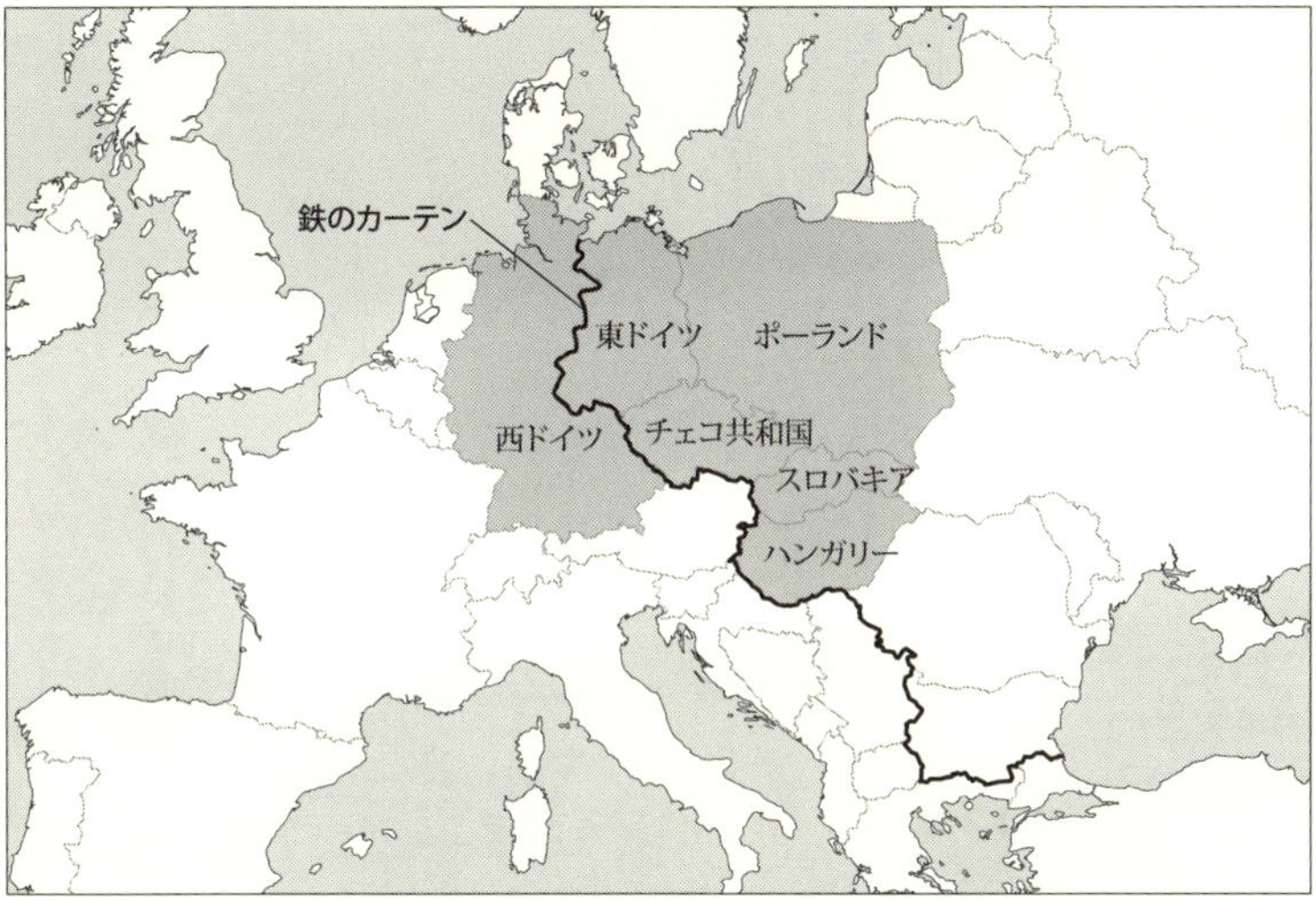

中国は規模において、ＢＭＷの世界最大の市場である。そして著しい成長率でも、世界屈指の市場である。[28] ＢＭＷは部品製造と最終組み立ての工場を、ユーラシア大陸の東西で運営しながら、ＧＣＥＭＣにも複数の生産拠点を置き、毎週三―七本の列車で製品を中国へ輸送している。本章で後述するように、ＢＭＷは電気自動車市場でも、中国企業と連携している。

　中国、ドイツ、ＧＣＥＭＣは主要な戦略分野で支え合っている。その規模と潜在的な可能性は、最近の貿易や投資の数字が明示している。中国はドイツの製造機械の世界最大の市場である。二〇〇二年から二〇一五年にかけて、ドイツと中国の貿易高は三二六％増えた。この間、ドイツとＥＵとの貿易は全体で平均三二％の伸びにすぎない。[29] ドイツの中国への輸出が、ＥＵから中国への輸出に占める割合は、二〇一六年に約四五％に達した。ドイツの輸出に占める中国向けの割合は六・四%である。これはEU諸国で最も高い比率である。[30]二〇一六年、中国はドイツで最大の輸入先となった。両国の貿易高は年二〇〇〇億ドルに近づいている。[31]投資の動向も貿易の拡大を反映した基調をたどっている。中国の中欧向け投資は、この地域との貿易と同様、二〇〇八年のリーマン・ショック以来、著しく増えた。中国のドイツ投資と建設契約は、二〇〇五年一月から二〇一八年六月までの期間に、三七〇億ドルに達した。最も多かったのは英国向けだった。ドイツ向けは二番目で、EU向け全体に占める割合は一一%だった。[32]中国のドイツと中欧向け投資は、自動車、電気機械、化学製品、産業機械、建設に極端に偏っている。いずれもドイツが競争力を誇る分野である。中国はドイツの産業ロボット製造企業クーカを買収した。同社は高度オートメーションの分野で世界屈指の企業である。またロボット化された自動化ツールとプラスチック装置で世界の市場を牽引するクラウスマッファイ社も買収した。吉利《ジーリー》汽車はボルボの筆頭株主だが、二〇一八年二月には、ダイムラー社の九・七%の株式も取得した。[33]

ドイツと中国の企業協力は、電気自動車やバッテリー開発の戦略部門でも進んだ。二〇一八年七月、電気自動車のバッテリーで世界最大のメーカーである中国のCATLとBMWは、今後数年間にわたりCATLがBMWに四〇億ユーロ(四七億ドル)のバッテリーを提供する契約を締結した。CATLは、このうち一五億ユーロ相当分を、ドイツ東部のエルフルトで生産している。[34]

重要性増すインフラ

中国の欧州向け投資では、その規模もさることながら、どのような事業に投資をしているかに注目すると興味深い実態が分かる。ボルドー・ワインをつくる葡萄園への投資は贅沢の極みである。スウェーデンの自動車企業ボルボの企業支配権を握る株式も取得した。ノルウェーの沖合石油採掘企業、ポルトガルの主要銀行、さらに地中海クラブまで投資の対象にしている。特筆すべきは産業基盤への重厚な投資である。エネルギー、建設、不動産が、中国による欧州向け投資の三本柱である。

一帯一路の大規模構想など欧州の産業基盤向け投資について、中国が展開する論理には一定の説得力もあるが、安易には理解できない。すでに述べた冷戦の終結に伴う欧州経済の変容と、次に検討する欧州の産業基盤の大変革という二つの状況を踏まえて、初めて理解が可能となる。バルト海からアドリア海へかけて欧州を分断していた鉄のカーテンが消え、地域経済も産業基盤の在り方も全く変わってしまった。

欧州で産業活力の源泉が中欧へ移転したため、中欧へアクセスする経路もますます重要性を増している。地図8－3に、そのいくつかを示した。ベラルーシを経由して東方から中欧諸国へ至る鉄道網、トルコやギリシャからの鉄道路などである。とりわけ中国が戦略的に力を注いでいるのが、ギリシャを起点にEU未加盟の旧ユーゴスラヴィア諸国からブダペストへ至る「海と陸のエクスプレス」の整備である。この輸送路はすでに建設が始まっている。欧州委員会が進める全欧州輸送網（TEN－T）の一部である「オリエント・東地中海回廊」は、EU加盟国のルーマニア、ブルガリアを経由する予定だが、いまだ計画段階にとどまり、「海と陸のエクスプレス」に比べ影が薄い。

インフラ構築はハイテクの集積であり、将来は欧州、とりわけ台頭する東欧や中欧と中国を結びつける。5Gなど高速通信とIoT技術を活用すれば、政治や規制の障害がない限り、遠距離の拠点をつなぐ生産網を構築できる。通信技術と物質的なインフラを相乗的に融合すれば、企業間の電子商取引、供給網の刷新に、今後の大きな成果を期待できる。大陸間の距離を超越するデジタル技術は、標

地図8-3　オリエント・東地中海回廊

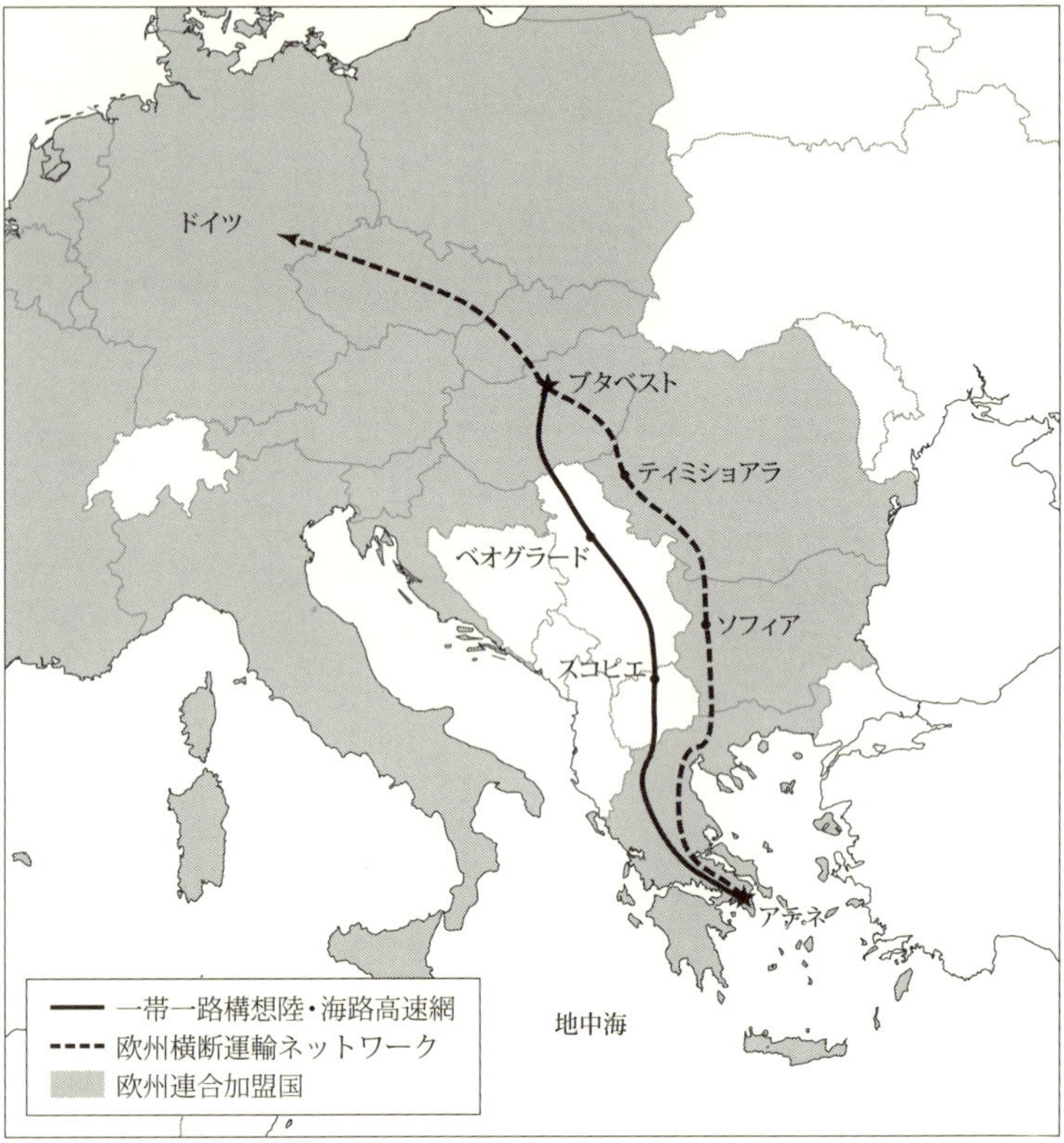

準化政策や投資の透明化という領域で困難な課題を克服する必要があるが、これから間違いなく重要性を増してゆくだろう。

ＥＵ域内の一帯一路構想に関連する投資、特に中欧と東欧を対象とした投資は、中国の欧州投資をいっそう拡大する跳躍台となり、中国が欧州で地政学的な影響を強める手段ともなる。中国が投資を土台にして、どのように影響力を拡大していくのか、ギリシャのピレウス港の例を見れば容易に予想がつく。ピレウス港はアテネに近接している。米国はかつてギリシャとの間で、一一隻保有する空母のうち一隻がピレウスを母港とする取り決めを結んでいた[35]。中国最大の海運会社である政府系の中国遠洋海運集団（ＣＯＳＣＯ）は、二〇〇九年以来、五〇億ドル近くをピレウスに投資してきた。ＣＯＳＣＯは今や同港で二カ所の大型桟橋を所有、港湾設備全体の六七％の権利を手に入れた[36]。ピレウス港は設備の更新が進み、中国を起点としてスエズ運河、インド洋を経由する一貫輸送の拠点としての重要性が高まっている。コンテナの取扱量は、欧州で七番目、世界では三八番目である。中国はピレウス港から北上してバルカン諸国へ至る鉄道にも投資している。マケドニア経由の幹線鉄道、ベオグラードからブダペストへの高速鉄道が含まれる[37]。これらの経路とハイブリッド鉄道技術、複合一貫海運を組み合わせれば、従来の海運輸送の半分の時間、陸上輸送の半分以下のコストで物資を運ぶことができる[38]。

北欧、西欧で高まる不満と警戒

中国の欧州向け投資は英国で始まり、欧州の工業の中核である同国で著しく拡大した。英国へのインフラ投資は、欧州で大陸経済の心臓部へ進出する道を開いた。だが中国は、スカンディナビア、アイルランドなど、欧州大陸の西部や北部では、それほどの熱意を見せなかった。中国の投資は多くの場合、専ら自国の利益追求に特化した閉鎖的な生産網の構築に充てられたので、中国系の労働者や企業を除けば、現地への恩恵は少なかった。

すでにみてきたように、中国と欧州の協力による相乗効果は概して潜在力が強く、深化も遂げている。特に技術分野は成長性が高いが、地理的、分野的な阻害要因も存在する。欧州の多国間制度は合意の原則で運営され、自由な貿易や投資を大枠では支持しているので、保護貿易主義を抑制する力学が働く。しかし、中国が欧州を侵食しているという警戒感や、中国が自国保護の貿易政策を進めているという不満が、特に欧州の北部や西部で強いという状況は看過できない。

最近の大きな火種は鉄鋼である。欧州議会は二〇一七年、WTO協定上の「市場経済国」との認定を求めた中国の申請を却下した。[39]「市場経済国」として認められれば、ダンピング（不当廉売）に対するアンチダンピング税が減額される。申請却下の理由は鉄鋼であった。中国が生産する膨大な量の鉄鋼は世界市場にあふれ、欧州委員会が労働、成長、競争力の基盤とみなす健全な産業基盤を脅かしている。

中国が欧州への関与を深めていることについて、警戒感を示す西欧の有力シンクタンクもある。メルカトル中国研究所（ＭＥＲＩＣＳ）は「チャイナ　２０２５」と題する報告で、中国の産業政策は、特にハイテク分野において、欧州の産業に重大な脅威を与えかねないと警告している。とりわけドイツが被害を受けるという。

二〇一四年から二〇一五年にかけて、英国のデービッド・キャメロン首相ら西欧の指導者はこぞって、中国のＡＩＩＢ構想を歓迎し、次々と参加の方針を表明した。だが二〇一七年になると、中国との貿易や投資をめぐる懸念が深まりはじめ、いくつかの国の首脳は従来のような前のめりの姿勢を修正するようになった。スペイン、ハンガリー、ギリシャの首相やポーランドの大統領は、二〇一七年五月に習近平が主催した一帯一路フォーラムに出席し、一帯一路構想を称賛する演説をした。しかし、EU大統領、欧州委員会の議長ら西欧の主要な指導者は誰も出席しなかった。ドイツのアンゲラ・メルケル首相は二〇一八年五月、中国を訪問した。一一回目の公式訪問だった。彼女は両国が相互に市場を開放する必要性を訴えた。特に中国が台頭するハイテク部門で、その重要性を強調した。それが実現しなければ、欧州では強い不満が吹き出すであろうと警告した。[40] EUには全会一致で決定を下す原則があり、いったん全体の決定が出れば個々の国はそれに従う義務を負う。このため、機微に触れるハイテク部門で中国が急速に関与を深めても、欧州は積極的な政策を発動しにくいのが現状である。

中欧、南欧で増す地経学的重要性

すでに指摘したように、冷戦終結から間もない時期に、新たな国際工業地帯であるGCEMCが、冷戦期で分断されていたドイツと中欧諸国をまとめ、誕生した。GCEMCはやがて、中国との新しい地経学的な結びつきを急速に深めた。これに次いで中国と相互依存を強めたのが地中海諸国であった。中国は二〇一二年以降、中東欧、南東欧の諸国との間で「16＋1」の枠組みを構築、いっそう大規模で組織的な連携を可能にした。「16＋1」は中国の欧州政策で、たちまち優先度を上げた。この枠組に参加する欧州諸国と中国が長期的な協力体制を築くことは、これら欧州諸国と中国との間にみられる相互補完的な関係、さらに西欧で高まる中国不信を踏まえれば、地経学的に明らかに重要な意味を持つ。「16＋1」は事務局を備え、国家間の調整担当者もいる。会合も定期的に開かれており、機構や組織がしっかりしている。この枠組は地図8‐4が示すように、中欧四カ国に加え、ドイツ東方の諸国や、バルト地方から黒海へかけての広大な領域を包含している。

「16＋1」は貿易と投資の促進を主な目的とする。特に一帯一路構想に関わるインフラを重視するとともに、中国と欧州を双方向で結ぶ玄関口として東欧を位置づけている。これまでの実績としては、中国の銀行団が非EU加盟国であるバルカン諸国を中心に一〇〇億ドルの特別融資を行った。また中国と欧州側の加盟国が利用する投資協力基金も設立した。加盟国には、中国との協力を目的とする経済・技術ゾーンを設けた。李克強首相は二〇一六年十一月に「16＋1」の会合で、中国・中欧基金を創設して、相互の連結を密接にするためのインフラ整備に傾注する新構想を発表した。EUには加盟していないが「16＋1」の加盟国であるアルバニア、ボスニア・ヘルツェゴビナ、モンテネグロ、セルビア、マケドニアに対する中国からの輸出は、著しい伸びを見せている。二〇〇四年から二〇一四年にかけて輸出は二倍を超え、輸入は七倍となった。[41]

ユーラシアと欧州をつなぐ経済ハイウェイ

中国と欧州の貿易、中国の欧州向け投資が急激に拡大している事実はすでに否定しようがない。それは全世界で経済に関与を深める中国の戦略と決して無関係ではない。中国と欧州の間に横たわる広大なユーラシアを踏破する旅は、歴史上常に困難を極めた。経済の領域でも政治の領域でも、ユーラシアは決して移動に適した条件を備えたことがなかった。北京はEUの東部境界から六〇〇〇マイル

地図8-4　「16＋1協力」参加国枠

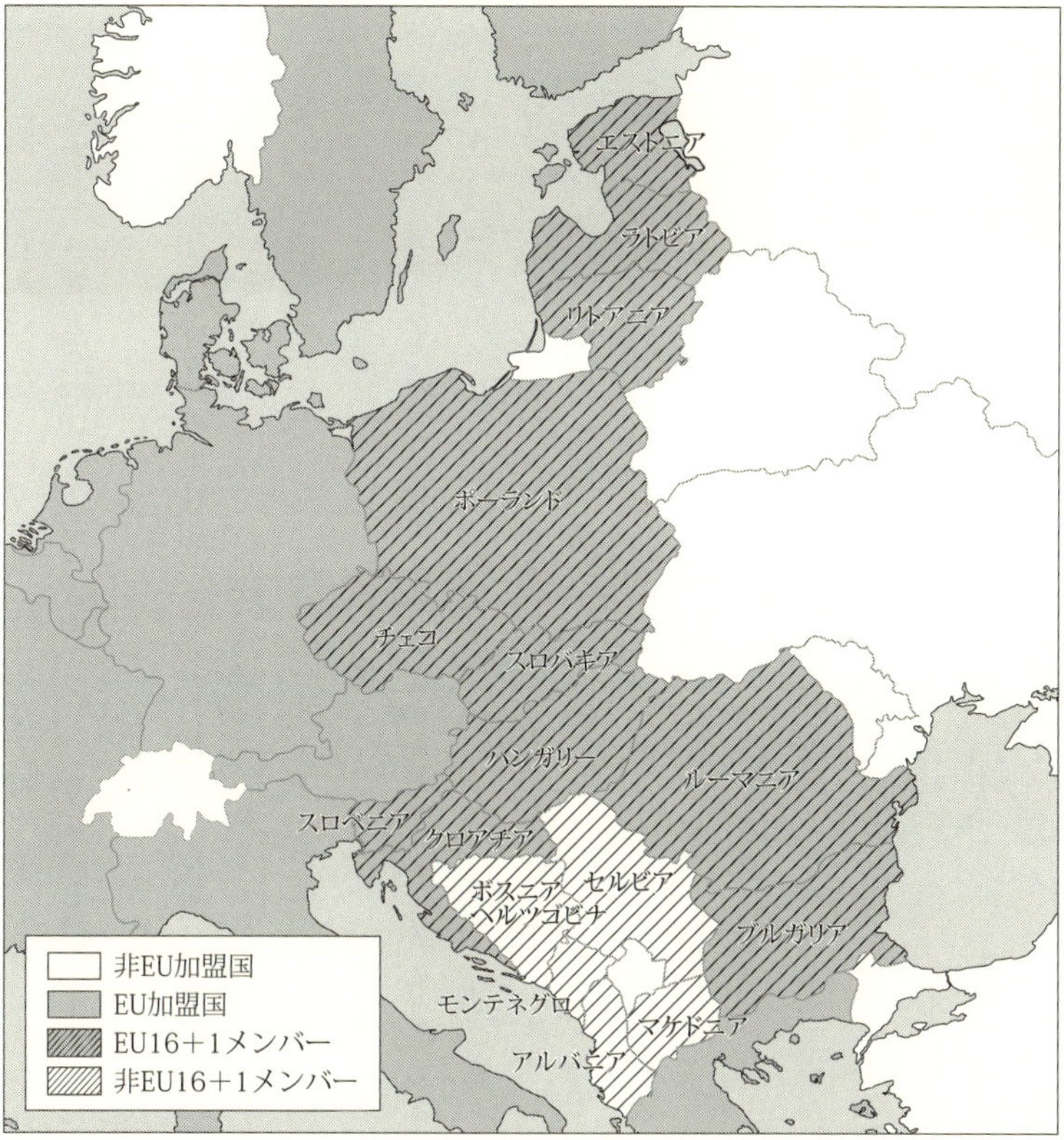

もの遠方にあり、欧州西端のイベリア半島は、さらに一〇〇〇マイル近く離れている。中国からユーラシアを経由して欧州に至るとてつもない距離を克服しつつあるのが、インターモーダル輸送である。二〇一一年に始まり、二〇一三頃から加速的に拡大した。インターモーダル輸送は、鉄道や船舶に限らず、陸路や空路を組み合わせた複合的な輸送方式である。このような組織的な輸送システムが二〇一一年五月、欧州の戦略的輸送ハブであるデュイスブルクと中国の重慶を結んで開通した。(42) 定期的な貨物輸送が始まったのは二〇一四年である。中国浙江省に位置する巨大物流拠点の義烏からマドリードに至る陸上輸送路も二〇一四年十二月から機能している。(43)

大陸鉄道の多くは、まだ採算性に大きな問題があるが、急速に発展している。(44) 特に中国を起点とする路線や中国内陸部の経済中心地につながる路線は有望である。当然ながら輸送量の拡大が採算性の向上に直結する。これら陸路の輸送網を使用した貿易高は、二〇一五年に一七〇億ドルを超えた。(45) 二〇一七年一月には、中国と英国を結ぶ鉄道貨物輸送の試験運用も始まった。義烏からロンドンまで一七日で到着、三カ月後に戻る旅程である。二〇一七年末までに、大陸を経由した欧州と中国の往復実績は六二〇〇回を超えた。二〇一七年の一年間に限っても三二七一回の実績を上げた。

中国の国家発展改革委員会（ＮＤＲＣ）は二〇一六年十月、「二〇一六年～二〇二〇年の中国急行鉄道建設発展計画」を発表、欧州と中国を結ぶ鉄道網をさらに拡大する方針を示した。この計画によれば、中国国内で長距離輸送路線に連なる都市や地域を増やし、国外の大陸横断鉄道を強化する。具体的には、中東欧とアジア中西部に一帯一路構想の枠内で鉄道のハブ拠点を整備する。ＮＤＲＣは地図４－５が示すような中国と欧州を結ぶ三つの経路を順次開通させる方針である。

中国と欧州を結ぶ空の貨物輸送も著しく拡張している。ヘルシンキと重慶の間を貨物航空便が頻繁に往来しており、上海、アムステルダム、フランクフルトも空の輸送網に、しっかりと組み込まれている。ウズベキスタンのナヴォイにも、エアカーゴの大規模な中継点が出現し、大陸上空を横断して欧州と中国、韓国の間を往復する貨物航空便がここを使用している。[46]興味深いことに中国と英国は、英国がEU離脱の方針を決めたことを受け、両国の間を飛ぶ貨物便の数を制限する規制を撤廃した。英国は将来、中国と欧州の貿易を促進する触媒となるかもしれない。[47]

ユーラシアを横断して中国と欧州の間を行き交う貨物輸送が増えたのは、機械や電気製品など大型製品の鉄道輸送が拡大したためでもある。中国による欧州向けプラント投資、欧州による同様の中国向け投資の増加は、工場の新設に使う資本財の移動をますます活発にしている。中国はこの二〇年で世界の工業拠点と化しつつあり、世界の工業生産に占める割合は二〇〇〇年から二〇一六の間に四倍以上となり、今や世界の二五%を占めるまでとなった。[48]

中国と欧州の貿易は、この三〇年間、十分な実績を残してきた。しかし陸路は、その明らかな利点にもかかわらず、ほとんど活用されなかった。内陸では海洋に比べ移動に影響する条件が多様である。しかし上海とハンブルクをつなぐ陸路の距離は海路のほぼ三分の一である。[49]それでも最近まで、海路より陸路を選択することはあまりなかった。

欧州と中国、あるいは欧州と北東アジアの間で、陸上輸送、インターモーダル輸送が近年盛んになった理由を示す必要があるだろう。五つの主要な理由がある。第一に、運輸技術の進歩でインターモーダルのコストが劇的に改善したため、陸路と海路の効率的な組み合わせが可能となった。第二に、コンピューター化で通関手続きの透明性と効率性が高まった。第三に、インフラそのものが向上した。第四に、ユーラシアの両端を結ぶ陸路は、海路よりはるかに距離が短い。主な経済拠点に限れば、陸路は海路よりおおむね四〇％ほど短い。最後に、既述した諸条件を踏まえ、大陸を横断する輸送のほうが採算性で優れていると多国籍企業が判断するようになった点を指摘したい。

技術革新が輸送コストを下げているのは明らかである。コンテナの海上輸送は、ますます価格が下がり効率が向上している。運搬手段の切り替えにかかるコストも、コンピューター化の恩恵で安くなった。同時に、鉄道輸送も速度が上がり競争力を増している。だが高速鉄道の速さにはまだ及ばない。消費生活の状況に目を転ずれば、アリババの決済システム「アリペイ」など新たなサービスが、欧州でも中国でも広く普及し、大陸をまたぐ商取引を促進している。国境における諸手続きの効率が改善している点も、大陸横断貿易に勢いをつけている。中国とカザフスタンの国境にあるホルゴスには、アジア開発銀行など国際組織の支援を受け、コンピューター・システムを導入した巨大な通関施設が出現した。物流を助けるこのような施設のおかげで、積荷は数年前と比べ円滑に動くようになった。透明性も格段に向上した。(50)

ロシアが主導するユーラシア経済同盟が二〇一五年一月に創設された。この結果、中国から欧州を目指す際、事実上二つの国境を通過するだけで済むようになった。最新設備が整った中国とカザフスタンの国境と、ベラルーシとEUの国境である。通関手続きの簡素化が、陸上輸送とインターモーダル輸送の効率化に寄与している。経済的魅力が増して投資を吸い寄せ、中国と欧州の関係が良好となるに伴い、鉄道と道路の連絡性も向上してきた。BMWやヒューレット・パッカードのような企業は、中国にある子会社を自由に運営できる裁量を増した。政治的、経済的に新たな環境が生まれたことで、企業は大陸の生産網を拡大するために資本を投下できるようになった。

中国と欧州をユーラシア大陸で結ぶ貿易をめぐり、政治的、経済的に上記のような四つの重大な変化が生まれた。加えて、もともと地理的な優位性をもつことで、大陸の両端が相互依存を深める方向へと関心が向いた。同様な観点から長期的に見れば、ユーラシア大陸北辺にも北極海航路の恩恵が重視されている。北極海航路は長く無視されてきたが、近年は有望な海路として注目を浴びるようになった。ユーラシア大陸横断の陸路と同様に、中国と欧州を結ぶ北回りの海路は、距離の短縮という点で大いに魅力的である。例えば上海とハンブルクの間は、北極海航路を使用することで四〇％短くなる。[51]

地球温暖化はやっかいな問題だが、皮肉なことに、ベーリング海峡からムルマンスク、さらに、その先へと伸びる北極海航路の実用性を高める結果となった。しかし、依然として砕氷船の先導という条件がつく。韓国とノルウェーの間を航行する船が二〇一二年に北極海航路を使用した。商業目的の海運が北極海航路を通った最初の例となった。二〇一三年には北極海航路の全行程を商業目的で航海する船の数は二倍を超えた。その後、北極海航路を完全に商業化するには、まだ時間がかかるということが分かった。[52] それでも二〇一七年は、二〇万トンの商業貨物が北極海航路を通じてアジアと欧州の間を行き来した。

結論

この二〇年間で、運輸、金融、産業の在り方は歴史的な変化を遂げた。その結果、欧州、とりわけ中欧、東欧と中国の関係が着実に深化する素地が生まれた。中欧、東欧は冷戦時代にできたネットワークを残す地域である。ユーラシア大陸の内外に、中国と欧州を結ぶ無数の経路が構築されている。それらは多様でコストも低く使い勝手が良いので、中国と欧州の依存関係の強化が、政治的にも経済的にも支持される理由ともなっている。スーパー大陸ユーラシアが出現しようとしている現在、輸送手段や経路の選択肢が広がれば広がるほど、欧州と中国の間で引力が強まる。金融、産業、電子商取引の分野で相乗効果も生まれる。冷戦終結から間もなく起きた構造的変革、すなわちNATO拡大や共通通貨ユーロの導入は、ロシアと欧州の間に深刻かつ根源的な戦略的緊張をもたらした。米国はトランプ政権のもとで一国主義を強めている。一方で、安全保障や環境問題で米欧の立場は相違が深まっている。大西洋をはさむ伝統的関係が複雑さを増しているのだ。

欧州と中国の関係に全く影がないわけではない。特に欧州大陸の北西部は成長率が低く、欧州の南東部に比べ、工業分野で中国の脅威に強くさらされている。貿易では中国の鉄鋼が火種である。ハイテク分野でも中国への警戒感が高まっており、貿易でも投資でも、相互依存の力学は強まっている。中国の国際競争力が着実に増しているためである。EUは全会一致で方針を決める伝統がある。このため、市場が現状維持に不満を募らせていても、状況に対処する明快な政策を打ち出せていない。

欧州の大部分、特にドイツ、地中海諸国、東欧の旧社会主義諸国にとって、中国は簡単には払拭できない懸念の源ではあるが、パートナーとしての魅力を増している。ユーラシア大陸を介して中国と欧州が絆を強めれば、この大陸が世界の地経学的状況に占める重要性と統一性が増す。マッキンダーはすでに一世紀前、それを見通していた。中国と欧州の再結合はユーラシアと世界を決定的な時代へと導くであろう。その時、世界の体系が代わり、世界の政治、経済の在り方を歴史的に変えてしまう妖怪がたち現れ始める。その未来はまだ漠然とした薄暗がりの中にある。

第九章
不安、
そして深まる疑念

二十一世紀はまだ始まったばかりだ。世界は複雑なモザイクの様相を呈している。国、地域、世界のレベルで、多くの変革が生起し、互いに絡み合っている。一九七〇年代から加速したグローバル化は、その時々の局面で勝者と敗者を峻別した。政治や経済の変革があまりに急激に進んだため、状況を把握する枠組みはすぐに古びてしまうのだった。適切かつ効果的に時代に対処する方法を、指導者たちも知らなかった。

すでにみてきたように、ユーラシア大陸における政治的、経済的な結びつきは、冷戦が終わった後、着実に強まった。欧州もロシアも五年、いや三年前でさえ予想できなかったほど中国との関係を格段に深めた。多くの国で進行しつつある国内の変革で、世界は不透明感を増している。この不確かな世界において、ユーラシアで進行しているさまざまな結束は、新たな多極化秩序の到来を明確に予言している。中国で起きている巨大な変革、ユーラシアや世界を待ち受ける大転換期は、世界の姿を根本的に変えてしまうだろう。

本書は冒頭から、変革のあらゆる局面に着目して論じてきた。ユーラシアを含む世界全体のさまざまな階層で、前例のない構造的変革が起きている。大きな潮流が国、地域、世界全体を再編へと突き動かしている。特に中国、ロシア、中欧諸国の国内変革は、ユーラシア大陸全体へ波及し、世界にも重大な影響を与えつつある。

中国の変容を覆う影

中国は購買力平価（ＰＰＰ）で評価すれば世界最大の経済規模を誇る。人口も世界最多であり、世界最大の大陸の心臓部に位置する。この「中華王朝」が、ユーラシアの一時代を築く著しい成長を陰で牽引している。海洋から内陸へと次第に国力の源泉を移し、ロシアや中央アジアとの相互依存を強めていることが、世界規模の重大な出来事であることは、七～八章で論じた通りである。中国の大転換は、世界全体の情勢に深い影響を与えた。

中国は一九七六年に文化大革命が終結してから四〇年以上にわたり、非常に安定した時代を享受した。しかし注目すべきは、米国の四倍を優に超える一四億人もの人口を抱える国で、専制体制が抱える難問である。人口一三億人以上のインドでは民主主義が機能している。インドとは異なり、中国は政治的多元主義という「安全弁」を持たない。指導者を投票で選定する仕組みがなく、国民の支持を失った指導者を選挙で退場させることができない。

中国は中国共産党が長期支配する国家であり、人民解放軍が党を支えている。市民社会の形成、豊かな中産階級、グローバリズムの洗礼が共産党支配の足元を脅かしている。いびつな経済成長の恩恵は企業家やエリート層に偏り、経済格差が拡大、党支配の正統性に疑問を投げかける理由となりつつある。共産党は愛国心を鼓舞することで、社会の不満を外部へ向けようと試み、特に日本に対して、国民の敵意を煽ったことで地域の緊張を生んだ。中国は東シナ海、南シナ海で、ベトナム、フィリピン、日本、米国などと、史上例のない対立を繰り返している。
国内統治で不安を抱えているため、この二〇年間で大陸主義的な政策が外交でも内政でも声高に喧伝されるようになった。一九七八年以降の二〇年間、太平洋を越える輸出が急速に伸び、多国籍企業が中国に進出したので、次第に中産階級が増えた。このような外部要因が毛沢東時代に固定した軍や党、重工業界の権威、利益を蝕んだ事実は否めない。

既得権益層はさまざまな形態ながら一様に、大陸主義が推進するインフラ建設、製造業、不動産開発などに依拠してきた。これらの業種は一帯一路の恩恵を受け、最近の一〇年間で著しく成長を遂げた。地方の行政当局は税収入を増やすため、すでに持続的な拡大基調を維持していた国土開発にますます躍起となった。経済の論理ではなく、熱に浮かされたような心理が建設ラッシュを煽った。朱鎔基が税改革を進めた結果、地方行政府は一九九四年以来、消費税など安定した収入を確保できなくなり、土地使用権の売却益にますます頼るようになった。不動産やインフラ建設への偏重を反映して、一九九一年から二〇〇八年にかけて、地方政府の収入に占める土地貸与料の割合は五・七%から四三・五%へと急増した。(1)

大陸主義は中国の政治、経済を動かす圧力となり、この三〇年の間、高度成長の原動力となってきた。すでに見てきたように、中国の高度成長がユーラシア大陸全体を着実に変貌させた。しかし、この種の刺激は政治的にも経済的にもリスクを生む。とりわけ地方行政府関連の公共事業をめぐり、しばしば不透明で高額な負債が生じる場合は問題である。二〇一八年三月末、中国における地方行政府の負債総額は人民元で一六兆六〇〇〇億（二兆六〇〇〇億ドル）に達した。これはGDPの三六%に相当する。(2)ほとんどが土地絡みである。負債の多くは透明性に欠け、構造的な危機の潜在要因である。

中国の経済成長率が急に鈍化すれば危機は表面化する。

中国で近年起きたマクロ経済の成長は、主に不動産を担保とする巨額の債務が原動力だった。一九五〇年代から六〇年代、さらに七〇年代の初頭にかけて日本が達成した高度成長と同じ現象である。中国経済は政治の力で、世界経済の圧力から守られている。為替操作によって資本流出を防いでいる。一九八〇年代以前の日本に似ている。為替が実質的に自由化されれば、政治が制御する中国経済をどのような事態が襲うのか、北京の指導部は戦々恐々となっているに違いない。日本では一九八〇年代に強力な刺激策を講じた後で金融自由化に踏み切り、結果的に経済的混乱を招き、三〇年を経ても完全には克服できていない。同様の事態が中国で起きる可能性は無視できない。

中国の国営企業、集団企業、私企業は、多くの場合は一帯一路構想に頼って精力的に海外展開を進めている。そしてパキスタン、スリランカ、マレーシアなどで現地企業に多額の資金を貸し付けた。この種の債務は、二〇一八年に米国が量的拡大から政策を転換、世界で金利が上がったため、世界各地で問題化した。中国の経済的利害が世界に拡大する状況下で、発展途上国の債務問題が中国自体にどのような影響を及ぼすかは、中国のみならず世界全体にとっても、ますます重大な問題となりつつある。

中国は経済成長に伴い、海外で資産や人的資源を急速に増やした。それに伴い二十一世紀初頭の不安定な世界情勢下で、在外中国人に危険が及ぶ可能性が意識され、軍事介入や部隊の段階的な海外展開を誘引した。(3)アラブの春や続くリビアの動乱で、中国軍は三万五〇〇〇人の自国民を救出した。中国軍はほどなく、シリア、イラク、レバノンでも同様の救出作戦に従事した。エジプトや南スーダンでは人質問題に直面し、世界に散在するウイグル人との対立も深めている。中国は世界進出の結果として安全保障上の脅威にさらされてもいるのだ。これに伴い国際社会で果たす政治的、軍事的な役割にも変化が生じているが、その帰結を見通すことは難しい。

ユーラシア大陸の将来にさす影

現在の世界は明らかに不安定である。大陸主義の潮流は、我々の通念が追いつかないほど、急激に拡大している。この潮流が国際情勢にどのような影響を及ぼすのか予見することは難しい。どのような見通しを立てようと、単なる蓋然論《がいぜんろん》の域を出ないだろう。ユーラシア大陸の統合をいかに自信たっぷりに論じたところで、将来にさす影を消すことはできない。繁栄と協調の未来が約束されたわけではない。強い不透明感がぬぐえない。

本章では、すでに論じた中国の国内情勢に漂う影に加え、ユーラシアにおける相互依存が、政治の領域でも経済の分野でも本当に深まるのか、このような見通しに果たして根拠があるのかを検討する。主な論点は①ユーラシアの内部要因、特に中国とイランについて、②大陸を構成する主体同士の相互作用、である。我々はユーラシアの統合、特に中央アジアと中国の関係が強まり、今の世界の在り方を変えてしまうだろうと考えている。だが先行きがさらに不透明になれば、このような予想も揺らいでしまう。さらに全世界に目を向ければ、政治も経済も、見晴らし良好とは言い難い。グローバルなエネルギー事情や食料価格の激変、さらに中国、ロシア、英国の政情が不安定化するかもしれないという危惧が、ユーラシア大陸が相互に依存する未来を変えてしまう可能性も排除できない。米国の政情でさえ不安定化しないとは言い切れない。これらの懸念のうち一つでも現実となれば、人口動態のような予測が比較的容易な分野でさえ、長期的な見通しを立てるのは非常に困難となる。

予想できる諸問題

ユーラシアは地球の表面の四〇%を占める最大の大陸である。人が住めない極北地帯、北シベリア、モンゴルのゴビ砂漠や中国・新疆のタクラマカン砂漠など横断不能な砂漠が広大な領域を占めている。このように人を寄せ付けない土地が非常に多いのが特徴だが、多様性に富み、世界人口のほぼ七〇%に当たる五〇億人を超える人口を有している。人々が飢えないためには膨大な食料が必要だが、耕作地は十分ではない。

多様な人口問題

状況をさらに難しくするのが、ユーラシアが抱える人口問題である。人口の増減は容易に予想ができる。ユーラシア大陸では、中東、南アジア、東南アジア、欧州の南西部で、人口が増加し行政の対策が遅れている。このため、経済が急成長し物価の変動も激しいのに、人の数より仕事の数が少ない。(4) 人口増加はしばしば失業問題を引き起こす。特に若い世代が影響を受けやすく、政治状況を不安定化させる場合も多い。インドでは二〇一七年、失業率は三・五%だったが、若者の失業率は一〇・五%と三倍だった。エジプトでは同じ年の失業率が一二・一%で、若者に限れば三四・四%と、二〇一〇年に記録した二八・八％という最悪の記録をも凌駕した。[5]

不安定な雇用状況は民族主義を高揚させやすく、場合によってはテロリズムの温床となる。シリア、イラク、エジプト、パレスチナ自治区、イエメン、そして時には中央アジアで、失業は不安定化の要因となっている。経済の停滞、政治的理由による移民問題、あるいは、その双方が失業問題を引き起こす。若者の失業率は二〇一七年の時点で、シリアで三五％、イエメンで二六％、イラクで一八％だった。[6]これら三国では、失業が不安定化の危険な触媒である。インド、インドネシア、フィリピンも、若い国民の増加と仕事不足の問題を抱えている。[7]

人口動態で別の問題が起きた国々もある。代表格がロシアである。高い死亡率と人口減少に伴い停滞に歯止めがかからず、内向きの国家主義が台頭した。一九九二年から二〇〇八年にかけて、ロシアの人口は毎年減り、ついには約六〇〇万人も減少した。男性の平均寿命は六十五歳まで落ち、女性より一〇年も短い。人口総数はこの一〇年でやや持ち直したものの、四半世紀前の冷戦時代を下回る水準を脱していない。人口減少がロシアの経済に及ぼす影響は深刻である。[8]

北東アジアは今後も長い間、高齢化の問題に苦労するだろう。日本には現在、百歳を超える老人が七万人いる。人口総数は二〇一〇年以来減り続けている。[9]六十五歳以上の老人が総人口の二七％を占める。[9]韓国でも確実に高齢化が進んでいる。女性一人が生む子供は平均で一・二人にすぎない。世界各国でも最低水準である。[10]中国でも人口動態は差し迫った課題になろうとしている。一人っ子政策が長期にわたり、完全に放棄されたのは二〇一五年である。[11]米国の国勢調査局によると、中国では二〇五〇年までに、新生児の数は二〇〇〇年より三五％減少し、国民全体の平均年齢は五十歳に近づくと予測されている。[12]人口総数は二〇二五年前後を頂点に減少局面に入り、労働年齢の人口は二〇三五年までに一億人減る。二〇五〇年となれば、中国は北米、欧州、日本の主要国で構成するG７の平均より、老人の比率が高い国になる。

グローバリゼーションが社会や経済にもたらす影響

この三〇年の間に、新たに三〇億人が世界経済へ参入し、多くの好結果を生んだ。中国、インド、ロシア、それぞれの周辺国家が、ついに世界経済の中へ構造的に組み込まれた。この歴史的変化が労働コストを下げ、巨大な消費需要を生み出し、膨大な数の人々を貧困から救い出した。中国だけでも七億人以上が貧困状態を脱した(13)。総じて言えば、グローバリゼーションは国家間の収入格差を小さくした。特に新興工業国と既存の西側先進国との間で格差が縮小した(14)。

このような好ましい結果とは別に、グローバル化は予想通り、世界の安定を損なう悪影響も及ぼした。ユーラシアも今後、長期にわたり、その否定的な影響に悩まされるだろう。最も憂慮すべきは、グローバル化によって国内の収入格差が拡大した事実である。国際的な相互依存の恩恵は、都市部の専門職、企業経営者、そして多くの場合は公務員、とりわけ金融分野の公務員に偏っていた。中国の場合、所得の不平等を示すジニ指数が一九九〇年から一五ポイント以上も上昇した。このような悪循環はG７でも新興国でも同様に見られる(15)。トマ・ピケティがすでに指摘したように、グローバリゼーションが進展したこの三〇年間で、資本が得た利益が労働者の利益を実質的に上回った。国内格差が拡大する図式は変わらないとの見方が有力である(16)。

金融部門のグローバル化は成長と経済の効率化を促したが、やっかいなことに不安定化の要因ともなった。グローバルな金融市場は相互の連関が強く、デリバティブやオプションなど金融取引手段の普及とも相まって、不安定要因が発覚すると素早く敏感に反応するようになった。一九九七年のアジア金融危機、一九九八年のロシア金融危機、二〇〇八年の国際金融危機は、一部の市場の動揺が伝染病のように他の市場に拡大する実態を示した。一見して軽微で平凡な現象でも、たちまち拡散して強い影響を及ぼすようになった。

ファリード・ザカリアは「人間のグローバル化」という概念を打ち出した。ザカリアは、「世界」は「モノ、サービス、情報のグローバル化を通じて変容を遂げ、痛みを共有し、一斉に拒否反応を示すようになった」と指摘している。[17] 彼が指摘する他の変動要因も作用して、世界は史上例のない流動性を備えるようになった。シリア内戦のような政治的要因も加わって、その傾向はさらに強まった。二〇一七年には世界で二億五八〇〇万人の移民が国を離れ、避難民と政治亡命希望者は二五九〇万人に達した。[18]

グローバル化に伴い、国境の制約を超克して活動する人材が増えている。多様性に満ちた集団が世界の広範な舞台で、相互に関係を深めている。ジョセフ・ナイはこの現象を「三次元のチェス」と名付けた。このゲームは軍事、経済、そして非特定の国際領域で進行して行く。[19] 適切な把握である。アミタヴ・アチャラによれば、「多重世界」では秩序を構築し運営する主体が遠心的に拡散しており、求心力を持つのは相互依存を強める経済とエリートの国際ネットワークに限定される。[20] これも将来を見通した分析である。

民族・宗教紛争の災厄

若者の失業など人口動態に起因する問題は、しばしば民族紛争という災厄を招き、ユーラシアの未来に暗い影を落としている。大陸は文明のるつぼである。異なる民族と宗教に帰属する人々が近接して生活している。一帯一路構想では長い時間をかけねばならない計画が多い。民族紛争は領土紛争の性質を容易に帯びるので、インフラに対する破壊行為を伴う[21]。長期的な事業にとって民族紛争は鬼門である。

複数民族共存の典型がインドに見られる。公式に承認された言語は二二だが、実際には七八〇を超える数の言語が現実に使われている。文字も八六種類ある。インド国民の八〇％近くがヒンズー教徒だが、優に一四％、つまり二億人以上がイスラム教徒である[22]。隣国のバングラデシュとパキスタンはスンニ派イスラム教で、スリランカは国民の多くが仏教徒、イランは主にシーア派イスラム教徒の国である。中国でさえ、大部分は漢族とはいえ、新疆のウイグル人にはイスラム教徒が多く、チベットでは仏教徒の存在感が強い。

最も危険視すべきは、ユーラシア大陸に広く分布するスンニ派とシーア派によるイスラム教徒同士の対立である。イスラム教が七世紀に生まれて間もなく起きた分裂は、中東全域で何世紀にもわたり断続的な衝突を引き起こしてきた[23]。世界には約一五億人のイスラム教徒がいる。その八五〜九〇％はスンニ派とみられる。スンニ派はエジプト、サウジアラビア、ヨルダンなどの主要国で多数派を形成している。しかしユーラシア大陸では、多くの地域で両派が広く混在している。

全世界のシーア派は二億人に満たないが、ペルシャ湾周辺、イラン、イラク、バーレーン、アゼルバイジャンに集中している。イエメンでもシーア派が大多数を占めるとの推定がある。クウェート、カタール、レバノン、シリア、トルコ、パキスタンには、国内では少数派とはいえ、それなりに多くのシーア派が集うコミュニティが成立している。このような信者分布から推定できるように、同じ国にそれなりの数のスンニ派とシーア派が存在する場合、民族同士の衝突が起こりやすい。スンニ派が支配する国と、シーア派が支配する国が近接していても衝突の危険が強い。

イランでは一九七九年、シーア派原理主義勢力がテヘランで世俗の君主制を倒す革命が起きた。革命政権は国外のシーア派を支援する姿勢を見せたので、スンニ派との対立は単なる宗派対立を超えて地政学的な意味を持つようになった。イランとサウジアラビアは対立を深め、レバノン、シリア、バーレーン、ガザ、サウジアラビア、イエメン、アフガニスタンのシーア派関連組織がイランの支援を受けるようになった[24]。逆にスンニ派のサウジアラビアは、政府と民間組織がさまざまな形で、周辺地域やアフガニスタンなど各地の過激なスンニ派を援助している。シリア、イエメン、アフガニスタンの深刻な内戦、サウジアラビア、ウズベキスタン、新疆で散発する衝突、断交によるカタール封鎖は、イスラム原理主義が絡むスンニ派とシーア派による対立の構図が全て当てはまる。

もちろん近年の顕著な例はイスラム国（ＩＳ）の勃興である。ＩＳは過激なスンニ派の社会政治組織で、シリア、イラクの混沌を温床に二〇一三年から二〇一五年にかけて出現した。ＩＳはシリア北部のラッカを首都にイスラム帝国の樹立を宣言、テロと強力な軍事力でイラク軍やシリア軍を退け、イラクとシリアの国境をまたぐ形で、面積で米国インディアナ州に相当する地域を支配したが、二〇一七年後半に米国が支援するシリア民主軍に退けられた。ＩＳほどの組織力はないが、同様に民族間の緊張に根を持つイスラム過激派組織がユーラシア大陸に拡散した。アルカイダ、中央アジアのヒズブ・タフリール（解放党）[25]、パキスタン領内のカシミール、ミャンマー、スリランカの国境を越えて活動する複合組織などである。

スリランカでは仏教徒によるテロが起きるようになった。深層には民族間の緊張がある。多数派であるシンハラ族の仏教徒の間に、タミル人や保守的なイスラム教徒の台頭に対する不満が生まれた。タミル人の多くはヒンズー教徒だが、スリランカでは大部分のタミル人がイスラム教徒である。タミル人の間に拡散した過激主義は、強硬派の仏教徒集団ボドゥ・バラ・セーナ（ＢＢＳ）の台頭を招いた。スリランカでは従来も強硬な仏教徒が存在したが、近年は過激さを増している。タミル人、タミル人以外のイスラム教徒、キリスト教の福音主義者、さらに宗教間の協調を唱える穏健な仏教徒まで、彼らの憎悪の対象となっている。マヒンダ・ラージャパクサ前大統領は、ＢＢＳの勃興を支持したと批判を受けた。サマイトリパーラ・シリセーナ大統領は、宗派間対立を煽った前任者の政策の多くを修正する努力を重ねた。(26)

ミャンマーの仏教徒によるテロもスリランカと事情が似ている。９６９運動と呼ばれる仏教過激派団体はイスラム教徒への暴力を広範囲に拡大させた。指導者のアシン・ウィラトゥは最近、ＢＢＳの招待でスリランカを訪れた。(27) ミャンマー・ラカイン州を拠点とするアラカン・ロヒンギャ救世軍が武力を行使したため、ミャンマー軍とラカイン州の仏教徒が報復し、非武装のロヒンギャ約七〇万人が居住地から追放された。(28)

ユーラシア大陸のテロは時に、通常なら安泰に推移する同盟関係や経済プロジェクトを脅かし、地政学的に重要な影響をもたらす。その明確な一例が、パキスタン西部バロチスタンの部族反乱である。バロチスタンはパキスタン国内で長年、隣接するシンド州の圧力を受け不満を鬱積させてきた。そこに地域を広範に統合する計画が持ち上がった。バロチスタンは権利がさらに縮小されると恐れ、テロ行為に及んだ。イランからバロチスタンを通りインドに達するパイプラインを爆破し、バロチスタンのインフラ工事で働く中国人の労働者を殺害した。中国人はイランに近くペルシャ湾に面するグワダル港などで建設工事に従事していた[29]。

ユーラシアで最も複雑で地政学的に深刻な意味を持つ民族問題は、新疆のウイグル族をめぐる緊張である。新疆はユーラシア経済の中継地として重要性を増している。ウイグル族はかつて、この大陸で最も有力な遊牧民族の一つであった。今でも非常に洗練された文明を育んでいる。十三世紀には文盲ばかりのモンゴル軍で書記を務めた。モンゴル人がのちに採用する文字は、当時ウイグル族から教わった文字が原型となった。ウイグル族は一〇〇〇年以上前に中央アジアに来たトルコ系イスラム教徒の末裔である。新疆の全人口の四六％、パキスタン国境に近いカシガル周辺の南西部で約九〇％を占める[30]。

一九四九年の中国革命から四〇年間は、新疆に流入する漢族が増えるにつれて緊張が高まったにもかかわらず、大きな民族衝突はほとんど記録がない。革命は多様な民族の尊重をうたいあげた。その証として中央民族大学を創設し、全国人民代表大会にウイグル、チベットなど少数民族の代表を招いた。中国共産党と人民解放軍は漢族の新疆への移民を奨励し、植民地化に躍起となった。だが新疆における漢族の数は比較的少ないまま推移した。特にパキスタンやタジキスタンに近い南西部では、ウイグル族の圧倒的多数が崩れなかった。

新疆の政治、経済状況が大きく変わり始めたのは、ソ連崩壊後の一九九〇年代初頭である。ソ連時代の新疆は二カ国と国境を接するだけだったが、ソ連が消滅すると八カ国と隣接することになった。この中にはカザフスタンとキルギスタンが含まれる。両国はウイグル族と同じ根を持つトルコ系民族の国である。

中国経済の急成長に伴い、イスラム信仰心が強いウイグル族を中国社会に取り込む圧力も増し、漢族とウイグル族の民族対立も激化した。二〇〇九年七月、漢族が広州のウイグル族移民を襲った。報復が報復を呼び、騒乱は新疆の首都ウルムチへ波及して拡大し、一九七人が殺害されたが、そのほとんどが漢族だった。負傷者は一七〇〇人に達した。混乱を鎮めるため、政府はインターネットを遮断、チャイナ・モバイル社は新疆で携帯電話の運用を停止した。三日間のうちにウルムチは通常の都市機能を取り戻し始めたが、数千人の漢族とウイグル族が首都周辺を去り、ウルムチのモスクでは金曜礼拝が禁止された。(31)

ウルムチの騒乱の後、カシガル、南西部ホータンなど他のウイグル族の拠点都市でも散発的に暴動が発生し、二〇一三年から二〇一四年にかけて他の地域にも波及した。二〇一三年十月、天安門広場に車が突入し炎上した。ウイグル族による衝撃的なテロだった。次いで二〇一四年四月には、雲南省昆明の駅でナイフによる無差別テロのため三一人が死亡した。中国政府は暴力行為を収束させるため三つの戦略を推進した。武力の限定行使を含む鎮圧、新疆を経済発展させ中国経済に取り込む施策の実行、イスラム教徒の抵抗運動を世界で認知させないための外交宣伝である。具体的には、国際都市の広州とカシガルなど新疆の諸都市の間で姉妹都市協定を締結させ、カシガルなどに経済特区を創設した。外交の領域では、ウイグル族に対する国外からの支援を断つべくトルコに働きかけた。トルコへの働きかけのような一部の外交政策は、確かに大陸主義を強化した。しかし大局的に見れば、ウイグル族の祖国でウイグル族と漢族の関係が変化している現実に起因する社会的、政治的な緊張を根底から解消したわけではなく、緩和したにすぎなかった。

ユーラシア大陸において民族衝突の舞台は新疆のみではない。中央アジアのフェルガナ盆地は数カ国の領土が入り組んでいる。住民も多様を極め、アフガニスタンから麻薬を密輸する枢要なルートでもある。フェルガナのキルギス領は住民の多数がウズベキスタン人で、被差別意識が強い。ここでは一九九〇年と二〇一〇年の五～六月に、大規模な民族衝突があり、四二〇人が死亡、八万人が住居を追われた。[32]キルギスの首都ビシケクでは二〇一六年八月、ウイグル族独立派が中国大使館に爆弾テロを仕掛け、大使館のキルギス人職員三人が負傷した。

中国は大国なので新疆ウイグル族の抵抗も国家全体の安全保障にとって、さほどの脅威ではない。だが自力では、この種の緊張を抑制できない国民国家も多い。シリアやイエメンでは民族問題は制御を失い、本来あるべき社会の一体性が消し飛んでしまった。

大量破壊兵器

地政学的な水準では依然として、大量破壊兵器が差し迫った脅威として現実味を帯び、大陸主義の将来とユーラシア大陸の安定に暗い影を落としている。中国、ロシア、インド、パキスタンなど実質的に全ての大きな国、そして北朝鮮が核保有を宣言している。「貧者の核兵器」と言われる化学兵器や生物兵器に至っては、これらの国々の多くが今も保持している。大量破壊兵器について各国の保有状況を表9－1に示した。イランについては、核開発を阻止する多国間の合意が成立したにもかかわらず、いつでも核保有へと踏み込める状態にある。

核兵器の拡散は過去半世紀にわたり、アフリカや中南米など世界各地で歯止めがかかった。[33]表9－1が示すように、核兵器と製造技術の拡散を制御する努力は、残念ながらユーラシアでは万全の効果を上げていない。インド、パキスタン、北朝鮮は一九九〇年代以降、堂々と核を保有するに至った。イスラエルは核保有を宣言しないが、着実にその能力を高めている。ユーラシアにあって世界から孤

表9-1　ユーラシアの大量破壊兵器保有状況

地域	国	化学兵器	生物兵器	核兵器
アジア	中国	●	●	●
	インド	放棄	開発している可能性がある。	●
	イラン	保有している可能性がある。	開発している可能性がある。	開発中
	イスラエル	●	保有している可能性がある。	●
	北朝鮮	●	●	保有している可能性がある。
	韓国	放棄		
	パキスタン	開発している可能性がある。	開発している可能性がある。	●
	シリア	●		
ヨーロッパ	アルバニア	放棄		
	フランス			●
	ロシア	放棄	●	●
	英国			●

＊●は保有を示している。
出　典：JosephCirincione,JonB.Wolfsthal,andMiriamRajkumar,DeadlyArsenals：Nuclear,Biological,andChemicalThreats,2nded.（Washington,DC：CarnegieEndowmentforInternationalPeace,2005）

立する北朝鮮、イラン、シリアは、大量破壊兵器の製造技術とミサイル技術を活発に交換している。さらにウクライナなど移行期にある国家の科学者や武器商人とも協力している[34]。

北朝鮮をめぐる最近の状況は期待も抱かせるものの、不透明感も増している。ドナルド・トランプと金正恩の劇的な会談は、南北朝鮮の首脳会談に続き、二〇一八年六月にシンガポールで実現した。非核化の意思は示されたが実現の見通しは曖昧《あいまい》模糊《もこ》としたままに終わった。年内に相次いだハイレベルの折衝でも、不透明感は払拭《ふっしょく》されなかった。このような非核化の努力が有意義な戦略的進展をもたらせば、パイプライン、鉄道、電力網など、朝鮮半島をユーラシア大陸にさらに強く結びつける多国間の大型構想が動き出すだろう。

ユーラシア大陸の戦略的発展が日本にどのような影響を及ぼすかは、重大かつ長期的な不確定要因である。それはユーラシアの政治的、軍事的均衡を考えるうえで、あまりにも過小評価されてきた要素である。世界の舞台で日本は長い間、政治と軍事の領域で、あまり積極的な役割を果たしてこなかった。第二次大戦で日本が演じた役割と、広島、長崎の悲劇に起因する。しかし日本は高度な技術と、優に四七トンを超える量のプルトニウムを保有している[35]。経済規模は世界第三位である。もし日本の政権が望めば、大量破壊兵器と運搬手段の開発を本格的に進めることは容易である。現在の非核化交渉の結末として、北朝鮮もしくは統一朝鮮が核兵器を保有、あるいは保有を疑われる状況が出現すれば、日本は自国に迫る危険を防ぐため、朝鮮と同様の能力を保持する強い衝動にかられるだろう。周辺諸国の不安を煽る展開である。

資源の需要

彗星のごとく出現したユーラシア大陸の将来にとって最大の不安材料は、まさにその急成長の原動力に由来する。それは野心的で勤勉な労働人口である。ユーラシアには五〇億人が暮らしている。世界人口の七〇％に相当する。大陸に存在する諸国が、これだけの大人口を有して工業化と成長を続ければ、国民にも外国人にも開かれた巨大な市場が形成され、世界の主力工場となる。ユーラシア諸国の経済が世界経済に占める比重は、ますます高まるだろう。

ユーラシアが成長を続け、その規模ゆえに世界への影響力を強めれば、その脆弱性も露呈するだろう。巨大な人口があれば、その衣食をまかなう食料と原料を是が非でも調達しなければならない。しかし、ユーラシアは米州大陸とは異なり、数十億人に衣食を供給できる広大な耕地が足りない。

食料と水の不足は、人口過多で乾燥地帯にあるパキスタンやインドの一部で悩みの種となっている。中央アジアも同様である。世界食糧計画の試算によれば、タジキスタンでは家計収入の八〇％が食料の購入に充てられている。[36]中央アジアでは水不足も深刻である。トルクメニスタンやウズベキスタンなど水源から遠い国は、上流で進むダム建設計画のために、ただでさえ少ない水資源を奪われようとしている。[37]

逆に資源の供給源であるユーラシア諸国は、負担の増加に苦しんでいる。特に需要が恒常的に高い炭化水素などの供給国は、この分野に集中するあまり、他の分野で競争力を失ってしまう。たとえばロシアの輸出は石油と天然ガスが合わせて七〇％を占める。石油と天然ガスの価格は定期的に低迷するので、そのたびに経済が打撃を受ける。近年では一九九七〜一九九九年、二〇〇八〜二〇〇九年、二〇一四〜二〇一六年に、その現象が見られた。

食料やエネルギーの価格は正確な長期予想が極めて難しい。この二〇年間を見ても、簡単に不安定化する傾向がある。しかし、アジアの主要国における需要が高止まりすることは間違いない。背景には、これら諸国の人口の多さ、一人あたりの消費がまだ少ない実態、持続的な成長が見込まれる経済がある。最近の国際エネルギー機関（ＩＥＡ）によると、中国は石炭の消費と生産において二〇三〇年まで世界一位の座を保ち、石油の需要は四四％増え、米国の需要を抜くと見られ、[38]中国の石油輸入量は二〇四〇年までに一日当たり一二〇〇万バレルに達し、現在のざっと五〇％増しとなると予測されている。[39]

インドのエネルギー需要も増大する見通しである。国民の平均年齢が中国より若く、経済成長率でも上回る。二〇二〇年までに世界最大の石炭輸入国となり、石油輸入は二〇三〇年までに倍増、二〇四〇年には消費の九〇％を輸入でまかなう見通しである。中国とインドを合わせた原油輸入量は、現状では二五％であるが、世界の取引量の半分に達するとみられる。[40] エネルギー投資は資本コストとリスクが極めて高い。代替エネルギーの十分な供給がない限り、中国とインドの原油需要はエネルギー価格上昇を促し、世界の深刻な不安定要因となってしまう。

環境の悪化

中国とインドは急成長を続ける大国の双璧である。両国は人口でも世界最大規模で、世界人口の計三七％を占める。両国ともエネルギー消費の五〇～六〇％を石炭に頼っている。[41] 石炭は安価なので、貧困層が多い国では代替エネルギーへの移行がなかなか進まない。環境汚染に苦慮しつつも、石炭への依存度が簡単には下がらない。

当然ながら中国は世界で最大のCO２排出国である。年に九二億トン以上を排出している。二位の米国は五〇億トンである。中国の排出量は突出して多く、米国との差も、さらに拡大している。[42] 過去一〇年の間を通じて、世界で最も汚染がひどい都市の多くは中国の大都市であった。だが二〇一五年ごろを境に中国の多くの都市で、ゆっくりとではあるが環境の改善がみられるようになった。北京、上海、天津は最悪の状態を脱した。逆にカーンプル、パトナ、デリーなど南アジアの諸都市が汚染都市のリストに名を連ねた。東南アジアの環境汚染も悪化した。世界保健機関（ＷＴＯ）によると、二〇一八年に世界で最も汚染がひどい都市と認定されたのは、インドの一四都市、中国の一都市だった。深刻な汚染（ＰＭ２・５）で死亡した人の数は、中国で二〇〇五年に一一四万人に達した。インドでも急速に増大している。[43] ユーラシア東部は人口が多く、消費物資も急増、石炭依存度も高い。明らかにこれらの要因が作用して、地球上で環境汚染が最も深刻な地域となっている。

重大な不確定要素

世界において必需物資の需要と供給の関係がどのように推移するかが不透明なため、ユーラシアの将来にも強い不安感が漂っている。食料とエネルギーの需要が高く、供給が追いつかない場合、膨大な人口を抱える中国とインドは、輸入先であるロシア、湾岸諸国、オーストラリア、米国との取引で不利な立場を強いられる。逆に需要が減り供給に余裕が生まれれば、中国とインドの成長と資金繰りに有利に作用し、貿易収支も改善される。

発展途上国の脆弱性

必需物資の需給と同様に、国際市場の為替と金利の動向も先が見えない。世界は量的緩和から転換しつつあるが、ほぼ一〇年に及んだ金融緩和が終われば、多額の債務がある発展途上国は重い金利負担の圧力に苦しむだろう。「分配型グローバリズム」のもとで、発展途上国は国内の圧力を受けて低金利の融資に飛びついた。その結果、多くの国で債務問題が不安定化の深刻な要因となっている。パキスタン、スリランカ、ラオス、タジキスタン、キルギスタン、モルジブ、ジブチ、モンテネグロは、一帯一路構想に絡む債務を抱え国内の動揺を招きかねない状況にある。これらは一部の例にすぎない(44)。イラン、サウジアラビアなど中東の主要国には、別の理由で不安定化の懸念がある。

ユーラシア域内の不安定要因

ユーラシアにあっても、ワシントンにおいても、冷戦時代を通じて中ソ関係は決定的な不確定要因であった。経験豊かな観察者たちは、このような見方を捨て去っていないかもしれない。本書は中露関係について、安定と深化を続け、米国の一極支配から多極化した世界への転換を促すと論じてきた。不安定要因は世界規模で存在するだけでなく、域内のさまざまな関係でも随所に見られる。

当然ながら、ユーラシアの主要国である中国、インド、ロシア、日本の関係は、不安定化の要因として最も現実味を帯びている[45]。潜在的に最も難しいのは日中関係である。名目GDPで中国は世界第二位、日本は第三位であり、両国とも技術水準が高い。両国は見事な均衡状態を保っているが、対等の立場で協調関係を築いた歴史がない。日中関係は将来の衝突を招きかねない非常に微妙な性格を帯びている。特に北朝鮮の非核化に失敗すれば、日本はいっそうの軍備強化へ向かうかもしれない。二〇一八年は短期的な和解の兆しが表れた。米国が日中両国に貿易で圧力をかけている事情も関係している。日本が二〇一九年に主催したG20サミットに向け、高いレベルの相互訪問が実現したためでもあった。この緊張緩和が一時的な小春日和で、やがて厳しく冷たい緊張の秋が訪れるのかどうか、現段階で断定するのは難しい。だが日中の関係改善がスーパー大陸ユーラシアの出現を促す要因となることは間違いない。

中国とインドがこれから築く関係も、ユーラシアの将来と安定に重要な意味を持つ。両国は世界に冠たる人口大国で、経済規模もそれぞれ世界で二位と七位の地位を占める。中印関係はユーラシアのみならず世界情勢にも重大な影響を及ぼす。中印関係は日中関係ほど紛争の種がない。大国として急成長を遂げる両国は、経済も互いに補完的である。中国の製造業とインドのサービス分野は競合しないのである。[46]

ポピュリズムと西側の産業世界

世界の主要国では国内の所得格差が拡大している。一方で国同士の格差が概ね縮小している事実はすでに指摘した通りである。国内の所得格差はアジアより西側諸国で顕著である。西側では経済成長が鈍く、自国生まれの労働者と移民との競争が激しい。西欧では特に緊張が強い。北米より成長率が低く、移民の流入が激しい。二〇一七年の時点で欧州には七八〇〇万人以上の移民がいる。本来の住民の数を勘案すれば、世界のどの地域より格段に多い。[47]欧州周辺には難民も多数押し寄せている。中東の混乱が収まらないためである。トルコには世界で最も多い三〇〇万人の難民がいる。[48]その多くはバルカン半島を経由してＥＵ諸国へ行きたいと希望している。[49]

頭打ちの経済成長、所得格差、失業の増大、押し寄せる移民が、欧州の多くの国でポピュリズムを煽り、本来は強まるはずのアジアとの関係を不安定にする要因となっている。二〇一〇年から二〇一五年にかけて欧州一六カ国で行われた国政選挙で、ポピュリズムに依拠する政党は平均一六・五％の票を獲得した。ギリシャ、ハンガリー、イタリア、ポーランド、スロバキア、スイスの六カ国では、議会で多数派を形成するまでに至った。ポピュリズムは特に東欧で力を増し、西欧との亀裂が深まっている。その結果、すでに第八章で論じたように、中国が東欧で存在感を示している。[50]

欧州では最近、ポピュリズムに二つの潮流が見られる。いずれも所得格差、雇用不安、中東やアフリカからの移民増大を理由に支持を拡大した。ギリシャの急進左派連合、スペインのポデモスなど左翼政党は、財政緊縮に反旗を翻した。だが財政再建のため心ならずも、これまで反対してきた支出削減や新自由主義的な構造改革を強いられている。右翼のポピュリズム政党は民族主義や欧州連合との対決姿勢を打ち出し、左翼よりはるかにうまくやっている。[51]

スロバキアでは右翼ポピュリズムが一九九〇年代から政権を握っている。ハンガリーではポピュリストのビクトル・オルバンが二〇一〇年以降、首相を務める。英国の英国独立党や、二〇一六年六月の国民投票でEU離脱を勝ち取った「離脱運動」も、右翼ポピュリズムの性格を帯びる。マリーヌ・ル・ペンが率いるフランスの国民戦線は二〇一七年の大統領選挙で敗れはしたものの、三四%に迫る支持を得た。[52] マリーヌの父が二〇〇二年の大統領選挙で得た支持のほぼ二倍である。「ドイツの選択」は、二〇一七年九月のドイツ連邦議会選で一三%を得票した。この六〇年間で初めて、民族主義を公然と掲げる政党が連邦議会に議席を獲得した。[53] 長期的な潮流が、大衆の不満に立脚する政治家を後押ししている。

欧州の左翼ポピュリズムは、緊縮財政に反対する本来の立場を踏まえ、アジア諸国との共生を選択した。特に懐が豊かな国が格好の相手である。ギリシャの急進左派連合は現実路線を取り、中国の海運大手COSCOと手を組み、二〇一六年にピレウス港の六七%の所有権を二〇億ドルで売却して窮状をしのいだ。[54] 欧州の右翼ポピュリズム政党が今後、中国の経済進出にどのように対処するか現段階では分からない。

米国とユーラシア

ユーラシア大陸主義の将来にとって最も不確定かつ決定的な要素は、世界で最古かつ最大のユーラシア大陸の台頭に、米国がどのように対処するかである。米国は過去七〇年以上、傑出した超大国の地位を維持してきた。世界のさまざまな舞台のさまざまな局面で指導力を発揮し、事象と組織を動かしてきた。世界を支配した米国は「ハブとスポーク」のように同盟国を配した。その結果、ユーラシア大陸では相互に競合して発展する力学が十分に働かなかった。

米国はこの四〇年以上、グローバル化の波にもまれて歴史的な変貌を遂げつつある。労働組合の組織率は減る一方である。一九八三年に二〇％だった組織率は、二〇一七年に一一％を下回った[55]。所得格差も拡大の一途をたどる。一九八〇年の時点では、頂点の一％を占める人々の平均収入が、下層の五〇％を形成する人々平均収入の二七倍あった。二〇一四年はその格差が八一倍となった。外国生まれの米国人は一九七〇年に五％以下だったが、二〇一六年には一四％に達した。

社会状況が劇的に変化した結果、米国の力の源は無制限ではなくなり、その決意も不変とは言えなくなった[56]。一九五〇年代、米国はＧＤＰで世界の二七・三％を占めていたが、一九九五年には二〇％、二〇一五年には一五・七％へと地位を下げた[57]。財政赤字はこの二〇年間でほぼ三倍となった。一九九五年に一六四〇億ドルだった赤字は二〇一七年に六六五四億ドルに膨張した。政府はますます、社会保障の分野で必要な要請に応えられなくなった。国防費でさえ従来のようには支出が楽ではなくなった。

財政難の圧迫が強まるにつれて、米国政府の活力が萎えた。技術革新とグローバル化は米国に構造改革を迫る圧力となった。情報革命や自動車の無人運転を可能にする先端技術で職を失う人々もいる。そのような社会の痛みを和らげる力を、政府はすでに持たない。ごく一例を挙げれば、米国に三〇〇万人もいるトラック運転手の将来は決して安泰ではない[58]。

米国の政治経済は二〇一〇年から二〇二〇年に向けて様変わりした。所得格差の拡大や著しい多様化など社会の新しい潮流が背景にある。急激な変化は当然ながら反動を伴った。困窮する米国中西部のラストベルト地帯の不満はその現れである。驚くべきことに、その反動がドナルド・トランプを米国の大統領にした。トランプは二〇一六年の選挙戦で米国の自由主義貿易を見直す方針を強く打ち出した。大統領に就任すると一週間も経たないうちに、環太平洋連携協定（TPP）からの脱退を表明した。さらに日本の安倍晋三首相、中国の習近平国家主席に実利優先の取引を迫り、COP21（国連気候変動枠組み条約第21回締約国会議）からも離脱したほか、世界中の貿易相手国に関税の大幅値上げを突きつけて譲歩を求め、NATO加盟国の指導者たちにまで脅しをかけた。大西洋のみならず全世界に対して、貿易、金融、安全保障の分野で米国が今後どのような政策を展開するのかが、大きな懸念材料となっている。

米国の政策と能力に対する懸念があまりに強いので、米国に代わりうる新たな覇権が出現する可能性がとうとう現実味を帯びてきた。アミタヴ・アチャラらが指摘するように、米国が世界の中核を成す国家であり続けるにしても、米国を支柱とする世界秩序が変容することは十分にあり得る。[59]すでに論じたように、この一〇年間、中国は着実に経済力を蓄え、久しく米国の味方であった国々も中国への依存を強めている。習近平が率いる中国は二〇一三年以来、外交政策を通じ各国が中国と協力するよう仕向け、一帯一路構想こそがグローバルな協力の新たなパラダイムであると世界に誇示するようになった。中国が主導する分配型グローバリズムの魅力は、政治的にも経済的にも理にかなっている。具体的な受益者を決めて恩恵を施すことに力を注ぎ、コストを外部に分散する。

米国は今後、ユーラシアの発展にどれほどの関心を払い、いかほどの持てる力を注ぐだろうか？いかなる条件が米国をユーラシアに向かわせるだろうか？現段階では見通せない。米国の国内事情の行方が不透明となっているからでもある。米国はポピュリズムの台頭に突き動かされてＴＰＰから脱退、その他の多国間協調の枠組みにも背を向けた。米国社会でさらに格差が拡大し中産階級が崩壊、産業の空洞化が中核の中西部で進むような事態が回避できれば、保護主義への衝動も薄れるだろう。移民の流入が減り、その傾向が続けば、民族同士の緊張も緩和されるだろう。しかし、これらの潮流は全て経済に深く根ざしており、簡単には方向が変わらない。米国の指導部がどのような道を進むか、予想は極めて困難である。この不確実性がユーラシアの将来に暗い影を投げかけている。さらに、世界の在り方をつくり替える転換点が訪れるかどうかも不透明にしている。

結論

本書の前半を構成する各章で論じたように、中国とユーラシアは、中国が一九七八年に「四つの近代化」を掲げて以来の大きな変革を遂げた。二〇〇八年の世界金融危機が変革に拍車をかけた。かたや中国、かたや東南アジア、ロシア、欧州の協力がいっそう深まった。それを象徴するのが習近平の一帯一路構想である。これらの関係がユーラシア全域で生み出す相乗効果は、西側で想定されているよりも大胆に世界を変える可能性が強い。根底にはユーラシア自体の潜在力だけではなく、米国の不振がある。特に説得力のある新たな世界像を提示できない力不足は否めない。

本章で詳細に描いたユーラシアの発展を踏まえて世界の変貌を見据える時、いかなる筋書きにも重大な保留を付さねばならない要因がある。第一は、ユーラシアが相互依存を深めつつ平和裏に変貌する筋書きに影を落とす予測可能な問題である。第二は、予想ができないので、現段階でいかに自信に満ちた計画であろうと台無しにしかねない問題である。これらの不確実性が残る限り、未来の筋書きを最終的に完成させることはできない。

本章は中国の将来について、一四億人の人口を抱える大陸国家を統治するためには、政治的多元主義など異論を認める「安全弁」が必要であると指摘した。中国では約七〇年にわたり、共産党と人民解放軍が安定を維持する中心的存在として機能してきた。しかし中国社会は変化が激しく、ますます流動的になっている。世界との相互依存も史上例がない水準に達し、中産階級が台頭、貧富の格差が広がっている。このような中国社会を律しつつ繁栄と安定をいかに保ってゆくのか、党も軍も重大な局面に立たされている。中国指導部の見解によれば、一帯一路構想は既存の政治制度と産業の役割を保ちながら推進するので、習近平体制が進める予見可能な外交政策の要となるという。しかし金融や貿易の自由化が、体制の安定度にどのような影響を及ぼすかを予見するのは極めて難しい。この問題の行方が定まらなければ、中国とユーラシアの将来像を見極めることはできない。

ユーラシアの将来にとって不安材料となるのは、人口動態の変化（アジア社会の高齢化）、グローバリゼーション、民族・宗教紛争、大量破壊兵器の問題である。高度成長が天然資源をめぐる紛争を招く懸念も付け加えねばならない。過剰債務、アジア諸国の相互関係（特に中印関係）の今後、そして西側のポピュリズムがユーラシアに及ぼす影響を見極めるのは至難の技である。とりわけ米中関係がどのように推移するかが分からない。米国が信頼でき重要であると広く受け入れられ、かつ他国の脆弱な状況に配慮した上での建設的で指導的な役割を果たすのかという問題は、ユーラシアが今後大陸の一体感を持って自立し世界に指導力を発揮するかどうかを決めていくだろう。

第十章

新しい
世界秩序に向けて

本書のいくつかの章では、二十一世紀の国際関係においてグローバルな影響力を持つ可能性があり、より深いユーラシア大陸の相互依存を引き起こし得る原動力を詳しく検討してきた。また中国と東南アジアの関係と同様に、中国とロシア、中国と欧州など中心的な役割を果たしてきた二極間の関係について、大陸統合が進むにつれて、これらの結びつきが変容していく様子を考察してきた。我々は今日の世界情勢の変動性を重要視し、そして予測の難しさについて警告してきた。一方で、このような流動性を抱えながらも、差し迫った国際的な体系的変化の予測に影響を与える、重要な不確実性と影を特定することが可能なことにも言及してきた。

我々はこれまでに、エネルギー、物流、金融などの分野においてグローバルな体系的変化をもたらす力と、なぜそれらが国際問題における新たなシステム構築に向けて私たちを駆り立てるのか、その背景に焦点を当ててきた。しかしながら、我々は変容したグローバルシステム自体が何をもたらすのかについて思案するのに十分な時間を費やしてはいない。こうした展望を明確にするためには、まず現在、我々が知り得る世界の政治経済の主要な構造的特徴をまず見直す必要があり、それが次に取り組むべき課題である。

現在のグローバルシステムの特徴

現在のグローバルな政治経済の主要な構造的特徴は、第二次世界大戦後の和平から生まれたものであり、当時の米国が政治、経済、軍事力において享受していた圧倒的地位を強く反映していると言える。その中核を成していたのは、一九四四年七月、英国のメイナード・ケインズと米国のハリー・デクスター・ホワイトが率いた著名な金融専門家の集まりにより確立された、国際金融のメカニズムであるブレトン・ウッズ体制であった。セオドア・ローウィの言葉を借りて言うならば、それは典型的な「規制システム」であり、機関やルールを精巧かつ公式に構造化し、コストを集中し広範に利益を分配するものであった。ただ唯一の大国であった米国が苦悶する覇権の役割を果たしていた。

歴史的なブレトン・ウッズ会議は、世界大恐慌における連携の失敗を繰り返さないために国際機関が管理するグローバルな通貨システムを再構成する計画を策定し、米国が拒否権を持つ複数の国際金融機関の設立を提唱した。これらの国際金融機関には、国際収支が著しく悪化した加盟国に対し緊急融資を提供する国際通貨基金（IMF）、開発金融の主要な国際供給者としての役割を果たすことを目的に設立され、世界銀行の主翼を担う国際復興開発銀行（IBRD）が含まれている。

後年になって、これらの国際金融機関を支える基本的な構造は、地域開発銀行の設立により補われていたが、そのほとんどにおいて米国は影響力を行使してきた。一九五九年の米州開発銀行設立に続きアフリカ開発銀行が一九六四年に設置され、アジア開発銀行は一九六六年に、そして東欧革命で共産主義体制が崩壊したことを受けて欧州復興開発銀行が一九九一年に、それぞれ設立されている。さらに、国際金融公社（IFC、一九五六年設立）、国際開発協会（IDA、一九六〇年設立）、国際投資紛争解決センター（ICSID、一九六六年設立）、多数国間投資保証機関（MIGA、一九八八年設立）という新たに設置された四つの国際機関が、世界銀行とゆるやかに連携しながら補助的な役割を果たしてきた。

一九三〇年代を襲った破滅的な通貨切り下げのような混乱を未然に防ぐため、ホワイトとケインズによって提唱された新たな経済秩序は、ＩＭＦとの協議によってのみ変更可能な固定為替相場制を組み込んでいた。これらのレートは、加盟国の主要通貨の価値を「金」または「ドル」に基づいて設定しており、純金一オンス＝三五ドルと定められていた。金の価格が固定されることになり、各国は外貨準備金を、ドルや金、限られた代替通貨で自由に保有していたが、英国ポンドの選択が目立っていた。

ケインズとホワイトは、世界貿易を規制する多国間機関の設置をも目指し、それを国際貿易機関（International Trade Organization, ＩＴＯ）と命名したが、一九三〇年代の大恐慌を悲劇的に悪化させた保護主義の横行を排除する目的が背景にあった。一九四八年のハバナで開かれた国連貿易雇用会議でＩＴＯ憲章が討議されたが、米上院とその他の主要国の立法機関からの批准が得られず、ＩＴＯは創設されることはなかった。しかし、並行して行われた関税と貿易面に関する一般協定ガット（ＧＡＴＴ）についての交渉は一九四七年十月に首尾よく妥結し、ＧＡＴＴは一九四八年一月一日をもって関税及び貿易条件を規制する暫定的な枠組みとなった。(1)

世界貿易機関（ＷＴＯ）の発足は一九四〇年代後半に検討されていたが、実際の設立は一九九五年になってからだった。それでもなお、一九三〇年代の大恐慌時に横行し、第二次大戦の遠因ともなった略奪的な貿易、金融政策の再発を未然に防ぐことを目的に設計された、当初のブレトン・ウッズ体制が生み出した当然の帰結であった。こうして、グローバル経済管理の伝統的構造は、世界銀行、ＩＭＦ、ＷＴＯの三頭体制に委ねられることになった。

一九四五年十月二十四日に正式に設立された国際連合は、本来の戦後体制における安全保障の支柱であった。経済分野での由緒あるパートナー機関であるＩＭＦや世界銀行と同様に、国連は一九三〇年代と四〇年代の無秩序で残忍な事態の再発を阻止するために創設された。しかし、国連はＩＭＦや世界銀行とは決定的に異なるガバナンス構造を持っている。一元的な「規制命令」よりも「列強の盟約」に依拠した安全保障理事会常任理事国の拒否権制度によって政治的困難に見舞われた国連は、世界平和と安全保障に対する大きな脅威に対応するうえで、朝鮮戦争以来より多くの問題を抱えてきた。国連は、大国の利害がそれほど深く絡み合うことがないアフリカなどの地域の緊張低減に関して効果的な役割を果たし、ゴラン高原のような重要な権益が絡み合う戦略的な地域でも脆弱な停戦の監視もした。しかし、大国が対立する場合に効果的に対応できるのはまれで、日本やドイツといった第二次大戦の敗北の灰から国際的に台頭した国々に相応な代表権限を与えることはなかった。

一部には国連が国際的に主要な安全保障の課題に十分に対応する能力を欠いていたこともあり、戦後の安全保障秩序も一九四〇年代後半から二国間及び多国間同盟の複雑なシステムを内包するようになった。太平洋ではワシントンから放射状に広がる米国との二国間関係から構成される「ハブ・アンド・スポーク」状の地域システムが確立された。これには日本（一九五一）、オーストラリア、ニュージーランド（一九五一年）、フィリピン（一九五一年）、韓国（一九五三年）が含まれていた。[2] 中国国民党政権や、内戦で反共産主義の主人公を演じていた南ベトナムは、当初これらの二国間関係の枠組みに含まれていたが、後にこの同盟関係は消滅してしまった。タイは、東南アジア条約機構を設立した多国間の東南アジア共同防衛条約（通称マニラ条約）と二国間の一九六六年タイ米修好経済条約によって、この枠組みに組み込まれていた。[3] ソ連と中国も一九五〇年二月に友好同盟を締結した。名目上は日本に対抗するためとされたが、台頭しつつあった米国主導の体制に匹敵する枠組みだと見なされていた。北朝鮮とソ連が一九六一年に友好相互扶助条約を締結する一方、[4] ベトナムは一九七八年七月の経済相互援助会議への加盟に続きソ連との友好協力条約締結に署名した。

大西洋、中東そして南北アメリカ地域では、戦後の安全保障構造は二国間ではなく多国間となった。共産主義者によるチェコスロバキアのクーデターとベルリン封鎖を受けて、米国と一一カ国は一九四九年四月、集団安全保障体制を確立するための北大西洋条約機構（ＮＡＴＯ）を設立した。[5] 中東における バグダッド条約、後の中東条約機構は同様の機能を果たした。[6] 東南アジアでは、インドシナからのフランスの撤退を契機に米国のアイゼンハワー政権が、集団安全保障体制を提供する東南アジア条約機構（ＳＥＡＴＯ）の設立を喚起することになった。[7] 太平洋地域における一般的な二国間の安全保障構造に多国間協力が加えられたわけだが、ＳＥＡＴＯは米国のインドシナ撤退に続いて一九七七年六月に正式に解散するに至った。[7]

政治経済の変革で損なわれたグローバルガバナンス

グローバルな政治経済の古典的なガバナンス構造は、第二次世界大戦後に構築され、三世代もしくはそれ以上にわたって、その本質が継承されてきた。たとえば、国連安保理の常任理事国は一九四五年から変わらない。ＩＭＦと世界銀行の議決権に関しては見直しが行われてきたが、七〇年以上前の設立当初と同様に世界銀行では米国人が総裁に選出され、ＩＭＦの専務理事には欧州出身者が引き続き就任している。しかし、グローバルシステムにおける影響力の軌跡を辿ると、過去七〇年で、次のような四つの時点で根本的な変化が生じていることが分かる。一九五〇年代から一九六〇年代にかけてのヨーロッパと東アジアの経済成長は、かつての枢軸国、特にドイツと日本の回復に支えられていた。一九七〇年代に石油生産者が台頭し、サウジアラビアとイランが主導するペルシャ湾が特に注目されるようになった。ソビエト連邦とその影響下にあったワルシャワ条約機構は、一九九〇年代初頭に崩壊し、米国の「単極構造時代」を作り出した。過去一〇年は、中国の台頭とロシア、中央アジア、アフリカ、そして新しいヨーロッパとの相互依存の深化を目のあたりにしている。その中核にあるのがユーラシアである。

これらの重大な国際政治経済上の変化は、当然ながら第二次大戦の戦勝国が確立した大西洋中心の比較的強固な国際機関に対して新たな圧力を加えることになった。国連、ＩＭＦそして世界銀行は、その補助機関を通じて、ある程度変化に適応しているが、過去に構築された構造と将来に必要とされる能力との間に横たわる分裂は明らかに残ったままである。

システム変革への代替案

グローバルシステムの中核を成す統治機関と世界の実際の権力構造との間に明らかな分裂がある場合、どのように対立を解消できるのだろうか。国際関係における古典理論では、グローバルシステムの大きな変化は、ナポレオン戦争、第一次世界大戦、第二次世界大戦などの覇権をめぐる対立によってもたらされるとされてきた。(8) 米国と中国における核の時代の覇権闘争は、甚大な人的、経済的コストを伴うことになる。相互抑止に関わる一連の措置も、これまで以上に高価で不確実なものとなっているが、はたしてシステム変革に向けた他の選択肢は存在するのだろうか。

一九九〇年代に行われた日米首脳会談で、冷戦後に構築される「新世界秩序」についての話し合いが行われた。この「新世界秩序」という表表現は、ソ連崩壊に続いて実施された米ロの首脳会談でも繰り返し取り上げられたが、そうした首脳外交がグローバルガバナンスに大きな変化をもたらすことはなかった。しかし、それは悲観的な現実主義者のビジョンとは対照的な希望に満ちた概念であり、世界情勢における基本的なシステム変革の触媒として、武力紛争に代わる選択肢があるという考えを普及させることになった。

学術研究と冷戦後の外交はともに、覇権の対立に代わる非暴力的なシステム変換の手段を探してきた。コヘイン、ナイ、バーノン、ヤーギンら著名な国際政治経済の専門家は、国際システムを構築する際の多国間体制と国家を超えて活動する企業の役割を強調している。(9) 一連の国際貿易交渉、軍縮構想、環境会議などは、冷戦終結後の東欧における歴史的変化に協調的に対処するために招集されたことは言うまでもないが、全てが一九九〇年代、二〇〇〇年代、二〇一〇年代の多国間外交に弾みをつけた。しかし、この勢いは二〇一七年のトランプ大統領の出現により失われていった。

これまでの章では、ユーラシアの基礎を形成している地理的条件と資源が、大陸が統一性をもった単位として世界情勢の中で傑出する長期的な可能性を与えていることを示してきた。過去約三〇年にわたる一連の重大局面によって、地政学的および経済的な実体を与えられ、その潜在性は徐々に具現化し、グローバルシステムの大変革に向けた展望を作り出している。つまり、過去七〇年間の開かれたリベラルな秩序から新たな形のグローバルガバナンスと政治経済への大転換点が、スーパー大陸としてのユーラシアの出現によって立ち現れてきたのである。とりわけ中国と米国は、グローバルシステムにおいて多少異なる役割を果たすことになるだろうが、問題は新しい役割への移行をいかに平和的に成し遂げるかということである。

チャールズ・キンドルバーガーやロバート・ギルピンのような多くの国際関係の理論家たちは、安定した国際政治経済秩序には、貸し手、市場、および最終手段の擁護者として機能する安定化装置としての覇権が必要であると主張してきた。(9)彼らが共通して語る概念においては、安定化装置としての役割には、システム内の他の当事者が信頼を置くような集権的な力が必要とされる。伝統的な考え方では、覇権の役割は共有することはできず、「共同覇権」自体が不可能であるということだ。今後数年間は、覇権の移行が典型的に伴う優位性を巡る戦いよりも、より対立の少ない代替手段として分配型グローバリズムを用いて、その概念が試される可能性がある。(10)国際情勢における新たな現実を反映している場合でも、複数の国家がガバナンスの責務を共有できないのはなぜなのだろうか。多国間機関は、より集団的で競合を招かないガバナンスの手段として役立つのではないだろうか。公共財の性質を持つ新しい資源の分配型の提供は、特に新しい機関においてガバナンスに資するのではないだろうか。そして、既存のグローバル機関をより多元的な方法で管理することはできないのだろうか。国際関係において存在するかなりの数の新現実主義者たちは、このような可能性を支持し続けている。

何がグローバルな大転換の前兆となるのか

本書ではこれまで、大西洋中心の伝統的なグローバリズムをむしばみ、ユーラシアに新しい大陸主義を発展させ、新たな大陸主義志向の重要性を高めている勢力について詳しく考察してきた。予測される変容の膨大な規模とそれら変化に対処するための新しい機関の必要性を理解するには、今や、差し迫っているグローバルな大転換の具体的な概要と、そのより広い世界秩序の中で台頭する新しいスーパー大陸の展望を把握することが重要である。つまり、今まで試みたように現在の世界秩序の中心的な特徴を見直すだけでなく、私たちが生きる世界を静かに変えている下部構造を理解する必要がある。

多国間グローバリズムの確実な浸食

戦後初期から二〇〇八年の世界的な金融危機まで国際貿易は着実に拡大し、一方で国際情勢を管理する多国間機関は規範に基づく手続きを通じて、特に経済や金融の分野において成長を遂げてきた。IMFそして世界銀行も、ますます強力で包括的な機関となった。これらの機関は、二〇一六年時点で一六四カ国が加盟するWTO（世界貿易機関）が一九九五年に設立されたことで増補された。ケネディ・ラウンドとウルグアイ・ラウンドを含む一連の国際貿易協議は漸進的により自由な貿易を推進することになった。製造業の平均関税は、一九四七年のガット交渉の開始時の約二二％からケネディ・ラウンド（一九六四〜一九六七年まで）の間に一四％までに減少し、ウルグアイ・ラウンド後には世界全体で五％を下回った。[11] 世界はさらに自由で開かれた通商へと向かっているように見えた。

全ては二〇〇八年の金融危機に続いて逆作動し始め、西側諸国には失業、所得格差、労働者階級の不満が深まっていった。二〇一〇年以降、世界貿易の伸び率はわずか二％で、商品やサービスの生産の増加率がその三分の二を占めている。

価格変動性の増大と不均衡の拡大、そして偏狭な地域主義の高まりに直面したことで、ルールを基盤とする世界貿易システムは、拡大はおろか維持することさえ一層困難になっている。楽観的な展望をもって二〇〇一年に始まった世界貿易交渉のドーハ・ラウンド（多角的貿易自由化交渉）は、すぐに暗転し、二〇〇八年の金融危機時には膠着状態に陥り、二〇一五年のナイロビ閣僚貿易会議で事実上終了した。複数の米政権が環太平洋連携協定（TPP）と環大西洋横断貿易投資協定（TTIP）をドーハ・ラウンドに代わる枠組みとして推進したが、トランプ大統領が二〇一七年一月の就任初日に離脱を一方的に明言してしまった。

米国を中心とした古典的な多国間主義的な経済ガバナンスのパターンが弱体化しても、ユーラシア中心の一層分散化され、地域に根ざしたパターンは、覇権国によって強制される抽象的な規則ではなく、中央集権化されていない指導体制を通じた物質的利益の分配によって力を得始めている。この新しい現象は、地政学に依拠した地域主義であり、地球規模の影響力を持つ可能性があり、中国の台頭と旧ソ連崩壊によって推進されている。陸・海・複合一貫輸送による革命的なコスト削減が根本にある製造物流の重要な変化は、ヨーロッパと中国の生産ネットワークをこれまでよりコスト効率の高いものにしており、大陸横断的なエネルギー依存が高まる中、資金の流れは加速している。これらの経済動向は、相互依存に対する長年の政治的制約を着実に減少させ、新たな形態の政治経済的な相互依存関係を作り出している。

大陸主義の政治変化をもたらす経済力：より双方向なユーラシアのせめぎ合いの場

地理的要因を重視する国際関係の専門家や政治家たちは、地理的中心性に対して特別な優先順位を付与することが多い。ユーラシアは世界の陸地面積の四〇％以上を有しており、何と言っても世界最大の大陸である。そしてアフリカ大陸と周辺の領域を含む「世界島」をも支配しながらその中心に位置している。

ユーラシアはもちろん、その地理的意味合いにおいて記録された歴史の中で中心にとどまっており、その中心性によってもたらされる広範な経済・地政学的重要性は、大陸内の不活発な経済と技術の停滞によって長い間覆い隠されてきた。さらに国境を越えた対話を阻害する特有の政治・経済的分裂と地理的障害が事態を複雑にした。国境を越えたインフラの貧困は、隣接する国々との連携の中でインフラ自体の地政学的な重要性の過小評価と一緒になり、ユーラシアの経済相互依存の潜在的な力を覆い隠してきた。その静的な状況が潜在性にあふれた重大で大きな変化への道を与えられたのは、ようやく過去半世紀のことである。

ユーラシアのインフラ整備

西欧や北米とは対照的に、ユーラシア大陸の大部分は充実した天然ガスのパイプラインや国境を越える鉄道網、送電線の越境ネットワークを享受したことがなかった。こうしたインフラが発展するのと同様に、これまでかなり隔たりがあったユーラシア大陸の各国の間の政治・経済的関係は、急速に緊密になっている。これまで考察してきたように、経済成長にとってユーラシアのインフラが持つ機能的な重要性と将来的に見込まれるインフラの質は、近年急激に改善しており、インフラ投資はユーラシアにおける政治・経済を変容させる中心的な原動力となっている。

インフラはユーラシア、特に中国と中欧の経済的中心地の間で、成長を促進させる特別な可能性を秘めている。これは大陸にある政治経済上の二つの核が、次の三つの重要な特徴を共有しているためである。（1）大規模な人口と高い人口密度。（2）凝縮された補完的な製造業の複数の中心地。（3）多様な輸送オプション（海上交通や空路と同様に道路や鉄道での陸路横断）。これらのさまざまな社会的経済的特質は、経済成長のための新しいインフラと物流イノベーションの相乗的可能性を最大化する要因となっている。

ユーラシア大陸の戦略的地域における経済成長は、偶然にも輸送コストを大幅に削減する複合一貫輸送などの技術変化との相乗作用があり、過去一〇年間、ユーラシアの大部分での新しいインフラの重要性を急激に高めている。最先端の鉄道、電力網、デジタル化された物流管理システムを新たに構築する機運は、中国の特に海岸部から遠く離れた中国西部の成長によって激化している。同様に内陸部の中欧および東欧にも相似した力学がみられる。ベラルーシや旧ユーゴスラビアに属したほとんどの国、そしてカザフスタンのようにインフラが時代遅れでも改修の資金が調達できる場合、建設のために得られる優遇措置は、特に中国の一帯一路構想の財政支援が容易に利用できるため、他を圧倒する可能性がある。

これまで述べてきたように、純粋に地理的な条件から見た場合、陸上輸送は遠回りの航路を取るよりも、北東アジアからヨーロッパへと大陸を横断する上でより効率的な手段である。上海やロッテルダムなどの沿岸都市からのユーラシア大陸を陸路で横断する際の距離は、スエズ運河を通る現在可能な航路よりも三〇%以上短縮することができる。重慶、デュイスブルクなどの内陸都市にとって陸路輸送は、次の三つの重要な理由からさらに地経学的な面で魅力的である。（1）内陸間の地理的距離が短い。（2）規制緩和が陸上輸送に関わる国境を越えた手続きをより負担が少ないものにしている。（3）物流をデジタル化することで、河川、鉄道、道路、空路を使った複合一貫輸送がこれまで以上に劇的に速く低価格になった。

ヒマラヤ山脈のような地理的障壁が特定の回廊地帯の形成につながることもあるが、ユーラシア大陸を横断する陸上ルートの主要課題は、常に政治・経済的なものである。複雑な通関手続から異なる鉄道の軌間（ゲージ）に至るまで、関税と多数の規制が貿易を制限し続けている。財源確保は困難であり、主要な輸送部門のインフラと安全は標準以下の状態のままだった。

これまで述べたように、過去十年間の技術とマクロ経済の発展がこの方程式を劇的に変えた。二〇〇五年以降、デジタルの貨物手続きが古典的な紙媒体に取って替わり始め、航空貨物の輸送路を筆頭に通関手続きを大幅に合理化する技術的な見通しを根本から改善している。モノのインターネット、ビッグデータ、B2Bのeコマース、3Dプリンティングはいずれも納期短縮に役立っており、エレクトロニクス、機械、自動車産業などの分野でユーラシアを横切る生産網の合理化にも貢献するジャスト・イン・タイム（必要なものを、必要なだけ、必要なときに作る）調達の実現を可能にした。たとえば、重慶は二〇〇九年までは海外の製造業者のためのパソコン関連製品を全く生産していなかったが、その後はパソコン完成品及び基幹部品製造のグローバルセンターとなり、ヒューレットパッカード、富士通、デル、エイサーなど主要なパソコン及び関連機器の国際的企業によって、現地生産能力拡大のための投資を呼び込んでいる。二〇一六年までに重慶単独の輸出は毎年四五〇〇万台を越え、一五九億ドル近くの規模となった。大規模で成長する中国市場における重慶の中心性と発展する物流革命との相乗効果によって、世界中から、特にユーラシア全体からの柔軟で融通が利く費用対効果の高い部品調達を可能にしている[13]。

物流輸送の規制緩和は、劇的に低コストでより迅速な大陸横断貨物輸送を実現している。二〇一五年のユーラシア経済同盟の誕生は、中国と欧州連合（EU）間で貨物が越境手続きをする境界を中国とカザフスタン間、ベラルーシとEU間だけに減少させた。この状況でも物流のデジタル化は大陸横断輸送をはるかに速く、さらに低価格なものにしている。

規格統一から得られる経済的利益を拡大する最近の技術開発に対応し、欧州委員会と中国政府は二〇一五年にＥＵと中国の連結プラットフォームを発足させた。この政府間の取り決めはインフラと機器の規格設定における大陸横断協力を促進している。また、中国とヨーロッパ間の技術協力を推進し、特に輸送分野で大陸内の相互依存関係を深めるうえで直面する物流やその他の制約について、体系的に議論するためのフォーラムとなっている。(14) こうした状況の進展は、高品質のインフラが利用可能な陸路輸送の必要性を支える強力な新たな論理を生みだしている。このような論理は、デジタル化以前の時代に非常に複雑であった陸路、海路、または空路による複合一貫輸送に特に当てはまる。政治的・技術的な大きな変化は、過去に商取引がほとんどなかったベラルーシ、ポーランドから四川省、甘粛そして内モンゴルといった広範な内陸部において、費用対効果が高い双方向の経済活動の展望を開いている。

国境を越えたインフラには、困難な状況を抱えたユーラシアの国々を協調的な手段を通じて結びつける効果が期待でき、地政学的にも良い影響を及ぼす可能性がある。この分野におけるユーラシアの需要は大規模であり、最近のアジア開発銀行の試算によると、二〇一六年から二〇三〇年の間、新しいインフラ開発には二六兆ドルを要する見込みである。(15) 二〇〇八年から二〇〇九年にかけての金融危機以降、大陸全体、特に中国では巨大なインフラ支出が発生しているにもかかわらず、ユーラシア全域で必要とされる高速道路、高速鉄道、電力網、発電所、ダム、港湾、空港、通信システムを構築する一連の過程は、まだ始まったばかりである。

送電システムは超伝導の進化だけでなく、送電網管理の技術的な改善によって、より長距離にわたって大容量の電力を送ることができるようになり、更に成長を続けている。ますます高度化する電力網（スマートグリッド）は、ユーラシア大陸の両端からの技術的・財政的支援を活用しながら、各家庭も含め地域レベルのエネルギー使用量を管理する能力がこれまで以上に高まっている。電力・通信やその他の分野では、長距離間の効率的な相互作用の可能性を躍進させるような新たなデジタル化が進んでいる。整備中の新しい大陸横断インフラは、ユーラシアの支柱である強力な中国とヨーロッパとの経済的相互依存を深化させるとみられており、障壁となる国家規制を取り除く激しい圧力となる一方、保護主義勢力の影響力をほとんど受けていない。

一つの重要な側面が明確になってきた。それは、多様な配送形態間で効率的かつ費用対効果の高い連携を生み出している物流の中心的重要性である。商品やサービスを効率的に届けられないのであれば、新しいインフラも意味をなさない。規制緩和と技術変化の相乗的組み合わせは、複合一貫輸送におけるデジタル革新や中国市場の成長によって牽引されており、輸送コストの低減と相互依存深化に向けた圧力強化により、過去数年間にわたってユーラシア大陸を横断する取引に革命をもたらしている。そのインパクトは、過去の障壁が非常に高く、地理的近接性が持つ利点をも阻んできたユーラシアで特に強力に現れている。

効率的な大陸横断商取引の技術的基盤を築いた最初の重要な物流開発は、コンテナ輸送の登場であった。複合一貫輸送への道を開き、最終的に道路、河川、鉄道、および空路を連結させる可能性を持つに至っている。コンテナ化が始まったのは一九五六年頃だった。一九六八年から一九七〇年の間、ベトナム戦争の激しい戦闘の最中に、国際的に輸送されるコンテナのサイズがおおむね規格化され、輸送手段に合わせて商品を積み直すことなく、標準化されたコンテナを効率的に運搬することが可能となった。一九九二年のＥＵの複合輸送構想は、複合一貫車両に対する課税を削減する一方で、割り当てと行政認可によるEU内の制約を廃止した。その後、EU内の複合一貫輸送が始動し、後に大陸横断にも適用されるモデルを提供した[16]。

ユーラシア大陸全体で相互依存を深めた第二の変革はコンテナ港の台頭で、とりわけ中国において顕著であった。一九八〇年代初頭から一九九九年にかけて、中国のコンテナ港の数はほんの一握りから八五港にまで急増し、同時に貿易量も急増した。中国政府は、一二港の一団から成る上海国際貿易センターの建設などを通じて、その拡大を支援してきた。中国以外では、韓国、シンガポール、オランダ、UAEなどの政府機関がそれぞれ、コンテナ貿易を促進した。コンテナ港を通過する海上貿易の増加は、道路と鉄道を含む複合一貫輸送貿易と相乗作用があることが証明され、また複合一貫輸送における革新的なコスト削減は、情報化やモノのインターネットによって急激に進み、沿岸部と同様に内陸部でも大陸横断取引を活発化させると同時に大陸横断のサプライチェーンを促進することになった[17]。

ユーラシア大陸を横断する一貫輸送の具体的な例は、中国と中欧・南欧の間で行われているパーソナルコンピューターとその部品の製造、流通、販売である。COSCOロジスティックスは、中国遠洋海運集団（COSCO）の子会社であり、中国中部にある重慶のフォックスコンの電子機器受託生産工場から、ヒューレットパッカードの部品を中国国内の広東省に輸送するためのシステムを設計し導入している。部品はそこから海路でギリシャのピレウス港に出荷され、チェコのフォックスコンの自社組立工場に列車で運ばれる。完成した製品は最終的にヨーロッパ全土において、ヒューレットパッカードが販売している。

COSCOロジスティックスは、ヒューレットパッカード製品用にピレウス港に積み替えセンターを設置するなど、この複合輸送工程の立ち上げに尽力してきた。ヒューレットパッカードが顧客であることにより、この新たな輸送回廊は純粋な意味での中国の構想ではなく、米国と台湾（フォックスコンは台湾企業）の民間事業としての側面を帯びている。この構想は、ピレウスにあるＣＯＳＣＯの出荷港の取り組みに大きく依存している。この出荷港は、正式に一帯一路構想の一部に組み込まれているが、サプライチェーンを構築し、そのための物流を供給するＣＯＳＣＯの役割はかなり大きいものがある。

大陸統合に対する財政的、技術的、政治・経済的な障害が浸食され始めているとすれば、誰がその受益者となり、そしてグローバルなクロスオーバーポイントを超えた国、地域、世界の大国はどのように構成されるのだろうか。ユーラシア大陸全体の過去一〇年間の大規模なインフラ投資が持つ意味、特にデジタル化された設備や、今後数年間の高品質インフラへの支出の増大の可能性を把握するためには、大陸の地図を見ることが唯一必要なことだ。次の四つの結論が容易に導き出せる。（１）中国は文字通り、ユーラシアの経済の中心を占める「中央の王国」として、その地政学的位置により巨大な受益者となるだろう。（２）大陸主義には中国の台頭にとどまらず、Ｇ７諸国を含む様々な多国籍企業が介在している。（３）大陸主義は、伝統的に大西洋の秩序の支柱であるヨーロッパと中国の間で協調的か対立的な結びつきを自然に深めている。（４）企業レベルでは、強力な生産拠点、サプライチェーン、流通ネットワーク、高度な物流能力を持つ企業が大きな恩恵を受けることになる。

連結性の大規模な最近の改善は、輸送と通信経済学に根差しており、同様に政治や行政システムを緊密なものにしている。旧ソ連諸国をより従属的な中継地点の役割に組み込んだ中国とヨーロッパ双方の活力は、地政学的な力を本格化させており、米国を拠点とする多国籍企業が仲介役として重要な役割を果たしているにもかかわらず、近年のグローバル体制よりもアメリカの影響を受けにくい状況にある。最近の兆候は、韓国、そしておそらく日本が、この大陸主義のダイナミックな力を認識し始めているということであろう。中国と特に中欧および東欧との相乗効果は、複合一貫輸送革命を中心にした技術と財政の変化によってさらに深化している。これらの変化は、ますます相互作用を高めるユーラシアの競い合いの舞台で展開されており、スーパー大陸を創造する可能性を秘めている。

もちろん、このような構造がすでに顕在化したと言うのは時期尚早ではあるが、一方で最近の変容はグローバルなガバナンスの在り方を再考する必要があることを示している。このことから、将来へのロードマップとして考えられる四つの道筋について簡潔に概略を述べながら、グローバルな安定性に対する具体的な課題をこれから見極めてみたい。

地政学的不確実性

具体的には、説得力のあるグローバルな影響力を持つユーラシアのスーパー大陸の出現は、どのように世界情勢と関わっていくのであろうか。国際関係論は地政学的な移行におけるシステムの安定性について楽観的ではない。ロバート・ギルピンは覇権をめぐる戦争との相関関係を指摘し、チャールズ・キンドルバーガーは、すべてのシステムが覇権主義的な安定剤を必要とすると論じている。(18) アーロン・フリードバーグなどは過去四〇〇年にわたってヨーロッパの多極化がもたらした悲惨な歴史に留意し、そのようなパターンがアジアでも繰り返される可能性があるという見通しを指摘している。(19)

米国は七十年以上にわたり、世界の安定剤として中心的な役割を果たてきた。オバマ、トランプ両政権の手法は異なっていたが、過去一〇年間の動向は、米国にそうした伝統的な役割を果たす意思と能力が低下している可能性があることを意味している。米国のマクロ経済基盤が持つ優位性は、特に中国との関係において浸食の最初の傾向を示している。米国は技術、食糧、エネルギー、軍事力において、強力な基盤を保持してはいるが、米国に対する中国の貿易依存度は一九九〇年代の高水準から大きく低減し、二〇一七年に米中貿易摩擦が激化して以降その傾向が顕著にあらわれている。そして、ヨーロッパ、中東、ロシアとの新しい大陸主義志向の関係は、習近平国家主席の一帯一路構想で具体化され、中国は私たちが考察しているように、潜在的なスーパー大陸の出現に向けて新しい地経学的な選択肢を手にしている。

米国の役割縮小がグローバルガバナンスの将来に与える影響とはどのようなものなのか。北京の動向に触発されたグローバルもしくは地理的な統治の代替手段は、どの程度まで空白を埋めることができるのか？　インドは世界の表舞台に躍り出る可能性はあるのだろうか。また、米国と中国との対立と協力の在り方、そしてその他の世界情勢の見通しはどのようなものになるのであろうか。

ドルの役割は変わるのか？

一九四四年に発足したブレトン・ウッズ体制は、中心となるグローバル機関である世界銀行と国際通貨基金の設立と共にドルを世界の主要基軸通貨として定めた。その結果、米国はジスカール・デスタン仏財務大臣が羨望の思いを込めて「法外な特権」と呼んだ通貨発行国の権利を利用し、大きな財政的制約を受けることなくワシントンの野心的な外交政策を実行してきた。その結果、米国は、韓国、ベトナム、イラク、そして世界中の紛争地に積極的に介入し、英国が一九五六年のスエズ危機の間に余儀なくされたように国際的な金融機関に頼ることなく、自国通貨に関わる多額の財政コストの返済に自信を持つことができた。ワシントンは関係国との国際協議に伴う難局に直面することなく、一方的に世界の問題に介入する魅力的な選択枠を享受してきた。このはかり知れない能力は、米国の世界的リーダーシップ能力の核心の部分でもあった。

世界の主要通貨の発行者として米国が享受する利得は、自国ではほとんど認識されていないが政治経済上、重要な意味合いを持っている。それは、連邦準備制度が国内金利を制御し、国内事情に基づく有利な方法で規制することを可能にしており、米国の住宅所有者は間違いなく、自国通貨であるドルの確固たる地位によって、より安定した住宅ローンの条件と利率を享受している。また、良好な金利・通貨制度は、安定した国内雇用や経済成長にも明確に貢献している。

ドルの基軸通貨の役割が必ずしも不変ではないことは、過去の金融史から見ても明らかである。一九一四年以前のドルは、ほとんど国際的な役割を果たしていなかった。金本位制が主流であり、イギリスのポンドが為替通貨として最も采配を奮っていた。制度的変化と相まって地政学的な激変がこの方程式を根本的に変容させたのである。[20]

体系的な変革をもたらした地政学上の動きは第一次世界大戦だった。この戦争は、中立国による英国の銀行との取引や、英ポンドでの口座を用いた決済を困難にしたため、代替案が必要になったのである。第一次世界大戦後、イギリスでは失業率が急上昇し、経済成長も鈍化した。英国の苦境は準備通貨としての英ポンドの魅力を薄れさせ、ドルを優位に立たせてしまった。そして英国が金本位制を懸命に維持しようとすればするほど、基軸通貨の役割から後退する政治的圧力を生み出し、住宅所有者たちは新たな財政的困難に直面することになった。[21]

英国の役割の維持が一層困難になる一方、それに代わる選択肢が大西洋で現れ始めた。ある制度的変化がその環境整備をしたのだが、それは一九一三年の連邦準備制度法であった。この歴史的な法律は皮肉にも、国際的な課題ではなく国内問題の解決に向けられており、ドル建て信用市場の流動性を高め、米国の銀行が初めて海外で事業を行うことを可能にした。一九二〇年代初頭までに、ドルは国際金融変革のための重要な手段となっていた。

英国通貨は、その後数年間はドルと並行する役割を果たし続けていた。しかし、ポンドの役割を維持するための経済的困難のために、一九四七年から一九四八年にかけてのギリシャ・トルコ危機から、一九五六年のスエズ危機を経て一九六〇年代初頭のマレーシアとシンガポールに対するインドネシアの「対決政策（Konfrontasi）」に至るまで、英国はその根本的な利益が関与するにもかかわらず、これらの外交危機に容易に対応することができなかった。[22] 一九六六年から一九六七年の間、ハロルド・ウィルソン政権が、英ポンドを守るために繰り広げた長く無益な闘争にみられる財政管理の難しさは、英国の政治的正統性をも損ない、不安定なリーダーシップと国家戦略上の利益軽視につながった。[23] 基軸通貨の地位は、英国の経済的および戦略的な条件の両面で英国にとって有利であったが、逆にその浸食は内外を問わず痛みを伴った。

世界の主要通貨としてドルは無期限に継続するという保証はない。実際に二〇〇六年から二〇一三年の間、ドルの世界外貨準備に占める割合は四一％から三三％に減少した。[24] その後ドルが占める割合は回復したものの、中国の経済的役割の上昇を含む他の長期的な変化は、ドルが持つ卓越性が、最終的には朝鮮に直面する可能性を示している。

攻撃的な米国の単独主義は、皮肉にも危機を生み出し、ドルを致命的に弱体化させるような制度的な進展を引き起こす触媒となるかもしれない。二〇一八年五月、ドナルド・トランプ大統領は欧州連合やロシア、中国からの強い反対に直面する中、イランとの核合意である包括的共同作業計画（JCPOA）協定からの撤退を発表した。外国企業は晩秋に発動されたイランに対する米国の二次制裁に巻き込まれることを避けるために、イランとの契約を再考するように助言されていた。このことは、JCPOAの支持者の多くに代替となる金融枠組みを模索することを促すものだった。[25]

ドルは、予備資産、支払い通貨および IMF の通貨バスケットの全ての側面において、世界の卓越した通貨であり続けている。しかし、中国人民元（RMB）は、二〇〇八年の金融危機以降、潜在的な挑戦者として急速に台頭している。二〇一〇年十月時点で中国人民元は、世界で広範に使われている支払い通貨の中では三五位にランクされていたに過ぎないが、その一年後には一七位までに上昇し、二〇一三年十二月には八位までに躍進していた。そして二〇一四年十一月には、世界の支払い通貨のトップ5のひとつとなった。二〇一六年十月一日には国際通貨基金（IMF）の特別引出権（SDR）通貨バスケットに採用された五番目の通貨となり、米ドルとユーロの後に続く第三位の地位を享受している。[26]

人民元が IMF の SDR 通貨バスケットに採用されたことに対するヨーロッパの反応は、特にアジアインフラ投資銀行の設立など金融分野の最前線における中国との協力から見ると、興味深いものがある。欧州中央銀行（ECB）はその準備金に中国人民元を追加した最初の主要な国際機関の一つであるが、特に二〇一七年六月に、ECB は五億ユーロ相当の米ドルを人民元に換金している。また二〇一八年一月にはドイツ連邦銀行はその外貨準備に人民元を追加する決定を発表した。二〇一八年、外貨準備総額に人民元が占める割合は徐々に上昇し始めている。[27]

二〇一〇年以降、人民元の役割は世界的に著しく成長を続けているが、戦略的拠点における貿易金融取引で急速に存在感を増している。特にユーラシア大陸とヨーロッパ、中東においてそれが当てはまる。たとえば、フランスと中国の間の相当量の支払い（五五％以上）は二〇一七年までに人民元建てにされている。またアラブ首長国連邦の貿易金融での人民元の利用率は、取引金額のほぼ七四％を占めていた。

アジア地域内では、人民元の貿易金融におけるこうした傾向はさらに顕著である。韓国では、中国／香港との支払いに占める人民元の割合は二〇一二年の七％から二〇一七年には八〇％に増大している。そして台湾では同様の比率が、一三％から七〇％に増加し、シンガポールでは二二％から約五〇％に上昇している。確かに、国際決済通貨としての人民元は、中国経済が軟化したことで、二〇一五年から二〇一六年の間に段階的に切り下げられている。ドルの強さは、米国が金融危機の余波から表舞台に姿を現すにつれて、人民元の役割の拡大を阻害する恐れがある。しかし、中国の金融商品が更に高度化し、中国市場が一層深化するにつれて、人民元の信頼性はアジアとその域外で、今後もさらに向上する可能性がある。(29)

人民元の信頼向上につながる中国の資本管理の撤廃や緩和がどのように行われるかは、極めて不確実だ。しかし、中国は一帯一路構想の広範囲な計画に資金を調達するため、香港またはロンドンのような利便性が高い市場を通じたオフショア取引を拡大するとともに、資本管理に関するハイブリッドシステムを発展させることも可能である。もちろん、国家開発銀行や政府系ファンドを通じて運用されている中国の分配型グローバリズムには、完全な金融自由化を本質的に義務付けるものはほとんどない。金融自由化に伴う一九八〇年代後半以降の日本の経験は、国内資産価格の下落や停滞に関係しており、中国を躊躇させているようだ。世界でも有数の債権国としての世界的な影響力を考えれば、中国当局自身が強く望んでいない完全な金融自由化を強制的に外部が強要することは難しい。

このためかなりの期間、世界は自由化され統合されたものと統合されていないものという二つの金融システムを継続することができるかもしれない。しかしながら国際基軸通貨システムの基本的な変革が生じた場合、一世紀前にドルの権勢をつくった二つの推進力、それは（1）地政学的危機と、（2）制度的変容、を伴うだろうと考えられる。地政学的危機は、重要な余剰国であり潜在的な貸し手が基軸通貨国に向ける不満を引き金に容易に発生する可能性があるが、特にイランに対する米国の政策決定への中国とヨーロッパの反対は、前述のように最近の出来事である。ロシアと中国はすでにドルを明示的に回避しており、一方でヨーロッパはまた、ドルベースの送金システムである国際銀行間金融通信協会（ＳＷＩＦＴ）を迂回するための金融手段を設けている。長期的に見て、米国の強引な単独行動主義は米国外で活発な金融市場が発展を遂げる中、ドルの役割を深刻に損なう恐れがある。

不安定な資源？

人口が集中するアジアの持続的な成長は、食品や原材料の需要が急増することを示している。水圧破砕、水平掘削やバイオテクノロジーの進歩といった技術的変化は、需要の増加に触発され、この人口動態の経済的影響を中和するのに役立つ可能性がある。それでもアジアの中間層が成長するにつれ需要規模の飛躍は、エネルギー、原材料、魚、農産品の供給に向けた世界的な圧力を一層強めることが考えられる。

アジアのエネルギー不安は、特に巨大な人口、急速な経済成長、エネルギー消費の増加、不十分な資源の国内埋蔵量、エネルギーインフラの不足、それに加えて十分な資源フローを確保するための政治的・軍事的能力が制限されているという点で世界的に際立ったものがある。こうした課題に対しアジアほど緊急性を有した地域はない。特に、豊富な資源と資源の流れを単独で支配するための政治・軍事力を持っている米国とは、対照的な状況であることは明らかである。驚くことではないが、アジアの多く、特に中国は、エネルギー安全保障に関して大陸特有の利害に沿った形での理想的な地域、もしくはグローバルなガバナンスへ、アジアを変化させたいと考えている。

多国間組織の新たなパターン？

ユーラシアの台頭は、すでに世界情勢において新たな力の中心点を生み出している。先に述べたように、世界的多元主義の深化は必然的に不安定さを深める危険性があり、特にシリアから南シナ海に広がる紛争地帯では、それが明確に表れている。国連のような確立された機関は、特に大国が対立する懸案については効果的に処理する能力がないことが顕著になった。

世界銀行、ＧＡＴＴ、そして最終的にはＷＴＯからアジア・米州開発銀行に至るまで、米国は第二次世界大戦後、長年にわたって、世界的または地域レベルにおいて、多国間主義機関の保証人もしくは熱心な推進役としての立場をとってきた[30]。二〇一六年米大統領選挙での共和・民主両党の主要候補者によるＴＰＰの否認といった最近の出来事は、古典的な多国主義時代の終焉の可能性を示唆している。トランプ政権は多国間主義に基づくアプローチには関心を持たず、ときに偏狭に設定された米国の優先課題に関わる解決に熱意を示している。

チャールズ・キンドルバーガーは、すべてのシステムに安定剤が必要であると強調しているが[31]、これは多国間の組織に当てはまる主張である。いっそう顕著になっているが、米国が私益を犠牲にするという避けられない代償を伴ってまで、安定剤としての役割を担うつもりがないのなら、誰がその役割を果たすのだろうか。これは、国際システムが現在直面している差し迫った課題である。

フランス革命の後、一八一四年のウィーン会議で妥協と和解を基盤にした多国間の協調が進展した。冷戦後の世界では、中国とインドの台頭に伴い、ロシアがより積極的になり、ヨーロッパが大西洋を超越して新たな連携を展開するなど、多極的なパワー構成が形成されつつある。[32] こうした状況が複雑な世界を安定化させる新たな多国間機関にどのように関連するかは、もし国際体制が統一された規範を保持しようとするなら、差し迫った問題となるだろう。

国際秩序を確保する二十一世紀の挑戦

ヘンリー・キッシンジャーは、二十一世紀において国際秩序を確保するための構造的課題を鋭く把握していたが、次の四点を指摘している。[33]（1）第一にそして最重要の点として、国家は世界で正統性を失っており、国家間合意は本質的に蓋然性を持たなくなっている。（2）世界の政治経済組織は多様であり、経済は世界規模で組織される一方で、その信頼性が低減している政治組織は国家主義的であることが明らかだ。（3）国際問題が複雑さと脆弱性を増しているにもかかわらず、本格的な協議メカニズムは存在していない。（4）世界はアメリカが果たす役割に関するすぐれた理論を必要としているが、我々が生きるトランプ的世界において、それは欠如している。

中国の世界秩序へのアプローチ

また、中国が二十一世紀の台頭する大国であり、米国中心の国際秩序に対する唯一、理にかなった挑戦者であることから、中国と世界秩序への関係をより明確にする必要性がある。キッシンジャーも指摘しているように、中国には、自らつくったのではないグローバルな規範を受け入れていることについて極めて曖昧な態度を取ってきた。[34] さらに、米国よりも顕著な形で、ルールに基づく社会よりも個々の関係性を重要視している。したがって、少なくとも短期的には、確立された国際規範やガバナンス構造、および規制手続きに直接挑戦するのではなく、インフラ支出などの配分や、新しい機関の創設を通じて間接的に国際関係を構築していくとみられる。

中国の歴史的かつ地理的状況も、世界秩序に対しての対応を規定してきた。米国とは対照的に、中国は長い歴史の中で常に強力な敵と隣り合っていた。既存の世界秩序に関する疑念と不信を根底に抱いていることから、中国は現状からの構造的及び概念的な進化に重点を置いてきた。それは、米国が好む傾向がある、各種の問題に対して個別の現実的な解決方法を講じる手法とは異なる。[35]

中国のアナリストは、少なくとも理論的には、国際関係の規範的な側面についてかなりの重点を置いているように見える。間違いなく中国の国際関係理論の第一人者である清華大学のイエン・シュエトンは、たとえば、英米の国際関係論における典型的なアプローチとして彼がみなす覇権という概念より、中国が「人道的権威」を促進する重要性を強調している。[36] また、復旦大学のレン・シャオ教授も、中国の対外関係において古典的に主流であった「秩序を正す」ことが正当化されているにもかかわらず、中国が外国社会の管理を目指すべきではないし、朝貢システムの復活を考慮すべきではないと強調している。[37] また歴史学者のワン・ガンウーも、「天下」の概念とは、古典的な意味での征服によってではなく、常に中国王朝の「自然な拡大」によって形成されていたことを肯定的に強調している。[38] これらの主張は、台頭する中国の経済力と地理的経済の中心性を活用し、二〇一三年秋以降に一帯一路構想に内在する影響力を生み出してきた「ウィン‐ウィン」アプローチと符号している。最近の中国外交政策の根底にある「分配型グローバリズム」との共存性が高く、この点については後に言及する。

実質的に中国の国際秩序に関する歴史的な概念である国際秩序、つまり「天下」には、三つの重要な側面がある。アメリカの歴者学者ジョン・キング・フェアバンクはそれらが「主権や領土に基づく国家、勢力の均衡の概念にとらわれることのない、優位性と階層構造」に基づいており、中国西部において顕著だったと指摘している。[39] むしろ、「天下」の概念は「天命を受けた天子皇帝の普遍的な存在によって、象徴的な秩序と団結」を与えられていた。要するに、中国はその文化的素晴らしさ、経済的な恵み、他国の建設的なプロジェクトを支援する意欲をもち合わせ、他の社会に畏敬の念を抱かせることによって世界の秩序を支えていた。[40] この気前のよい、しばしば属人的なアプローチは、多くの場合、軍事的解決を嫌うか、それを実行する能力の欠如を反映している。そして善意を示すよりも正義の追求に向けたリーダーシップを発揮するために米国が取ってきたような法律的な「原則の共有」の働きかけとは対照的である。それは、セオドア・ローウィの表現を借りるなら、配分と規制アプローチの間の違いと言えよう。[41]

中国の世界秩序に関する古典的概念は、先に述べたように習近平国家主席の一帯一路構想に非常によく示されているように思える。そのアプローチは強制ではなく自発性を重視するとしており、急進的な提案を回避して漸進的な変更を促すことで、グローバルガバナンスに関わる広範な問題を曖昧にしている。アジアインフラ投資銀行（ＡＩＩＢ）のような新たな機関を設立することによって、協調融資などの配分的取り組みを通じ、確立された利害関係と連結することが可能であるが、一方で幅広いガバナンスのパターンを中国に有利な方向に移行させているのである。

一帯一路構想は法的な権限で無理強いするのではなく、北京が参加国に惜しみなく与えることからその説得力を導き出した。この分配型グローバリズムは、煩わしいルールを課すことなく魅力的な物質的な特典を与えているのである。それは、全くの再現とはいかなくても、過ぎ去った遠い昔の朝貢体制の余韻を引きずっており、同時に、国際情勢の全体構造を中国に優位に変換させるものとして今日でも役立っている。

新しい機関の構築

新しい機関の構築は、地球規模の大転換点を超えて連結性に基づく新しい世界秩序への平和的な移行にとって、重要な要素となる可能性がある。ＩＭＦや世界銀行のような確立された機関において、ガバナンス構造を大きく変えることが困難であったとしても、新たに構築される機関では初期段階から条件を柔軟に規定することができる。そして資産を備えた当事者たちは、出資先となる新しい機関の運営ルールを決定することが可能である。

二〇一二年後半に習近平国家主席が権力を掌握してから、中国は新たに設けられた複数の多国間金融機関でまさにこのアプローチを適用してきた。これらの機関の共通の目的は連結性の促進であり、最初は地域レベルで進展を図っていたが、いまや世界的に進んでいる。たとえば二〇一三年秋に中国がアジアインフラ投資銀行を設立した際、中国は、最初の出資金比率の七五％と議決権がアジア諸国に割り当てられ、そして出資金の比率はＧＤＰに応じて分配されることを規定した。この一連の基準は、アジアで最大のＧＤＰを持つ国として、中国を自動的に銀行の筆頭株主に押し上げ、主要な意思決定に関する拒否権を与えている。米国は名目で世界最大のＧＤＰを誇り、他のほぼ全ての多国籍金融機関では最大の株主であるにもかかわらず、こうした取り決めは非アジア諸国として米国を疎外することになった。中国は、最終的に新しい機関を構築するために約三〇〇億ドルの初期出資金を提供することに合意した。

これらの多様な行動を通して、中国は、鉄道、道路、港湾、電気通信、電力網といったユーラシアの大規模なインフラ需要に協調的に対処し、地域の信頼を獲得することができた。資金調達を受けた施設は分割可能資産であるため、中国は、一方の利益が他方の損失になる係争を最小限に抑え、地域の信頼度を最大化することができる。また、アジアが支配的な位置付けを占める多国籍金融機関をゼロから設立することで地理経済的、あるいは地政学的な影響力を高めることが可能になるのである。大陸における中心的な位置付けを考えると、中国にとって連結性は、ユーラシアとの関係において時機を得たアプローチであると言える。

アジアインフラ投資銀行を設立する過程で、中国は複数の地政学的、経済的目的をも果たすことになった。ユーラシアのインフラの喫緊な課題に対処することで、二〇一六年から二〇三〇年の間で少なくとも二六兆ドルの設備投資を行う権限を得たとされる。西側の制裁に苦しむ資金不足のロシアとの関係も強化することにもなった。また米国の説得に反して、イギリス、ドイツ、フランスを含む主要なヨーロッパ諸国を加盟国に誘致することで西側連帯の亀裂を生み出すことになった。

アジアインフラ投資銀行は習近平政権誕生以来、最近の中国の多国間構想の中で最も実質的なものであるが、いくつかの他の機関も同じパターンで設立されている。二〇一四年十一月に発足した資金規模四〇〇億ドルのシルクロード基金は、北京に拠点を置き、中国の投資家が支配する名目上の民間企業であるが、未公開株式投資ファンドのように機能しており、新しいシルクロードに沿った有望なプロジェクトに資本を向けている。そしてＢＲＩＣＳ（ブラジル、ロシア、インド、中国、南アフリカ）開発銀行として知られる新開発銀行は、資本金五〇〇億ドルで二〇一五年八月に設立され、本部を上海に置き、インド人の初代総裁が率いている。

こうした中国の試みは、我々が考察して来たように、古典的な中国の地政学的思考と歴史的経験に根差した国際情勢に対するアプローチを反映したものだ。東アジアにおいて伝統的な国際関係のシステムが優勢で、主に西洋の影響から隔離されていた長い期間（紀元前三世紀から十九世紀）を通して、覇道（武力・策略などのやり方）と王道（さらに合意的な徳によるやり方）の概念は中国の政治思想において共通していた。[42] 新しい中国主導の多国間金融機関の運営は、協力を促す上で受け手側の制約のない自己利益に依存することで、議論の余地はあるかもしれないが、外国に影響を及ぼす「王道的方法」の現れであると言える。このアプローチは、中国の軍事的な弱点がもたらす影響を最小限に抑えながら、相対的な経済力の実用性を最大化することによって、現代中国の地経学的利益に明らかに適っている。中国の文化的な規範とも一致しており、分配型グローバリズムとして第一章で紹介した、国益と国際秩序に対する中国の多元的で非規制的なアプローチとも符号しているのである。

中国の思考によると、「王道的方法」をとる国家とは、他国を支配することを求めないが、協力する外国のパートナーが明確な特権と利益を受け取る条件を整備するものである。結果として、この国、つまり中国は有益な援助国となり、他国を制御する権利を確立する機会を得るか、少なくとも「抜きんでた国家の地位」を得ることができる。アジアインフラ投資銀行、新開発銀行、シルクロード基金のような、新しい機関を設立する一方で、インフラが付与する実用性の恩恵を分配するためにそれらの機関を利用することは、中央に位置する中国にも利益をもたらす配分型の古典的王道の明確な現れである。

「分配型グローバリズム」

北京で理論よりも実際の政策として進んだ可能性があるのは、中国の利益に資する世界的なシステムへの変革が、対立や新たな組織の発足によってではなく、選択的な財政的支援によって他国や政府を従属させる漸進的な過程を通じて達成され得るということではないだろうか。中国が最近、パキスタンに対して行ったように、野心的な覇権国は戦略的な場所にある国家に資金を与え、覇権を支えるために積極的な役割を果たすよう奨励している。それによって、確立されたシステムの構造やルールを変更することなく、新しい覇権国の利益を促進する新たな地経学的な実態を作り出すことが可能である。対立よりも全体の合意構築に重点が置かれた、この本質的に分配型のアプローチは「分配型グローバリズム」と呼べるもので、大規模なインフラ支出に基づく連結性の強化と米国以外の様々なパートナーとの協力における、国際的な技術基準や運用ルールの段階的な変更により成立したのである。

現在の世界情勢に適用されているこの分配型グローバリズムは、地経学的な文脈から検証する必要がある。我々が今までの章で強調してきたように、地経学的な観点は、二十一世紀初頭における世界情勢の新たな秩序と、その秩序における中国の将来の役割を理解するのに大いに役立つ。六〇〇年以上にわたり未発達だった陸上あるいはハイブリッドな陸海取引は、経済的かつ政治的に急速に実現可能性を高めており、従来から陸上連結が貧弱だったユーラシア大陸にとって特に重要な変革をもたらしている。そして急激な成長を遂げる中国が、ユーラシアを再連結するうえで経済的な中核を担っている。

成長し、より豊かになるにつれて、中国はより広範な地域にとって魅力的な市場と資金源となる潜在性がある。逆に、周辺地域は成長する中国のための資源、労働、技術の源としてますます重要になってきている。課題となるのは連結性で、経済活動などが地域に限定された時代に生まれた中国のインフラと通信が現在の状況に適合していないことである。しかし、こうした問題は、連結性を向上させるインフラを提供することにより、分散的に取り組まれている。

途上国を中心とした多くの周辺諸国も、似たような課題を抱えている。このように、当該のプロジェクトが経済的かつ資金面で実現可能であれば、地域の繁栄と中国の影響を同時に強化することが可能であるため、連結性の向上は中国とその近隣諸国にとって急速に「ウィン‐ウィン」な提案となっている。中国が地経学的な中心に位置していることから、道路、鉄道、電力網、電気通信システムなどの恩恵の配分を通じて連結性を確保することで、ユーラシア全域にその利益を広めることができる。

一帯一路構想下の野心的なインフラ建設による接続性の強化は、多くの方向性において戦略的な意味合いを帯びている。ギリシャのピレウスのような港の買収や、中国の新疆ウイグル自治区コルガスとベラルーシの首都ミンスクでの、巨大な新しいドライポート（内陸の複合一貫輸送のための載せ替えターミナル）は、貿易管理体制の向上につながるが、アテネからブダペストまで続く高速鉄道の建設も同様の効果を生む可能性がある。またファーウェイとヨーロッパの企業の協力は、5G通信におけるインド国際基準を設定する助けとなり得る。パキスタン全土の高速幹線道路と送電網の設置は、インド亜大陸を越えて西部へと影響力を拡大しようとするインドをけん制する機能を果たしている。

習近平の中国は二〇一三年、一帯一路構想を通じたユーラシア大陸間の連結の促進を目指し始動した。これを「分配型地域主義」と呼んでもいいだろう。特に二〇一七年初頭以降、南アメリカのような遠くの大陸を含む世界中に広がる一帯一路プロジェクトによって、このアプローチは本格的な「分配型グローバリズム」へと姿を変えた。

言うまでもなく中国は、ユーラシア全域で連結性を促進する努力を続けている。一方で中国は、その急速な成長とヨーロッパの主要国との良好な関係を生かし、またトランプ政権下で米国の世界的リーダーシップが弱体化する状況につけ込むように、他の大陸および国際的な懸案設定の舞台で、連結構想を拡大させている。二〇一七年一月のダボス世界経済フォーラムや同年五月に北京で行われた初の一帯一路フォーラムの席上、習主席は一帯一路構想が世界的な展望に基づき実行されていると主張し、世界の通信、相互依存、そして持続的な成長を促進する役割を担っていることを強調した。習は二〇一八年のアジアボアオフォーラムでもこれらのテーマを繰り返し主張している。李克強首相は、物議を醸したトランプ大統領のＮＡＴＯ本部訪問と、歴史的な地球温暖化対策の枠組み「パリ協定」からの脱退決定の直後に、ヨーロッパの指導者たちとの広範な会議で同様の主張を繰り返した。連結性インフラの提供に重点を置いた中国の分配型グローバリズムは、トランプ政権が世界のリーダーとしての米国の座を放棄することで生まれた力の空洞の中で進展し、世界的大転換点の到来を加速させている。その下で、中国の指導者たちがその中心的な信条の多くを肯定しているように、北京コンセンサスは徐々にそして音も立てずに、すでに浸食が始まったリベラルな世界秩序の正当性を覆しているのである。

結論

現代のグローバルな政治経済の中核機関は、非常に耐久性があることが証明されている。最も基本的な機関であるIMFと世界銀行は、一九四四年七月のブレトン・ウッズ会議で発足が決定し、地域開発銀行のような他の機関によって補われてきた。ただし、根底の構造は変わらず、これまでと同じく米国人が世界銀行の代表を代々務め、欧州出身者がIMFの専務理事の座に就いてきた。

今まで述べたように、政治・経済的背景は劇的に変化しているものの、核となる機関は損なわれることなく継続し、その首脳陣の構造も根本的に変わっていない。かつての枢軸国、特にドイツと日本の復活に続く、中国とインドの台頭によって、ヨーロッパと東アジアは共に、第二次世界大戦終結後よりも世界的な政治経済のはるかに大きな部分を占めている。一九七〇年代以降、湾岸諸国の石油生産国が、世界的な政治経済の舞台でより大きな役割を果たすようになり、また一九九〇年代初頭以降は東欧諸国が国際システムに密接に統合されてきた。

二〇〇八年の金融危機以降、世界の政治経済に生じた一連の構造的変化が、国際関係の新しいパラダイムを生み出す圧力となっており、国際貿易の減速や、国際的もしくは大規模な地域貿易交渉の失敗によって、グローバリズムは着実に侵食されている。TPPやパリ協定からの米国離脱に加え、貿易摩擦の激化をもたらしたトランプ政権の誕生は、問題を一層悪化させている。これまで相互連結が不十分だった国々の間で、ユーラシアが双方に作用する舞台として台頭を始めており、大陸横断インフラの急速な拡大とアジアインフラ投資銀行、新開発銀行、シルクロード基金など、それを促進するための新たな機関の誕生が必要となった。一帯一路構想を基盤にした中国の新たな分配型グローバリズムは、ブレトン・ウッズ体制に直接衝突することのない範囲で、インフラ供与や個人のネットワークを介して、新たな相互依存パラダイムをゼロから創造するために取り組んでいる。持続可能な開発やグリーン成長（環境保護と経済成長を両立させる発展）など、すでに規範となる政策目標があり、アジアインフラ投資銀行のようないくつかの新機関が、その目的を達成するために設立されている。政府間および行政機関等の組織間の合意事項を記した了解覚書の急増は、疑いなく現在の構造を公式化するのに一役買っている。

しかし、中国の覇権に向けた中間形態となる潜在性がある分配型グローバリズムは、リベラルな国際主義よりも各国の国内政治制度への批判を伴わないことはすでに明らかになっている。北京主導の分配型グローバリズムは、協力を促すうえで法律の条文ではなく恩恵の配分に依拠しており、中国は、浸食を始めたリベラルな政治経済体制に取って代わる、他国の従属をもたらす制度の下で用心深く覇権に向かって歩んでいるようである。遠い将来において、グローバリズムの枠組みが萎縮し続けることになれば、緩やかな地域覇権から成る分権化された国際構造が立ち現れることになるが、その中で新生ユーラシアのスーパー大陸は大きな存在感を持つのである。

第十一章

展望と政策への影響

これまでの本書の十章を通して、我々は再連結に向けた激しい苦闘の中で姿を現しつつあるスーパー大陸の変化する特徴を検証してきた。ユーラシアは、自己充足型で静止した国の集まりから、ダイナミックに相互作用する国々のグループへと変化を遂げながら、全体としては捉えにくい部分もあるにせよ、国際関係に深く影響を及ぼしている。また我々は重大局面の影響を指摘してきたが、特に国内の変革を誘発した中国の四つの近代化、ソ連の崩壊、および二〇〇八年の国際金融危機は相互依存に対する政治的制約を緩和し、大陸の人々に相互作用に向かう重大な動機を与えている。こうした過程を経て、ユーラシアは世界情勢の中心に戻りつつあり、多くの地政学的理論家たちから見れば、当然その資格を与えられていると言える。ユーラシア大陸の大転換とその広大なインパクトの到来につれて、マッキンダーであれば、その地政学的論理の中では必然的な展開を完全に見ることだろう。

ユーラシアが国際情勢に積極的に関与し、大陸間の協力体制が強化される新たな多極化時代への変遷が迫っている。本章では、こうした刺激的な結論に私たちを導いた論理と詳細な実証的証拠を再検討していくが、中国と中欧での相乗的なポスト冷戦後の変革とその相互接続が、その過程の中心をなしている。その統合の論理が、今から二〇年以上前のブレジンスキーの分裂のパラダイムをさらに超越しユーラシアを動かしていることは基本的なことであり、経済的補完性に加えて、世界的な激変が促進した連結性、分配型グローバリズムによって育まれた連結性は、政治的分裂をますますユーラシアにとって重要でないものにしている。英国とロシアが中央アジアの覇権をめぐって繰り広げた政治的抗争、つまりグレートゲームの時代は衰退しており、より意義深い政治・経済的パラダイムが必要とされている。

本章ではまず、この新しいパラダイムを作る際に用いられた、多岐にわたる方法論的アプローチについて概説していくが、それは次のようなものである。（1）地理的位置における地経学的な潜在性を見極める。（2）地理に根ざした国家的補完性を概念化すること。（3）歴史的な重大局面で、個々の働きがどのように相互依存に対する政治的制約を緩和するのか、その方法を示していく。このような制約の緩和は、経済成長、エネルギー需要、物流の改善など相互依存を推進する原動力となり、その結果、世界的な注目を集めながら、より統合されそして相互に作用するユーラシアを生み出す制度的変化をもたらすのである。全体的な分析は極めて地政学的なアプローチに基づいており、本書を通して取り入れられている地理的位置と経済的パターンの相乗的な関係を強調したものである。

判明した重要点

特定の決断が成された時点での地理的な重要性は、突き詰めていくとその時に支配的な政治、経済、そして社会的構造によって大きく左右される一方、地経学的および政治・経済的変化の想定に基づき、地理的位置は潜在的な重要性を持っていると議論してきた。中国は地理的にオーストラリアのような条件は持っておらず、これは両者に利点と欠点の両方を与えていると言える。今日の中国は、一九七五年当時の中国でも二〇〇五年時点の中国でもない。つまり、重大局面や大転換として考えられてきた、時間とともに明らかになる重要な構造上の変化は、決定的に地経学的な文脈から生まれるのである。

本書は、一九九一年後半のソ連崩壊以来続いている米国の一極支配の終焉を導く根本的な変革が世界情勢に起きていることを強く主張してきているが、この変革は製造、エネルギー、金融、そして物流を原点とする、中国、ロシア、中東欧における相乗的な地方、そして国境を越えた発展の最も根本的な帰結である。世界の特定の地域の発展は、たとえばオーストラリアやニュージーランドのような地政学的に外縁地域で生じた変化では顕在化しないが、地理的中心性ゆえに強力な波及効果を引き起こすのである。中心部に位置する国々での歴史的な変化は、それ自体が相乗効果を持つものだが、大陸の国々をより政治・経済的な関係において緊密にし、より広範な世界との関係において全体的な自己充足性を高めている。

ますます流行となっている「ひよわな花」という理論[1]とは正反対に、ユーラシアの成長は次第に自立的になり、米国に対する依存度を低減させている。この経済面での距離感は、先見性のある対策が取られない限り、ワシントンの影響力は低下し、分権化されたグローバルガバナンスの見通しを強めることになる。多国間の環太平洋連携協定そしてパリ協定からの離脱、特にヨーロッパにおける伝統的な同盟国との経済的対立の拡大を含むトランプ政権による最近の孤立主義的政策は、米国中心の世界秩序の崩壊をさらに加速させており、米国の貿易と財政への信頼の低下を誘発し始めている。

我々は三つの異なるレベル、つまり国内、地域、そして世界規模で並行して進んできた相互に関連する地政学的変革を明らかにしている。これらの三つが重なり合った大転換点、もしくは「より広範な制度的な関連性を持つ新しい形態の社会の営みへの移行期間」は、過去四〇年間において、劇的にそして相乗的に世界の政治経済を変革し、最終的には米国の世界的信用に対する深刻な挑戦を突きつけていることは、今日、世界が目撃していることである。中国の四つの近代化（一九七八年）、ソ連崩壊（一九九一年）、二〇〇八年の世界金融危機、そしてウクライナ危機（二〇一三年～二〇一四年）

のような重大局面によって、これらの変化は断続的に起きていると我々は論じている。つまり、これら重大局面はエネルギー、金融、そして物流における静かな、そしてより技術的な革命と相まって、このハートランドの大陸にこれまでは開発されていない世界的な力を与えてきた、潜在する資源と人口動態の補完性そして地理的近接性を活用することをユーラシアにとって可能にしている。

大陸横断的な変化を最初に起こした中国の国家的な大転換は、開発の対象を沿岸から大陸へと移行させたことによりもたらされた。この移行は次の三点の局面で見られた。（1）一九九〇年代末、江沢民による地域政策である西部大開発計画。（2）二〇〇八年の胡錦濤による大規模な五八六〇億ドルの景気刺激策。（3）二〇一三年に開始された習近平の一帯一路構想。これらはすべて、党、軍事、重工業、地方政府、そして不動産という深く組み込まれた利害関係によって動かされていた。渤海湾からホルムズ海峡までの距離の三分の二は中国国内に位置しており、上海から欧州連合（EU）の境界までの距離の半分は中国の領内である。つまり、地理的に広範囲におよび、経済的に力強い中国が国内的な理由のために何をするのかは、その地理的規模とユーラシア大陸における中心性によって、大陸と実際には世界的な意味を持っている。

西方及び南方に向けた中国の地経学的な拡大は、明示的な戦略よりもダイナミックな独自の国内成長によって牽引されているが、ＥＵとロシアでの並行した内部変革が、中国にもたらした好機をうまくつかんだと言える。そして過去二〇年間にわたる経済成長や重大局面の到来、そして潜在的な地経学的論理によって後押しされる形で、インフラ構築が進み、規制は緩和され、生産ネットワークはドイツから東へ、そして中国の東海岸から西へと発展し続けている。一九九〇年代の東欧における共産主義の崩壊、そしてヨーロッパの中心部におけるその後の構造的変化は、西部へと向かう中国の開発動向と、相乗的な東向きの地経学的な関係構築を刺激することになった。拡大する中国とヨーロッパの連結市場は、物流における技術革命と相まってeコマースはもちろんのこと、複合一貫輸送、鉄道、海上輸送の新たな展望を切り開いた。これらの革新は、大陸全体の商業的繋がりとサプライチェーンを根本的に再編成している。

三〇年前ならソ連はヨーロッパと中国の間に立ちはだかり、中国とヨーロッパの協商の可能性のあるものを阻害していただろう。しかしながら、歴史的な地政学的な変化は、ロシアの役割を根底から覆し、現代のユーラシアを生むことを可能にしている。ソ連の崩壊、中国の爆発的な成長、民主的なヨーロッパの東方への拡大、そして輸送物流の変化のすべてが相まって、大陸全体に広がる交流に対するモスクワの支配を崩し、ロシアをユーロアジアの覇権から大陸のダイナミックな東と西の極を結ぶ単なる通過国へと姿を変えさせた。

特に中国、ロシア、そしてドイツを含む中東欧における大転換は、ユーラシア全域で拡大する新大陸主義の台頭と相乗的な関わりがある。経済成長によって増幅された、資源と人口動態の補完性を基盤にした、これらの共益関係は、一九九一年のソ連崩壊や二〇一三年から二〇一四年のウクライナ危機のような重大局面によって推し進められた政治的制約の緩和を通して、現実世界の政治・経済的関係、つまり真のユーラシアの大転換へと転化している。とりわけロシアと東欧と中国の関係は、大西洋側では反発を伴ったとしても、これらの大陸の変革によって特に強化されてきた。

より広い世界的な観点からのユーラシアの大転換の極めて重要な見通しは、世界規模のガバナンスの中で、さらなる変化が起こる懸念をかき立てている。はじめに中国が提案したアジアインフラ投資銀行は、英国や他のヨーロッパの主要国の加盟によって、さらに大きな意義を獲得した。中国に加えて、ブラジル、南アフリカ、インドなどの主要開発途上国を巻き込むことによって、新開発銀行も同様に重要な意味を持っている。グローバルガバナンスにおける三番目の大転換は、その最終的な形態は未だ明らかにはなっていないが、中国の多様な連結構想の結果として、おそらく目前に迫ってきていることは疑う余地がない。

しかし、そのような大転換は今にも起こるということではなく、おそらく既存のリベラル制度と共存する可能性がある。事実、二〇一七年のダボス会議、同年の一帯一路フォーラム、および二〇一八年のアジアボアオフォーラムで、習近平は、自由貿易と多国間機関の世界的な重要性を繰り返し強調している。中国を中心にユーラシアから迫り来る挑戦は、はるかにわかりにくく、第一章で述べた規制と分配政策の間の基本的な区分から導かれているものだ。古典的なブレトン・ウッズ体制は、（少なくとも理論的には）抽象的で透明な規範によって支配されている「法の下での自由の世界」である。[2]現在、出現している世界は革命的な新しい方向を示しながらも、連結性を強化しながら、根本的な力関係をゆっくりと転換させているその場その場での特別な分配決定によって微妙に形作られ、より相対的なものになるだろう。

重要なユーラシア地域の進化に焦点を当てながら、これら三つの大転換を年代順に記録することで、上記の構造的な変化とは別に、世界情勢に影響を及ぼす具体的な次の三点を示しことができる。

第一に陸上と海上の力のバランスの変容が挙げられる。かつて一世紀以上前に米国が大陸横断鉄道とパナマ運河の建設後に接続性と可動性を向上させたように、中国は、その一帯一路構想を通して、陸上の力と海の努力を活用しながら、スーパー大陸を築き上げる経済力によって多面的な影響力を獲得している。また、物流技術の変化に加えて、戦略的港湾や複合一貫輸送のための内陸の載せ替えターミナルの管理と連動した大規模なインフラ支出は、国際的な流通経路に大きな影響を与えている。

第二に本書の研究に広範囲にわたり密接に関連している非常に重要なことは、私たちが決して「アジアの世紀の終わり」に直面しているわけではないということである。確かに、アジアは次世代にかけて深刻な人口動態と財政上の課題に直面する可能性がある。しかし同時に、二〇〇〇年にわたり柔軟で緊密なユーラシアの交流を妨げてきた、大陸間の相互依存に対する政治、経済的に重要な制約は緩和されつつある。国際的な政治的関係が安定していることは、貿易制限を減少らしながら、道路や鉄道からデジタル通信まで、インフラ事業の質を急速に高めている。これらすべての発展は成長を促進し、悲観主義者が伝統的に好む否定的な動きを打ち消している。

一帯一路構想に代表される中国の連結構想は、大陸横断取引を容易にし、成長を刺激する大きな役割を果たしている。その一方で、複合一貫物流革命は、eコマースがそうであるように、相互作用が持つ潜在的な利益を拡大しているように、ユーラシア大陸の製造業のコストを根本的に削減している。ヨーロッパ大陸と特に中国は急速に成長していると同時に、前例のない世界的重要性をもつ相乗的なバリューチェーンの関係を築いている。

つまり、これらの大陸間の結びつきは、ロシアが弱体化し、より柔軟になったことでロシアの資源へのアクセスが増え、アジアに前例のない国際的な力とそして政治経済に活気を与えている。一帯一路構想に代表される中国の分配型グローバリズムは、国際情勢において主要な変革的手段となりつつある。中国は最近の米国が多国間のトップリーダーとして伝統的な役割を果たすことに二の足を踏んでいることによって生じたその空白を埋めている。結局のところ、ワシントンの役割は、自由貿易の恩恵のような拡散した抽象的な約束だけを示しながら、失業など明らかに目に見える負担を集中して担うという難解なルールを擁護し、実行することが求められるのだ。このように、中国の分配型グローバリズムは、グローバルなガバナンスを、自由主義の「法の下の自由」のパラダイムから、持続可能な成長と連結という特権を付与する実用主義的なアプローチへと方向転換させている一方で、人権問題を先送りにしている。

私たちの成長する世界にとって、三番目に重要な特徴は、ヨーロッパとアジアの両方において伝統的な米国との同盟関係が、第二次世界大戦の直後を除いて最も板挟みの状態にあり、無限に壊れやすいということである。本書で詳細に述べてきたように、ユーラシア全体での相互依存関係の高まりは、特に潜在的なユーラシア内のパートナーが魅力的な経済成長、天然資源、そして高度な技術力を兼ね備えている場合に、ワシントンへの依存に代わる大陸主義的な選択肢を生み出している。そして、米国の偏狭なナショナリズムと強硬な態度は危険を増大させるだけであり、これは伝統的に密接で体系的な協議に慣れてきたヨーロッパの同盟国にとっては特に深刻な問題である。

将来の展望

国際情勢において、ユーラシアの統合とその注目度の高まりが際立っていることを本書の中で示してきた今までの我々の考察を受け、この先はグローバルシステムにおけるユーラシアの将来の役割を展望していく。では、その役割は安定した形で米国と関係していくのだろうか？　また、伝統的で誰をも受け入れる機関に建設的に加わりたいと思うのだろうか？　そして国際情勢の中で可能性のある建設的なステークホルダーだと見なされることができるのだろうか。

第一章で検討したように、その地経学的規模と立地によって中国は追い風を受けてきたが、構造的要因も作用しているため、必ずしも今後も影響力を増すというものではない。ただし、国内の政治や他の主要国との関係が安定しているのならば、もしくはその傾向にあるのならば、おそらく協力的な方法で中国の国際関係を深めるという連結構想が役立つと考えられる。したがって、一帯一路のようなインフラ構想による分配型グローバリズムは、中国の台頭を秘かに狙う北京にとって、巧妙で抜け目のない壮大な戦略である。

もう一つの大まかな結論は、中国やロシアを含むユーラシア大陸主義者からは民主主義的な展開は期待できないということである。彼らのソフトな集権体制は相互に補強し合っており、世界の他の国々は「第三の波」として知られる民主主義の興隆の原動力となった中産階級の政治的な参入を抑圧している。[3] 上海協力機構（ＳＣＯ）を含むこれら大陸主義者が支持する多国間機関の多くは、過去二〇年間にわたり大陸で起きた社会的動員に付して起こる暴力的蜂起を抑制することに特に向けられており、タシケントに常設機関として設置された上海協力機構の地域テロ対策構造はその一例である。[4]

西側の自由主義者たちによって理想化された「法の下での自由の世界」は、ユーラシアの大部分において不可避的な展開ではない、と我々は強く主張してきた。その世界はヨーロッパの堅固な地域で存続していくだろうが、それでも、いくつかのより新しい民主主義国家では危険にさらされているかもしれない。[5] より広がっているのは、経済発展が市民的自由よりも優先されるべきであるという「北京コンセンサス」[6] であろう。

確かに分配型グローバリズムは、大陸を相互に連結することによって、ユーラシアにおける中国の地理的中心性の地経学的利点を拡大するためこの動きを促進している。この分析が示すように、ユーラシア大陸主義が深まり続け、大陸の自立した役割が増すことになれば、ワシントンを中心としたハブアンドスポーク体制の二国間同盟関係による戦後長く続いている米国の世界覇権は、決定的に損なわれることも十分あり得る。差し当たり、中国が支配的な制度に直接挑戦することや、独自のルールに基づいた代替役を担う気はないはずであり、おそらく急進的な体系的影響をもたらさすことはないと考えられる。私たちが示しているように、一帯一路構想自体が提案している重要な関係者たちに具体的で安定した利益を与える分配型グローバリズムは拡大していくだろう。

　第一章で私たちは、リーダーシップ構造とルールの方向性の類型に基づく国際秩序の四つの代替パラダイムを示した。（第一章表1―4）四つのうち三つの方法は中国と相性が良いように見えるが、それらはすべて法の下での抽象的な考え方ではなく人間関係に基づいている。一つの可能性は、中国だけが覇権的指導者として目的を果たすならば、たぶんそれは朝貢システムである可能性がある。つまり、中国の近隣諸国との中国の歴史的関係の変種であり、その冊封《さくほう》体制は中国の一部として形式主義的な慈悲を含んでいたが、枠を超えた体系的なルールに欠けていた。[7] このアプローチは、その非対称的な二国間主義において、米国が第二次世界大戦後の大半の期間にわたって東アジアでその影響を持続するために用いてきた、古典的なハブアンドスポークシステムと構造的な類似性をほぼ間違いなく持っている。[8] 朝貢システムと密接に関連しているのは、一定の秩序原理を伴う「天下」または「普天の下」の概念である。国連、主権、グローバリゼーション、そして多国間の地域主義はすべて、中国の「天下」の概念に基づいた国際社会秩序に潜在的に適合している。[9] しかし、中国の知られている世界が、今日の真のグローバル社会の一部に過ぎなかった場合、古典的な概念を用いることは少々拡大解釈かもしれない。

二番目の可能性は一八一四年にウィーン会議でオーストリア帝国の外相メッテルニヒによって築かれた「権力の協調」であろう。このパラダイムは、ヘンリー・キッシンジャーを始めとする著名な国際関係論学者や専門家たちによって示されてきた。[10] また、これは中国に相応しい多極的概念とルールに基づく秩序に向けた西洋の志向を両立させる。基本的な協調のコンセプトに向けての中国の構築は、国連安全保障理事会、ブリックス（BRICS）、そして六カ国協議を含むさまざまな形式を想定しており、いずれの中国政府によって明確に支持され体系づけられている。

一部のアナリストたちは、中国と米国の間の二国間協力、つまり、世界規模のG2体制を提案しているが、一元的なリーダーシップ構造を含まないという点では、権力の協調の一種と考えられるかもしれない。一九七九年に中華人民共和国を米国が承認しようとした際に、中心的役割を果たしたジミー・カーター大統領の国家安全保障問題担当大統領補佐官だった故ズビグネフ・ブレジンスキーは、この取り決めの非公式な新しい形を支持した。ブレジンスキーは、二国間の指導者たちが「二国間関係だけではなく世界全般について個人的に更に深い議論をするために定期的に非公式に集まる」ことを提案した。さらにブレジンスキーは、世界的な金融危機から気候変動、イスラエルとパレスチナの和平交渉まで、さまざまな事項についてワシントンと北京の間の協力の深化と拡大を提唱した。[11]

ブレジンスキーの非公式なG2概念を形にしたのは、二〇一三年米国カリフォルニア州サニーランドで開催された米中首脳会談で、習近平がバラク・オバマとの対話の中で提起した中国の「新しい大国関係の構築：新型大国関係」の概念である。[12] サニーランドの首脳会談で習近平によって提示されたこの概念には、次の三つの基本的な要素が含まれていた。

（1）衝突や対抗関係を避け調和と協力を求める。（2）相互尊重を基本とする。そして（3）相互に有益（ウィン‐ウィン）な協力である。この三つの中で最も重要でありながら物議をかもしているのは二点目の互いの核心的利益と主要な関心事と懸念点を含んだ相互尊重である。ブルッキングス研究所の中国政治専門家、チェン・リー氏は、「このコンセプトの要素である核心的利益についての要素を強めることにより、中国はその領土主張を最前線に押し出していき、そしてその特別な意味を持つ言葉、『新型大国関係』をひとたび米国が口にしたのなら、米国が東シナ海と南シナ海に対する中国の核心的利益を受け入れることになる」と主張している(13)。

三番目の代替パラダイムはおそらく中国にとって最も受け入れやすい選択肢であり、他の二つの選択肢の魅力的な要素を取り入れることができる折衷的な意味合いがある。その代替手段とは、ルールに基づかない複数のリーダーシップを含む分配型グローバリズムであり、米国が追い求め、中国がその見解の中で長年にわたって苦しんできた、合法的かつルールに基づくリーダーシップの回避を示している。分配型アプローチには、必ずしも階層化を意味するものではなく、中国では慈悲深いと見なされてきた朝貢システムの要素も持っており、また、権力の協調の核心部分である多元主義的リーダーシップとも互換性がある。

長期的に中国で受け入れられる可能性は低いと思われるが、表1－4で示されている一つの代替案は、第二次世界大戦後の現状、つまり、ルールと統一されたリーダーシップ構造を兼ね備えた価値に基づく秩序である。その秩序はこれまで米国によって支配されてきた。そして、新たに出現しているユーラシアスーパー大陸の世界の中では、中国はそのような外国の文化的に異質の存在に従う必要はない。しかし逆に、中国は米国が果たしていた覇権的役割を引き受けること、そして近年米国が行ってきた規範的規制を通して支配することを望んでいる証拠は何も示していない。

世界的なパラダイムに関係なく、今後数年間で世界は一世紀以上の間、見たことのない現象、すなわち、物理的な連結による活力にあふれた動きを通して、出現するスーパー大陸に対処する必要がある。二十世紀初頭のルーズベルト時代の米国にとっては、アメリカ大陸の統一、すなわち、スーパー大陸の出現は「明白な天命」であり、建国の祖たちの価値観の再発見として見られてきた。将来において、多くの歴史を持つ大陸であるユーラシアにとっての目覚めは、おそらく再発見と過去の栄光とのつながりはより捉えがたい問題になるだろう。いずれにせよ、一世紀前のように、地球規模の地平線上に新たに台頭する大陸横断的な新しい勢力が出現して来るだろう。

政策的含意と提言

新たに出現している将来性のあるスーパー大陸に対処する世界の他の国々の役割はそう簡単なことではない。本書の今までの研究に基づいて、我々はここで四つの異なる分野における米国と同盟国のための政策的含意を検討していく。(1) 近隣諸国と正式な同盟国との関係。(2) 主な非同盟二国間関係。(3) エネルギー、金融、核不拡散をはじめとする特別に重要な問題と関連する制度の構築。(4) 一帯一路構想の課題に対する具体的な対応、信頼できる世界的なつながりを維持するために非常に重要な言語および地域研究の専門知識、また重要な関係構築スキルの開発である。現在進行中のユーラシアの変革は、歴史的な発展であり、体系的な反応に値する。

隣国や同盟国との関係

疑うことなく、私たちの分析における重要な優先事項は、大陸主義そのものの論理を考察することであり、私たちがかつて大切にし、そしてユーラシアの人々が今日育んでいる隣人との連帯からどのように恩恵を得られたのかを検討することがその目的である。いかにして大陸は部分的な寄せ集めより大きくなることができるのか。そして、統合のその恩恵を現実化するために何を犠牲にする必要があるのだろうか。

短期的に見れば、米国の国内政治は北米大陸の経済関係を正当に理解することを難しくしており、一九九四年から二〇一七年の間に、米国の自動車部門だけで労働力全体の三分の一を占める三五万人の雇用が減少している。北米自由貿易協定（ＮＡＦＴＡ）は、特に米国の政治家によって、その苦境の原因として広く引き合いに出されていた[14]。

一方で、米国、カナダ、メキシコは、エネルギー、金融、技術、そして労働集約型の製造業において相乗効果を発揮する可能性があり、大陸横断規模のサプライチェーンが認められれば、その全体の競争力は他のどの部分よりもはるかに高いものになる。米国の自動車や鉄鋼、カナダの乳製品、メキシコの電気通信など、競争力が低い分野での失業や賃金の停滞にもかかわらず、消費者物価と労働生産性への影響は、米国でさえも非常に前向きである。ほとんどの予測では、ＮＡＦＴＡが米国の経済に年間数十億ドルの追加成長をもたらし、それは年間ＧＤＰの〇・五％近くに相当すると結論付けている。より積極的な職業訓練プログラムと、米国のシェールガス輸出のためのパイプラインのような国内のインフラ投資で、好影響はさらに拡大する可能性がある。米国のドナルド・トランプ大統領は二〇一八年秋にメキシコとカナダの間で二国間協議に合意し、NAFTAとほぼ同様のメキシコ、カナダの三カ国の新協定「米国・メキシコ・カナダ協定」に署名した[15]。

失われた北米の大陸意識の意義を再発見することとは別に、米国人は大西洋社会の価値観を復活させることを検討するかもしれない。そのことは、文化的な結びつきや個人的な親近感の強さを基盤として、相互批判は克服できない課題ではないと証明するものではない。しかしながらその得るものは、本章で述べてきたように、ユーラシアの初期の統合をより広いグローバリズムの利益で薄めることで、より大きくなる可能性がある。最近の米国の政策が、連帯よりも大西洋を横断する対立関係を優先させていることは悲劇的なことである。

米国とヨーロッパの関係強化の一環として、多国間主義の側面を持つ貿易政策が必要とされている。環大西洋貿易投資協定（TTIP）を復活させることは短期的には非現実的かもしれないが、米国とEUは議論の余地なく、「高度な基準」と「より公正なルール」を推進するうえで共通の利益を有している。大西洋横断的な関係強化のもうひとつの側面は、協力的な考証を含んだアジア政策に関するより多くの対話である。

長く、深く地域に関わってきた歴史に起因して、特に中央、南、そして東南アジアの一部に対するヨーロッパの理解は、米国よりも多くの点で、洗練されているものがある。米国の対話に向けた支援は、より賢明な政策につながる可能性がある。EUの特定多数決方式（QMV）への米国の静かな支援は、ヨーロッパが深化する中国の挑戦に対してより柔軟に対応する手助けになるだろう。世界的な技術標準に関する対話も同じ目的を果たすことが可能である。

米国は、ユーラシアが台頭する中で、スーパー大陸の周辺で不安定な状態で位置している長年の北東アジアの同盟国を忘れてはならない。最も影響にさらされているのは韓国であり、中国との貿易は今や、米国と日本を合わせた貿易規模よりもはるかに大きい。経済的にも財政的にも最も強力な国は日本であり、世界第三位の経済規模と第二位の外貨準備高を保有している。

両国に関しては、特に日本について、近隣のスーパー大陸の自然な吸引力に対抗するべく、米国はより広い民主的な世界と資本主義経済を結びつける北東アジアの同盟国を含んだ幅広い多国間機関を通じた取り組みに、さらに重点を置くべきである。経済協力開発機構（ＯＥＣＤ）やＧ７首脳会議は、流行の最先端を行っている訳ではないが、国際政治経済秩序において重要な役割を担っていることは言うまでもない。そして、Ｇ20のような枠組みを普遍的国際機関のための政策決定の集まりとして、より現実の問題と直結させ、強化する必要がある。

重要な米国の優先事項のひとつは、日韓関係の改善を促進することにある。二国間の関係が歴史問題のために難しいのだが、多国間を背景にした場合のほうが感情をなだめることができる。米国と東南アジアの構想に日本と韓国を含めることは、サイバー・セキュリティーの協力が可能なように、一つの方法になり得るかもしれない。また、もうひとつの可能性としては、特にエネルギーのような分野でどちらも炭化水素資源を欠いているため、この精力的な二国を米国が提起し保証するより広い提携の協定に取り込むことだろう。

言うまでもなく、米国にとって日本は極めて重要な同盟国である。日米両国はインド太平洋地域の自由と繁栄を望んでおり、そして日本はアジアの民主主義国家の中で最大の政府開発援助（ＯＤＡ）プログラム援助国であると同時に、世界最大の機雷除去能力を持つ掃海艇のような重要な防御能力とともに米国の安全保障活動を強力に支援する立場にある。また、その技術協力、国際協力銀行（ＪＢ

IC）やそのほかの機関を通じた第三国プロジェクトへの資金調達力も正当に評価されるべきである。日韓両国との関係強化に積極的に取り組む一方で、米国は両国間で、あるいは米国と、必ずしも常に意見が一致するものではないという現実を受け入れなければならない。特に日本の基本的な利益は米国と深く関わっているが、東京は、たとえばアジアインフラ投資銀行（AIIB）への関与など、第三国外交に関して歩調が一致しないこともあり得ることを米国は理解すべきである。日本は、ヨーロッパと共に、中国の地政学的な目標実現に集中しがちな組織に、透明性と市場反応力を付与する極めて強力かつ重要な推進力となる可能性を持っている。

ユーラシア全体に対する政策について検討する際に、第三章で引用したブレジンスキーの見解を思い起こす必要がある。ひとつに結ばれたユーラシアはスーパー大陸へと変容する大きな潜在性を兼ね備えている。けれども広大であるからこそ、分裂と断片化に向かう傾向にある。米国はこれらの分裂する傾向を十分に利用できるが、ブレジンスキーが想定したよりもはるかに強い再統合に向けた最近の政治・経済的な動向を認識しなければならない。同時に、民族や他の地域内の緊張を刺激する挑発的で危険な試みを避けなければならない。

多元的なスーパー大陸に向けて

各国ごとの政策分析を始める前に、私たちは重要な政策関連の地政学的観察をするべきであろう。ユーラシア大陸における中国の地理的中心性は、当然のこととして人口規模や、経済的、政治的に安定し、近隣諸国と物流輸送の面での連結を深めていることを考慮すると、強大なランドパワーを生みだしている。一方で中国の海洋国家としての地政学的な能力については、今一つはっきりと見えてこないが、しかし中国は海洋に対してしっかりとした野心を持っていることは確かである。中国海洋海運集団（ＣＯＳＣＯ）のような強力な国営海運会社を支援することと同様に、インド洋の「真珠の首飾り」に沿った港湾の管理はその海洋利益を促進することを可能にしている。中国は陸路よりも海路の方により大きな脆弱性を持っているが、これは逆に米国にとっての政治的・軍事的強みに相当するものだ。

本章で示されているように、ユーラシア全体が統合へ、先に示したようにスーパー大陸へと進化しているのなら、この傾向を受けた米国の戦略は必然的にそれに応じた次の二要素から成立することを意味するだろう。（１）費用対効果がある分野で大陸に携わる。（２）海上周辺の比較優位性を利用する。どちらのアプローチも当然ながら、特にユーラシアの多元主義を維持するうえで、上記で述べたように、アジアの同盟国の関与を伴うものである。これらのアプローチは共に、一九五〇年代後半の中国とソ連の分裂の日から、あまりにも良く知られていないユーラシアに関して、国家政策に支援された詳細な地域研究の専門知識を必要としている。重要であるが理解されていない言語とともに、より広い大陸全体にわたる国境を越えた傾向は、教育および研究分析の焦点となる必要がある。

大陸への政策は、強い民族としての独自性、ある程度の多元主義、そして国の独立を維持したいという強い願望を持つ、より小規模でありながら極めて重要な国々に重点を置く必要がある。モンゴル、ウズベキスタン、カザフスタン、そしてスカンジナビア諸国であるノルウェー、デンマーク、スウェーデン、フィンランドなどの中小規模の国々は特別な明るい見通しを示しているように思える。多元主義のユーラシア大陸は、これらの中小規模諸国の利益と同様に米国の利益にも適うものである。

米国の試みは冷戦後のユーラシアでの多元主義を促進するための活力ある、より小さな国家に焦点を当てるべきではあるが、その一方で米国は完全にロシアを無視することはできない。特にロシアのGDPは現在、韓国と同程度であり、世界的経済情勢の舞台から一時的に衰退している勢力であるからこそ、その傷ついた誇りと、協力と妨害の双方に向けて発揮できる力は慎重に扱われるべきである。テロ対策と核・化学兵器の不拡散協力は、潜在的な選択肢である。ウクライナ和平での妥協、つまりウクライナが中立であるべきだというロシアの戦略的立場を受け入れることは、同時に隣国や中東においての将来のロシアの圧力に対する西側の影響力を維持するためにも重要である。

スーパー大陸では一体性が高まっているが、それでも世界との相互依存が強く残ったままである。そして、その商取引の大部分は、まだ前記のように米国が卓越した力を発揮している海上交通路を通じたものだ。したがって、米国は自国や日本、韓国、シンガポール、そしてもちろんインドなど同様に海上警備の戦略的利益を共有している国々の海上能力を強化することに関心を向けている。

特に中国が一帯一路構想下で包括的な海事能力強化に向けて動いていることを考慮すると、米国は海上安全保障が持つ二重の側面である商業および軍事面を無視することはできない。何と言っても、中国はCOSCOを買収と国家支援を通じて、海と陸の両面でピレウス、グワダル、コルゴスなどの戦略的な港湾を所有する世界で最大かつ最も競争力のある海運会社のひとつに育て上げた。そして特に南シナ海では中国人民解放軍の海軍能力も着実に拡大している。米国は、インド、日本、オーストラリアだけでなく、中国と海賊対策や災害救援などの分野での安全保障協力を拡大するとともに、明らかに米国海軍と米国商船隊の両方を強化する必要がある。中国が今まで以上に、海路輸送を通じた大きなエネルギー輸入国となる状況は、少なくとも今後二〇年間続くとみられる。米国は、南シナ海のように利害が対立する領域の外では、中国の脅威意識と海軍増強の加速を抑えるためにも、北京との海上安全保障協力の機会を模索すべきである。米国と中国は地球規模の安定に向けた深い共通の利益を有していることを、決して忘れてはならない。

北京との海上安全保障協力の選択肢に注意を向ける一方、特に中国の一帯一路構想自体が勢いを大きく増す中、米国の戦略にとってますます重要になるインド洋において、自らの戦略的展開を強化しなければならない。二〇一八年三月にトランプ政権は米太平洋軍司令部の名称をインド太平洋軍司令部に変更したが、これは前向きで象徴的な一歩であったものの実際の運営責任に変化はなかった。インド洋の真ん中に位置し、ペルシャ湾の南二〇〇〇マイルにあるディゴガルシアの基地は、この点において非常に重要な存在である。最先端の防御と設備をここに持つことは、米国がおそらく可能であろう最も費用対効果の高い防衛支出のひとつである。防衛情報活動において、オーストラリア、日本、シンガポールとの協力体制は、もう一つの優先事項である。

ここまでの我々の実証分析は、ユーラシア大陸の主要国、つまり中国、ロシア、そして主な中央アジア、ペルシャ湾岸諸国は、依然として安定したソフトな権威主義国家でありながら世界的な影響力を特にヨーロッパ大陸と関係しつつ、高めていくと結論する。では、これは米国にとってどういう意味を持つのか。またヨーロッパとアジアの両方で、米国の民主主義同盟国にとってどういう意味があるのか。そしてそれは、世界情勢における中心的な政策課題としての民主主義と人権の将来にとって何を意味しているのだろうか。

その規模と中心性を考えると、中国の進路はユーラシア大陸が台頭するかどうか、もし台頭するとすれば、それはどのような形式のものとなるのかについて影響を与えるだろう。したがって、対中政策は必然的に米国の、そして世界の反応の中心となる。米国の政策は、中国の世界的な役割の拡大を肯定的に認識しつつ、その透明性を主張しながら（特にサイバー分野においてはそうである）、大陸の多元主義を支持する必要がある。アジアインフラ投資銀行への日本の加盟への米国の支持、また、いくつかの一帯一路構想プロジェクトへの米国、日本および韓国の関与は、全面的な米国のインド太平洋政策がもたらす中国との対立を和らげるために米国が講じることができる措置かもしれない。

ヨーロッパ以外で巨大なユーラシア大陸上の安定した民主主義国家はインドである。インドは地政学とヒマラヤ山脈が作り出している巨大な地経学的な障壁の両方によって、中国の連結構想から切り離されている。そして重要なことにインドは、海洋国家であり、自国の名を冠したインド洋に深く突き出している。インドはマラッカ海峡とペルシャ湾の間のシーレーンにおける強力な戦略的利益を、日本、韓国、東南アジア諸国連合（ＡＳＥＡＮ）、そしてオーストラリアと共有しており、これらの国はインドと同様にペルシャ湾からエネルギーの大部分を得ている。

インドの一三億人以上の巨大な人口は、中国よりも速い勢いで、現在も大きく増え続けている。強力な政治的指導力、強力な軍隊、そしてより深い市場志向経済のすべてが、インドが国際舞台で成功するための力を強化している。インドは明確に、ユーラシア大陸上で長期的に中国とのバランスを保つことができる唯一の国であり、そのことは明らかに米国の戦略的利益に適合する。また、米国のインド太平洋戦略の拡大とは別に、インドは、ユーラシア大陸主義に対する米国の政策において優先的な対象となる必要がある。

しかし、米国の地政学的利益のためにインドに協力を求めることは、南アジアの巨人が長い間、非同盟の伝統を維持し、同盟関係に対する根深い疑いを抱いていることもあり、容易なことではないだろう。インドの国益のいくつかはまた、米国が長く掲げてきた戦略上の主要目的からは逸脱している。

ヨーロッパへと続くインドの細い自然陸路は、旧ソ連からイランを抜けていくのが最も容易だが、この国際的な南北輸送回廊はインドから北ヨーロッパの港へ海路で移動するより、四〇％距離は短く、三〇％費用が安いと推定されている。インドを中国に対する代弁者にするためには、イランやロシアとのより深い交流を検討することが求められる。

また、インドの開拓には、米国、インド、日本の三カ国関係を含む多国間関係を育成することから始める必要がある。多国間の取り決めは、イランが関与する輸送や国境通過手続などの微妙な地政学的課題を解決する方法となり得る。米国とインドの二国間からはじまり、そして多国間構成へと広がったマラバール海軍演習のような、インドとのより広い協力関係をケース・バイ・ケースで構築する試みは、もう一つの優先事項であるべきだろう。[16] インドが二〇一五年にマラバール演習の正式な参加国として日本を受け入れたことは前向きな兆候であった。

米国はまた、インドとその近隣の小規模諸国のバングラデシュ、ミャンマー、スリランカ、ネパール、モルディブなどと多角的に関わり続ける必要がある。これらの国々は中国の一帯一路構想の重要な目標でもあり、ベンガル湾にもっと戦略的注意を払うべきである。南シナ海と同様に、ベンガル湾は、石油消費量の四分の三以上をペルシャ湾から輸入している北東アジアにある米国の同盟国が商業取引に利用している重要な通過区域である。米国は、南アジアとインド洋における利益を促進するために、南アジア地域協力評議会でのオブザーバーの地位を十分に活用すべきであり、そして、ベンガル湾の先端部分に位置するバングラデシュに本部置く「ベンガル湾多分野技術経済協力イニシアティブ」（ＢＩＭＳＴＥＣ）との密接な関係を検討するべきである。

インドへの米国のアプローチは、当然、積極的な二国間関係を持つ必要があり、そのアプローチには次の有用な四点を内包することができるだろう。（1）双方の国防大学間の拡大された戦略的対話を含む国防高官と官僚間の交流。（2）二つの民主主義国における共通の懸念を検討するための米インド合同の議会委員会。（3）知的基盤、国土安全保障、対テロ協力の研究開発プロジェクトに加えて、米国インドの共同生産および共同開発を含む新しい防衛生産。（4）ヨーロッパや日本にある米国防衛企業の海外子会社を含む、インドと米国の民間企業間の防衛契約の拡大。両国はまた、二国間および多国間の枠組みにおいてサイバー・セキュリティの脅威に対処する一方で、インド洋を安心かつ安全に保つための新たな構想を追求することも可能である。(17)

機能上必要不可欠なこと

私たちがこれまで考察して来たように、エネルギーはユーラシア大陸主義の主要な推進力であり、インドにとっても主要な地経学的な懸念でもある。アジアで最大の長期的なエネルギー需要が見込まれる消費国である中国とインドは、最大の供給が見込まれるペルシャ湾とロシアに隣接している。この地理的な近接性は、地域資源の対立が深まる可能性があるにもかかわらず、大規模消費者と生産者の間に自然な利益を互いに補い合う関係を生み出す可能性がある。親密なエネルギー関係を確固たるものにするパイプライン建設事業の大部分はまだ整ってはいない。実現のためにはこれまで以上に、大規模な設備投資とより安定した多国籍の政治経済関係が求められることになるだろう。

自己充足型で自己完結したユーラシアのエネルギー経済は、必然的にロシアへのアジアの深い依存を引き起こすことになり、米国の利益にはならない。しかしながら、予測される大陸全体の政治・経済的相互依存の増大は、それでもなお、ユーラシアのエネルギー経済をますます自己完結した状態にするおそれがある。このような変化を未然に防ぐか、または薄めるために、米国は日韓を含む先進のエネルギー技術を所有する同盟国とともに、中国との地政学的な相違にもかかわらず特にエネルギー効率と環境保護の分野では、インドと中国の両方との協力を強化することが重要である。石炭は中国とインドの両方のエネルギー経済において非常に重要であるため、環境に悪影響を及ぼすにもかかわらず、依然として多くの貧困国にとって最も費用対効果の高いエネルギー源であり続けている。米国は、このような国の石炭火力発電所に対する反対姿勢を修正し、日本で開発された石炭ガス化複合発電（ＩＧＣＣ）技術のようなクリーンコールテクノロジーの提供を支持すべきである。中国はこの技術を使用して二酸化炭素排出量の少ない石炭火力発電所を開発するための天津でのパイロットプロジェクトをすでに開始しており、最終的には炭素回収能力が増える見通しである。[18] これによって実際に実行可能な最大限の範囲で排出量を削減できるようになる。

米国はまた、ユーラシア大陸に対する核政策について、イランとの最近の交渉で懸案とされた核拡散問題だけではなく、原子力の安全性の問題も含んだものにしなければならない。これらは、巨大な人口を有する一方で、時にして十分な透明性を確保できていないインド、中国、そして東南アジアにおいて必然的に重要となるだろう。さもなければ、福島第一原発事故の悲劇より深刻な猛威が訪れることもあり得る。

第四章で考察したように、金融はユーラシア大陸主義の深化の二つ目の重要な推進力であり、今や私たちを世界的規模の大転換へと導いている国際情勢の変化をもたらしている。アジアインフラ投資銀行、シルクロード基金、新開発銀行など、中国が支援する新しい機関は、インフラ支出を通じてユーラシアの政治経済をさらに統合させるだけでなく、潜在的に地政学的重要性を担う可能性がある。

同様に中東、旧ソ連、そしてヨーロッパの国々に対して、利他的な後援者として中国自身のソフトパワーを強化することもできる。インフラ支出に基づく分配型の地域主義とグローバリズムは、すでに述べたように、実際のコストを拡散させるため、政治的に非常に魅力的である。中国は最近、ハンバントタ港の建設のケースにみられるように、スリランカといった国々を無責任な借り入れに引き入れている。日本のような米国の同盟国に経済的規模に見合った議決権が与えられるのであれば、アジアインフラ投資銀行への参加を検討するよう奨励すべきであることは述べたとおりであるが、より透明で公明正大なガバナンスを中国に迫る手段として考慮されるべきである。もうひとつの選択肢としては、日本が最近バングラデシュのマタルバリで行ったような、途上国に一帯一路構想の下で提供されるものの代わりとなるような開発資金貸付けをすることであろう。

たとえ融資が可能であっても、必要とされるユーラシア横断のインフラは自動的には出現しないだろう。そして、インフラが完成したとしても、商業的に運営可能な事業となるという保証はない。非常に明確で透明な国境通過手続きは極めて重要である。そして、グローバル企業が国際法の規則に従って、差別されることがなく参入できると期待できるような信頼のおける紛争裁決手続が確立されていることが非常に望ましいだろう。

明らかに、中国が構築している新しい制度は、米国に大きな課題を突きつけている。少なくともその活動が潜在的に米国の同盟国を含む複数の国の経済的優先事項を促進する一方で、中国の地政学的利益にも同様に奉仕することになるからである。しかしながら、オバマ政権が当初実行したような、実行可能な代替案を提供せずに、これらの中国の構想を無言のまま軽視することは適切な対処とは言えず、もっと実質的な側面が必要とされている。

一帯一路構想に対する対応

米国は、シルクロード基金を含む、二〇一四年以降に設立された中国が支配する多くの開発金融機関に何としてでも対応すべきである。米国は他の開発金融機関の基本的な所見を活用すべきであり、そうすることがモラルハザードや不適切なリスク評価メカニズムなど、国家主義的な中国のアプローチの弱点を回避することになる。その多くの欠点にもかかわらず、分配型グローバリズムは、受入国、特に差し迫ったインフラの必要性がある国々に訴える強力で魅力的なツールであり、同じようなやり方で反論する必要がある。

そして、二〇一八年二月にその反撃が開始された。八人の米国の上院議員が、下院の同僚たちと共に、米国国際開発金融公社（ＵＳＩＤＦＣ）を設置するために超党派の法案を提出した。この機関は、直接政府による資金調達ではなく主に投資保証に依存しているため、中国の同じような機関よりも市場経済志向であり、リスクに影響されやすいが、海外インフラ投資の枠組みを支援・強化するための法案であるいわゆる２０１８年ＢＵＩＬＤ法で、米国政府の開発・資金調達能力は二倍以上の六〇〇億ドル以上の規模となった。二〇一八年十月、この法案はドナルド・トランプ大統領によって法律に制定された。これは中国の一帯一路構想に対する具体的な米国の政策の重要な始まりである[19]。

一帯一路構想に対する米国の制度的対応の他の側面では、この切望されていた開発資金の拡大をおおいに活用すべきである。いくつかの選択肢は、必然的にもしくは最適な形式として、次のような米国単独の行動を含むものとなっている。（ａ）現在、世界規模で起こっている流通と物流の重要な変化に対して、複合的で市場志向に反応することを可能にするＢＵＩＬＤ法を超えた新しい官民パートナーシップ（ＰＰＰ）オプションの探求。（ｂ）上記の問題に精通した、より多くの技術専門家を海外の米国大使館に派遣する。（ｃ）開発融資の透明性と重要性を強調するための民間外交。（ｄ）一帯一路構想に対して同じ考えを持つ国々を、現状に即した対応ができるよう組織的に結集させるための米国大使館によるより積極的な活動。

その一方で、他の選択肢は同盟国と連携して取るべきものであり、Ｇ７の枠組みや、その後に続くＧ20への拡張を伴い、次の対応が可能である。（ａ）高品質インフラの国際標準規定をつくる。（ｂ）複合一貫物流、５Ｇ通信そしてＢ２Ｂ、ｅコマースを含む、一帯一路構想のデジタル化された側面に対する対応。（ｃ）客観的に一帯一路構想プロジェクトを評価するための解析能力向上に向けた途上国への支援。（ｄ）特にユーラシア全域で出現している国家を越えたサプライチェーンとその地経学的意義に関する制度的研究である。新興ユーラシア大陸への米国の対応は、米国の研究能力と政策決定機関における根本的変化が必要とされている。

米国はまた、アジア開発銀行のような確立された信頼できる機関を通じて、相互利益に基づく選択的な協力プロジェクトを提示することによって日本のような豊かな同盟国と連携し、中国の構想に対応すべきである。米国と同盟国はまた、東南アジアと南アジアを横切って東から西に通じる、紛れもない南部シルクロードから成る自国の開発援助プログラムを通じて、独立したインフラ構想を追求できる。中国がすでに行っているように、このような努力は多国間のプログラムよりも直接的に地政学的な共通利益に役立つかもしれない。

本書全体を通して私たちが見てきたように、今日のユーラシアでは歴史的変革が展開している。米国を一世紀以上前に世界の大国にした壮大な建設プロジェクトと統一に向かう勢いに唯一匹敵している。エーブラハム・リンカーンとセオドア・ルーズベルトの時代のように、スーパー大陸は世界的な視野と野心を持って出現している。この発展には、米国からだけでなく、全世界からの十分に考慮した対応が求められている。

結論

世界における中国とユーラシアの地理的な位置は運命的ではあるが、ハルフォード・マッキンダーのような古典的な大陸主義の地政学者の主張にもかかわらず、決定的であるとは言い切れない。政治・経済的な構造と、もちろん言うまでもないが技術的な問題が重要な補足的役割を果たしている。二十世紀の大部分の年月の間、ユーラシア諸国は経済的に停滞し、政治的にも分断されていた。中華民国が中国大陸を支配していた時代（一九一二年から一九四九年）のように、国内政治は常に無秩序で混沌とした状態であった。しかし、停滞と混乱の時代は、主要諸国の国レベルそして同様に地域レベルでの歴史的な変革によってほぼ終わりに近づいている。特に二〇〇八年の世界金融危機以降、それに続くロシアでの第三次プーチン政権発足（二〇一二年）、中国での習近平政権誕生（二〇一三年）を受けて、ダイナミックで相互に影響し合う新たなユーラシア大陸主義が出現した。

二〇一三年から二〇一四年にかけてのウクライナ危機と、二〇〇九年後半に起こり、二〇一五年の夏の間にギリシャ経済危機で頂点に達した長引く欧州財政危機、これら近年の重大局面が技術の進歩と連結性の革命と相まってユーラシア大陸主義の流れを加速させ、欧州連合と中国との関係を深化させることになった。特にアジアインフラ投資銀行のような中国の開発資金における新たな制度改革と、中国からEUへの新たな大陸横断輸送ルートの登場は、ユーロ危機の時代におけるヨーロッパの新たな政治・経済的な脆弱性もあり、大陸主義の定着をもたらし、同時により広い世界的な地政学的重要性を与えている。分配的な性質は中国の構想の政治的な魅力を高めている。トランプ政権が世界の公共財を育てる役割を縮小させている間、中国は自国の一帯一路構想に基づく分配型グローバリズムの戦略を、自信を持って主張してきた。それはまた、連結性と持続可能な開発を促進しながら、自国の地理戦略上の権益に貢献する、ユーラシアにおける中国の地理経済的中心性を活用したものである。重要なことは、この戦略が、西側を中心とした「規制」の基盤を弱めるものであっても、ブレトン・ウッズ体制に直接挑むものではないということだ。

米国と中国の関係は必ずしも、どちらか一方が必ず勝者となり、もう一方が必ず敗者となる「ゼロサムゲーム」ではない。連結性を促進させる中国の分配型グローバリズムは、より急速な国際的な経済成長を促進している。しかし、それはまた同時に、微妙ではあるが紛れもない大陸的および世界的地経学の変化を引き起こしているが、それは米国と民主主義同盟国が対抗しなくてはならないものである。陸上での中国の影響力を相殺する上で、米国とその同盟国にとって、民間と軍事の両面における海上での能力と協調を強化することが重要である。米国の対抗戦略の基軸は、必然的に日本、インド、オーストラリアであり、地理的にはインド洋に焦点が当てられている。

しかし、ユーラシア大陸主義の新たな進展は、ワシントンの注目や嗜好によって容易に覆るような単純な勢力均衡の問題ではない。それらは国や地域レベルでの大きな変革、つまり重大局面と大転換から導かれている。こうした進展にはアジアインフラ投資銀行の出現から決定的に重要なユーラシアパイプラインの建設、そして実際の中国とロシアの防衛協力に至るまで、新たな制度的側面も伴っている。これらの制度的変化は、一九五〇年代、中国にソ連の顧問が派遣されて以来、例のない長期的な意義を、中国がけん引する新しいユーラシア大陸主義に与えており、同盟の強化から二〇一八年ビルド法まで多岐にわたる米国の実質的な対応を必要とするものである。まだ巣立ちの段階にあるとはいえ、新しい制度はあらゆる面で、世界情勢における新たな、より多極的で紛れもない変革の時代への飛躍的進歩である。そしてグローバルガバナンスにおける米国、中国、およびその他の主要国の役割を大きく再構成する可能性がある。ユーラシア大陸の時代は、まだ始まったばかりである。

監訳者解説

本書は、Kent E. Calder, *Super Continent: The Logic of Eurasian Integration*, Stanford University Press, 2019の全訳である。原書のタイトルを正確に訳せば、「スーパー大陸―ユーラシア統合のロジック（論理）」となる。カルダー氏のユーラシア大陸に焦点を絞った著書としては、*The New Continentalism: Energy and Twenty-First-Century Eurasian Geopolitics*, Yale University Press, 2012（邦訳は『新大陸主義』（潮出版、二〇一三年）に次ぐものである。

私は『新大陸主義』の監訳にも携わる幸運を得た。『新大陸主義』はエネルギーを触媒としたユーラシア大陸の胎動を描き、中国の一帯一路構想や中国とロシアの接近などをずばり予想した。『スーパー大陸』も今後十年、あるいはそれ以上続くユーラシア大陸、そして世界の動向を啓示する書となるに違いない。なぜなら、『スーパー大陸』は今の世界で最も重要な出来事である、ユーラシア大陸の静かな、しかしダイナミックな統合の動きを詳述するからだ。

ユーラシア大陸の統合と世界秩序を変えるその潜在力を本格的に記した本を、私はほかに知らない。刺激的であるとともに、ユーラシアに隣接する海洋国家日本にとって警世であり、進路を深く考える好機と受け止めるべきであろう。

「スーパー大陸」とは地球上のいくつかの大陸の中で、決定的に卓越し世界を支配する大陸を指す。

これまで世界を支配するスーパー大陸と言えば、米国がある北米大陸だった。しかし、もともとユーラシア大陸は世界最大の面積と人口を擁し、加えて膨大なエネルギー源を持つ。スーパー大陸の潜在力があるのだ。ユーラシア大陸が単なる世界最大の陸地の塊から覚醒し、圧倒的な経済規模と確固たる政治意志を持ったパワーに育てば、過去一世紀にわたり米国中心だった世界秩序の軸を奪うかもしれない。

我々は中国の興隆やトランプ米大統領の「内向きの米国」を念頭に、勢力バランスの変化とそれに伴う混乱が起きていると考えがちだ。「既成の覇権国・米国」対「新興パワー・中国」の図式である。

しかし、そうではない。ここで活写されるのは、米中二国間の対立の構図を超越し、潜在性で北米大陸を凌駕するユーラシア大陸が近代史上初めて、巨大なパワーとして出現し、世界の行く末を変えようとしているという現実である。その様子が、豊富なエピソードと図表、そして地図を使った説得力あふれる解説で描かれている。

なぜ今、ユーラシアが世界を支配するスーパー大陸になる予兆が感じられるのか。その理由をカルダー氏は「連結」という言葉で説明している。肝心な点は連結された国々は、相乗効果を生み、国力の単純な総和よりもはるかに大きな力を集団として生み出す、という法則である。北米がスーパー大陸になったのは大陸横断鉄道（一八六九年）とパナマ運河（一九一四年）の完成がもたらした輸送革命の恩恵が大きい。東海岸と西海岸を短時間、低コストで連結することで、東西両岸地域の間に相互作用が生まれ、米国は両岸地域の持つ力の総和以上の世界一の超大国に上り詰めた。カルダー氏が指摘する「全体は部分の総和に勝る」のである。

ユーラシアが北米大陸と同じ道を歩むと想像させるのは、ユーラシアの連結へ拍車を掛ける三つの事実があるからだ。

一つは、冷戦構造の崩壊とその後のユーラシア国際政治の進化である。ユーラシア大陸には人の交流を遮断するような物理的障壁はない。砂漠や山脈はあるものの、かつてのシルクロード交易がそうだったように迂回路はいくつもある。それにもかかわらず、この大陸は政治が分断し、自己充足型の国家群が互いに関与せず、孤立して並存していた。貿易や人の交流がもたらす相互刺激作用、相乗効果は期待できなかった。むしろソ連と中国が長く国境に大量の兵力を張り付けていたように、軍事的な緊張がユーラシアを消耗させた。

冷戦の終わりは緊張を雪解けに向かわせた。我々が米ソ対立の終焉という派手な動きに目を奪われていた隙に、ユーラシアにとってもっと意味がある中露の接近や欧州と中国の連結が始まったのだ。

二つ目の事実はユーラシア大陸の現代の「ハートランド」である中国の経済成長である。一九七八年の改革・開放政策の開始から今の一帯一路構想のプロジェクトまで、中国経済の膨張はユーラシアと世界を変容させている。中国の旺盛なエネルギー消費はロシア、中央アジア、そしてペルシャ湾岸地域との連結を実現した。世界の工場である中国はまた、ユーラシアの西端にある欧州との複合一貫輸送をもたらした。

かつてユーラシアを東西に結ぶインフラはソ連のシベリア鉄道しかなかったが、今は膨大な量のエネルギーがパイプラインで中国に流れ、欧州—中国を直接結ぶ鉄道が貨物と人を運ぶ。冷戦時代には考えられなかった短時間、低コストの輸送は、真の物流革命と呼ぶべきものだ。一帯一路構想の下で建設される鉄道、道路、橋、港湾といった輸送インフラや、eコマースな中国のビジネスイノベーションの急速な発展を目の当たりにすれば、中国経済が原動力となるユーラシア連結はさらに強まると結論付けざるを得ない。

三つ目の事実として、米国の内向き姿勢がある。ユーラシアとじっくりと腰を落ち着けた戦略的な関与を避ける、いわゆる背を向ける米国である。米国の最近のこの傾向ではいくつかの出来事が思いつく。一つはウクライナ危機だ。二〇一四年のクリミア併合に対する懲罰として始まった対ロシア制裁は、ロシアのエネルギー経済を欧州から中国に向かわせ、政治・軍事面でも中露の結びつきを強める結果をもたらした。米国の対ロシア制裁はクリミア併合の撤回やウクライナの安定という当初の目標が達成されないまま出口戦略もなく長期化している。この間着々と中露の接近が進んだ。私は二〇一九年五月にプーチン・ロシア大統領をインタビューしたが、彼の口から出てきた中国礼賛の言葉は蜜月を超えた国益共有の「同盟」の兆しを感じさせた。

また、トランプ氏が始めた米中貿易戦争は、必然的に米国との結びつきへの疑念を中国共産党の指導層に植え付け、中国の戦略目標を西へ、つまり欧州、中央・東南アジア、中東、ロシア、そしてアフリカに向かわせる。中国は半導体など米国からの輸入が難しくなった製品の国産化も進めており、ユーラシア内での自己充足性を加速させている。

米国の対イラン制裁も、ユーラシアの結束を増す結果となっている。制裁という効果が疑問視される手法でイラン問題を一挙に解決しようというお手軽さはユーラシアで反発を呼んでいる。米国に挑戦するように中国はイランから原油を買い続け、欧州はイランとの貿易継続のために「貿易支援機関」（ＩＮＴＥＸ）を稼働させた。ここでも米国の政策がユーラシアの連結を加速させている。こうした現実を、トランプ氏をはじめ米国の指導層はどれだけ理解しているのだろうか。ユーラシアの実像を知らずに、思慮なく政策を遂行すれば、米国が覇権喪失の道を転げ落ちてしまうのでは、と思えてしまう。

地政学の祖と言われるハルフォード・マッキンダーが明言したように、ユーラシア大陸に巨大なブロックができることを防ぐことは海洋国家の発展のための究極の目標である。とすると、今ユーラシアで起きていることは、海洋国家米国の戦略の失敗であり、米国の同盟国日本の進路にも重大な影響を及ぼす。

さて、その前提に立った上で、ユーラシアの将来を決めるいくつかの変数を考えたい。

まずはユーラシアの多くの大国の特徴である非民主主義、あるいは強権主義の政治・経済的な脆弱性である。中国がもっともよい事例だ。欧州の自由民主主義者、インドやロシアの民族主義者、中東のイスラム主義者は、中国の力を振りかざす拡大をどう受け止めるだろうか。進出する異質のパワーと抵抗する現地勢力の緊張は歴史の常であり、時に大規模な暴力衝突を伴った。一帯一路構想でそれがないとは言い切れない。ユーラシアにはあまりに多くの民族と敵対関係が共存している。本書で引用されているズビグネフ・ブレジンスキーが言ったように「ユーラシアは政治的にひとつになるには巨大過ぎる」のである。

二〇一九年の中国を悩ませた香港の民主化要求デモは、強権的な国内統治の弱さを浮き彫りにした。経済でも中国はかつての高度成長の時代が終わり、安定成長への道を模索しているが、失速の悪夢は払しょくできない。景気が悪化すれば、民衆の不満は噴き出る。SNS時代に人々の怒りが国を破綻させることは世界中で共通する現象だ。徐々に余裕をなくす中国は、果たして今後も積極的な対ユーラシア進出を続けられるのだろうか。

強権型統治の脆弱さは、ロシア、イラン、サウジアラビア、トルコ、中央アジア、そして中東欧の国々などユーラシアに広く存在する。強権統治は力での抑え込みの手法が地政学的なパワーを増すのだが、一方で統治の正統性への根本的な疑問を国民が抱き、為政者はそのハンドリングに異様に神経を使う。

二つ目の変数は米国にある。米国は対ユーラシア外交で曲がり角に立つ。米中貿易戦争の進展で明らかなように、米国の指導層は中国の覇権への挑戦がいかに真剣であるかにようやく気付きつつある。貿易戦争は、最初は中国の対米黒字を減らすことを目標としてトランプ氏が手を付けた。だが、その主役の座を今や対中強硬派と呼ぶべき勢力が乗っ取った形だ。彼らは軍事、情報通信、先端技術、国際金融、そして国際政治における中国の台頭がこのまま行けば、ユーラシアを支配しやがて米国が二十世紀に確立した世界覇権も奪うと警鐘を鳴らしている。

一方で、世界の覇権を何が何でも維持すべきだと米国民が信念を持っているわけではない。トランプ氏の口癖である「ペルシャ湾からの石油輸送ルートは中国や日本、インドが守るべきだ」との考えは、一般の米国民の本音でもあろう。インド洋という米国からもっとも遠い海になぜ米国が犠牲を払って艦船を派遣するのかという疑問は、米国人の口からよく出る。モンロー主義型の孤立を米国は正統な外交戦略として受け入れる傾向があるのだ。米国はユーラシアの統合を傍観するのか、各国の間にくさびを打ち込んで統合を妨害するのか、それとも建設的に関与し米国も恩恵を得るのか。私の直感は現在の米国の能力、国民意識からして、傍観に落ち着くと見るのだが、どうだろう。

三つ目の変数は、自由、人権、民主主義など普遍的な価値観が世界でさらに衰退するかどうかという政治潮流の問題である。ユーラシアで興隆するソフトな強権主義諸国を見れば、フランシス・フクヤマの「歴史の終わり」論は破綻したという大方の国際政治学者の結論は表面的には説得力を持つ。

ユーラシアの強権主義が、欧米での普遍的価値観の衰弱を追い風に、勢いを増しているのは間違いない。「選択肢が多いと、人は悩んで夜も眠れない」と私は、中国人ジャーナリストから聞いたことがある。自由よりも権威に従って生きる中国モデルの方が気楽だというのだ。

しかし、「子供には夢を実現できる環境を与えたい」という人々の切実な願いも変わらない。強権下の暮らしよりはるかに人間的であり尊厳を感じられる、自由で人権が守られる生き方への思いは朽ちることはないだろう。ユーラシアが発展すればするほど、この大陸の人々は欧米や日本と交流し自由主義の文化を知り、後戻りできない「自由への希求」が体にしみ込んでいくはずだ。その時、強権主義の国家群が引っ張るユーラシアの連結・統合はどんな変容を遂げるのだろうか。

さて最後に日本の進路を考えたい。日本はユーラシア大陸の東端に位置し、文明と文化はユーラシアから流入してきた。何よりも日本人自体がその起源をユーラシア大陸東部に持つ。だが、記憶に残るユーラシアとの付き合い方は失敗の連続だ。「明征」という中国征服構想を意図した豊臣秀吉の文禄・慶長の役（一五九二年～九三年、一五九七年～九八年）は破局に終わった。明治期以降のユーラシア大陸への進出は、地政学に感化された大東亜共栄圏構想に膨れ上がり、大陸と日本の双方に破滅的な混乱をもたらした。二十一世紀に入ってからは「自由と繁栄の弧」というユーラシア戦略を打ち出したが、それは日本の能力を超え中国の反発も招いた。日本人はユーラシアに郷愁を感じ、ロマンチックなアジア主義、ユーラシア主義に心が動く。だが、実際の対外戦略としては具体性を欠く。歴史の反省もあり、ユーラシアの人々とどう付き合ってよいのか、いつも躊躇しているというのが現実である。

日本には二つの選択肢がある。経済膨張を続けるユーラシアに食らいついてパイの分け前を享受するのか、それとも米国とともにシーパワーとしてユーラシアとは距離を置くのか。もちろん日本は米国の同盟国であり、その政治・経済体制に親和性を感じる。しかし、ユーラシアとの経済的な結びつきは深まる一方であり潜在力は無視できない。日本はユーラシアのさまざまな経済活動に参加しながらも米国との関係を基盤とする、大陸と海洋両面に足場を持つ両義性国家となるだろうと予測できる。両者の「橋渡し」という心地よい、しかしあやふやな役割を担えるかもしれない。

しかし、そうした受け身の対応では済まないだろうと思わせる、ユーラシア大陸の大転換と米国との峻厳な覇権ゲームを本書は克明に記録している。一世紀ぶりに世界秩序が変わるかもしれない、その決定的な瞬間である今、小器用に立ち振る舞うだけでは心もとない。日本はその原則である、自由で人権を守る民主主義をユーラシアに対しても唱え続けることを忘れてはならないのだろう。

本書はユーラシアがスーパー大陸として出現しつつある今、日本のアイデンティティーは何なのかと問題を突き付け、国家戦略を描くよう覚醒を迫っている。『スーパー大陸』が日本で出版される最大の意義は、この点にあると思う。

翻訳作業は米中の貿易戦争の進展と時を同じくして進めたために現在進行形のドラマを訳しているような興奮を覚えた。カルダー氏が東京を訪れる際には、折々の国際情勢について意見交換をし、問題意識を研ぎ澄ましながら訳出に当たることができた。翻訳は杉田のほか、石川洋、三浦準司、松島芳彦、豊田祐基子、ライシャワーセンター、サノイズミが担当した。

日本人が苦手とする世界的な視野をふんだんに提示し、真剣に向き合うべきいくつもの重大な問いを投げかけてくれたカルダー氏に感謝を表明したい。

二〇一九年八月

監訳者　杉田弘毅

注

序章

1. Linda Hall Library, “The Pacific Railway,” The Transcontinental Railroad, https://railroad.lindahall.org/essays/tunnels-bridges.html
   フェリックス・ロハティン著、渡辺寿恵子訳『勇気ある決断―アメリカを作ったインフラ物語』(鹿島出版会，2012年) p56-82
2. Paul Leicester Ford (ed.), The Writings of Thomas Jefferson (New York, 1892-99), IX, 351, quoted in Dan E. Clark, “Manifest Destiny and the Pacific,” Pacific Historical Review 1, no. 1 (March 1932): 3.
3. Jon Debo Galloway, The First Transcontinental Railroad: Central Pacific, Union Pacific (New York: Simmons-Boardman, 1950), 32-33.
4. Felix Rohatyn, Bold Endeavors (New York: Simon & Schuster, 2009), 51-54. eather Cox Richardson, The Greatest Nation of the Earth: Republican Economic Policies during the Civil War (Cambridge, MA: Harvard University Press, 1997), 170 -208.
5. William Gilpin, Mission of North American People: Geographical, Social, and Political Philadelphia: J. B. Lippincott & Co., 1873), 8.
6. Alfred Thayer Mahan, The Influence of Sea Power upon History, 1660 -1783 (Boston:Little, Brown, and Co., 1890).
7. Alfred Thayer Mahan, “The Panama Canal and the Distribution of the Fleet,” North American Review 200, no. 706 (September 1914): 416.

第一章

1. ここでのユーラシア全体には、全てのヨーロッパの国々とアジア諸国が含まれている。図表１－１を見よ。
2. 次を参照のこと。Angus Maddison, The World Economy: Historical Statistics (Paris: OECD, 2003)
3. 同前書
4. この社会的変化についての詳細は次を参照のこと。Karl Polanyi, The Great Transformation: The Political and Economic Origins of Our Time (New York: Farrar & Rinehart, 1944). Barrington Moore, Social Origins of Dictatorship and Democracy: Lord and Peasant in the Making of the Modern World (Boston: Beacon, 1966).
5. 1950年時点で米国の人口は1億5230万人、アジアの人口は13億8,424万人だったが、米国は世界の生産高の27%を占め、アジアは18%に留まっていた。次を参照のこと。Angus Maddison, The World Economy, Table 8a: World Population, 20 Countries and Regional Totals, 1-2001 AD, and Table 8b.
6. “Record Number of Freight Trains Link China, Europe,” XINHUANET, November 18, 2017. http://www.xinhuanet.com//english/2017-11/18/c_136762654.htm
7. 2017年、ファーウエィ（Huawei）は世界のモバイルネットワーク・インフラストラクチャー市場の28%を占め、その後にはEricsson（27%）、Nokia（23%）、ZTE（13%）が続いていた。
8. 例えば次を見よ。https://www.huawei.com/en/press-events/news/2018/4/World-First-CE-TEC-5G-Products
9. Karen Freifeld and Eric Auchard, “U.S. Probing Huawei for Possible Iran Sanctions Violations: Sources,” Reuters, April 25, 2018.

10. Niall Ferguson et al., The Shock of the Global: The 1970s in Perspective (Cambridge, MA: Harvard University Press, 2010).
11. 例えば上海とオランダのロッテルダム間の陸路輸送距離は10,867 kmだが、2つの港を結ぶ海上輸送距離は18,711kmである。地図1－1を見よ。
12. 実際には地球の陸地面積の約41%を占めている。さまざまな地理的経済的側面におけるユーラシアの重要性については、次を参照のこと。Zbigniew Brzezinski, The Grand Chessboard: American Primacy and Its Geostrategic Imperatives (New York: Basic Books, 1997), 31.
13. 2016年のデーターでは、中国は世界の製造業の26パーセント、EUは19パーセント、そして米国は18パーセントを生産していた。次を見よ。World Bank, “Manufacturing, value added (current US$),” World Development Indicators, accessed October 7, 2018.
14. しかし、人口の増加率は中国だけでなく東南アジアでも急激な減速傾向にある。一方で西アジアでは緩やかな減速に留まっており、アジアの人口に対する優位性を一時的ではあるが支えている。
15. ここでの重大局面とは、将来に向けての複数の政策選択枠をめぐる、歴史的な意思決定の時と定義する。重大局面のレベルと見なされるには危機、変化への刺激、強烈な時間のプレッシャーなど決定的な要素が必要とされる。この重大局面の概念についてはケント・E・カルダー著『新大陸主義』（潮出版社，2013年）第三章で詳細に述べている。
16. 大転換とは幅広く社会的関連性を持つ活動や事業などが、新しいシステムや形に移行する時を示す。また、その決定要因と大転換の概念については次を見よ。A.F.K. Organski, World Politics (New York: Knopf, 1959); Klaus Knorr, Power and Wealth: The Political Economy of International Power (New York: Basic Books, 1973); 他参考文献は原書脚注を見よ。
17. World Bank, “GDP, PPP (constant 2011 international $),” World Development Indicators, accessed March 13, 2017.
18. “Less Biding and Hiding,” The Economist, December 2, 2010,https:// www .economist .com/ node/ 17601475.
19. 例えば次を見よ。John Markoff and Matthew Rosenberg, “China’s Intelligent Weaponry Gets Smarter,” New York Times, February 3, 2017,
20. International Institute for Strategic Studies, The Military Balance, 2017 edition (London: Routledge, 2017), 251- 60. 他参考文献は原書脚注を見よ。
21. China-Europe freight trains steam ahead," Global Times, November 29, 2018, http://www.globaltimes.cn/content/1129613.shtml
22. この3カ国の多国的協約の詳細については次を見よ。ケント・E・カルダー著『新大陸主義』（潮出版社，2013年）、第7章P337-343
23. これら地政学的な問題を含んでいる紛争の悲観的見通しについては次を見よ。Bill Emmott, Rivals: How the Power Struggle Between China, India and Japan Will Shape our Next Decade (Orlando, FL: Harcourt, 2008).
24. 次を参照せよ。ケント・E・カルダー著『自民党長期政権の研究――危機と補助金』（文藝春秋, 1989年）
25. 著者はこの分析方法を指摘してくれた優秀なリサーチャーのユン・ハンに感謝したい。
26. 詳細は次を見よ。Kent E. Calder, The Bay of Bengal: Political-Economic Transition and Strategic Implications(Tokyo: Sasakawa Peace Foundation, 2018).

第二章

1. イブン・シーナと「シンドローム」のパラダイム概念については、次を参照のこと。Lenn

E. Goodman, Islamic Humanism (New York: Oxford University Press, 2003), 155.

2. 歴史を越えて広く普及したシルクロードの様々な議論のためには、次の文献が参考となるであろう。Peter Frankopan, The Silk Roads: A New History of the World (New York: Alfred A. Knopf,2016).
3. 西暦元年から七世紀のフン族（現代のハンガリー人の祖先）と後に続いた十一世紀にかけてのトルコ人の歴史は次を参照のこと。Christopher I. Beckwith, Empires of the Silk Road: A History of Central Eurasia from the Bronze Age to the Present (Princeton, NJ: Princeton University Press, 2009), especially 93 -112.
4. Xinru Liu, The Silk Road in World History (Oxford: Oxford University Press, 2010), 1.
5. 同前書
6. 匈奴の起源に関してはかなりの学術的議論が展開されている。モンゴル人は匈奴から派生したと主張する説もあれば、アジアとヨーロッパの祖先が混在していとする説もある。次を参照のこと。Ryan W. Schmidt and Noriko Seguchi, "Craniofacial Variation of the Xiongnu Iron Age Nomads of Mongolia Reveal Their Possible Origins and Population History," Quaternary International 405, Part B (2016): 110 -121; 他参考文献は原書脚注を見よ。
7. Sima Qian's History and the official History of the Han, for example, preserve large portions of it. 同じく Liu, The Silk Road in World History, 7.
8. この歴史の詳細は次を参照のこと。Paul Wilson, The Silk Roads: A Route and Planning Guide (Hindhead, UK: Trailblazer, 2003), 41.
9. Jonathan Tucker, The Silk Road: Central Asia, Afghanistan, and Iran: A Travel Companion (London: I. B. Tauris, 2015), 54.
10. この大陸横断インフラプロジェクトであったシベリア鉄道建設の詳細については次を参照のこと。Benson Bobrick, East of the Sun: The Epic Conquest and Tragic History of Siberia (New York: Poseidon, 1992), 350 - 81.
11. Liwen Jiang, "The First Sino-Japanese War Indemnity Revisited," Social Sciences in China 36, no. 4(2015): 113 -37.
12. 例えば次を参照せよ。Morena Skalamera, "Putin's Asia Strategy for 2015," National Bureau of Asian Research Commentary, December 16, 2014
13. Samuel Charap, John Drennan, and Pierre Noel, "Russia and China: A New Model of Great-Power Relations," Survival 59, no.1 (2017): 30.
14. 朝鮮半島の統一の原則は三つの要素を含んでいた(i)外部の干渉を排除して自主的に解決する。(ii)武力行使によらず平和的な方法で実現する。(iii)思想，理念，制度の差異を超越して民族的団結をはかる、という原則で合意した。次を参照のこと。"The July 4 South-North Joint Communique," United Nations Peacemaker, July 4, 1972,https://peacemaker.un.org/korea-4july-communique72
15. 1991年12月に南北和解、南北不可侵、南北交流・協力の三分野からなる「南北基本合意書」が締結された。
16. コリョサラムとは19世紀中ごろより朝鮮半島から沿海州（ロシア極東）へ流出した朝鮮民族である高麗人である。1937年、スターリンによって中央アジアの地に強制移住を余儀なくされた。
17. Tae-jun Kang, "South Korea's Quest to Be a Major Space Power," The Diplomat, March 27, 2015,https://thediplomat.com/2015/03/south-koreas-quest-to-be-a-major-space-power/
18. He-suk Choi, "Park Seeks 'Eurasia Initiative' to Build Energy, Logistics Links," Korea Herald, October 18, 2013,http://www.koreaherald.com/view.php?ud=20131018000620

19. 例えば次を見よ。AP, "Moon Faces Toughest Challenge Yet in Third Summit with Kim," CNBC, September 15, 2018https://www.cnbc.com/2018/09/15/korea-moon-faces-toughest-challenge-yet-in-third-summit-with-kim.html
20. Kanehara Nobukatsu, "The Power of Japan and Its 'Grand Strategy,'" in Japan's World Power: Assessment, Outlook, and Vision, ed. Guibourg Delamotte (New York: Routledge, 2017), 19.
21. 次を見よ。ケント・E・カルダー著『新大陸主義』(潮出版社, 2013年)、64-65ページ。
22. (今では入手困難な書籍ではあるが) 次を参照のこと。川西正鑑著『東亜地政学の構想』同じく(実業之日本社, 1945年) 浅野利三郎著『日独ソ大陸ブロック論：その地政学的考察』(東海堂, 1941年)
23. ノモハン事件とその影響については次を見よ。Alvin D. Coox, Nomonhan: Japan Against Russia, 1939 (Stanford, CA: Stanford University Press, 1985).
24. Kawato Akio, "What Is Japan Up To in Central Asia?" in Japan's Silk Road Diplomacy, 18. またスピーチの詳細は次を見よ。Prime Minister and His Cabinet, "Address by Prime Minister Ryutaro Hashimoto to the Japan Association of Corporate Executives," July 24, 1997, https:// japan .kantei .go .jp/ 0731douyukai .html.
25. Ministry of Foreign Affairs of Japan, "Prime Minister Abe Visits Mongolia and the Five Central Asian Countries (October 22-28, 2015)," updated November 2, 2015, https:// www .mofa .go .jp/ region/ page3e 000397 .html.
26. この提唱の詳細は例えば次を見よ。Ministry of Foreign Affairs of Japan, "Speech by Mr. Taro Aso, Minister of Foreign Affairs, on the Occasion of the Japan Institute of International Affairs Seminar 'Arc of Freedom and Prosperity: Japan's Expanding Diplomatic Horizons,'" November 30, 2006, https:// www .mofa .go .jp/ announce/ fm/ aso/ speech0611 .html.
27. Cemil Aydin, "From a 'Civilized' to an 'Islamic' Empire: Ottoman Grand Strategy during the Long Nineteenth Century, 1815 -1923," Presentation at the American Historical Association Annual Convention, January 10, 2010.
28. James M. Dorsey, "Eurasianism Wins in Turkey Even If Ideologue Loses Election," Real News Network, June 23, 2018, https:// therealnews .com/ eurasianism -wins -in -turkey -even -if -ideologue -loses -election.
29. The most influential of which is Ahmet Davutogˇ lu, Stratejik Derinlik, Türkiey'nin Uluslararası Konumu [Strategic Depth: Turkey's International Position] (Istanbul: Kure Yayınları, 2001). そして Ahmet Davutogˇ lu, Civilizational Transformation and the Muslim World (Kuala Lumpur:Mahir, 1994).
30. このアプローチについては次を参照のこと。Republic of Turkey Ministry of Foreign Affairs, "Turkey's Multilateral Transportation Policy," accessed June 24, 2018.
31. Presidency of the Republic of Turkey, "A New Era Will Be Heralded in Our Region Based on Stability and Prosperity," May 14, 2017, accessed June 24, 2018.
32. 次を参照のこと。"Chronology of China's Belt and Road Initiative," Xinhua, March 28, 2015, また「One Belt One Road」
33. この中国とシンガポールの相互関係については次を見よ。ケント・E・カルダー著「シンガポール - スマートな都市、スマートな国家」(中央公論新社, 2016年)
34. 例えば次を見よ。Yiwei Wang, The Belt and Road Initiative: What Will China Offer the World in Its Rise? (Beijing: New World, 2016). Chinese Academy of Social Sciences National Institute for Global Strategy, "International Seminar on the One-Belt and One-Road Initiative in the Global Context: Conference Papers," October 10 -11, 2016, Beijing.

第三章

1. Zbigniew Brzezinski, The Grand Chessboard: American Primacy and Its Geostrategic Imperatives (New York: Basic Books, 1997), 31.
2. 鄧小平と彼の重要な中国の政治経済史を作る上での役割を研究するには、次を参照せよ。Ezra F. Vogel, Deng Xiaoping and the Transformation of China (Cambridge, MA: Belknap Harvard, 2011).
3. 初期の「四つの近代化」については、次を見よ。 Immanuel Chung-yueh Hsu, China without Mao: The Search for a New Order, 2nd ed. (New York: Oxford University Press, 1990); and Vogel, Deng Xiaoping, 184 -248.
4. エズラ・ヴォーゲル教授は、特に経済特区の概念を構築した華国鋒の貢献は高い評価に値するものであるとの見解を示している。次を見よ。Deng Xiaoping, 185 and 190.
5. 華国鋒と鄧小平の経済政策の違いについては次を参照せよ。Edwin Moise, Modern China: A History, 2nd ed. (New York: Longman, 1994),194. 99a_
6. 次を見よ。ケント・E・カルダー著『新大陸主義』(潮出版社, 2013年)、第三章p125
7. 同前書。第三章p126
8. 同前書。第三章p126
9. Vogel, Deng Xiaoping, Chapter 14; 同じくBarry Naughton, "China's Emergence and Prospects as a Trading Nation," Brookings Papers on Economic Activity 2 (1966): 273 -344.
10. ソ連の崩壊については次を参照せよ。David Remnick, Lenin's Tomb: The Last Days of the Soviet Empire (New York: Random House, 1993).
11. 次を見よ。ケント・E・カルダー著『新大陸主義』(潮出版社, 2013年)、第三章p125
12. Neil Robinson, "The Global Economy, Reform and Crisis in Russia," Review of International Political Economy 6, no. 4 (Winter 1999): 531- 64.
13. Jacopo M. Pepe, Continental Drift—Germany and China's Inroads in the "German-Central European Manufacturing Core": Geopolitical Chances and Risks (Washington, DC: Reischauer Center for East Asian Studies, 2017), 12-13.
14. 次を見よ。Grażyna Szymańska-Matusiewicz, "The Vietnamese Communities in Central and Eastern Europe as Part of the Global Vietnamese Diaspora," Central and Eastern European Migration Review 4, no. 1 (June 2015): 5.
15. 次を見よ。Rudolf Fürst, "Czechia's Relations with China: On a Long Road Toward a Real Strategic Partnership?" in China's Relations with Central and Eastern Europe: From "Old Comrades" to New Partners, ed. Weiqing Song (New York: Routledge, 2018), 199-200.
16. 次を見よ。China National Petroleum Corporation (CNPC), "Shanghai Xiying Zhongya Tianranqi Ruwang [Shanghai Welcomes First Natural Gas Delivery from Central]," www .china5e .com, June 27, 2012, https:// www .china5e .com/ news/ news -229779 -1 .html. 同じくCNPC, "Flow of Natural Gas from Central Asia," CNPC, accessed June 26, 2018, http:// www .cnpc .com .cn/ en/ FlowofnaturalgasfromCentralAsia/ Flow of natural gas from Central Asia2 .shtml.
17. 次を見よ。ケント・E・カルダー著『新大陸主義』(潮出版社), 第三章p141
18. エルドアン大統領の外交政策を活気づけた国内政治の連携については次を見よ。Lisel Hintz, Identity Politics Inside Out: National Identity Contestation 同じくForeign Policy in Turkey (New York: Oxford University Press, 2018).
19. テンギス油田、カシャガン油田計画のはじまりについては次を見よ。Steve Levine, The

Oil and the Glory: The Pursuit of Empire and Fortune on the Caspian Sea (New York: Random House, 2007), 82-101, 327-44.
20. 詳細は次を見よ。ケント・E・カルダー著『新大陸主義』(潮出版社), 第三章p129-133
21. 次を参照のこと。Kent E. Calder, The Bay of Bengal: Political-Economic Transition and Strategic Implications (Tokyo: Sasakawa Peace Foundation, 2018), 72.
22. IMF, Direction of Trade Statistics, accessed October 18, 2018.
23. 次を見よ。Nirmala Joshi, ed., Reconnecting India and Central Asia: Emerging Security and Economic Dimensions (Washington, DC: Central Asia-Caucasus Institute, Paul H. Nitze School of Advanced International Studies, 2010).
24. John Ryan, "The Iran Nuclear Deal and Asia," National Bureau of Asian Research, 同じく Hrishabh Sandilya, "India, Iran, and the West," The Diplomat, November 9, 2014
25. 次を参照のこと。Thomas L. Friedman and Michael Mandelbaum, That Used to Be Us: How America Fell Behind in the World It Invented and How We Can Come Back (New York: Farrar, Straus and Giroux, 2011).
26. Rob Atkinson and Paul Durden, "Housing Policy in the Thatcher Years," in Public Policy under Thatcher, ed. Stephen P. Savage and Lynton Robins (London: Macmillan, 1990), 117-30.99a_
27. 次を見よ。James Rickards, "Repeal of Glass-Steagall Caused the Financial Crisis," US News, August 27, 2012.
28. この韓国産業銀行との交渉については次を見よ。Tina Wang, "For Lehman, a Deal with KDB Appears Dead," Forbes, September 10, 2008
29. リーマンショックからの出来事については次を見よ。"Timeline: Key Events in Financial Crisis," USA Today, September 8, 2013, 同じく "The Fall of Lehman Brothers," Market Watchhttps://www.marketwatch.com/special-reports/lehman
30. 2009年3月9日にS&P 500は667ドルを下回る最低水準に達し、2018年10月3日に最高額2,939ドルを記録している。
31. "China Seeks Stimulation," The Economist, November 10, 2008, https:// www.economist .com/ asia/ 2008/ 11/ 10/ china -seeks -stimulation.
32. ティモシー・ガイトナー財務長官(当時)の北京大学でのスピーチは次を見よ。"Full Text of Geithner's Speech at Peking University," Wall Street Journal, June 1. 2009, http:// don-thelibertariandemocrat.blogspot.com/2009/06/we-have-been-careful-to-set-economic.html
33. ウクライナ危機についての詳細は次を見よ。"Ukraine Crisis: Timeline," BBC, November 13, 2014, http:// www .bbc .com/ news/ world -middle -east -26248275.
34. "EU Signs Pacts with Ukraine, Georgia and Moldova," BBC, June 27, 2014,http:// www .bbc .com/ news/ world -europe -28052645.
35. さらなる詳細は次を見よ。"Ukraine Crisis: Russia and Sanctions," BBC, December 19,2014, 同じくU.S. Department of the Treasury, "Treasury Sanctions Russian Officials, Members of the Russian Leadership's Inner Circle, and an Entity for Involvement in the Situation in Ukraine," March 20, 2014.
36. 2018年の制裁については次を見よ。"Executive Order on the President's Continuation of the National Emergency with Respect to Ukraine," The White House, March 2, 2018,同じくYasmine Salam, "EU Extends Sanctions over Russia's Annexation of Crimea," POLITICO, June 18, 2018.
37. Lucy Hornby and Jamil Anderlini, "China and Russia Sign $400bn Gas Deal," Financial Times, May 21, 2014, 38. Interfax-Ukraine, "China's Xi Jinping Greets Ukraine on

Independence Day," KyivPost, August, 24, 2016.

38. Shannon Tiezzi, "China's Xi Brings 'Belt and Road' to Serbia, Poland," The Diplomat, June 24, 2016, 同じく Ivana Sekularac, "Chinese President Visits Serbia, Trade Deals to Be Signed," Reuters, June 17.

第四章

1. 1903年から1908年までロンドンスクール オブ エコノミクスのディレクターを務めただけでなく、マッキンダーはオックスフォード大学の地理学部の創設者でもあった。彼の歴史的発言は次を見よ。"The Geographical Pivot of History," Geographical Journal 23, no. 4 (April 1904): 435.
2. ドイツとロシアの第二次世界大戦前の地政学的思考については次を参照せよ。Edward Hallett Carr, German-Soviet Relations between the Two World Wars (Baltimore, MD: Johns Hopkins University Press, 1951); 同じく Lionel Kochan, Russia and the Weimar Republic (Cambridge: Bowes and Bowes, 1954). 他文献については原書脚注を見よ。
3. 次を参照のこと。Justin Vaisse, Zbigniew Brzezinski: America's Grand Strategist, trans. Catherine orter (Cambridge, MA: Harvard University Press, 2018), 380 - 85.
4. Halford Mackinder, Democratic Ideals and Reality: A Study in the Politics of Reconstruction (Washington, DC: National Defense University Press, 1996), 74.
5. Nick Miller, "China Undermining US 'with Sticks and Carrots': Outgoing German Minister," Sydney Morning Herald, February 19, 2018.
6. 例えば次を見よ。Jacopo Maria Pepe, Beyond Energy: Trade and Transport in a Reconnecting Asia (Wiesbaden: Springer VS, 2018).
7. この数値にはロシアの埋蔵量6.3%とカザフスタンの1.8%が含まれている。次を見よ。BP, "Oil: Proved Reserves," Statistical Review of World Energy, June 2018.
8. この中にはロシアの天然ガス埋蔵量18.1%とトルクメニスタンの10.1%が含まれている。表4-2を見よ。
9. この状況の地理・経済的意味合いについては次を参照のこと。Meghan L.O'Sullivan, Windfall: How the New Energy Abundance Upends Global Politics and Strengthens America's Power (New York: Simon and Schuster, 2017).
10. EIAは、2020年までに米国が世界第3位のLNG輸出国になると予測している。Victoria Zaretskaya, "U.S. liquefied natural gas exports quadrupled in 2017," U.S. Energy Information Agency, March 27, 2018, https://www.eia.gov/todayinenergy/detail.php?id=35512
11. 例えば1991年の日本の石油輸入は、64.5%がペルシャ湾から輸入されていた。その後、2017年には79.6%にまで上昇した。一方でインドは1991年に80.4%だった高い割合が、2016年には61.0%までに減少している。次を参照のこと。UN Comtrade, "Petroleum Oils and Oils Obtained from Bituminous Minerals; Crude," accessed October 9, 2018.
12. この数値には中国への日量2.36百万バレル、インドへの2.06百万バレル、日本への2.32百万バレルが含まれている。BP, "Oil: Inter-area Movements," Statistical Review of World Energy, June 2018.
13. OPEC（石油輸出国機構）データに基づき、著者が算出した数値である。"OPEC Members' Crude Oil Exports by Destination," Annual Statistical Bulletin, 1999, 2004, 2008 -2010, 2016, and 2018.
14. International Energy Agency, "Executive Summary," World Energy Outlook, 2015 edition.
15. 同前書

16. この「半分以上」には日本29.0%、中国13.4%そして韓国の13.0%が含まれている。詳細は次を見よ。BP, "Gas: Trade Movements LNG," Statistical Review of World Energy,June 2018.
17. Daniel Yergin, The Prize: The Epic Quest for Oil, Money & Power (New York: Free Press, 2003), 779.
18. 同前書133
19. 同前書515
20. ロシアの豊富な資源である天然ガスについては次を参照のこと。Per Hogselius, Red Gas: Russia and the Origins of European Energy Dependence (New York: Palgrave Macmillan, 2013).
21. 次を見よ。BP, "Gas—Trade Movement Pipeline," Statistical Review of World Energy, June 2018.
22. "Power of Siberia," Gazprom Export, updated June 8, 2018, http://www.gazpromexport.ru/en/projects/3/
23. BP, "Gas: Proved Reserves," Statistical Review of World Energy, June 2018.
24. BP, "Gas: Proved Reserves,"Statistical Review of World Energy, June 2018.
25. 次を見よ。"Coal: Proved Reserves," Statistical Review of World Energy, June 2018.
26. 次を見よ。"Alexey Miller: Russia and China Signed the Biggest Contract in the Entire History of Gazprom," Gazprom, March 21, 2014, http://www.gazprom.com/press/news/2014/may/article191451/ 同じくライシャワーセンター・ユーラシア専門シニアリサーチャーの斎藤裕和の報告書を参考にした。
27. Bryan Harris, Song Jung-a, and Peter Wells, "Plan for North-East Asian Electricity 'Super Grid' Boosted," Financial Times, November 2, 2017, https://www.ft.com/content/4b04ed8e-bf8b-11e7-b8a3-38a6e068f464.
28. Marc Levinson, The Box: How the Shipping Container Made the World Smaller and the World Economy Bigger (Princeton, NJ: Princeton University Press, 2008), chapters 6 - 8.
29. United States Postal Service Office of Inspector General, The Global Logistics Revolution: A Pivotal Moment for the Postal Service, June 3, 2013, Table 2, https://www.uspsoig.gov/sites/default/files/document-library-files/2015/rarc-wp-13-010_0.pdf.
30. 次を見よ。"The Global Logistics Business Is Going to Be Transformed by Digitisation," The Economist, April 26, 2018.
31. World Bank, "Industry, Value-Added (Constant 2010 US$)," World Development Indicators (2016).
32. Jost Wubbeke, Mirjam Meissner, Max J. Zenglein, Jaqueline Ives, and Bjorn Conrad, "Made in China 2015: The Making of a High-Tech Superpower and Consequences for Industrial Countries," Mercator Institute for China Studies, MERICS Papers on China, no. 2, December 2016.
33. Jakub Jakóbowski, Konrad Popławski, and Marcin Kaczmarski, The Silk Railroad: The EU-China Rail Connections: Background, Actors, Interests (Warsaw: Centre for Eastern Studies, 2018), 62.
34. Lu Hui, "China's High-Speed Rail Tracks to Hit 38,000 km by 2025," Xinhua, January 2, 3018, http:// www .xinhuanet .com/ english/ 2018 -01/ 02/ c 136867206 .htm.
35. 実績輸送人員の50%は中国、22%は日本が占めていた。 US High Speed Rail Association, "High Speed Rail Around the World," accessed October 23, 2018, http:// www .ushsr .com/ hsr/ hsrworldwide .html.

36. しかし、鉄道貨物は高速鉄道より速い年間10.7%のペースで成長している。“China's Freight Growth Steady in 2017, “China Daily, February 1, 2018.
37. 詳細は次を見よ。ケント・E・カルダー著「シンガポール - スマートな都市、スマートな国家」(中央公論新社, 2016年)、p221
38. Jacopo Maria Pepe, Beyond Energy: Trade and Transport in a Reconnecting Asia (Wiesbaden, Germany: Springer, 2018), 279. データに関しては次を参照のこと。Manin Askar's presentation at the Seventh 1520 Business Forum, June 2012.
39. Jakub Jakóbowski,et al., The Silk Railroad, https://www.osw.waw.pl/en/publikacje/osw-studies/2018-02-28/silk-railroad
40. Sina Tavsan, "'Iron Silk Road' Threatens to Sidetrack Russia," Nikkei Asian Review, October 31, 2017.
41. 2018年5月、中国とユーラシア経済連合加盟国は通関手続き、貿易円滑化に関する協定に署名し、2019年初めから、貿易関連の協力をさらに強化する電子商取引も開始されている。次を参照のこと。Jakóbowski et al., The Silk Railroad, 33; 同じく Jing Shuiyu and Zhong Nan, "China Signs Trade Deal with Eurasian Economic Union," China Daily, May 18, 2018.
42. この発展については次を参照のこと。Jacopo M. Pepe, Continental Drift—Germany and China's Inroads in the "German-Central European Manufacturing Core": Geopolitical Chances and Risks (Washington, DC: Reischauer Center for East Asian Studies, 2017), 9-23.
43. 2018年に貨物運送会社として中国鉄道株式会社は世界第3位、コスコは世界で14位、ＤＢシェンカーは15位にそれぞれランクされている。Top 50 Global Freight," Transport Topics, https:// www .ttnews .com/ top50/ globalfreight/ 2018
44. 次を見よ。The State Council Information Office of the People's Republic of China, "China's Arctic Policy," The State Council of the People's Republic of China, January 26, 2018.
45. この2017年のインフラ投資額は年間1兆7000億ドルと推定されているが、2009年時点で見積もられた7,500億ドルの2倍以上の規模にあたる。次を見よ。Asian Development Bank, Meeting Asia's Infrastructure Needs: Highlights (Mandaluyong City, Philippines: Asian Development Bank, 2017)
46. このプロジェクトは2012年5月に 承認されている。Asian Development Bank,"Regional: Turkmenistan-Afghanistan-Pakistan-India Natural Gas Pipeline Project" https://www.adb.org/projects/documents/turkmenistan-afghanistan-pakistan-india-natural-gas-pipeline-project-phase-3-tar.
47. CARECの詳細は次を見よ。Central Asia Regional Economic Cooperation, "CAREC Program," https://www.carecprogram.org/
48. World Bank, "World Bank Lending—fiscal 2016," World Bank,. http://pubdocs.worldbank.org/en/634801473443116208/WBAR16-FY16-Lending-Presentation.pdf
49. European Bank for Reconstruction and Development, "South-West Corridor Road Project," https://www.ebrd.com/work-with-us/projects/psd/southwest-corridor-road-project.html.
50. Kyle Ferrier, "How a Northeast Asian Development Bank Could Succeed," Korea Economic Institute of America, http://keia.org/how-northeast-asian-development-bank-could-succeed 同じく Lee-Jay Cho and S. Stanley Katz, "A Northeast Asian Development Bank?" NIRA Review (Winter 2001): 41.
51. 温家宝氏の基調講演の内容は次を見よ。"Boao Forum for Asia Annual Conference 2009

Opens: Wen Jiabao Attends the Conference and Delivers a Keynote Speech," Ministry of Foreign Affairs of the People's Republic of China, April 18, 2009, http://www.chinaconsulatesf.org/eng/xw/t558306.htm.

52. 李克強氏によるスピーチの全内容は下記を見よ。Opening Ceremony of Boao Forum," Ministry of Foreign Affairs of the People's Republic of China, April 11, 2014, https://www.fmprc.gov.cn/mfa_eng/wjb_663304/zzjg_663340/xws_665282/xgxw_665284/t1145980.shtml.
53. Martin A. Weiss, "Asian Infrastructure Investment Bank (AIIB)," Congressional Research Service, February 3, 2017, https://fas.org/sgp/crs/row/R44754.pdf.
54. 1947年当時、マーシャルプランは総額130億ドルの援助を提供したが、この貨幣価値は今日の約1000億ドルに相当する。2015年に発足されたAIIBの資本金は1000億ドルで、500億ドルを中国が出資し最大拠出国となっている。Melvyn P. Leffler, "The United States and the Strategic Dimensions of the Marshall Plan," Diplomatic History 12, no. 3 (July 1988): 277- 306, 同じく Simon Shen, "How China's 'Belt and Road' Compares to the Marshall Plan, The Diplomat, February 6, 2016.
55. ヨーロッパの16カ国アルバニア、ボスニア・ヘルツェゴビナ、ブルガリア、クロアチア、チェコ共和国、エストニア、ハンガリー、ラトビア、リトアニア、マケドニア、モンテネグロ、ポーランド、ルーマニア、セルビア、スロバキア、スロベニアが参加している。中国と中央アジアそして中東欧諸国との協力関係については次を見よ。http:// www .china -ceec .org/ eng/.

第五章

1. 初期の4つの近代化については次を参照のこと。On the early genesis of the Four Modernizations, see Immanuel Chung-yueh Hsu, China without Mao: The Search for a New Order, 2nd ed. (New York: Oxford UniversityPress, 1990), 92-126; and Ezra F. Vogel, Deng Xiaoping and the Transformation of China (Cambridge, MA: Harvard University Press, 2011), 184 -248.
2. 中国の名目国内総生産（GDP）は世界で1997年に7位、2000年6位、2005年5位、2007年3位そして2010年には日本を抜き2位に躍進している。次を見よ。World Bank, "GDP (current US$)," World Development Indicators, accessed December 21, 2018.
3. Vogel, Deng Xiaoping and the Transformation of China, 406.
4. Nicholas R. Lardy, Markets over Mao: The Rise of Private Business in China (Washington, DC: Peterson Institute for International Economics,2014).
5. 中国の外国企業への要求の詳細については次を参照のこと。John W. Garver, China's Quest: The History of the Foreign Relations of the People's Republic of China (New York: Oxford University Press, 2016), 699-701
6. 次を参照のこと。Scott Kennedy, "Made in China 2025," Center for Strategic & International Studies, June 1, 2015, https:// www .csis .org/ analysis/ made -china -2025 同じく Ma Si, "Made in China 2025 Roadmap Updated," China Daily, January 27, 2018, http://www.chinadaily.com.cn/a/201801/27/ WS5a6bb8b9a3106e7dcc137168.html. そして Mark J. Greeven and Wei Wei, Business Ecosystems in China: Alibaba and Competing Baidu, Tencent, Xiaomi and LeEco (New York: Routledge, 2018), 13 -14.
7. 次を見よ。Zongyuan Liu, "Sovereign Leveraged Funds: Comparative Analysis of Using Foreign-Exchange Reserves as a Source of State-Led Finance and Investment in China and Japan." Unpublished doctoral dissertation, Johns Hopkins University, 2019.
8. China Development Bank, Annual Report 2017 (Beijing: China Development Bank), 6.

2017年末時点でCDBは、2,167億ドルの外国債を保有していた。同前書5. CDBの活動については、下記を参照のこと。Chris Wright,"Making Sense of Belt and Road—The Chinese Policy Bank: China Development Bank," Euromoney, September 26, 2017.

9. 次を見よ。CK Tan, "China to Step Up Financing for Belt and Road Projects," Nikkei Asian Review, March 7, 2018,.
10. この基金の資金は人民元建てであるため、米国の制裁措置外である。Max Seddon and Kathrin Hille, "China and Russia Strike $11bn Funding Deal," Financial Times, July 4, 2017.
11. 次を参照せよ。Martin Arnold, "Western Banks Race to Win China's Belt and Road Initiative Deals," Financial Times, February 26, 2018.
12. 1994年の税制改革とその意義については次を参照のこと。Arthur Kroeber, China's Economy: What Everyone Needs to Know (New York: Oxford University Press, 2016), 115 -18.
13. 2015年の粗鋼生産量は、中国が8億8,380万トン、日本は1億5,010万トン、そして米国は7,880万トンだった。World Steel Association, "Total Production of Crude Steel," Steel Statistical Yearbook (2016).
14. 同前書。2015年の世界の鉄鋼製品総輸出は4億6,240万トンだった。
15. International Trade Administration, "Global Steel Trade Monitor," U.S. Department of Commerce, March 2017, http:// www .trade .gov/ steel/ countries/ pdfs/ 2016/ annual/ exports -china .pdf.
16. 次を参照のこと。Lukas Brun, "Overcapacity in Steel: China's Role in a Global Problem," Duke Center on Globalization, Governance, and Competitiveness, September 2016, 30.
17. Chazen Global Insights, "Alibaba: A Dictatorship?" Columbia Business School, November 7, 2016, https:// www8 .gsb .columbia .edu/ articles/ chazen -global -insights/ Alibaba -dictatorship.
18. 2016年、コスコは世界市場の11.6%を占めていた。次を参照のこと。Ben Bland, "Cosco Takeover of Orient Overseas Affirms China's Trade Ambitions," Financial Times, July 10, 2017, https:// www .ft .com/ content/ 11eca6ea -6545 -11e7- 8526 -7b38dcaef614.
19. Reynolds Hutchins, "Cosco Beefs Up European Terminal Footprint Further," Journal of Commerce, June 12, 2017.
20. Engineering News-Record, "ENR's 2017 Top 250 International Contractors," August 2017, https://www.enr.com/toplists/2017-Top-250-International-Contractors-1
21. High Speed Rail around the World," US High Speed Rail Association, accessed October 19, 2018, http:// www .ushsr .com/ hsr/ hsrworldwide .html.
22. "Top 5 Best-Selling Smartphone Brands in the World," BusinessTech, February 23, 2018, https://businesstech.co.za/news/mobile/227509/top-5-best-selling-smartphone-brands-in-the-world/
23. 次を参照のこと。Jan Drahokoupil, Angieszka McCaleb, Peter Pawlicki, and Agnes Szunomar,"Huawei in Europe: Strategic Integration of Local Capabilities in a Global ProductionNetwork," in Chinese Investment in Europe: Corporate Strategies and Labour Relations, ed. Jan Drahokoupil (Brussels: European Trade Union institute, 2017), 211-29.
24. Daniel Morial, "Huawei Is Now More Popular than Apple in Central and Eastern Europe," Gadget Match, August 16, 2017 .
25. Raymond Zhong, "China's Huawei Is at Center of Fight Over 5G's Future," New York

Times, March 7, 2018, https://www.nytimes.com/2018/03/07/technology/china-huawei-5g-standards.html
26. アリババについては次を参照のこと。Duncan Clark, Alibaba: The House that Jack Ma Built (New York: Harper Collins, 2016).
27. Mark J. Greeven and Wei Wei, Business Ecosystems in China: Alibaba and Competing Baidu, Tencent, Xiaomi and LeEco (New York: Routledge 2018), 22.
28. Alibaba Group, "Alibaba Group Announces March Quarter 2018 Results and Full Fiscal Year 2018 Results," May 4, 2018, https://www.businesswire.com/news/home/20180504005297/en/Alibaba-Group-Announces-March-Quarter-2018-Results
29. ダボス会議でのマーのスピーチ内容は次を見よ。Alanna Petroff, "Jack Ma: 'Don't Use Trade as a Weapon,'" CNN Money, January 24, 2018, https://money.cnn.com/2018/01/24/news/jack-ma-trade-davos-2018-wef/index.html.
30. Rachel Brown, "Beijing's Silk Road Goes Digital," Council on Foreign Relations, 同じく "Alibaba to Set Up NW China HQ to Boost Belt and Road Initiative," GBTimes, August 21, 2017.
31. ここでの5つの沿岸地域とは、山東省、江蘇省、浙江省、福建省、広東省を指し3つの自治体は、北京、天津、上海である。次を参照のこと。National Bureau of Statistics of China, "Total Value of Imports and Exports by Operating Units," "Value Added by Industry," and "Gross Regional Product," National Data, accessed October 9, 2018.
32. David Barboza, "China Unveils $586 Billion Stimulus Plan," New York Times, November 10, 2008.
33. 1947年当時、マーシャルプランは今日の1000億に相当する総額130億ドルの援助を提供した。一方で2016年末の一帯一路構想の資金は、その約三倍にあたる2,920億ドルだった。次を参照のこと。Simon Shen, "How China's 'Belt and Road' Compares to the Marshall Plan," The Diplomat, February 6, 2016 同じく Gabriel Wildau and Nan Ma, "In Charts: China's Belt and Road Initiative," Financial Times, May 10, 2017, https://www.ft.com/content/18db2e80-3571-11e7-bce4-9023f8c0fd2e.
34. Reuters Staff, "China-Led AIIB Approves 13 New Members, Canada Joins," Reuters, March 23, 2017, https://www.financialexpress.com/world-news/china-led-aiib-approves-13-new-members-canada-joins/598967/
35. Shannon Tiezzi, "Who Is Actually Attending China's Belt and Road Forum?" The Diplomat, May 12, 2017, https://thediplomat.com/2017/12/2017-the-best-of-the-diplomat/
36. "List of Deliverables of Belt and Road Forum," Xinhua, May 15, 2017, http://www.xinhuanet.com//english/2017-05/15/c_136286376.htm
37. 2017年の米国と日本を合わせた韓国との貿易額は1,994億ドルだったが、韓国と中国の総貿易額はそれを大幅に上る2,382億ドルに達した。次を見よ。International Monetary Fund, Direction of Trade Statistics (2017).
38. 次を参照のこと。U.S. Energy Information Administration, "China Surpassed the United States as the World's Largest Crude Oil Importer in 2017," https://www.eia.gov/todayinenergy/detail.php?id=34812 同じく Tom DiChristopher, "US Will Be a Net Energy Exporter by 2022, Four Years Sooner than Expected, Energy Department Says," CNBC, February 7, 2018, https://www.cnbc.com/2018/02/07/united-states-will-be-a-net-energy-exporter.html.
39. G. John Ikenberry and Anne-Marie Slaughter, Forging a World of Liberty under Law: U.S. National Security in the 21st Century (Princeton, NJ: Princeton University Press, 2006).

40. National Development and Reform Commission, "CHINA RAILWAY Express Construction and Development Plan for 2016 -2020," released on October 17, 2016.
41. BP, "Carbon Dioxide Emissions (Million Tons)," Statistical Review of World Energy, June 2017.
42. Chris Rhodes, "Manufacturing: International Comparisons," Briefing Paper No. 05809, House of Commons Library, August 18, 2016; Verband der Automobilindustrie, "Annual Report 2015," 20 -21; 他参考文献は原書脚注を見よ。

第六章

1. Kent G. Deng, "Why Shipping 'Declined' in China from the Middle Ages to the Nineteenth Century," in Shipping and Economic Growth 1350 -1850, ed. Richard W. Unger (Leiden: Brill, 2011), 219.
2. 鄭和は1431年の冬に7回目の航海に出発したが、途中1433年の春にカリカットで中国に戻りことなく死亡したと言われている。その後、鄭和の艦隊は1433年夏に中国に帰還している。詳細は次を見よ。Jung-pang Lo, "Zheng He," Encyclopædia Britannica, https://www.britannica.com/biography/Zheng-He.
3. See Craig A. Lockard, "Chinese Migration and Settlement in Southeast Asia Before 1850: Making Fields from the Sea," History Compass 11, no. 9 (September 2013): 765 -81,doi: 10.1111/hic3.12079.
4. 同前書770.
5. 次を参照のこと。Maria Fernanda Pargana Ilheu, "Cultural Characteristics and Effective Business in China," in The China Information Technology Handbook, ed. 同じくPatricia Ordonez de Pablos Miltiadis D, Lytras (New York: Springer, 2009), 206. そしてSuzanne Nam, "Thailand's 40 Richest," Forbes, September 1, 2010.
6. Yenni Kwok, "The Memory of Savage Anticommunist Killings Still Haunts Indonesia, 50 Years On," Time, September 29, 2015, https://time.com/4055185/indonesia-anticommunist-massacre-holocaust-killings-1965/
7. シンガポールの中国との関係に対するアプローチとその歴史的背景についての詳細は次を見よ。ケント・E・カルダー著「シンガポール - スマートな都市、スマートな国家」（中央公論新社, 2016年）
8. 同前書
9. この数値は国際通貨基金の貿易統計局のデーターに基づき、著者が算出した。
10. 2018年1月に更新されたAmerican Enterprise Institute / Heritage Foundation、China Global Investment Trackerに基づき著者が算出した数値である。
11. Robert D. Kaplan, Asia's Cauldron: The South China Sea and the End of a Stable Pacific (New York: Random House, 2014), 41.
12. この「中国にとってのカリブ海」ついては次を見よ。Kaplan, Asia's Cauldron, 32-50.
13. 東南アジア諸国は、2010年7月にハノイで開催された第17回ARF閣僚会合でクリントン国務長官は、南シナ海における航行の自由は米国の国益であることを強調した発言に続いて、これらの見解を特に強烈に主張し始めた。
14. Katie Hunt, "Showdown in the South China Sea: How Did We Get Here?" CNN, August 2, 2016, 同じくJane Perlez, "Tribunal Rejects Beijing's Claims in South China Sea," New York Times, July 12, 2016.
15. Ben Blanchard and Manny Mogato, "China Welcomes ASEAN Summit Declaration on South China Sea," Reuters, May 2, 2017.
16. U.S. Energy Information Administration, "China Surpassed the United States as the

World's Largest Crude Oil Importer in 2017," Today in Energy, February 5, 2018.

17. 次を見よ。International Energy Agency, World Energy Outlook 2016(Paris: IEA, 2016), 115 and 143.
18. "What Does Indonesia Export to China? (2016)" in Observatory of Economic Complexity, https://oec.world/en/visualize/tree_map/hs92/export/idn/chn/show/2016/
19. それぞれの国の最新データーは次を参照のこと。The Observatory of Economic Complexit "https://oec.world/en/resources/about/
20. この地域内での重要な中国関連の電子機器貿易については次を見よ。Where Does China Import Computers From? (2016)" and "Where Does China Import Integrated Circuits From? (2016)" in Observatory of Economic Complexity.
21.
22. 2018年1月に更新された、American Enterprise Institute / Heritage Foundation、China Global Investment Tracker から提供されたデータに基づき著者が数値を算出している。
23. Billy Wong, "Guangxi: Enhancing ASEAN Supply Chain Connectivity," Hong Kong Trade Development Council, May 25, 2017.
24. たとえば、2017年、広西チワン族自治区の北海工業パークでは、主にベトナムから前年比の倍の3万人の労働者を雇用した。同前書.
25. AFP-Jiji, "Under New Leader Mahathir, China's Infrastructure Projects in Malaysia Are Under Threat," Japan Times, June 17, 2018.
26. Shang-su Wu, "Singapore-Kunming Rail Link: A 'Belt and Road' Case Study," The Diplomat, June 17, 2016, 同じく Peter Janssen, "China Train Project Runs Roughshod over Laos," Asia Times, August 18, 2018, http.
27. Peter Janssen, "China Train Project Runs Roughshod over Laos," Asia Times, August 18, 2018.
28. Xinhua, "Construction of Thai-Chinese High-Speed Rail to Start Fully: Thai Official," New China, June 3, 2018.
29. Chris Horton, "Capital of Laos Seeks Stronger Lies to China," New York Times, September 25, 2018.
30. Charissa Yong, "Malaysia, Singapore Ink Agreement to Defer High-Speed Rail Project for 2 Years; KL to Pay S$15m for Suspending Work," Strait Times, September 5, 2018.
31. Matt Steinglass, "Vietnam Assembly Derails High-Speed Rail Link," Financial Times, June 21, 2010.
32. Doan Loan and Dat Nguyen, "Feasibility Report Ready for Vietnam's $58 Billion High-Speed Railroad," VNExpress, "August 29, 2018.
33. AP, "Cambodia's Missing Railway Link to Thailand Rebuilt after 45 years," South China Morning Post, April 4, 2018.
34. David Briginshaw, "CRRC to Supply Indonesia High-Speed Trains," International Railway Journal, April 13, 2017. 同じく Amy Qin, "China Exports High- Speed Rail Technology to Turkey," New York Times, July 28, 2014.
35. Gaku Shimada, "Kra Isthmus Shortcut Would Mean Big Shifts in Southeast Asia," Nikkei Asian Review, June 25, 2015.
36. On Kunming's felicitous location and the implications for its continental relationships, see Kent E. Calder, "A Tale of Two Cities: Kunming, Urumqi, and the New Continentalism," Boao Review, January 10, 2014.
37. Xinhua, "Ever Expanding Chinese Rail Network Boosts German 'China City,'" China Daily, November 28, 2017.

38. Chong Koh Ping, "Singapore and Chongqing Aim to Cut Freight Time between the Two Cities to as Little as 5 Days," Strait Times, April 13. 2018.
39. See Du Juan, "Myanmar-China Gas Pipeline Completed," Official Website of Guizhou, China, October 21,2013.
40. China Opens Delayed Myanmar Oil Pipeline to Get Mideast Crude Faster," Bloomberg, April 11, 2017.
41. 次を見よ。National Economic and Technological Development Zones, "Kunming Economic and Technological Development Zone.
42. 次を見よ。Atul Aneja, "China, India Fast-Track BCIM Economic Corridor Project," The Hindu, updated April 9, 2016.
43. 次を参照のこと。Ezra F. Vogel, Deng Xiaoping and the Transformation of China (Cambridge, MA: Harvard University Press, 2011), 287-91.
44. Graham Allison and Robert D. Blackwill, Lee Kuan Yew: The Grand Master's Insights on China, the United States, and the World (Cambridge, MA: MIT Press, 2013).
45. 日本の対外直接投資の全体に占めるASEANの割合は13.2%（2015年末）である。ASEAN Secretariat, ASEAN Investment Report 2017: Foreign Direct Investment and Economic Zones in ASEAN (Jakarta: ASEAN Secretariat, October 2017), Table 1.2.
46. 2018年5月に中国の李克強首相が東京を訪問し、2018年10月に日本の安倍首相が北京を訪問した後、中国と日本は東南アジアで共同インフラプロジェクトを進め始めた。Gaku Shimada, "Japan and China take first step toward joint infrastructure abroad," Nikkei Asia Review, September 4, 2018.

第七章

1. 中国とロシアの国境は現在2,265マイルそして米国とメキシコの国境は1,951マイルの長さである。次を参照せよ。"10 Longest Land Borders in the World," 10 Most Today, November 22, 2015.
2. アムール川を挟んだ黒龍江省の人口3830万人とロシア極東全体の人口の630万人を比較している。次を参照のこと。Alexander Gabuev and Maria Repnikova, "Why Forecasts of a Chinese Takeover of the Russian Far East Are Dramatic Myth," Carnegie Moscow Center, July 14, 2017.
3. 17世紀の中国とロシア関係については次を参照せよ。Benson Bobrick, East of the Sun: The Epic Conquest and Tragic History of Siberia (New York: Poseidon Press, 1992), 79-95.
4. 19世紀半ばのアムール流域を巡るロシアの積極的な政治経済的攻防については次を参照せよ。同前書255－62.
5. 同前書262.
6. Peter Hopkirk, Setting the East Ablaze: Lenin's Dream of an Empire in Asia (New York:Kodansha International, 1995).
7. Richard M. Nixon, Six Crises (New York: Pyramid Books, 1962).
8. James Mann, About Face: A History of America's Curious Relationship with China, from Nixon to Clinton (New York: Alfred Knopf, 1999), 95.
9. 1997年に軍事力削減条約を締結するために行われたこれらの国境協議は、国境を接するカザフスタン、キルギスタン、タジキスタンそれぞれとの交渉と、中国とロシア双方による2国間の国境討議と並行して行われた。次を参照せよ。ケント・E・カルダー著『新大陸主義』（潮出版社，2013年），309 同じく Elizabeth Wisnick, Mending Fences: The Evolution of Moscow's China Policy from Brezhnev to Yeltsin (Vancouver: University of

Washington Press: 2015), 98 -117 ; そして “Timeline: Russia-China Relations,” Reuters, May 19, 2008.

10. U.S. Energy Information Agency, “China Surpassed the United States as the World's Largest Crude Oil Importer in 2017.
11. 黒竜江省の大慶油田は1959年に、また山東省の勝里油田は1961年に発見された。詳細については次を参照のこと。大慶油田 Daqing Oilfield, “History of Daqing Oilfield, https://dqyt.cnpc.com.cn/dqen/HoDO/dqen_common.shtmland 勝里油田 Sinopec Group, “About Sinopec,” http:// www.sinopecgroup .com/ group/ en/ companyprofile/
12. アラブ首長国連邦のFateh Oil Terminalから中国福州のMaweiまでの距離は6232海里（おおよそ1万1,541キロ）ある。
13. 「シベリアの力」については次を見よ。“Power of Siberia,” Gazprom, https://www.gazprom.com/projects/power-of-siberia/
14. Samuel Charap, John Drennan, and Pierre Noel, “Russia and China: A New Model of Great-Power Relations,” Survival 59, no. 1 (2017): 30.
15. 2010年に北東アジアとヨーロッパ間の北極海を4回航行したが、その後その数は、2011年に34回、2012年に46回、2013年に71回に増加している。次を参照のこと。Jonathan Masters, “The Thawing Arctic: Risks and Opportunities,” Council on Foreign Relations, December 16, 2013.
16. “China's New Shipping Frontier,” Wall Street Journal, July 9, 2014.
17. Jonathan Masters, “The Thawing Arctic.
18. Trude Pettersen, “Chinese Icebreaker Concludes Arctic Voyage,” Barents Observer, September 27, 2012.
19. エクソンモービルをはじめとする西側諸国からの資金調達が経済制裁のため困難になったため、中国の「シルクロード基金」が後押しすることになった経緯がある。“China, Russia Jointly Launch Yamal LNG Project in the Arctic,” People.cn, December11, 2017.
20. Donald Gasper, “China and Russia Want to Develop Arctic Energy Resources Together, and US Disapproval May Not Deter Them,” South China Morning Post, September 12, 2018.
21. 次を参照せよ。“Offshore Oil Feels Pain of Spare Parts Come Short,” Barents Observer, September 2015.
22. Associated Press, “A Timeline of US Troop Levels in Afghanistan Since 2001,” Military Times, July 6, 2016.
23. Thomas Lum and Ben Dolven, “Mongolia,” Congressional Research Service, July 10,2018.
24. 新疆ウイグル自治区は、モンゴル、ロシア、カザフスタン、キルギスタン、タジキスタン、アフガニスタン、パキスタン、およびインドと国境を接している。
25. World Bank, Russian Economic Report, no. 35 (April 2016): 55.
26. World Bank, “GDP (Current US$)” and “Exports of Goods and Services (BoP, Current US$),” World Development Indicators.
27. 図7-1を見よ。
28. Ezra F. Vogel, Deng Xiaoping and the Transformation of China (Cambridge, MA:Harvard University Press, 2011): 714. ヴォーゲルはこの「韜光養晦」は1990年代に初めて鄧小平によって用いられたと指摘している。
29. 次を参照のこと。Don Oberdorfer, The Turn: From the Cold War to a New Era: The United Statesand the Soviet Union, 1983 -1990 (New York: Poseidon, 1991).
30. プーチン大統領の2期目は2004年から2008年の間だった。

31. 統合が拡大するヨーロッパに対して幻滅を高まらせたロシアについては次を参照せよ。Fyodor Lukyanov, "May You Live in Interesting Times," Russia in Global Affairs, no 2: (April-June, 2015): 5 – 8; and Sergei Karaganov, "Eurasian Way Out of the European Crisis," Russia in Global Affairs, no. 2 (April-June, 2015): 8 -21.
32. Eastern Economic Forum, "Outcomes of the EEF 2018.https://forumvostok.ru/en/programme/?theme=20081.
33. ロシアはカムラン湾に再び戻ることに強く関心を抱いていると伝えられているが、南シナ海問題への関わり方によってはベトナムと協力することが難しくなる可能性がある。次を参照のこと。Yevgen Sautin, "This Vietnamese Base Will Decide the South China Sea's Fate," National Interest, May 8, 2016.
34. 習近平は中央アジアのトルクメニスタン、カザフスタン、ウズベキスタン、キルギスタンを訪問している。またモンゴルとイランの指導者とはG20およびSCOサミットで会談している。
35. この一帯一路構想が発表される15か月前に著書は、ユーラシア大陸上で、領土的に近隣する国々の大陸的スケールでの政治経済的統合を促進する諸政策をまとめあげた『The New Continentalism: Energy and Twenty-First Century Eurasian Geopolitics 』(Yale, 2012)を出版している。(日本語版は2013年5月に出版)
36. National Development and Reform Commission (NDRC) of the People's Republic of China, "Vision and Actions on Jointly Building Silk Road Economic Belt and 21st-Century Maritime Silk Road," NDRC, March 28, 2015.
37. Alexey Miller: Russia and China Signed the Biggest Contract in the Entire History of Gazprom," Gazprom, March 21, 2014. 同じく "Gazprom and CNPC Sign Technical Agreement on Gas Supplies via Eastern Route," Gazprom, October 13, 2014.
38. Shannon Tiezzi, "At Russia's Military Parade, Putin and Xi Cement Ties," The Diplomat, May 9, 2015.
39. Paul Sonnet, "China to Design New Russian High-Speed Railway," Wall Street Journal, June 19, 2015.
40. Wade Shepard, "Investors from East and West Eager to Get a Piece of RussianHigh-Speed Rail Action," Forbes, November 16, 2016.
41. Channel NewsAsia, "Putin Arrives in Beijing for China's V-Day Parade," September 3, 2015.
42. 次を見よ。Agencies, "'Friends Forever: Xi Talks Up China's Ties with Russia During Putin Trade Trip," The Guardian, June 25, 2016. 他参考文献は原書脚注を見よ。
43. 次を参照のこと。The SIPRI Arms Transfer Database. https://www.sipri.org/databases/armstransfers
44. ウクライナ危機後の中国とロシアの関係の詳細については、次を見よ。Alexander Gabuev, "A Soft Alliance: Russia-China Relations after the Ukraine Crisis," European Council on Foreign Relations, February 10, 2015.
45. Ethan Meick, "China-Russia Military-to-Military Relations: Moving Toward a Higher Level of Cooperation," U.S.-China Economic and Security Review Commission Staff Research Report, March 20, 2017, 14.
46. Office of the Secretary of Defense, Military and Security Developments Involving the People's Republic of China 2015: Annual Report to Congress (Washington, DC: US Government Printing Office, April 2015), 60. 米国国防総省は、「ロシアが西側の制裁の影響を緩和するために中国との関係が深まるにつれ、ロシアの流出に対する抵抗は弱まりつつある」と指摘している。
47. Ethan Meick, "China-Russia Military-to-Military Relations," 14.

48. 同前書21.
49. 次を参照のこと。Franz-Stefan Gady, "Russia Completes Delivery of 1st S-400 Missile DefensemRegiment to China," The Diplomat, May 10, 2018.
50. 両国は2015年11月に20億ドルで24機の戦闘機の購入契約に署名した。これは、中国に対するロシアの影響力の衰退を示唆している。同前書15.
51. 次を参照のこと。Wendell Minnick, "Russia-China Su-25 Deal Raises Reverse Engineering Issue," Defense News, November 20, 2015.
52. たとえば、中国は1999年にセルビアで撃墜されたアメリカのF-117ナイトホークの一部から抽出した技術を使用して、Chengdu (成都) J-20ステルスジェット戦闘機を開発することができたと伝えられている。Mail Foreign Service, "China Used Downed U.S. Fighter to Develop First Stealth Jet," Daily Mail, April 19, 2011.
53. 次を参照のこと。SIPRI Arms Transfer Database, https://www.sipri.org/databases/armstransfers.
54. インドはロシアと194機のSu-30を80億ドルで購入する契約を結んだ。またインドは最終的にロシアの第5世代戦闘機の調達に加えて、すべての戦闘機をアップグレードしたい考えていると言われている。さらに、ロシアは12キロ潜水艦6隻をベトナムに売却している。次を参照のこと。Vivek Raghuvanshi, "India to Upgrade Sukhoi Fleet with Russia's Help," Defense News, July 27, 2016.
55. Martin Andrew, "Power Politics: China, Russia, and Peace Mission 2005," China Brief 5, no. 20, September 27, 2005.
56. Meick, "China-Russia Military-to-Military Relations," Appendix 1. また、中国とロシアは、2009年にカザフスタンとタジキスタンとの4か国演習、2018年にモンゴルとの3カ国軍事演習を実施した。
57. Christopher Harress, "Russia and China Begin Mediterranean Military Exercises with Black Sea Port Visit," IB Times, May 5, 2015.
58. 南シナ海に関する仲裁裁判所の判決を受けて、2016年9月12日から南シナ海において、中ロ海軍合同演習が実施された。中ロ両軍の陸戦隊が初めて演習に参加し、島嶼奪還の演練を行ったと報道されている。Sam LaGrone, "China, Russia Kick Off Joint South China Sea Naval Exercise: Includes 'Island Seizing' Drill," USNI News, September 12, 2016.
59. Su-37は実験段階にあり、開発は終了したと報告されている。"Sukoi Su-37 Flanker-E," Military Today http://www.military-today.com/aircraft/su_37.htm

第八章

1. World Bank, "GDP (Current US$)," World Development Indicators (2017), accessed June 26, 2018.
2. Marco Polo and Ronald Latham, The Travels of Marco Polo (London: Penguin, 1958).
3. リッチの中国に対する見解については次を参照のこと。On Ricci's views of China, see Jonathan D. Spence, The Memory Palace of Matteo Ricci (New York: Viking Penguin, 1984).
4. Jonathan D. Spence, The Search for Modern China (New York: Norton, 1990), 132.
5. 同前書132-33.
6. 次を見よ。Derk Bodde, "Chinese Ideas in the West," Columbia University.
7. フランスでは、最初の公務員制度がフランス革命の勃発直後の1791年に導入された。中国が与えた影響の詳細については次を参照のこと。Ssu-yu Teng, "Chinese Influence on the Western Examination System," Harvard Journal of Asiatic Studies 7, no. 4 (September 1943): 267-312.

8. Jonathan D. Spence, Search for Modern China, 133.
9. 同前書134.
10. Michael Yahuda, "The Sino-European Encounter: Historical Influences on Contemporary Relations," in China-Europe Relations: Perceptions, Policies and Prospects, ed. David Shambaugh, Eberhard Sandschneider, and Zhou Hong (New York: Routledge, 2008), 13 -32.
11. Jonathan D.. Spence, Search for Modern China, 134.
12. EUの中国への直接投資は、2003年の3787億ドルから2012年には7993億ドル、2017年には1544.3億ドルに拡大した一方、中国のEUへの投資は、2003年の4億2,200万ドルから2012年には315.5億ドル、そして2017年には153.96ドルに飛躍的に増加した。2003～2012年の直接投資の統計については次を見よ。United Nations Conference on Trade and Development, Bilateral FDI Statistics, 2014 edi tion またその他の直接投資に関しては次を参照のこと。Thilo Hanemann and Mikko Huotari, "EU-China FDI: Working Towards Reciprocity in Investment Relations," Mercator Institute for China Studies, April 17, 2018.
13. Jamil Anderlini, "UK Move to Join China-Led Bank a Surprise Even to Beijing," Financial Times, March 26, 2015.
14. 次を参照のこと。"Table 4 Diplomatic Relations, 1949- 87" in China: A Country Study, 4th ed., ed. Robert L. Worden, Andrea Matles Savada, and Ronald E. Dolan (Washington, DC: Library of Congress, 1988), 630 -31.
15. André Malraux, Man's Fate (La Condition Humaine), trans. Haakon M. Chevalier (New York: Random House, 1968).
16. 次を見よ。European Union External Action, "EU-China Dialogue Architecture," updated November 2015.
17. Anthony Williams, "China Becomes EBRD Member as Suma Chakrabarti Visits Beijing," European Bank for Reconstruction and Development, January 15.
18. この6カ国には、欧州連合の2つの基本条約である1957年のローマ条約に調印したフランス、ドイツ連邦共和国、オランダ、ベルギー、ルクセンブルク、イタリアが含まれる。
19. 上記の六カ国に英国、アイルランド、およびデンマークが1973年に加わった。
20. ギリシャは1981年に欧州連合に加盟し、1986年にはスペインとポルトガルがそれに続いた。
21. チェコ共和国、ハンガリー、ポーランド、スロバキア、スロベニア、エストニア、ラトビア、リトアニアは2004年、またブルガリアとルーマニアは2007年、クロアチアは2013年にそれぞれＥＵに加盟している。
22. Thilo Hanemann and Mikko Huotari, "EU-China FDI: Working Towards Reciprocity in Investment Relations," MERICS Papers on China, no. 3 (May 2018), Figure 4, accessed online October 19, 2018.
23. "Gaining wisdom, marching forward," The Economist, October 4, 2018.
24. 次を見よ。International Monetary Fund, Direction of Trade Statistics.
25. たとえば、ギリシャ、スペイン、イタリアへの中国の投資は、これらの国への全体的な直接投資が減少したにもかかわらず、2009年から2015年にかけて増大した。特にポルトガルでは同時期、中国からの直接投資も含め全体的に大きく増加している。
26. "Speech by Mikhail Gorbachev to the Council of Europe in Strasbourg, 'Europe as a Common Home,' July 6, 1989.
27. 次を見よ。World Bank, "Industrial Production, Constant US$, Sea. Adj.," Global Economic Monitor, June 5, 2017.
28. Henk Bekker, "2017 (Full Year) China and Worldwide German Car Sales," Car Sales Statistics, January 16, 2018.

29. 次を見よ。Jacopo M. Pepe, Continental Drift—Germany and China's Inroads in the "German- Central European Manufacturing Core": Geopolitical Chances and Risks (Washington, DC: Reischauer Center for East Asian Studies, 2017) 28.
30. IMF, Direction of Trade Statistics https://data.imf.org/?sk=9D6028D4-F14A-464C-A2F2-59B2CD424B85.
31. Rene Wagner and Michael Nienaber, "China Steams Past U.S., France to be Germany's Biggest Trading Partner," Reuters, February 24, 2017.
32. 次のデータに基づき、著者が算出した数値である。AEI/Heritage Foundation, China Global Investment Tracker January 2018 , http://www.aei.org/china-global-investment-tracker.
33. Bloomberg News, "China's Geely Buys $9 Billion Daimler Stake," Bloomberg, February 24, 2018.
34. この契約の詳細は次を見よ。Irene Preisinger and Victoria Bryan, China's CATL to build its first European battery factory in Germany," Reuters, July 9, 2018.
35. 米海軍は当初、佐世保とともにギリシャのアテネにも空母配備を計画していた。1972年2月に交渉が開始され両国はまもなくアテネ近郊のピレエフスに海軍空母等の基地を設置することに合意したが、1973年以降のギリシャの政治動向により、結局空母の「母港化」は頓挫してしまう。一方で日本における空母「母港化」は慎重に時間をかけて進められた。次を参照のこと。Stephen G. Xydis, "Coups and Countercoups in Greece, 1967-1973 (with postscript)," Political Science Quarterly 89, no. 3 (Autumn 1974): 507-38.
36. 中国遠洋海運集団（COSCO）は2016年4月ギリシャ政府から同国最大のピレウス港を運営する港湾公社の株式67%を約3億6850万ユーロ（約440億円）で取得する契約を結んだ。次を参照にこと。"Greece, China Cosco Finally Seal Piraeus Port Sale," Journal of Commerce, July 5, 2016.
37. Altay Atli, "China in the Balkans: Serbia Wants Business but Its Future Lies in Europe," Asia Times, June 28, 2016. 他参考文献は原書脚注を参照のこと。
38. Jakub Jakóbowski · Konrad Popławski, · Marcin Kaczmarski, The Silk Railroad, 68-73.
39. Philippe Le Corre, "Europe's Mixed Views on China's One Belt, One Road Initiative," Order from Chaos (blog), May 23, 2017.
40. Bloomberg News, "Merkel Tells China It Risks European Backlash over Investments," Bloomberg, May 24, 2018.
41. Oleg Livitin, Jakov Milatovic, and Peter Sanfey, "China and South-Eastern Europe: Infrastructure, Trade, 同じく Investment Links," European Bank for Reconstruction and Development EBRD Paper (July 2016), 4 -5, cited in Pepe, Continental Drift, 34.
42. Zhu Sheng, "Ever Expanding Chinese Rail Network Boosts German 'China City,'" Xinhua, November 11, 2017.
43. Tim Maughan, "Yiwu: The Chinese City Where Christmas Is Made and Sold," BBC, December 18, 2014.
44. 詳しくは次を見よ。Greg Knowler, "Huge Subsidies Keep China-Europe Rail Network on Track," Journal of Commerce, May 23, 2018.
45. Chu Daye, "Blueprint for Continental Cargo Train to Open Markets in Eurasia," Global Times, October 18, 2016. 同じく Li Guo, "2017 China Railway Express Report: 3,271 Trips Covering 35 Cities and a Future Turn Towards 'High Quality,'" 21st Century Economic Herald, January 8, 2018.
46. 大韓航空とウズベキスタン航空はナヴォイ国際空港に国際物流センターを建設するなどの大型プロジェクトで提携しており、生鮮食品、動物、危険物さえも取り扱っている。詳細は次

を見よ。Uzbekistan Airways, "Cargo Terminal," Navoi International Airport, http://www.navoi airport.com/en/content/cargo_service/cargo_terminal/

47. Nicholas Winning, "U.K., China Give Clearance for More Passenger, Cargo Flights," Wall Street Journal, October 11, 2016.
48. 2000年、中国は世界の工業生産の5.7%を占めていたが、2016年までに、その比率は24.8%に上昇している。World Bank, "Industrial Production, Constant US$, Sea. Adj.," Global Economic Monitor.
49. 中国の東海岸港からハンブルクまでの航海時間は約30日間であるが、鉄道貨物の場合、14～18日ほどの時間を短縮できる。次を参照のこと。John Kemp, "China Develops Continent-Spanning Railroad to Europe," Reuters, April 8, 2016.
50. Andrew Higgins, "China's Ambitious New 'Port": Landlocked Kazakhstan," New York Times, January 1, 2018.
51. "China-Europe Rail Has Air Cargo in the Crosshairs," Journal of Commerce, July 28, 2015.
52. "S. Korea, Norway to Bolster Cooperation in Ships, Arctic Region Use," Yonhap News Agency, April 15, 2016. 同じく "Northern Sea Route Handles Record 9.7 Mn Tons," World Maritime News, January 23, 2018.

第九章

1. Joyce Yanyun Man, "China's Property Tax Reform: Progress and Challenges," Lincoln Institute of Land Policy, April 2012.
2. この負債総額には不安を煽るものがあるが、2015年のGDPの41%からは減少している。次を参照のこと。Gabriel Wildau, "China Local Governments Revive Off-Budget Stimuls," Financial Times, September 21, 2016.
3. Brian Spegele, Peter Wonacott, and Nicholas Bariyo, "China's Workers Are Targeted as Its Overseas Reach Grows," Wall Street Journal, February 1, 2012.
4. 若者の失業問題は東南アジアよりも東ヨーロッパと南ヨーロッパで深刻であり、2017年の若者の失業率は、北マケドニア47%、ギリシャ43%、スペイン39%、イタリア37%、そしてセルビアでは33%に達している。次を参照のこと。World Bank, "Unemployment, Youth Total (% of Total Labor Force Ages 15 -24) (Modeled ILO Estimate)," World Development Indicators.
5. World Bank, "Unemployment, Total (% of Total Labor Force) (Modeled ILO Estimate)" 同じく "Unemployment, Youth Total (% of Total Labor Force Ages 15 -24) (Modeled ILO Estimate)," World Development Indicators.
6. World Bank, "Unemployment, Youth Total (% of Total Labor Force Ages 15 -24) (Modeled ILO Estimate)," World Development Indicators.
7. たとえば、インドネシアの年齢の中央値はわずか30.2歳であるが、一方で更にインドは27.9歳、フィリピンは23.5歳である。次を参照せよ。Central Intelligence Agency, "Median Age," World Factbook.
8. ロシアの人口は2008年から2016年に160万人増加してはいるが、1992年（1億4870万人）に比べるとはるかに少ないままである。World Bank, "Population, Total," "Life Expectancy at Birth, Female (Years)," and "Life Expectancy at Birth, Male (Years)," World Development Indicators.
9. 次を参照せよ。World Bank, "Population, Total," World Development Indicators.
10. World Bank, "Fertility Rate, Total (Births per Woman)," World Development Indicators (2016).

11. 中国では2016年1月に多数の例外が散りばめられた「1人っ子政策」が撤廃され、すべての夫婦に2人目の子どもを持つことが認められるようになった。
12. United States Census Bureau, "Demographic Overview—Custom Region— China," International Data Base.
13. 中国では、1990年に1日1.90ドル未満（2011年のPPP）で7億5,580万人が暮らしていたが、2013年までに、その数は2520万に減少した。次を参照せよ。World Bank, "Number of People Living on Less Than $1.90 a day (2011 PPP)," Poverty & Equity Data, accessed on May 2, 2017.
14. たとえば、1990年には、アメリカ人の平均収入は中国の75倍以上だったが2017年までに、その差は7倍未満にまで狭まった。次を参照のこと。World Bank, "GDP Per Capita (Current US$)," World Development Indicators.
15. Sonali Jain-Chandra, "Chart of the Week: Inequality in China," IMFBlog, September 20, 2018. ラテンアメリカ、サハラ以南のアフリカ、および中東/北アフリカを除く世界のすべての地域で、ジニ指数は上昇しているが、これらの地域ではすでに高い値をすでに示していた。しかし中国が最も指数が急上昇している。
16. Thomas Piketty, Capital in the Twenty-First Century, trans. Arthur Goldhammer (Cambridge, MA: Belknap Press of Harvard University Press, 2014).
17. 次を見よ。Fareed Zakaria, "Populism on the March: Why the West Is in Trouble," Foreign Affairs, November/December 2016 issue, accessed online May 2, 2017.
18. 詳細は次を参照のこと。United Nations Department of Economic and Social Affairs, International Migration Report 2017: Highlights (New York: United Nations, 2017).
19. Joseph S. Nye Jr., "The Future of American Power: Dominance and Decline in Perspective," Foreign Affairs 89, no. 6 (November/December 2010): 2-12.
20. Amitav Acharya, The End of American World Order (Malden, MA: Polity, 2014), 1-12.
21. たとえば、民族紛争は一帯一路構想で提案された中国とパキスタン、中国とミャンマーの経済回廊とバングラデシュ-中国-インド-ミャンマー（BCIM）経済回廊プロジェクトをすでに複雑にし、遅延させている。詳細は次を見よ。Usman Shahid, "Balochistan: The Troubled Heart of the CPEC," The Diplomat, August 23, 2016.
22. "'780 Languages Spoken in India, 250 Died Out in Last 50 Years,'" Hindustan Times, July 17, 2013 同じく First Post, "India Has 79.8% Hindus, 14.2% Muslims, Says 2011 Census Data on Religion," First Post India, August 26, 2015.
23. Vali Nasr, The Shia Revival: How Conflicts within Islam Will Shape the Future (New York: W. W. Norton, 2006), 185 -210, 234 -36; and "Mapping the Global Muslim Population," Pew Research Center.
24. イラン革命とユーラシア大陸全体の政治経済発展に対する、より広範な意味については次を参照のこと。ケント・E・カルダー著『新大陸主義』(潮出版社, 2013年), 第三章P144-157.
25. Igor Rotar, "Hizb ut-Tahrir in Central Asia Publication," Terrorism Monitor 4, no. 2 (2005).
26. Charles Haviland, "The Darker Side of Buddhism," BBC, May 30, 2015.
27. 同前書
28. ロヒンギャ紛争の歴史については次を見よ。Kent E. Calder, The Bay of Bengal: Political-Economic Transition and Strategic Implications(Tokyo: Sasakawa Peace Foundation, 2018).
29. Kiyya Baloch, "Chinese Operations in Balochistan Again Targeted by Militants," The Diplomat, March 27, 2015.
30. Uyghur Human Rights Project, "Spatial Results of the 2010 Census in Xinjiang," March

7, 2016.

31. Austin Ramzy, "A Year After Xinjiang Riots, Ethnic Tensions Remain," Time, July 5, 2010 同じ "Timeline: Xinjiang Unrest," BBC, July 20, 2009.
32. Michael Schwirtz, "Ethnic Rioting Ravages Kyrgyzstan," New York Times, June 13, 2010.
33. Kurt M. Campbell, Robert J. Einhorn, and Mitchell B. Reiss, The Nuclear Tipping Point: Why States Reconsider Their Nuclear Choices (Washington, DC: Brookings Institution Press, 2004).
34. 例えば次を参照せよ。William J. Broad and David E. Sanger, "North Korea's Missile Success Is Linked to Ukrainian Plant, Investigators Say," New York Times, August 14, 2017.
35. このプルトニウムの10トンは日本国内で保持されていると伝えられており、また海外ではフランスとイギリスの再処理施設を中心に37トンが保有されていると伝えられている。次を参照のこと。Robin Harding, "Japan Plutonium Stockpile Fuels US Unease," Financial Times, June 25, 2018.
36. World Food Programme, "Where We Work: Tajikistan," https://www.wfp.org/countries/tajikistan
37. David Trilling, "Water Wars in Central Asia," Foreign Affairs, August 24, 2016.
38. IEA, World Energy Outlook Special Report: Energy and Climate Change (Paris: OECD Publishing, 2015), 51-52. ただし、IEAは自身が分析したデーターで、消費と生産の予測に焦点を当てており、輸出入量は2次的なデータにすぎない
39. IEA, World Energy Outlook 2016 (Paris: OECD Publishing, 2016), 143. China's oil imports reached 8.4 million bbl/day in 2017.
40. IEA, World Energy Outlook 2015: Executive Summary (Paris: OECD Publishing, 2015), 2. 同じく IEA, World Energy Outlook 2016, 143.
41. 2017年の中国とインドの一次エネルギーの消費は、それぞれ60.3%と53.8%で石炭が高い割合を占めていた。BP, "Primary Energy: Consumption by Fuel," Statistical Review of World Energy, June 2018.
42. BP, "Carbon Dioxide Emissions," Statistical Review of World Energy, June 2018.
43. 世界保健機関（WTO）のデータは次を見よ。World Health Organization (WHO), WHO Global Urban Ambient Air Pollution Database (update 2018). また、インドのPM 2.5汚染による死者は、2010年から2015年の間に14%増加し、中国のレベルに達したが、インドの人口は中国よりもやや少ない。Health Effects Institute and Institute for Health Metrics and Evaluation, State of Global Air 2017.
44. The Center for Global Developmentによる最近の調査によると、一帯一路構想の借り手として特定された69か国のうち23か国は、すでに「非常に高い」レベルの債務苦境にあることが判明した。ここに挙げられている国々はすべて債務の返済に問題があると特定されている。次を参照のこと。John Hurley, Scott Morris, and Gailyn Portelance, "Examining the Debt Implications of the Belt and Road Initiative from a Policy Perspective," CGD Policy Paper 121, March 2018, 16 -19.
45. これらの大きな権力関係については次を見よ。Bill Emmott, Rivals: How the Power Struggle between China, India, and Japan Will Shape Our Next Decade (Orlando, FL: Harcourt, 2008).
46. 700億ドルを超える2国間貿易も、外国投資と同様、長期的に大きな可能性を秘め、中国はインドを一帯一路構想に組み入れたい意向だが、インドは未だ参加を表明していない。2国間貿易については次を見よ。IMF, Direction of Trade Statistics, https://data.imf.

org/?sk=9D6028D4-F14A-464C-A2F2-59B2CD424B85
47. UN Department of Economic and Social Affairs, International Migration Report 2017: Highlights.
48. トルコは2016年に310万人の難民と亡命希望者を受け入れた。同前書.
49. Julia Gillard, "Why the Syrian Refugee Crisis Is Just the Tip of the Iceberg," World Economic Forum, March 18, 2016.
50. Steven Erlanger, "In Eastern Europe, Populism Lives, Widening a Split in the E.U.," New York Times, November 28, 2017.
51. John B. Judis, The Populist Explosion: How the Great Recession Transformed American and European Politics (New York: Columbia Global Reports, 2016), 89–153.
52. John Burn-Murdoch, Billy Enrenberg-Shannon, Aleksandra Wisniewska, and Aendrew Rininskand, "French Election Results: Macron's Victory in Charts," Financial Times, May 8, 2017.
53. Kate Connolly, "German Election: Merkel Wins Fourth Term but Far-Right AfD Surges to Third," The Guardian, September 24, 2017.
54. 2016年7月、COSCOはピレウス港の51%の株式を2億8,050万ユーロで取得したが、この契約の全体的な価値は、約15億ユーロと言われている。次を参照のこと。"Greece, China Cosco Finally Seal Piraeus Port Sale," Journal of Commerce, July 5, 2016.
55. US Department of Labor, Bureau of Labor Statistics, "Union Members Summary," Economic News Release, January 19, 2018.
56. Fareed Zakaria, "Populism on the March: Why the West Is in Trouble," Foreign Affairs, November/December 2016 issue, accessed online May 2, 2017.
57. 世界銀行のデータに基づき、著者が算出した数値である。"World Development Indicators, 2015.
58. 同前書.
59. Amitav Acharya, The End of American World Order, 4.

第十章

1. GATT（関税貿易一般協定）は1947年に多国間で締結され、1948年発効・発足した。1995年1月1日にWTO（世界貿易機関）が設立されるまで活動を続けた。次を見よ。Chad P. Bown, Self-Enforcing Trade: Developing Countries and WTO Dispute Settlement (Washington, DC: Brookings Institution Press, 2009), 10 –21.
2. Yale Law School, "Security Treaty Between the United States and Japan; September 1, 1951," "Security Treaty Between the United States, Australia, and the New Zealand (ANZUS); September 1, 1951, 他参考文献は原書を参照せよ。
3. Ministry of Foreign Affairs of the People's Republic of China, "Conclusion of the 'Sino-Soviet Treaty of Friendship, Alliance and Mutual Assistance.
4. United Nations Treaty Series Online, "No. 6045. Treaty of Friendship, Co-operation and Mutual Assistance Between the Union of Soviet Socialist Republics and the Democratic People's Republic of Korea; Signed at Moscow, on 6 July 1961.
5. North Atlantic Treaty Organization, "What Is NATO," https://www.nato.int/nato-welcome/index.html.
6. U.S. Department of State, "The Baghdad Pact (1955) and the Central Treaty Organization (CENTO)".
7. 東南アジア条約機構は1954年9月に多国籍間が調印したマニラ条約によって成立した。米国のベトナムからの撤退の後、1977年6月30日に解散した。Encyclopædia Britannica,

"Southeast Asia Treaty Organization (SEATO)," July 20, 1998.
8. Robert Gilpin, War and Change in World Politics (Cambridge: Cambridge University Press, 1981).
9. 例えば次を参照のこと。Robert O. Keohane and Joseph S. Nye, Power and Interdependence: World Politics in Transition (Boston: Little, Brown, 1977); Robert O. Keohane, After Hegemony: Cooperation and Discord in the World Political Economy (Princeton, NJ: Princeton University Press, 1984); Daniel Yergin and Joseph Stanisalw, The Commanding Heights: The Battle between Government and the Marketplace That Is Remaking the Modern World (New York: Simon & Schuster, 1998). Raymond Vernon, Sovereignty at Bay: The Multinational Spread of U.S. Enterprises (New York: Basic Books, 1971); Raymond Vernon, Storm over the Multinationals: The Real Issues (Cambridge, MA: Harvard University Press, 1977).
10. この覇権主義をめぐる戦いについては次を参照のこと。Robert Gilpin, War and Change in International Relations (Cambridge: Cambridge University Press, 1981).
11. Chad P. Bown and Douglas A. Irwin, "The GATT's Starting Point: Tariff Levels circa 1947" (NBER Working Paper No. 21782, National Bureau of Economic Research, December 2015), doi: 10.3386/w21782.
12. オバマの2期目の政権下でアメリカ合衆国通商代表を務めたマイケル・フロマンは、ドーハラウンドをすぐに終わらせる必要があったと述べている。Michael Froman, "We Are at the End of the Line on the Doha Round of Trade Talks," Financial Times, December 13, 2015.
13. 重慶からのPCラップトップの輸出は、2016年には4,500万台に達し、合計輸出額は159億ドルだった。"16 -09 Main Export Commodities in Volume and Value," Chongqing Statistical Yearbook, 2017.
14. 1986年から1990年の間に、ヨーロッパ諸国間で輸送規制緩和が検討された。特に1995年には、国境管理（シェンゲン領域内の人や物の移動の自由に関する協定）が実施され国際的に拡大を続けた。B. T. Bayliss and A. I. Millington, "Deregulation and Logistics Systems in a Single European Market," Journal of Transportation Economics 同じく Policy 29, no. 3 (September 1995): 305 -16; and Francesco Saverio Montesano and Maaike Okano-Heijmans, "Economic Diplomacy in EU-China Relations: Why Europe Needs Its Own 'OBOR,'" Netherlands Institute of International Relations (Clingendael), June 2016.
15. ADBが示している2017年のインフラ需要推定値は、ADB自体が2009年に算出した3倍以上にあたる。詳細は次を見よ。Asian Development Bank, Meeting Asia's Infrastructure Needs: Highlights (Manila, Philippines: Asian Development Bank, 2017).
16. Michel Beuthe, "Intermodal Freight Transport in Europe," in Globalized Freight Transport: Intermodality, E-Commerce, Logistics and Sustainability, ed. Thomas R. Leinbach 同じく Cristina Capineri (Northampton, MA: Edward Elgar, 2007), 78.
17. サプライチェーンについては例えば次を参照のこと。Christopher Minasians, "Where Are Apple Products Made? How Much Does the iPhone Cost to Make? A Comprehensive Breakdown of Apple's Product Supply Chain," Macworld, November 24, 2016.
18. 次を参照せよ。Robert Gilpin, War and Change in World Politics. 同じく Charles P. Kindleberger, The World in Depression, 1929-1939 (Berkeley: University of California Press, 1973), 291-308.
19. 次を参照せよ。Aaron L. Friedberg, "Ripe for Rivalry: Prospects for Peace in a Multipolar Asia," International Security 18, no. 3 (1993): 5 -33; Aaron L. Friedberg, "Will Europe's Past Be Asia's Future?" Survival 42, no. 3 (Autumn 2000): 147-59; 同じく Kent

E. Calder, Pacific Defense: Arms, Energy, and America's Future in Asia (New York: William Morrow, 1996).

20. この変容については次を参照のこと。Barry Eichengreen, "The Dollar and Its Discontents," Japan Times, October 19, 2018.

21. この詳細は次を参照せよ。Tajvan Pettinger, "The UK Economy in the 1920s," Economics Help, October 16, 2012; and Barry Eichengreen, Globalizing Capital: A History of the International Monetary System (Princeton, NJ: Princeton University Press, 1998), 78 - 83.

22. このインドネシアの対決政策の詳細は次を見よ。"Konfrontasi (Confrontation)," Global Security, November 7, 2011. https://www.globalsecurity.org/military/world/war/konfrontasi.htm.

23. Jeffrey Pickering, Britain's Withdrawal from East of Suez: The Politics of Retrenchment (New York: Palgrave, 1998), 150 -76.

24. International Monetary Fund, Currency Composition of Official Foreign Exchange Reserves.

25. 次を見よ。Michael Selby-Green, "'Europe Should Not Allow the US to Act Over Our Head': Germany Is Challenging the US's Financial Monopoly as the Iran Row Deepens," Business Insider, August 22, 2018.

26. 2016年10月1日付け主要5通貨のバスケット通貨比率は、米ドル（41.73%），ユーロ（30.93パーセント），中国人民元（10.92パーセント），日本円（8.33%），英国ポンド（8.09%）だった。International Monetary Fund, "IMF Adds Chinese Renminbi to Special Drawing Rights Basket," IMF News, September 30,2016.

27. International Monetary Fund, Currency Composition of Official Foreign Exchange Reserves.

28. SWIFT, "RMB usage by country for commercial payments ending in China and Hong Kong," RMB Tracker January 2018 (Special Report), January 31, 2018.

29. Gabriel Wildau, "Renminbi Drops to Sixth in International Payment Ranking," Financial Times, July 21, 2016.

30. G. John Ikenberry, After Victory: Institutions, Strategic Restraint, and the Rebuilding of Order After Major Wars (Princeton, NJ: Princeton University Press, 2011), 244.

31. Charles P. Kindleberger, The World in Depression, 1929-1939 (Berkeley: University of California Press, 1973).

32. Henry Kissinger, A World Restored: Metternich, Castlereagh, and the Problems of Peace, 1812-22 (Boston: Houghton Mifflin, 1973); and Henry Kissinger, World Order (New York: Penguin Press, 2014).

33. Henry Kissinger, World Order, 367-71.

34. 同前書225.

35. 同前書226.

36. Yan Xuetong, Ancient Chinese Thought, Modern Chinese Power (Princeton, NJ: Princeton University Press, 2011), 5 - 6.

37. Ren Xiao, "Traditional Chinese Theory and Practice of Foreign Relations: A Reassessment," in China and International Relations: The Chinese View and the Contribution of Wang Gungwu, ed. Zheng Yongnian (New York: Routledge, 2010), 115.

38. Zheng Yongnian, "Organizing China's Inter-state Relations: From 'Tianxia' (All-Under-the-Heaven) to the Modern International Order," in China and International Relations: The Chinese View and the Contribution of Wang Gungwu, ed. Zheng

Yongnian (New York: Routledge, 2010), 304.

39. Paul Evans, "Historians and Chinese World Order: Fairbank, Wang, and the Matter of 'Intermediate Relevance,'" in China and International Relations: The Chinese View and the Contribution of Wang Gungwu, ed. Zheng Yongnian (New York: Routledge, 2010), 46.
40. Henry Kissinger, World Order, 5.
41. Theodore J. Lowi, "American Business, Public Policy, Case Studies, and Political Theory," World Politics 16, no. 4 (July 1964).
42. Yaroslav Zaitsev, "The 'Hegemonic Way' and the 'Kingly Way': How Russia and China Define Their National Interests," Russia in Global Affairs, June 19, 2015.

第十一章（最終章）

1. 例えば次を見よ。Michael R. Auslin, The End of the Asian Century: War, Stagnation, and the Risks to the World's Most Dynamic Region (New Haven, CT: Yale University Press, 2017) ; 同じく Zbigniew Brzezinski, The Fragile Blossom: Crisis and Change in Japan (New York:Harper and Row, 1972).
2. G. John Ikenberry and Anne-Marie Slaughter, Forging a World of Liberty under Law: U.S. National Security in the 21st Century (Princeton, NJ: Princeton University Press,2006).
3. 第3の波については次を見よ。Samuel P. Huntington, The Third Wave: Democratization in the Late Twentieth Century (Norman: University of Oklahoma Press, 1991).
4. テロ対策活動の詳細は次を見よ。Zhao Xiaodong,The Shanghai Cooperation Organization and Counter-Terrorism Cooperation (Singapore: Institute for Security and Development Policy, 2012).
5. 例えば次を参照のこと。Dalibor Rohac, "Hungary and Poland Aren't Democratic. They're Authoritarian," Foreign Policy, February 5, 2018.
6. Stefan A. Halper, The Beijing Consensus: Legitimizing Authoritarianism in Our Time (New York: Basic Books, 2010).
7. 冊封体制については次を見よ。David Kang, East Asia Before the West: Five Centuries of Trade and Tribute (New York: Columbia University Press, 2010).
8. 次を参照のこと。Ren Xiao, "Traditional Chinese Theory and Practice of Foreign Relations: A Reassessment," in China and International Relations: The Chinese View and the Contribution of Wang Gungwu, ed. Zheng Yongnian (New York: Routledge, 2010), 102-16.
9. Zheng Yongnian, "Organizing China's Inter-state Relations: From 'Tianxia' (All-Under-Heaven) to the Modern International Order," in China and International Relations: The Chinese View and the Contribution of Wang Gungwu, ed. Zheng Yongnian (New York: Routledge, 2010), 293 -321.
10. Henry Kissinger, A World Restored: Metternich, Castlereagh, and the Problems of Peace, 1812-22 (Boston: Houghton Mifflin, 1973).
11. Zbigniew Brzezinski, "The Group of Two Could Change the World," Financial Times, January 13, 2009.
12. Pam Price, "Sunnylands Summit with US and China President Ends on Positive Note," Forbes, June 10, 2013.
13. Cheng Li and Lucy Xu, "Chinese Enthusiasm and American Cynicism: The 'New Type of Great Power Relations,'" Brookings, December 4, 2014.

14. 次を参照せよ。James McBride and Mohammed Aly Sergie, "NAFTA's Economic Impact," Council on Foreign Relations, October 4, 2017.
15. 新しい協定は、NAFTAのいくつかの課題に対処している。(1)労働者保護、デジタル経済、特許、金融サービスなどの分野で高水準の合意 (2) メキシコとカナダが労働・環境・知的財産の保護に関する新たな合意 (3) 米国の農家や酪農家に対するメキシコとカナダの市場アクセスの改善等が挙げられる。次を参照のこと。Jen Kirby, "USMCA, Trump's new NAFTA deal, explained in 500 words," Vox, October 3, 2018.
16. Prashanth Parameswaran, "US, Japan, and India Kick Off 2016 Malabar Exercise," The Diplomat, June 12, 2016.
17. Dean Cheng and Lisa Curtis, "The China Challenge: A Strategic Vision for USIndia Relations," The Heritage Foundation, July 18, 2011.
18. 2009年に開始された天津での中国華能グループの「グリーンジェン」プロジェクトについては次を参照のこと。Global CCS Institute, "Huaneng Green Gen IGCC Project (Phase 3.)
19. Daniel F. Runde and Romina Bandura, "The BUILD Act Has Passed: What's Next?" Center for Strategic & International Studies, October 12, 2018.

[著者略歴]

ケント・E・カルダー（Kent E. Calder）

ジョンズ・ホプキンス大学高等国際問題研究大学院副学長、同大学院ライシャワー東アジア研究センター長。ハーバード大学大学院修士課程及び博士課程を修了。1979年ハーバード大学日米関係プログラムの初代事務局長。プリンストン大学ウッドロー・ウィルソン政治大学院で20年間教鞭を執った後、2003年より現職。その他、米国戦略国際問題研究所（CSIS）日本部長（1989～1993、1996年）、駐日米国大使特別補佐官（1997～2001年）などを歴任。著書にアジア・太平洋大賞を受賞した『アジア危機の構図」（日本経済新聞出版社）の他、『新大陸主義　21世紀のエネルギーパワーゲーム』（潮出版社）『シンガポール-スマートな都市、スマートな国家』（中央公論新社）など多数。2014年に米国における日本研究の発展及び相互理解の促進に寄与した功績が認められ、旭日中綬章を受章。

[監訳者略歴]

杉田弘毅（すぎた・ひろき）

共同通信社特別編集委員。一橋大学法学部を卒業後、共同通信社に入社。テヘラン支局長、ワシントン特派員、ワシントン支局長、編集委員室長、論説委員長などを経て現職。安倍ジャーナリスト・フェローシップ選考委員、東京―北京フォーラム実行委員、早稲田大学大学院アジア太平洋研究科講師なども務める。著書に『検証　非核の選択』（岩波書店）、『アメリカはなぜ変われるのか』（ちくま新書）、『入門　トランプ政権』（共同通信社）、『「ポスト・グローバル時代」の地政学』（新潮選書）など。

スーパー大陸　ユーラシア統合の地政学

2019年11月5日　初版発行

著　者　ケント・E・カルダー
監訳者　杉田弘毅
発行者　南　晋三
発行所　株式会社 潮出版社
〒102-8110
東京都千代田区一番町6
一番町SQUARE
電話：03-3230-0781（編集部）
03-3230-0741（営業部）
振替：00150-5-61090
http://www.usio.co.jp

装丁　Malpu Design
本文デザイン・DTP　株式会社スタンド・オフ
印刷・製本　中央精版印刷株式会社

©Kent E. Calder, Hiroki Sugita 2019, Printed in japan

ISBN 978-4-267-02219-7　C0031

定価はカバーと帯に表示してあります。
落丁・乱丁本は送料弊社負担でお取り替えいたします。
弊社営業部にご一報のうえ、お送りください。

本書の全部または一部のコピー、電子データ化等の無断複製は、著作権法上の例外を除いて禁じられています。本書を代行業者等の第三者に依頼して電子的複製をおこなうことは、個人、家庭内等使用目的であっても著作権法違反となります。